BERND RULAND · DEUTSCHE BOTSCHAFT PEKING

BERND RULAND

Deutsche Botschaft Peking

Das Jahrhundert deutsch-chinesischen Schicksals

ERSCHIENEN BEI HESTIA

Printed in Germany

Umschlaggestaltung: H. C. Traue
Druck: Buch- und Offsetdruckerei Emil Mühl Bayreuth
Bindearbeiten: R. Oldenbourg GmbH., München
ISBN 3 7770 0115 5

Wir Chinesen verdanken den Deutschen
in den letzten Jahrzehnten unendlich viel.

Li Hung-tschang 1898
Großkanzler des Kaiserreiches China

✡

Die Geschichte Chinas zwischen den beiden
Weltkriegen ist ohne die Deutschen überhaupt
nicht vorstellbar.

Grover Clark 1942
Amerikanischer Historiker
und Berater der US-Regierung

✡

Wenn der deutsche Einfluß (über 1939 hinaus)
in China fortgedauert hätte, dann hätte sich
das Weltbild sehr drastisch ändern können,
weil Chinas gesamte militärische Organisation
und seine industrielle Entwicklung deutsch
inspiriert waren.

F. F. Liu 1943
Chinesischer Militärschriftsteller
in den USA

Kapitel-Übersicht:

Spektrum der Ereignisse

Ein Wort zuvor:

Wohin die Spuren führen ...

China ... Funkelnd und faszinierend, unheimlich und beängstigend. Verlockend und bezaubernd, abschreckend und lähmend. Damals wie heute: süße Frucht, bittre Frucht China.

Wie immer auch der Standpunkt sein mag: China – das bedeutet stets Erlebnis und Abenteuer in einem Land uralter Kultur, erregender Vergangenheit und dynamischer Gegenwart.

China ... Jahrhundertelang als Kaiserreich den Fremden verschlossen, heute als sozialistische Weltmacht allen geöffnet, die Realitäten anerkennen.

Die Bundesrepublik Deutschland kam sehr spät in die Volksrepublik China: als 80. Land erst Ende 1972 – 22 Jahre nach der DDR.

Dabei waren es gerade die Deutschen, die vor mehr als zweihundert Jahren, relativ früh, mit dem alten Reich der Mitte Kontakt aufnahmen ...

☆

Wußten Sie, daß schon Friedrich II. von Preußen Schiffe nach China geschickt hat, die dort Tee holten? Daß die eigens für diese Geschäfte vom König gegründete Handelskompanie schon sehr bald Pleite machte? Daß es später die Preußen waren, die 1861 mit den Chinesen das erste deutsche Abkommen überhaupt geschlossen haben?

Wußten Sie, daß eine der schwierigsten Eisenbahnstrecken in China von deutschen Ingenieuren vor dem Ersten Weltkrieg konzipiert und von deutschen Firmen gebaut wurde? Daß eine Spielzeug-Eisenbahn, die der deutsche Gesandte Max von Brandt dem acht Jahre alten Kaiser Kuang-Hsü geschenkt hat, den Anstoß dafür gab, daß in China überhaupt Eisenbahnen gebaut wurden?

Wußten Sie, daß 1934 die Pläne zum Einkesseln der chinesischen Roten Armee von dem deutschen Generalobersten Hans von Seeckt ausgearbeitet und die Strategie für den Ausbruch aus dieser Umklammerung von dem Deutschen Otto Braun stammten, der als einziger Ausländer den legendären Langen Marsch der Kommunisten mitgemacht hat?

Und wissen Sie, daß nach Ansicht des amerikanischen Historikers Grover Clark — so wörtlich — »die Geschichte Chinas zwischen den beiden Weltkriegen ohne die Deutschen überhaupt nicht vorstellbar ist«?

Und kennen Sie das ganze Ausmaß des Ansehens, das deutsche Wissenschaftler jahrzehntelang in China genossen haben? Daß Deutschlands Pachtgebiet von Kiautschou mit der Hauptstadt Tsingtau von der ganzen Welt als »Musterkolonie« anerkannt wurde? Daß die deutschen Diplomaten im Kaiserreich China ebenso wie nach 1911 in der chinesischen Republik besondere Wertschätzung genossen? Daß die Sympathie vieler Chinesen mit Deutschland so weit ging, daß ein Angehöriger der Chinesischen Gesandtschaft in Berlin seine Kinder Germania und Berolina nannte? Und daß, schließlich, Mao Tse-tung erst durch deutsche Autoren das geistige Rüstzeug bekommen hat, um seine sozialistischen Ideen in China verwirklichen zu können?

Es gibt eine Fülle von Ereignissen, die eine große Rolle in dem Verhältnis der Deutschen und Chinesen gespielt haben, und zahlreiche Deutsche sind aus der jüngeren Geschichte Chinas nicht wegzudenken.

✡

Zahllose Bücher deutscher Autoren beschäftigen sich mit der Volksrepublik China. Werke von Amerikanern, Engländern und Franzosen liegen in deutschen Übersetzungen vor. Die Reden Mao Tse-tungs, seine Schriften, seine Gedichte – sie alle sind ins Deutsche übertragen worden.

Journalisten und Publizisten aus der Bundesrepublik Deutschland haben die Volksrepublik China bereist und höchst informative Bücher darüber geschrieben – etwa Klaus Mehnert (»China nach dem Sturm«) und Harry Hamm (»Das Reich der 700 Millionen«).

Aber...

Aber es fehlt bisher ein Buch über die vielfältigen und oft dramatischen Beziehungen Deutschlands zu China, die 1861 mit einem Handelsvertrag zwischen Preußen und dem Reich der Mitte beginnen, 1863 mit einem preußischen Gesandten in Peking fortgesetzt werden, 1945 mit dem letzten Botschafter des Deutschen Reiches enden, 1951 von der DDR unter völlig anderen Aspekten erneuert und am 1. Dezember 1972 auch endlich von der Bundesrepublik Deutschland wieder aufgenommen werden.

Bis auf Max von Brandt, der das Deutsche Reich von 1874 bis 1893 in China repräsentierte, hat keiner der deutschen Gesandten und Botschafter in China Memoiren aufgezeichnet. Auch der Ostasiatische Verein beklagt in einer Festschrift (1960) zu seinem sechzigjährigen Bestehen, daß kein Deutscher über seine Erlebnisse in China berichtet hat. Einige deutsche Journalisten haben in den dreißiger Jahren lediglich Bücher mit spezieller Themenstellung über China geschrieben – ohne dabei auf die deutsch-chinesischen Beziehungen einzugehen.

Nur fragmentarische Aufzeichnungen liegen unveröffentlicht in Archiven. Selbst die Tagebucheintragungen des Generalobersten Hans von Seeckt aus seiner Beraterzeit bei Marschall Tschiang Kai-schek wurden innerhalb seiner Biographie 1940 nur lückenhaft publiziert. Auch von den erhalten gebliebenen China-Akten des Auswärtigen Amtes sind bisher nur wenige aus den dreißiger Jahren von amerikanischen Historikern ediert worden und schließlich auch in der Bundesrepublik Deutschland – nur von Fachhistorikern beachtet – erschienen.

Erst durch oft mühselige Recherchen ergaben sich erste Hinweise und Orientierungshilfen. Fast tausend – manchmal schwer zugängliche – Quellen mußten aufgespürt und »angezapft« werden. Dazu gehören vor allem Zeitungsberichte aus einem halben Jahrhundert. Was schließlich fehlte, konnten einige der letzten noch lebenden Zeugen vieler Ereignisse abrunden.

Da sich dieses Buch nicht an Historiker wendet, sondern an einen breiten Leserkreis, verzichte ich darauf, mit zahllosen Fußnoten jede einzelne Quelle mit allen Detailangaben zu nennen. Es fehlt also der nur den Fachmann interessierende »wissenschaftliche Apparat«. In der Bibliographie (Seite 382 bis 388) sind dagegen alle Publikationen angegeben, aus denen zitiert wurde und die halfen, spezielle Fragen zu klären, oder die auf andere (meist spärliche) Fundstellen hinwiesen.

Dokumente aus den Akten des Auswärtigen Amtes, wichtige Zitate aus Briefen oder Tagebüchern sind in *Kursiv* gesetzt – wobei die »Wichtigkeit« freilich eine Frage der subjektiven Einstellung ist.

☆

Dieses Buch über ein Jahrhundert deutsch-chinesischer Beziehungen kann nur die wichtigsten Ereignisse festhalten. Zahllose Einzelheiten müssen unerwähnt bleiben. Viele Begebenheiten können nur kurz registriert, einige Zusammenhänge nur so weit skizziert werden, wie ihre Kenntnis nötig ist, um das oft verwirrende Gesamtbild der chinesischen Politik, vor allem hinsichtlich ihrer Wirkung auf das Verhältnis zum Deutschen Reich, verständlich zu machen.

Der Vorabdruck großer Teile dieses Berichtes in einer großen Illustrierten hat durch ein ungewöhnlich starkes Leser-Echo (das sich in zahllosen Briefen spiegelt) gezeigt, wie groß das Interesse an dem Jahrhundert deutsch-chinesischen Schicksals ist.

1 *Vor der Deutschen Gesandtschaft in Pekings Diplomaten-Viertel: Deutsche Soldaten auf Posten vor dem Eingang (rechts) zur Repräsentation Berlins. Foto aus dem Jahre 1900.*

2 *Soldaten und steinerne Löwen halten Wacht vor der Deutschen Gesandtschaft (1911).*

3 *Während des Boxer-Aufstandes ermordet: Gesandter von Ketteler.*

4 *Mord als »patriotische Tat«: Feldwebel En Hai erschoß Ketteler.*

5 *Sühne durch das Schwert: Deutsche Soldaten als Zuschauer beim Hinrichten En Hais.*

Die Geschichte der 1949 ausgerufenen Volksrepublik China ist nur begreiflich, wenn man die Ursprünge kennt, die ihre Etablierung möglich (und nötig) machten. Und selbst diese Geschichte ist nicht ganz zu lösen von den deutsch-chinesischen Beziehungen – nicht allein deshalb, weil viele der heute maßgeblichen Führer der VR China zwischen den beiden Weltkriegen in Deutschland studiert oder von dort zumindest wichtige Impulse empfangen haben.

☆

Seit ich 1935 zum erstenmal Kanton, Schanghai, Peking und andere chinesische Städte besuchen, ihre Kunstschätze bewundern, die Freundlichkeit der Menschen erleben und stundenlang über die Chinesische Mauer gehen konnte und sie als Symbol der Geschichte des Riesenreiches begreifen lernte, galt mein besonderes Interesse dem alten »Reich der Mitte«.

Später, 1960, habe ich dann Wiedersehen mit Schanghai und Kanton feiern können. Ein Besuch Taiwans, des kleinen Rest-Reiches Tschiang Kai-scheks, hat mich gelehrt, daß hier nicht das »eigentliche« China liegt ... Eine größere Reise durch die Volksrepublik China ist für dieses Jahr, 1973, geplant.

☆

Ein Wort zur Transskription chinesischer Namen und Bezeichnungen ins Deutsche: Hier gibt es immer noch einigen Wirrwarr. Bei Tschiang Kai-schek etwa sind auch Chiang und Tsiang gebräuchlich; statt Tsche und Tschi auch Che und Chi.

Die deutsche Schreibweise chinesischer Namen orientiert sich einheitlich an neueren deutschen Lexika (etwa an der »Brockhaus Enzyklopädie«). Das gilt auch für geographische Bezeichnungen (Schanghai statt Shanghai; Tschili statt Chili; Kweitschou statt Kueichu; Kwangtung statt Kuangtung). Nur bei Zitaten von Dokumenten oder bei Titeln in der Bibliographie wird die gelegentlich von der Norm abweichende Schreibweise des Originals übernommen. Die von Peking für alle Weltsprachen vorgeschlagene einheitliche Transskription hat sich im deutschen Sprachgebiet nur in der DDR durchgesetzt, und auch hier nur zögernd (Jie für Tschi; Guomindang für Kuomintang; Yangzijiang statt Jangtsekiang; Manzhouguo statt Mandschukuo; Mao Dse-dong statt Mao Tse-tung).

☆

Der Leser wird bei der Lektüre des Buches spüren, daß hier eine Vielzahl von Themen aus der Geschichte der deutsch-chinesischen Beziehungen aufgegriffen wird, die einer ausführlicheren Darstellung wert sind. Ein erster Versuch, ein so vielschichtiges und sich auch über einen relativ großen Zeitraum erstreckendes Thema zu behandeln, kann zwangsläufig nur ein (hoffentlich geglückter) Versuch bleiben.

Der Titel »Deutsche Botschaft Peking« ist übrigens nicht ganz korrekt. Bis lange nach dem Ersten Weltkrieg waren Deutschland und die anderen Mächte durch Gesandtschaften in der chinesischen Hauptstadt repräsentiert (wie umgekehrt und analog die Chinesen auch »nur« Gesandtschaften im Ausland unterhielten). Die ersten Botschaften tauschten die Sowjetunion und die Republik China 1924 aus. Das Deutsche Reich war einer der ersten Staaten, die danach – 1931 – ihre Gesandtschaften in Peking zu Botschaften erhoben haben.

Bernd Ruland

In den turbulenten Tagen des Boxer-Aufstandes:

I

Deutscher Gesandter ermordet!

- Chinas Rache für Erniedrigungen, Erpressungen und politische Vergewaltigungen.
- Deutscher Feldmarschall befehligt die erste UNO-Streitmacht der Geschichte.
- Des Kaisers »Hunnen-Rede«: Pardon wird nicht gegeben!
- Ein chinesischer Sühne-Prinz reist nach Potsdam.

»Schauen Sie sich das an, lieber Herr von Below!« sagt Clemens Freiherr von Ketteler, Gesandter des Deutschen Reiches im Kaiserreich China, zu seinem Ersten Legationssekretär. Er reicht ihm dabei ein rotes Plakat, das ein Soldat der Torwache der deutschen diplomatischen Vertretung am Morgen dieses 18. Juni 1900 von einer Mauer des damals berühmten »Hôtel de Pékin« abgerissen hat. Dieses Hotel liegt in unmittelbarer Nähe der Deutschen Gesandtschaft.

Außer Claus von Below-Saleske, der zehn Jahre später als Gesandter in Sofia bekannt wird, ist noch der Gerichtsreferendar Dr. Merklinghaus im Arbeitszimmer des deutschen Repräsentanten in China.

»Hören Sie sich das an!« fährt der 47 Jahre alte von Ketteler fort. Er hat früher schon einmal bei der Deutschen Gesandschaft in Peking gearbeitet, war danach für das Berliner Auswärtige Amt in Washington und in Mexiko tätig und ist seit einem Jahr der höchste Vertreter Berlins in China.

»Was die Boxer hier von sich geben, darf in seiner Schärfe von uns nicht unterschätzt werden!« mahnt Freiherr von Ketteler und liest aus dem Boxer-Plakat vor:

»Die Mitglieder der göttlichen Faust der Gerechtigkeit und Einigkeit sind edle Männer! Sie beschützen das chinesische Reich und bringen dem Volke Frieden, indem sie die Fremden vertilgen und jene schlechten Chinesen ausrotten, die den Reis der Fremden essen. Die ausländischen weißen Teufel sind nur Teufel zweiten Ranges. Aber sie sind ungewöhnlich schlau. Sie besitzen viele Gegenmittel in ihren Giftschränken, um den Zauber der gerechten Freundschaft zu brechen. Es gibt auch Männer unter ihnen, die Nadeln in den Händen tragen, mit denen sie die Chinesen in die Köpfe stechen, und dann müssen sie nach sieben Tagen sterben!«

Die drei Deutschen schütteln den Kopf, und von Ketteler sagt:

»Das mit den Nadeln – das ist nur eine der vielen Schauergeschichten, mit denen das chinesische Volk, das friedlich und gutartig ist, gegen alle Europäer aufgehetzt wird. Dabei ist dieses neue Plakat noch relativ zahm. Ich erinnere Sie nur daran, meine Herren, was vor wenigen Tagen die Runde durch die ganze Stadt machte: daß es bei uns Europäern sehr beliebt sei, kleinen chinesischen Kindern die Augen auszustechen und ihnen die Eingeweide aus den Leibern zu reißen, um daraus eine geheime Medizin zu zaubern ...«

Der Geheimbund der Boxer ist schon 1770 in China entstanden. Er war ursprünglich gegen das Herrscherhaus gerichtet und erst in den letzten fünfzig Jahren gegen die Ausländer, die grundsätzlich nur die »weißen Teufel« genannt werden. Anfang des Jahres 1900 werden die Boxer – so benannt nach ihrem Symbol, einer geballten Faust, der »Faust der Gerechtigkeit und Einigkeit« (»I-ho-t'uan«) – von der kaiserlichen Regierung offiziell als fremdenfeindliche Bewegung anerkannt: Der Boxeraufstand bricht aus und führt zu blutigen Attacken gegen die »weißen Teufel«.

In der offiziellen Boxer-Proklamation vom April 1900 heißt es unter anderem:

Fremde Teufel sind gekommen und haben durch ihre Lehre viele Chinesen zum römischen und protestantischen Glauben verleitet ...

Kurz vor der Jahrhundertwende (1896) gibt es in China 1 800 Missionare (darunter 140 deutsche) beider christlichen Konfessionen und insgesamt knapp 1,2 Millionen chinesische Christen. Das heißt: auf jeden Missionar entfallen 666 Bekehrte. Vergleichen wir diese Zahl mit der Summe der damaligen Bevölkerung Chinas (400 Millionen), so entfällt auf 333 Einwohner ein Christ. Mit anderen Worten: 0,3 Prozent der Chinesen bekennen sich zur Religion der »fremden Teufel«.

Und weiter verkünden die Boxer in ihrer Proklamation:

Die Kirchen der fremden Teufel stehen außerhalb jeder menschlichen Beziehung ... Sie haben ohne Grenzen ihre Kraft mißbraucht, bis alle guten Beamten verdorben und ihre Diener geworden waren — aus Begierde nach fremdem Eigentum. Der Telegraf und die Eisenbahn sind eingerichtet worden. Man hat Gewehr- und Geschützfabriken angelegt, und diese Einrichtungen bereiten den weißen Teufeln eine boshafte Freude. Ebenso ist es mit den Lokomotiven und den elektrischen Lampen ...

China aber betrachtet sie als Barbaren, die Gott verdammen wolle. Geister und Genien steigen vom Himmel herab, um sie zu vernichten ... Wir werden die Häuser der Fremden verbrennen und unsere alten Tempel wiederherstellen.

Freiherr von Ketteler und seine beiden Mitarbeiter sind sich darüber einig, daß dem Gesandtschaftsviertel in Peking harte Tage bevorstehen. Nach seinem Gespräch mit von Below-Saleske und Merklinghaus bittet der deutsche Gesandte den Oberleutnant Graf von Soden zu sich, der die deutschen Soldaten kommandiert, die den Schutz der Gesandtschaft übernommen haben.

Von Ketteler und von Soden verlassen das Gesandtschaftsgebäude. Sie gehen zum nördlichen Teil der Mauer, die das rechteckige Gesandtschaftsviertel von der Tartaren- und Chinesenstadt trennt, besteigen sie und überblicken von dieser Höhe aus die Situation.

Das Diplomatenviertel, in dem die Gesandtschaften von Amerika, Belgien, Deutschland, Frankreich, Großbritannien, Holland, Italien, Japan, Österreich-Ungarn, Rußland und Spanien beherbergt sind, umfaßt ein Areal von etwa zwölf Quadratkilometern. Hier sind, einschließlich der Soldatenwachen der elf Gesandtschaften, insgesamt fünfhundert Ausländer untergebracht; hinzu kommen noch etwa 2 500 Chinesen, von denen nur ein Teil Diener der Diplomaten sind; die meisten von ihnen haben sich vor den anstürmenden Boxern in die theoretisch noch bestehende Immunität des Diplomatenviertels geflüchtet.

Während des Marsches der Boxer auf die Hauptstadt Peking, die sie Anfang Juni 1900 erreichen, sind zahlreiche Weiße – darunter 40 Missionare – unbeschreiblichen Massakern zum Opfer gefallen. Die abgeschnittenen Köpfe der Ermordeten werden von den Boxern, auf Stangen aufgespießt, vor sich hergetragen.

Seit Anfang Juni ist die Lage für die Ausländer bedrohlich geworden. Interventionen bei der chinesischen Behörde für auswärtige Angelegenheiten (»Tsungli Yamen«) werden höflich, aber nichtssagend beantwortet:

»Für den Schutz der ausländischen Diplomaten und ihrer Angehörigen sind alle Maßnahmen getroffen!«

Die Wirklichkeit sieht anders aus. Die Bahnlinien von der Küste nach Peking sind zerstört, die Telegrafenleitungen durchschnitten, Fabriken in Brand gesteckt, ihre weißen Direktoren meist ermordet.

Viele Randgebäude des Gesandtschaftsviertels sind schon bedroht. Die kleinen Schutztruppen der elf Gesandtschaften verfügen über wenig Munition. Für die Verteidigung der Gesandtenstadt stehen insgesamt nur 389 Soldaten und Unteroffiziere, dazu achtzehn Offiziere zur Verfügung. Hinzu kommen etwa 75 Zivilisten, die früher in ihren Heimatländern gedient haben und mit einer Waffe umzugehen wissen.

Lebensmittel sind knapp. Für die kleinen Kinder gibt es im ganzen Gesandtschaftsviertel nur vier Milchkühe, von denen Monsieur Chamot, der französische Besitzer des »Hôtel de Pékin«, noch im letzten Augenblick im Dunkel der Nacht zwei in das verbarrikadierte Viertel eingeschmuggelt hat.

Ausreichend sind zunächst nur die Medikamente. Der deutsche Stabsarzt Dr. Velde und sein französischer Kollege Dr. Matignon haben in dem gemeinsamen Lazarett der elf Staaten alles vorbereitet.

Schon am 28. Mai hat das Diplomatische Corps in Peking Truppen angefordert: Vor der Mündung des Flusses Pei, im Golf von Tschili, ankern zahlreiche europäische und auch einige japanische Kriegsschiffe mit Seesoldaten an Bord. Angesichts der Gefährdung der Diplomaten in Peking fassen die Admirale den Entschluß, Marinesoldaten zu landen und nach Peking in Marsch zu setzen.

Insgesamt werden 2 096 Marinesoldaten gelandet, darunter 915 Engländer und 512 Deutsche. Die kleinsten Kontingente stellen die Italiener mit 26 und die Österreicher mit 24 Mann. Das Kommando übernimmt der dienstälteste Admiral: der Engländer Sir Seymour. Den deutschen Verband kommandiert Kapitänleutnant von Usedom.

In den ersten Tagen kommt der Admiral mit seinen Männern schnell voran. Doch der Vormarsch verlangsamt sich. Brücken sind zerstört, überall lauern Heckenschützen. Auch die Bahnlinie ist unbrauchbar. Von den regulären chinesischen Truppen ist keine Hilfe zu erwarten – im Gegenteil: sie arbeiten mit den Boxern zusammen.

Seymour entschließt sich zum Rückzug. Dabei gibt er den berühmt gewordenen Befehl, der beweist, wie sehr der Engländer die deutschen Soldaten schätzt:

»The Germans to the front!« (Die Deutschen an die Spitze!)

Es gelingt dem »verlorenen Haufen« – wie Seymour rühmt: vor allem durch die Tapferkeit und Umsicht der Deutschen –, zum Ausgangspunkt zurückzukehren. Der vergebliche Marsch auf Peking und der Rückzug fordern insgesamt »nur« 61 Tote und 223 Verwundete (darunter elf tote und 57 verwundete Deutsche).

Derweil hat sich die Lage im Pekinger Gesandtschaftsviertel wesentlich verschärft.

»Ich habe das Gefühl, Sir Claude, daß wir schwersten Tagen entgegensehen«, sagt der deutsche Gesandte Freiherr von Ketteler zu seinem britischen Kollegen MacDonald.

»Ich kann Ihnen nicht widersprechen«, entgegnet der Engländer. »Die Chinesen werden versuchen, sich an uns zu rächen für alles das, was wir Europäer ihnen in den letzten Jahrzehnten zugefügt haben ...«

Sir Claude erwähnt freilich nicht, daß es hauptsächlich seine Landsleute sind, von denen sich die Chinesen so gedemütigt fühlen.

☆

Der Boxeraufstand gegen die »fremden Teufel« ist nur zu verstehen, wenn man die Geschichte Chinas der letzten 60 Jahre des vorigen Jahrhunderts kennt. In diesen sechs Jahrzehnten erleben die Chinesen eine Reihe von Erniedrigungen, Erpressungen und politischen Vergewaltigungen durch die Weißen.

Es beginnt mit dem Opium, diesem gefährlichen Rauschgift, das die »Barbaren des Westens« nach China importierten. Bevor am Ende des achtzehnten Jahrhunderts die britische Ostindien-Kompanie dieses skrupellose China-Geschäft übernimmt, haben ein Jahrhundert lang zuvor indische und arabische Kaufleute das Opium nach China gebracht.

Die chinesischen Herrscher des achtzehnten und des beginnenden neunzehnten Jahrhunderts haben immer wieder versucht, den Opium-Import zu unterbinden, um die schädigende und schließlich zerstörende Wirkung dieses Rauschgiftes von ihrem Volke fernzuhalten. Vergeblich ... Die Küsten Chinas sind lang, und der Einfallsreichtum der britischen Kaufleute ist groß.

Zwischen 1820 und 1840 ist die Einfuhr von jährlich 5 000 auf über 30 000 Kisten gestiegen. Englische Plantagenbesitzer in Ostindien und britische Reeder scheffeln ebensoviel Geld bei diesem todbringenden Geschäft wie die chinesischen Makler.

1839 ernennt Kaiser Tao-kuang einen Sonderbeauftragten, der

den Opiumhandel bekämpfen soll. Als der Kaiser ein Jahr später den Opium-Import grundsätzlich untersagt und unter schärfste Strafe stellt, und als der Mandarin von Kanton 20 000 Kisten im Werte von achtzig Millionen Goldmark vernichten läßt, erscheinen englische Schiffe mit 15 000 Mann aus Indien herbeigeholter Truppen vor der südostchinesischen Küste, bombardieren sie und landen Truppen, die plündernd und mordend durch die Küstengebiete ziehen. Der Opiumkrieg ist ausgebrochen ...

Hinter dem britischen Angriff steht die Überlegung, daß man dem chinesischen Druck mit aller Gewalt begegnen muß, um den britischen China-Handel nicht einfrieren zu lassen.

Der Opiumkrieg endet am 29. August 1842 mit dem Friedensvertrag von Nanking. China muß das von England besetzte Hongkong »auf ewige Zeit« an die Briten abtreten und dem europäischen Handel fünf Häfen öffnen: Kanton, Amoy, Futschou, Schanghai und Ningpo. Außerdem müssen die Chinesen eine Kriegsentschädigung im Werte von 21 Millionen US-Dollar (damals etwa 92 Millionen Goldmark) zahlen und, selbstverständlich, den Opiumhandel zulassen.

Zwei Jahre später erreichen auch Frankreich und die Vereinigten Staaten von Amerika Hafenkonzessionen und schließen Handelsverträge mit dem chinesischen Kaiserreich.

Die Deutschen folgen siebzehn Jahre später unter wesentlich erfreulicheren Umständen, die sie schon bald zu geachteten Freunden der Chinesen werden lassen.

Das Ende des Opiumkrieges leitet das Wettrennen um die Eroberung des chinesischen Marktes ein, der noch unerschlossen ist, und bedeutet den Anfang einer »Durchdringung des Kaiserreiches durch fremde Mächte«. Und doch: die Mandschu-Kaiser ahnen noch nicht, wie schnell der Sand in der Uhr der Geschichte rinnt, die den Zusammenprall ankündigt zwischen der technisch überlegenen Welt des Westens und dem in alten Formen erstarrten ältesten Reiche der Welt.

Durch den Opiumkrieg fühlt sich China erpreßt und gedemütigt. Das wird Folgen haben ... Die erste Konsequenz zeigt sich im Boxeraufstand; die weiteren stellen sich erst fünfundvierzig Jahre später ein.

Nach 1842 kommen mit den Kaufleuten christliche Missionare, die von den geöffneten Häfen ins Land eindringen.

1850 beginnt der Taiping-Aufstand: eine Revolution chinesischer Bauern. Sie dauert bis 1866 und leitet jene politische und soziale Veränderung Chinas ein, die erst das kommunistische China, das sich direkt auf die Taiping-Bewegung bezieht, vollendet hat. Die Taiping-Bewegung (Tai-ping: »höchster Frieden«), die rein agrarkommunistische Ziele verfolgt, Großgrundbesitzer enteignet und das Land an arme Bauern verteilt, erobert 1852 Hankau und 1853 Nanking. Bis Peking kann sie nicht mehr vordringen.

Die Taiping-Revolution – eine der größten in der Weltgeschichte, bei der es fast fünfundzwanzig Millionen Tote gibt und zahlreiche völlig verwüstete, ehemals blühende Provinzen – wird schließlich durch ausländische Truppen unterdrückt. Das erstrebte Taiping-Ziel vom »himmlischen Reich des höchsten Friedens« wird nicht erreicht.

Ein englisch-französisches Flottengeschwader und ein gemeinsames Expeditionskorps greifen ein und helfen den kaiserlichen Feldherren und Provinzgeneralen, den Aufstand zu unterdrücken. Führer der englischen Truppe, die nur aus europäischen – auch etwa 150 deutschen – Abenteurern besteht, ist der britische Oberst Gordon. (Er wird 1885 weltberühmt, als er beim Aufstand des Mahdi im Sudan getötet wird.)

Einen Grund für die Intervention der beiden europäischen Mächte liefert die angebliche Mißachtung der britischen Flagge, die von der chinesischen Dschunke »Lorcha« gehißt worden sein soll. Rußland nutzt die Gunst der Stunde und besetzt die von China beanspruchten ostsibirischen Gebiete am Amur und Ussuri (1858–1860), wo es 1969 zu Zusammenstößen zwischen Sowjets und Soldaten der Volksrepublik China kommt.

1858 erobert das englisch-französische Expeditionskorps die Taku-Forts bei Tientsin. 1860 besetzt das Expeditionskorps von rund 20 000 Mann Peking. Lord James Elgin läßt den Sommerpalast von Peking plündern und zerstören – weil dort angeblich drei gefangene Engländer mißhandelt worden sind. Bei dieser Barbarei durch europäische Truppen werden unermeßliche und unersetzliche Kunstschätze im heutigen Wert von etwa 200 Millionen DM sinnlos zerstört.

Im Vertrag von Tientsin (1860) wird China gezwungen, den Fremden weitere elf Häfen zu öffnen, alle großen Ströme für Handels- und Kriegsschiffe freizugeben, ausländische Diplomaten in Peking zu akkreditieren, weitere Handelsrechte einzuräumen und christlichen Missionaren Freizügigkeit zu gewähren.

Christliche Mission wird offen mit imperialistischer Expansionspolitik und Handelsinteressen verquickt. Außerdem müssen die Chinesen sich damit einverstanden erklären, daß Fremde grundsätzlich ihrer eigenen Gerichtsbarkeit unterstehen. Mehr noch: Die gesamten Seezölle Chinas werden unter ausländische Kontrolle gestellt.

1861 schließt Peking einen Handelsvertrag mit Preußen und dem Deutschen Zollverein. 1863 hält der erste preußische Gesandte in der chinesischen Hauptstadt seinen Einzug.

Angesichts der ausländischen Diplomaten, die nun ins Land kommen dürfen, muß Peking 1861 seine »Behörde« für auswärtige Angelegenheiten (»Tsungli Yamen«) wesentlich vergrößern und 1901 auf Verlangen der Mächte zum Außenministerium (Wai Wou Pou) umwandeln.

Dieses neue Ministerium bedeutet für die Chinesen eine Revolution. Bisher hat sich China als das einzige politische und kulturelle Zentrum auf Erden betrachtet: als das »Reich der Mitte«. Mittelpunkt dieses Reiches wiederum – und damit der ganzen Erde – war nach Ansicht der Chinesen Pekings Himmelstempel.

Der Zar von Rußland und der König von England, der Kaiser von Japan und der König von Preußen und alle übrigen Herrscher wurden von China stets nur als Vasallen des Kaisers von China betrachtet. Eine Außenpolitik erübrigte sich daher ...

Viele Chinesen verstehen die Welt nicht mehr. Sie betrachten die neue Situation als Demütigung ohnegleichen. Ihr Land soll nicht mehr »das Land der Mitte« sein? Es wird noch Jahrzehnte dauern, bis sich das Volk endgültig mit dieser neuen Vorstellung abfinden kann.

Die »weißen Teufel« werden zum Trauma der Chinesen und bald auch die »gelben Teufel«, die Japaner. Nach dem Chinesisch-japanischen Krieg (1894–95) muß China im Frieden von Schimonoseki die Unabhängigkeit Koreas anerkennen und auf alle seine bisherigen Rechte dort verzichten, außerdem Formosa und die Pescadores-Inseln (westlich von Formosa) an Japan abtreten.

Am 3. Juni 1896 schließt China mit Rußland ein geheimes Verteidigungsbündnis gegen einen japanischen Angriff. Peking gestattet den Russen außerdem den Bau der Transsibirischen Bahn durch das chinesische Territorium der Mandschurei.

☆

»Sha kweze!« – »Tod den fremden Teufeln!« Das ist die bedrohliche Forderung der Boxer. Bis Mitte Juni 1900 fallen dem chinesischen Fremdenhaß, der sich in Mord und Totschlag umsetzt, 30 000 chinesische Christen, 100 Engländer, 90 Amerikaner, 30 Franzosen und zwölf Deutsche zum Opfer. Sie alle sind im wahren Sinne des Wortes hingemetzelt worden.

»Sha kweze!«

Chung Li, der Polizeipräfekt von Peking, läßt am 19. Juni 1900 den chinesischen Feldwebel En Hai zu sich kommen. Er wird besonders freundlich von dem hohen Herrn begrüßt.

»Wie du weißt, mein Freund, hat unsere Regierung befohlen, alle fremden Teufel totzuschlagen. Dieser Befehl gilt auch für dich. Du wirst die Ehre haben, einen besonders großen Teufel umzubringen ...«

Und Chung Li erklärt dem Soldaten, daß am nächsten Tag ein Ausländer von hohem Rang sich in einer Sänfte durch die Hatamen-Straße zum Tsungli Yamen begeben wird. Eine zweite, vielleicht noch eine dritte Sänfte soll ihm folgen. En Hai kann den kleinen Zug leicht erkennen, weil ihm zwei Diener zu Pferd voranreiten werden.

»Wenn es sein muß, dann töte alle, die in den Sänften sitzen«, sagt der Polizeipräfekt eindringlich. »Du kennst nun deine Pflicht, Feldwebel! Vergiß nicht, daß du für deine Ahnen kämpfst, deren Ruhe durch die fremden Teufel gestört ist!«

»Ich weiß es«, antwortet der Soldat stolz.

Der Polizeichef der chinesischen Hauptstadt überreicht dem Feldwebel einige Silberstücke, deren Wert etwa zwanzig Mark beträgt.

Während dieser Zeit, da Chung Li den Soldaten verpflichtet, hat der deutsche Gesandte von Ketteler eine Unterredung mit mehreren Gesandten anderer Staaten. Zu ihnen gehören auch der Doyen des Diplomatischen Corps, der Spanier de Cologan, und der Engländer Sir Claude MacDonald.

Freiherr von Ketteler hat sich für den nächsten Tag im Tsungli Yamen – der Behörde für auswärtige Angelegenheiten – angesagt, um dort die Lage, wie sie sich für das Gesandtschaftsviertel ergibt, zu erörtern. Das Tsungli Yamen hat die elf in Peking akkreditierten Gesandtschaften wissen lassen, daß sie die Stadt innerhalb von 24 Stunden verlassen und nach Tientsin ausweichen müssen. Von Ketteler soll nun einen letzten Versuch machen, den verantwortlichen chinesischen Ministern ins Gewissen zu reden und an ihre Vernunft zu appellieren.

Wenn das nicht gelingt, soll der deutsche Gesandte über die Modalitäten des diplomatischen Exodus verhandeln. Sein Gesprächspartner wird »Außenminister« Prinz Tuan sein, der als besonders fremdenfeindlich bekannt ist.

Die meisten Diplomaten nehmen die Aufforderung Tuans nicht ernst. Es gelingt von Ketteler aber, seine Kollegen davon zu überzeugen, daß diese Frage nur an Ort und Stelle in einem Gespräch geklärt werden kann.

Am nächsten Morgen warten zwei Sänften mit ihren Trägern vor dem Haus des deutschen Gesandten. Auch die beiden Vorreiter, hoch zu Roß, und ein Nachreiter sind schon zur Stelle.

Ketteler begrüßt seinen Dolmetscher Heinrich Cordes, der sich gerade mit dem französischen Militärattaché unterhält.

»Ist alles in Ordnung, meine Herren?« fragt der Gesandte.

»Ein Unteroffizier und vier Mann unserer militärischen Begleitung warten vor der Österreichischen Gesandtschaft«, antwortet Cordes.

Ketteler nimmt in der ersten Sänfte Platz, Cordes in der zweiten. Die Träger fassen zu. Die Vorreiter setzen sich an die Spitze des Zuges, die Nachhut an den Schluß.

Vor der Österreichischen Gesandtschaft werden die beiden Deutschen freundlich von Dr. von Rosthorn, dem Gesandten der k. u. k. Monarchie, begrüßt. Ketteler hat sich entschlossen, auf die militärische Eskorte zu verzichten, um jedes Aufsehen zu vermeiden. Rosthorn und Cordes schließen sich dieser Ansicht an, weil alle der Meinung sind, daß die fünf deutschen Soldaten auch nicht helfen können, wenn irgend etwas Unangenehmes geschehen sollte.

Die Hatamen-Straße, durch die sich der kleine Zug bewegt, ist voller Menschen. Heute ist Markttag. Überall haben sich die Händler niedergelassen und preisen mit lauter Stimme ihre Waren an.

Der Sergeant En Hai steht mit fünf Soldaten, die er aus seinem Trupp bestimmt hat, an einer geschützten Stelle der Straße. Sie müssen lange warten ... Endlich bemerkt er die Reiter und die beiden Sänften, die sich in dem flutenden Verkehr der Menschen, Wagen und Kamele abheben und auf ihn zukommen.

En Hai kann die Gesichter der beiden Vorreiter genau erkennen.

»Achtung!« ruft er seinen Männern zu. Sie machen sich schußbereit. En Hai gibt ihnen durch ein Zeichen zu verstehen, daß er als erster schießen will.

Alles spielt sich blitzschnell in den nächsten Sekunden ab. En Hai erkennt den deutschen Gesandten, dessen Foto er sich eingeprägt hat, in der Sänfte und beobachtet, wie Ketteler genießerisch an seiner Zigarre zieht.

6 *Chinas »Sühne-Prinz« (sitzend) mit seinem Gefolge und deutschen Offizieren als Ehrenwache im Neuen Palais von Potsdam nach dem Empfang bei Kaiser Wilhelm II. am 4. 9. 1901.*

7 *Festliches Einweihen des Ehrenmals für den ermordeten v. Ketteler in Peking.*

8 *Kaiser Wilhelm II. (links auf dem Podest) verabschiedet 1900 mit seiner berühmten »Hunnen-Rede« deutsche Truppen der Internationalen Interventions-Armee für China.*

9 *Vor Peking gibt Admiral Seymour im Juni 1900 seinen berühmt gewordenen Befehl: »The Germans to the front!« Jene Szene hält dieses damals populäre Gemälde fest.*

Der Sergeant hebt sein Gewehr, tritt gemächlich vor, nimmt den deutschen Gesandten ins Visier und folgt einige Augenblicke jeder Bewegung der Sänfte, ehe er abdrückt.

Cordes, der die Situation genau beobachtet hat, ohne helfen zu können, sieht, wie sein Chef zusammensinkt. Ehe Cordes irgend etwas rufen kann, wird auch er von einem Schuß getroffen. Ein Schmerz im Oberschenkel und im Unterleib läßt ihn zusammenbrechen. Aber er verliert nicht die Besinnung.

Der verwundete Cordes bemerkt noch, daß die Träger Kettelers Sänfte fallen lassen und dann wild gestikulierend davonlaufen.

Immer noch peitschen Schüsse. Cordes reagiert blitzschnell, trotz seiner unerträglichen Schmerzen. Er windet sich aus der Sänfte, hastet mit eiligen Sprüngen die Straße hinauf ...

Heinrich Cordes hält später, nach seiner Genesung, das schreckliche Geschehen in seinem Tagebuch fest:

Ich mag mir das Bild nicht noch einmal ausmalen. Es war eine furchtbare Sekunde, und ich war gänzlich waffen- und hilflos. Wie ich entkommen bin, ist mir selbst und allen ein Wunder. Bedenklich verwundet war ich schon, ehe ich aus der Sänfte heraus war. Man feuerte aus allernächster Nähe Dutzende von Gewehrschüssen auf mich. Die Kugeln pfiffen nur so um mich herum. Trotzdem erreichte ich ohne weiteren Unfall die nächste Seitenstraße und nach etwa halbstündigem, in halb bewußtlosem Zustande zurückgelegtem Wege die amerikanische Mission in der Hatamenstraße, wo ein Militärposten stand.

Hier brach ich besinnungslos zusammen, wurde notdürftig verbunden und später von unseren Soldaten auf einer ausgehängten Tür nach der deutschen Gesandtschaft getragen.

Der Gesandtschaftsdolmetscher Cordes vermittelt dann noch Einzelheiten über sein dramatisches Erlebnis, die zugleich einige Reaktionen einfacher Chinesen gegenüber dem »fremden Teufel« widerspiegeln:

Auf der Flucht wurde ich zunächst auch in der Seitenstraße (Shih Tajen Hutung) eine ganze Weile noch mit Gewehrfeuer und dann von mit Lanzen bewaffneten Leuten verfolgt. Allmählich blieben aber auch die Lanzenträger zurück. Ich bog in eine nach Süden führende lebhafte Geschäftsgasse ein. Die Menschen starrten mich – ich sah alles nur durch eine schwarze Wolke und hörte alles wie aus weiter Ferne – ausdruckslos an oder liefen in die Häuser, die Türen hinter sich zuriegelnd.

Hilfe war von diesen Leuten nicht zu erwarten, denn sie würden sich durch das geringste mir bezeigte Interesse in den Augen ihrer Nachbarn als fremdenfreundlich verdächtig gemacht haben. Durch die auf beiden Seiten der engen Gasse stehenbleibenden Leute schleppte ich mich röchelnd mit blutgetränkten Kleidern vorwärts – nur von der Furcht aufrecht gehalten, daß ich den Schlächtern lebend in die Hände fallen könnte.

Die Leute machten keine Bemerkungen über mich, antworteten auch nicht, wenn ich gelegentlich nach dem Wege fragte. Einmal sagte ein älterer Mann dicht neben mir: »Ein Fremder, der seinen Lohn hat!« Er sagte es ohne Haß, wie um ein Ereignis zu konstatieren, welches er erwartet hatte. An einer Straßenecke stieß ich plötzlich auf einen mandschurischen Soldaten, der ein Pferd hinter sich führte. Er stutzte bei meinem Anblick ebenso wie ich. Er war unbewaffnet. (. . .)

Endlich kam ich in eine stillere Gasse. Es war nur ein Mann darin zu sehen, ein Verkäufer, der eine kleine Handtrommel durch Schütteln zum Tönen brachte und seine Waren aussang. Ich fragte ihn nach dem Wege zur Hatamenstraße, weil mir der Weg ganz ungewöhnlich lang vorgekommen war. (. . .) Ich folgte der Weisung, verwechselte aber schon an der nächsten Straßenecke Osten und Westen. Da rief der freundliche Wegweiser, der mir nachgesehen hatte, mich auf den rechten Weg zurück, und ich war nach wenigen Minuten im Schutze der amerikanischen Waffen.

In der Deutschen Gesandtschaft wurde ich von Freund Velde, dem Stabsarzt, kunstgerecht verbunden. Die Wunde sah schlecht aus. Ich fühlte mich aber so glücklich, den grausamen Messern der Chinesen entronnen zu sein, daß ich nichts fühlte.

Man erzählte mir, daß einer der uns begleitenden Mafus (Reitknechte) im Galopp zurückgekommen sei und gemeldet habe, der Gesandte und ich seien beide ermordet. Darauf sei eine starke Patrouille nach der Mordstelle geschickt worden. Sie sei aber am Tungtan Peilou so stark beschossen worden, daß sie sich unverrichteter Sache zurückziehen mußte. (. . .)

Von der Deutschen Gesandtschaft wurde ich mittags in die Britische Gesandtschaft getragen, wo für die Zeit der zu erwartenden Belagerung ein allgemeines Hospital eingerichtet wurde.

☆

Der Gesandte Clemens von Ketteler war sofort tot.

Unter großem Geschrei der Menge ist der ermordete deutsche Diplomat zunächst in das nächstliegende Haus gebracht worden. En Hai, der Mörder, folgt ihm. In einem unbewachten Augenblick hebt er das Tuch an, das über den Toten gedeckt ist, und bemerkt etwas, das ihn blitzschnell zupacken läßt. Er stiehlt die silberne Uhr samt Kette des Gesandten.

Mrs. Conger, die Frau des amerikanischen Gesandten, übernimmt die traurige Pflicht, Frau von Ketteler vom Tode ihres Mannes zu unterrichten. Die Amerikanerin findet sie in der Englischen Gesandtschaft, wo in den letzten Stunden alle Damen des Diplomatischen Corps untergebracht sind; denn inzwischen ist die Lage in der Diplomaten-Enklave bedrohlich geworden.

Am Mittag dieses 20. Juni nehmen die Boxer das Gesandtschaftsviertel zum erstenmal unter Artilleriebeschuß. Prinz Tuan hat eine Proklamation erlassen, in der Kopfpreise auf die »fremden Teufel« ausgesetzt werden: fünfzig Taels (ein Tael entspricht in etwa 4,50 Goldmark) für Männer, vierzig Taels für Frauen, dreißig Taels für Kinder. Zu den ersten, die diesem Aufruf zum Opfer fallen, gehört der Amerikaner Hubert James, Professor an der Pekinger Universität.

Die berühmt-berüchtigte Kaiserinwitwe Tzu Hsi, eine Nebenfrau des Kaisers Hsien Feng, die für dessen Sohn Tung Tschi und dessen Nachfolger Kuang Hsü das Amt des Herrschers diktatorisch ausübt und jeden umbringen läßt, der ihre Macht auch nur anzutasten versucht — dieser »alte Buddha«, wie sie allgemein genannt wird, läßt den Soldaten, die an Kettelers Ermordung beteiligt gewesen waren, eine »Belohnung« von fünfhundert Taels auszahlen.

Kettelers Tod war offenbar von langer Hand vorbereitet. Weshalb gerade er als Opfer gewählt wurde, ist unklar. Lag es daran, daß er als einziger unter den Deutschen Pekings bei den Chinesen aus unbekannten Gründen verhaßt war? Tatsache ist, daß der Gesandte auch im Diplomatenviertel als mürrisch galt.

Die Geschäfte des deutschen Gesandten übernimmt vorerst der bisherige Erste Legationssekretär Claus von Below-Saleske als Geschäftsträger.

Für die Diplomaten und ihre Familien, für die Schutztruppen der einzelnen Missionen, für die Diener und die fremdenfreundlichen Chinesen, die sich in das Gesandtschaftsviertel geflüchtet haben, spitzt sich die Lage immer gefährlicher zu. Allmählich wird die Munition knapp, der Mangel an Nahrungsmitteln wird immer bedrohlicher.

Am 17. Juli bietet die chinesische Regierung den Belagerten einen Waffenstillstand an, der bis Anfang August dauern soll. Das Gesandtschaftsviertel atmet auf. Niemand versteht dieses »Wunder«. Sie alle wissen, daß die Boxer bei einem wirklich konzentrierten Angriff die kleine Diplomatenstadt im großen Peking schnell erobern könnten.

In Tientsin bricht am 8. August 1900 — nach dem gescheiterten Versuch Seymours — eine neue Expedition nach Peking auf, diesmal unter Führung des englischen Generals Gaselee. Ihm stehen 20 000 Mann zur Verfügung (fast die Hälfte davon Japaner; dazu 4 000 Russen, 3 000 Briten, 2 000 Amerikaner und schließlich — neben etwa 800 Franzosen — je 100 Deutsche und Österreicher).

Wenige Wochen zuvor, am 17. Juni 1900, haben europäische Kriegsschiffe – an ihrer Spitze das deutsche Kanonenboot »Iltis« unter Kapitän Lans – die Taku-Forts niedergeschossen, deren Aufgabe es war, die Flußauffahrt nach Tientsin und damit auch den Weg nach Peking zu sichern.

Das Expeditionskorps braucht nur sieben Tage bis zu den Stadtmauern von Peking. Hier ist der Ring der Belagerer schnell gesprengt. Die Vereinten europäischen Streitkräfte erleiden nur sehr geringe Verluste: zweiundzwanzig Tote und dreihundert Verwundete. Die Boxer verlieren allein an Toten das mehr als Zweihundertfache.

Tzu Hsi, die Gaselee so gerne als seine persönliche Gefangene abgeführt hätte, entkommt – als Bäuerin verkleidet – mit ihrem Gefolge und dem Schatten-Kaiser. Der Hoftroß flieht südwestwärts, 1 000 Kilometer weit. Die Favoritin unter den Geliebten des Kaisers hat Tzu Hsi vor der Flucht, in einen Teppich gewikkelt, lebend in einen Brunnen werfen lassen.

In diesen Wochen ist Europa dabei, ein neues internationales Heer aufzustellen – sozusagen die erste UNO-Streitmacht. Das Oberkommando wird dem deutschen Generalfeldmarschall Alfred Graf von Waldersee übertragen.

Am 27. Juli 1900 verabschiedet Kaiser Wilhelm II. Teile des aus insgesamt 25 000 Mann bestehenden deutschen Expeditionskorps in Bremerhaven. Dabei hält er eine berühmt gewordene leidenschaftliche Rede, die so viel Wirbel in der Welt verursacht hat. Unter anderem sagt Seine Majestät:

Das Deutsche Reich hat seinem Charakter nach die Verpflichtung, seinen Bürgern, sofern sie im Ausland bedrängt werden, beizustehen. (...) Das Mittel, das ihm dies ermöglicht, ist unser Heer. (...) Euere Kameraden von der Marine haben diese Probe bereits bestanden. (...) Eine große Aufgabe harrt eurer: Ihr sollt das große Unrecht, das geschehen ist, sühnen! (...)

Ihr wißt es wohl, ihr sollt fechten gegen einen verschlagenen, tapferen, gutbewaffneten, grausamen Feind. Kommt ihr an ihn, so wißt: Pardon wird nicht gegeben, Gefangene werden nicht gemacht!

Wer euch in die Hände fällt, sei euch verfallen. Wie vor tausend Jahren die Hunnen unter König Etzel sich einen Namen gemacht, der sie noch jetzt in Überlieferung und Märchen gewaltig erscheinen läßt, so möge der Name Deutscher in China auf tausend Jahre durch euch in einer Weise bestätigt werden, daß niemals wieder ein Chinese es wagt, einen Deutschen auch nur scheel anzusehen! (...)

Zum engsten Gefolge des Kaisers gehören an diesem Tage der Staatssekretär des Auswärtigen Amts, Graf Bernhard von Bülow (der drei Monate später Reichskanzler sein wird), und Philipp Fürst zu Eulenburg-Hertefeld, der Vertraute des Kaisers und Botschafter in Wien.

Die beiden sind entsetzt über die Rede und tun alles, um sie nicht an die Öffentlichkeit dringen zu lassen. Sie sorgen dafür, daß der Presse eine »gereinigte« Fassung übergeben wird.

Sie wissen nicht, daß Josef Ditzen, Chefredakteur der in Bremerhaven erscheinenden »Nordwestdeutschen Zeitung«, sie exakt mitstenografiert hat und die Rede im gesamten Wortlaut veröffentlicht. In einem mutigen Leitartikel schreibt Ditzen: »Hart ist dieses Wort unseres temperamentvollen Kaisers ohne Zweifel, und vom rein menschlichen Standpunkt muß man dagegen Widerspruch erheben.«

Die Wort-Eskapaden Kaiser Wilhelms II. dröhnen um den Erdball. Als »Hunnen-Rede« ist sie in die Weltgeschichte eingegangen. Während des Ersten Weltkrieges sprechen Deutschlands Feinde nur von den »Hunnen«.

Als der Kaiser übrigens die von Bülow redigierte Version in einer deutschen Zeitung liest, protestiert er bestürzt und in völliger Blindheit gegenüber dem Eindruck seiner Rede:

»Sie haben mir ja gerade das Schönste weggestrichen!«

Kommandeur des deutschen China-Kontingents ist der preußische General Emil von Lessel; Kommandant der Kriegsschiffe, die in den Fernen Osten auslaufen, Admiral Geißler. Der Norddeutsche Lloyd verschifft den größten Teil dieser kleinen Armee mit ihrem gesamten Material – darunter sechzig Geschütze und mehr als elftausend Pferde – »in mustergültiger Ordnung« und mit einer hervorragenden Organisation nach China. Am 27. Juli 1900 laufen die ersten drei Transportschiffe aus: »Dresden«, »Halle« und »Batavia«.

Waldersee und sein Stab beginnen die Reise nach Fernost in Neapel. Auf hoher See erfährt der Generalfeldmarschall, daß Peking inzwischen eingenommen und der Boxer-Aufruhr niedergeschlagen ist. Der Kaiser ist verärgert, daß seine Männer zu spät kommen.

Erst am 28. September trifft »Weltmarschall« Waldersee in Peking ein und etabliert sein Hauptquartier im Kaiserpalast. Von hier aus schlägt er die Reste des Boxeraufstandes in der Provinz Tschili (die ab 1928 Hopei heißt) nieder.

Deutsche Truppen stoßen bis an die Chinesische Mauer vor. Waldersee sorgt zunächst dafür, daß die Plünderungen der europäischen Soldaten in der Kaiser-Stadt aufhören, die er als »Schandfleck auf dem Schild europäischer Zivilisation« empfindet.

Nicht nur Soldaten und Offiziere der unteren Chargen, sondern auch Diplomaten und höhere Offiziere haben sich ungeniert die Taschen in den kaiserlichen Palästen vollgestopft. Der russische General Linewitsch verläßt Peking mit zehn Kisten voller Kostbarkeiten, die alle aus den geplünderten Palästen der chinesischen Hauptstadt stammen.

Deutsche und englische Truppen besetzen Schanghai. Das deutsche Kriegsschiffgeschwader bewacht den gewaltigen Jangtsekiang.

Wenige Wochen später erwirbt Oberst Shiba, Führer der japanischen Gesandten-Wache während der Belagerungszeit, von einem chinesischen Trödler eine silberne Uhr. Als er sie genau betrachtet, entdeckt er auf dem Sprungdeckel den Namenszug und das Wappen des toten Gesandten von Ketteler.

Der chinesische Händler wird verhaftet, kann aber nachweisen, daß er die Uhr in einem Pfandhaus gekauft hat. Dort nennt ein Beamter den Namen des Chinesen, der sie gebracht hat: Es ist En Hai.

Der Sergeant ist schnell gefaßt. Er gibt den Mord, den er für eine »nationale Tat« hält, sofort zu. Er wird an der Stelle der Hatamen-Straße enthauptet, wo Freiherr von Ketteler unter den Kugeln des chinesischen Feldwebels gestorben ist ...

Die Boxer sind endgültig niedergeschlagen. Tzu Hsi will plötzlich mit der ganzen Sache nichts mehr zu tun gehabt haben. Die meisten prominenten Förderer der Boxer läßt sie hinrichten – oder die Regentin befiehlt ihnen, sich selber umzubringen. Auch zwei kaiserliche Prinzen werden zum Tode verurteilt, drei führende Mandarine enthauptet.

Aber damit allein geben sich das Deutsche Reich und die übrigen Mächte nicht zufrieden ...

☆

Das Deutsche Reich wird von der chinesischen Regierung einen hohen Preis als Sühne für die Ermordung seines Gesandten verlangen. Wie werden die Chinesen reagieren?

Am 22. September 1900 schreibt Maximilian von Brandt, der das Deutsche Reich von 1874 bis 1893 in Peking als Gesandter vertreten hat und als hervorragender China-Kenner gilt, einen vertraulichen Brief an seinen alten Freund Lo Feng-Luh, der zu dieser Zeit chinesischer Gesandter in London ist und dort den Titel »Sir Chichen« trägt. Dieser Brief charakterisiert deutlich, daß Berlin entschlossen ist, »durchzugreifen«.

Der in dem Schreiben erwähnte Li Hung-tschang hat jahrzehntelang als »Großsekretär« der chinesischen Regierung gewirkt. Wir werden ihm im nächsten Kapitel begegnen, wenn er den Fürsten Otto von Bismarck in Friedrichsruh besucht.

In dem englisch geschriebenen Brief des ehemaligen deutschen China-Gesandten heißt es:

Mein lieber Sir Chichen!

(. . .) Ich würde mich heute nicht an Sie wenden, wenn ich Sie nicht als treuen Anhänger meines alten Freundes Li Hung-tschang kennen würde, der sich zur Zeit so beherzt zeigt, daß er seinem Lande einen anderen und größeren Dienst als je zuvor erweisen könnte.

Sie kennen das Zirkular, das Graf von Bülow (Staatssekretär im Auswärtigen Amt) *an die anderen an der chinesischen Frage interessierten Mächte gerichtet hat. Es ist eine äußerst gerechte und gnädige Forderung, jene Personen auszuliefern, die für den Mord an Baron von Ketteler und so vielen Missionaren und für die Übergriffe auf die ausländischen Gesandtschaften verantwortlich sind – das heißt also, daß die Anstifter zu diesen Verbrechen ausgeliefert werden müssen. Nur durch die Bestrafung der wenigen Hauptschuldigen ist eine schnelle Bereinigung der Angelegenheit zu erreichen.*

Was ich Ihnen verständlich machen möchte und was ich Ihrer Eminenz Li Hung-tschang und dem ehrenwerten Prinzen Ching klarmachen möchte, ist die Tatsache, daß die deutsche Regierung – so wie ich sie beurteilen kann – absolut entschlossen ist, diesen Punkt mit den anderen Mächten durchzusetzen oder, wenn nötig, auch allein.

Das ist selbstverständlich mein persönlicher Eindruck, aber wie ich die maßgebenden Personen in dieser Affäre und die ganze Nation einschätze, bin ich völlig davon überzeugt, daß die einzige Möglichkeit, größere Schwierigkeiten für China abzuwenden, darin besteht, der Forderung der deutschen Regierung möglichst ohne jede Verzögerung nachzukommen. (. . .)

Dies ist eine schwerwiegende Angelegenheit, und ich wäre froh, wenn meinen alten Freunden in China klargemacht werden könnte, daß ihr nicht mit Aufschub und Ausflüchten begegnet werden kann. (. . .)

Ich wäre sehr traurig, wenn die chinesische Regierung bei der Behandlung der von der deutschen Regierung gestellten Forderungen einen aggressiven Ton anschlagen würde.

Ich hoffe, lieber Sir Chichen, daß mein Brief Sie bei guter Gesundheit erreicht, und verbleibe mit den besten Grüßen

Ihr ergebener von Brandt.

☆

Brandt kann beruhigt sein. China, dem gar nichts anderes übrig bleibt, akzeptiert alle Forderungen. »Hauptschuldige« allerdings können nicht mehr ausgeliefert werden, weil sie – angeblich – alle schon tot sind.

Das Reich der Kaiserin Tzu Hsi muß einen hohen Preis zahlen und am 7. September 1901 im Frieden von Peking das Boxer-Protokoll unterzeichnen, das die »Sühnebedingungen« für das Mandschu-Reich enthält.

Peking wird verpflichtet, innerhalb von 40 Jahren eine Entschädigung von 450 Millionen Taels zu bezahlen. Das sind rund anderthalb Milliarden Goldmark (heutige Kaufkraft: sechs Milliarden DM). Rußland erhält davon 130 Millionen Taels, Deutschland 90, Frankreich 70, England 50, Japan 34, die USA 32. Den Rest kassieren die übrigen in Peking akkreditierten europäischen Mächte.

Deutschland (repräsentiert durch seinen neuen Gesandten in Peking, Alfons Freiherr Mumm von Schwarzenstein) legt auf eine Bedingung besonderen Wert: Das kaiserliche China muß einen Sühne-Prinzen nach Berlin schicken, der sich bei Wilhelm II. in aller Form für die Ermordung des Freiherrn von Ketteler zu entschuldigen hat.

Noch weitere Forderungen muß China am 7. September 1901 akzeptieren: An der Stelle der Ermordung Kettelers wird ein großes Denkmal in Form eines Ehrenbogens aus weißem Marmor (ein sogenanntes Pai-lou) errichtet mit der Inschrift in lateinischer, deutscher und chinesischer Sprache, die das Bedauern des Kaisers von China über die Tat ausdrückt. (Es wird nach dem Ersten Weltkrieg auf Wunsch der Siegermächte abgerissen). Auf allen geschändeten europäischen Friedhöfen müssen Sühnemale aufgestellt werden. Alle fremdenfeindlichen Vereinigungen sind ab sofort zu verbieten.

Das Empfangszeremoniell der ausländischen Diplomaten soll von nun an westlichen Formen entsprechen. Der bisher von den Gesandten ohnehin verweigerte Kotau (Niederknien und Verneigen des Kopfes) fällt im Begrüßungszeremoniell fort. In den Jahren zuvor hatte man sich auf einen Kompromiß geeinigt: Bei den Empfängen am Hof beugten die westlichen Besucher nur ein Knie.

China wird künftig allen europäischen Mächten offenstehen – als gemeinsamer Markt zur »wirtschaftlichen Durchdringung«. Der preußische General Helmuth von Moltke – ein Neffe des großen Strategen gleichen Namens – formuliert es weniger diplomatisch:

»Die haben sich den chinesischen Kuchen geteilt!«

Die Europäer konnten das alte »Reich der Mitte« nicht vernichten. Aber – sie haben bisher alles getan, um sich die gedemütigten Chinesen zu Feinden zu machen ...

Niemand hat die Situation in China so treffend charakterisiert wie der berühmte »Weltenbummler« Richard Katz 1926 in der »Vossischen Zeitung«:

»Um uns in die Lage Chinas zu versetzen, müßten wir annehmen, daß Hamburg den Franzosen, Bremen den Engländern und Stettin den Italienern zufiele, daß Japan die Fischerei an unseren Küsten betriebe, Berlin-Charlottenburg den Belgiern als ›Niederlassung‹ diente, das Dresdener Elbufer den Portugiesen und der Stachus Münchens den Japanern (immer die gesündesten und bestgelegenen Stadtviertel).

Wir müßten dann diese groteske Annahme dahin erweitern, daß die Belgier Charlottenburgs die benachbarten Berliner Wohnviertel demolieren ließen, um ihren Kanonen freies Schußfeld zu schaffen (wie es das Gesandtschaftsviertel in Peking tatsächlich mit chinesischen Quartieren tat). Wir müßten ferner annehmen, daß die Engländer vor dem Stadtpark Bremens Tafeln aufstellten: ›Hunden und Deutschen ist der Eintritt verboten‹ (›Dogs and Chinamen no Admission‹ stand bis 1924 am Eingang des öffentlichen Gartens von Schanghai). Wir hätten dieses aufreizende Bild damit abzuschließen, daß die fremden Händler unseren Kaufleuten Konkurrenz machten, ohne auch nur einen Pfennig Steuern zu bezahlen.

So hätten wir uns – ohne Übertreibung – klargemacht, was die Exterritorialität der Fremden für China bedeutet: Verlust der wertvollsten Häfen, fremdstaatliche Siedlungen in den Binnenstädten und eine erdrückende – durch Steuerfreiheit gewährleistete – Konkurrenz des Auslands. Nicht Fremdenrecht also, sondern Entrechtung der Eingeborenen.«

Chinas Dynastie verliert dabei so viel an Ansehen, daß ihr Sturz nur noch eine Frage der Zeit zu sein scheint. Das riesige Reich mit dem ältesten Kulturvolk der Menschheitsgeschichte wird mehr und mehr zum Spielball ausländischer Mächte.

Am 28. Mai 1901 akzeptiert der kaiserliche Hof, der nach Sian (Provinz Schensi) ausgewichen ist und bald nach Peking zurückkehren wird, sämtliche Bedingungen. Graf Waldersee legt am 4. Juni in Tientsin sein Kommando nieder.

Am 4. September 1901 empfängt Kaiser Wilhelm II. im Neuen Palais von Potsdam als »Sühne-Gesandten« den Prinzen Tschun.

Ernst Heinsius, als Oberprimaner Augenzeuge jenes Ereignisses, berichtet in seinem Tagebuch:

»Das Glockenspiel der Potsdamer Garnisonkirche ließ ›Üb' immer Treu und Redlichkeit‹ erklingen, als sich vom Bahnhof her eine Reihe einfacher, zweispänniger Landauer näherte. Sie wären nicht weiter aufgefallen, wenn nicht in jedem dieser fünf Wagen vier Chinesen gesessen hätten – mit schwarzen Käppchen, bunt-seidenen Gewändern und langen Zöpfen.

Einige Freunde, die mit mir diese Auffahrt sahen, wußten, um was es sich handelte: Es war die chinesische Sühne-Gesandtschaft unter Führung des Prinzen Tschun.

Die Landauer fuhren ohne militärische Eskorte. Vor dem Neuen Palais gab es auch keine – sonst bei hohen Besuchen übliche – Empfangszeremonie. Im Neuen Palais überreichte Prinz

Tschun Kaiser Wilhelm II. das Entschuldigungsschreiben der chinesischen Regierung.

Danach trat der Kaiser mit dem Prinzen vor das Schloß, und jetzt erst — nachdem der ›Fall‹ durch die Entschuldigung beigelegt war — schritt Wilhelm II. mit seinem Gast unter den Klängen des Preußischen Präsentiermarsches die Front einer Kompanie des 3. Garde-Ulanenregiments ab. Der Schlußstrich unter die dramatischen Ereignisse von Peking war damit gezogen.

Bei der Abfahrt vom Neuen Palais wurden Prinz Tschun und seine Hofbeamten sogar in Hofequipagen zum Bahnhof gebracht und dabei von Offizieren der in Potsdam stationierten Elite-Einheit des Garde du Corps eskortiert. Es war ein festliches Bild, wie wir es in Potsdam mit Exoten noch nie erlebt haben.«

In der Orangerie von Schloß Sanssouci können bald die wertvollen Geschenke bewundert werden, die Prinz Tschun dem Kaiser hatte überreichen lassen: Kostbare Porzellanvasen mehrerer Epochen und Bronzeplastiken.

Auf der Terrasse der Orangerie waren auch fünf astronomische Instrumente der kaiserlichen Sternwarte zu Peking aufgestellt, die 1901 als Kriegsbeute vom deutschen Kontingent der Interventionstruppen in die Heimat mitgebracht worden sind.

An der Pekinger Sternwarte, die zum Astronomischen Institut des Kaiserreiches China gehörte, wirkten von 1623 an für einige Jahrzehnte die beiden deutschen Jesuitenpatres Johannes Schreck aus Konstanz und Johannes Adam Schall von Bell aus Köln. Sie berechneten Mondfinsternisse, überarbeiteten den chinesischen Kalender und konstruierten neue astronomische Geräte. Zusammen mit ihrem Konfrater Wenzel Kirwitzer, ebenfalls Mathematiker und Astronom, waren die drei Patres die ersten Deutschen, die in China hohes Ansehen erlangten. 1753 wurde noch einmal ein Deutscher Direktor des Astronomischen Instituts in Peking: Karl von Hallerstein.

☆

Am Tage nach dem »Sühnebesuch« bei Kaiser Wilhelm II. gibt der Staatssekretär im Auswärtigen Amt, Oswald Freiherr von Richthofen, eine große Party für den Prinzen Tschun im Garten des Amtes. Eine Teilnehmerin von damals, Hertha Lindström, geborene von Koerner, erinnert sich:

»Mein Vater war Direktor der Handelspolitischen Abteilung im Auswärtigen Amt und ich das einzige junge Mädchen in dieser Behörde. Baron von Richthofen, ein guter Freund meiner Eltern, bat mich, ich solle mich des Prinzen annehmen und ihm überall behilflich sein. Meist war auch der chinesische Gesandte in Berlin dabei.

Als Prinz Tschun mit einem Luftgewehr auf eine Scheibe schießen sollte, hatte er schreckliche Angst. Erst auf Zureden des Gesandten schoß er und ließ dann schleunigst das Gewehr fallen. Er glaubte wohl, daß überall ein Hinterhalt auf ihn warte. Auch vor dem Besuch im Neuen Palais von Potsdam hatte er solche Angst, daß er von Frankfurt am Main aus zunächst nicht weiter nach Berlin fahren wollte. Der Gesandte mußte ihm erst klarmachen, er brauche keine Sorge zu haben.«

☆

Der Kaiser hat sich in seiner »Hunnen-Rede« geirrt: Die Deutschen, die – ebenso wie die Österreicher – an den Palastplünderungen nur sehr maßvoll teilgenommen haben (obwohl manche von ihnen nicht zimperlich sind und gelegentlich in teutonische Arroganz verfallen), werden keineswegs »scheel« in China angesehen. Sie erfreuen sich vielmehr unter den vielen Nationen, die sich in China breitmachen, bald besonderen Ansehens.

Schon Friedrich der Große schickte Schiffe nach China **II**

Die Preußen kommen

- Graf Eulenburg öffnet 1861 für Deutschland die Tore zum Reich der Mitte.
- Deutsche Wissenschaftler »erobern« China: Forscher, Geografen, Sinologen.
- Bismarck schickt Offiziere, Krupp Kanonen, und deutsche Gesandten-Frau schreibt Welt-Bestseller.
- Die Chinesen wundern sich: Immer diese Deutschen!

10 27.1.1901: Deutsche Kavallerie formiert sich zur Geburtstagsfeier des Kaisers am 27.1.1901.

11 Preußens Gloria in Peking: Zur Geburtstagsfeier Kaiser Wilhelms II. sind die deutschen Interventionstruppen in China auf dem großen Platz vor der Verbotenen Stadt angetreten.

12 *Friedlich vereint: Soldaten aus zehn Nationen, die zu den Schutztruppen in der chinesischen Hauptstadt gehören. Hintere Reihe, Mitte: deutscher Soldat aus Pommern.*

13 *Appell eines deutschen Reiterregiments in China, das während des Boxer-Aufstandes zum Expeditionskorps gehört und bald danach (Ende 1901) von Marinesoldaten abgelöst wird.*

Napoleons Wort vom Riesen China, den man schlafen lassen soll, gilt plötzlich nicht mehr. Nach dem Opium-Krieg (1839 bis 1842) blickt die Welt auf das »Reich der Mitte«.

Seit den Tagen, da der venezianische Kaufmann Marco Polo von 1271 bis 1275 seinen Vater und Onkel nach Zentralasien und China begleitet hat, wurde das Interesse an dem fernen Riesenreich drei Jahrhunderte lang lediglich durch einige kühne Forscher wachgehalten, die das sagenhafte Cathay (wie China damals genannt wurde) suchten.

Es waren vor allem Jesuiten-Patres, die das Land erkundeten. Das größte Reich der Menschheitsgeschichte war also für Europa nicht ganz in jenen Schlaf versunken, von dem Napoleon sprach ...

1656 erhalten zwei deutsche Jesuitenpatres, Bernhard Diestel und Johann Grüber, von ihrem Ordensgeneral Goswin Nickel den Auftrag, den Landweg nach China zu erkunden. Sie erreichen Indien über Persien. Von Kalkutta aus fahren sie mit einem englischen Schiff nach Macao, und von dort aus geht die Reise über Land weiter nach Peking.

Auch diese beiden Deutschen erringen – wie ihre Vorgänger – durch ihre wissenschaftlichen Kenntnisse Ruhm und Hochachtung am Pekinger Hof.

Nach den Patres Diestel und Grüber finden wir deutsche China-Reisende nur noch im Gefolge von Portugiesen, Niederländern und Engländern, die in bescheidenem Maß Handel mit dem Reich der Mitte treiben.

Friedrich II. von Preußen gründet 1750 die »Königlich Preußische Asiatische Compagnie«, die aus der fünf Jahre zuvor etablierten »Asiatischen Handlungs-Compagnie« in Emden hervorgegangen war.

Das erste Schiff, die »König von Preußen«, macht sich im Februar 1752 auf den Weg nach China. Nach sechs Monaten Fahrt kommt es in seinem Bestimmungshafen Kanton an. Auf der Rückreise ist das Schiff schwer beladen mit chinesischen Erzeugnissen: Tee und Seide, Porzellan und Perlmutter, Lacken und anderen Spezialitäten.

Die Königlich Preußische Asiatische Compagnie schickt im Lauf der nächsten Jahre weitere sechs Schiffe nach China. Aber durch die Konkurrenz der Holländer und Engländer wirft die preußische Gesellschaft kaum Gewinn ab. Sie stellt daher 1757 ihre Geschäfte ein. Auch eine andere, in Emden gegründete »Handlungs-Compagnie«, die besondere Privilegien von Friedrich II. erhält, kann sich nicht durchsetzen.

Erst von 1784 an werden wieder deutsche Schiffe nach fernöstlichen Häfen geschickt. Die meisten von ihnen segeln unter preußischer Flagge. Ihre Hauptfracht ist immer der Tee.

1787 fährt auch das erste hamburgische Schiff in den Fernen Osten. Aber ab 1800 flaut der deutsche Handel mit China wieder ab, und während der von Napoleon verhängten Kontinentalsperre erliegt er ganz. Es wird noch einige Jahrzehnte dauern, bis die Deutschen mit China richtig ins Geschäft kommen.

Nach Großbritannien und Frankreich, deren Truppen 1860 in Peking einmarschierten und damit China den europäischen Mächten öffneten, treten auch bald die Deutschen wieder auf den Plan – die Preußen an der Spitze mit einer großen Expedition.

König Friedrich Wilhelm IV., der Ministerpräsident Karl Anton Fürst von Hohenzollern-Sigmaringen, der Minister der Auswärtigen Angelegenheiten Alexander von Schleinitz und der Handelsminister August von der Heydt sind sich einig, daß China ein »ungemein wichtiges Land« ist.

Das Königreich Preußen schickt daher Ende 1859 eine Expedition in den Fernen Osten, die von dem Juristen und Diplomaten (1852 preußischer Generalkonsul in Antwerpen und später in Warschau) Friedrich Albrecht Graf von Eulenburg geleitet wird. Seine Aufgabe ist es, einen Freundschafts-, Schiffahrts- und Handelsvertrag mit China, Japan und Siam zu schließen. Eulenburg bricht als »Bevollmächtigter Minister bei den Höfen in China, Japan und Siam« auf und genießt daher diplomatische Immunität.

Mit der Korvette »Arcona«, der Fregatte »Thetis« und dem Segler »Frauenlob« treten Eulenburg und seine Mitarbeiter im Dezember 1859 ihre Fahrt in den Fernen Osten an.

Der preußischen Mission sind drei Attachés zugeteilt: Dr. Theodor von Bunsen, August Graf zu Eulenburg (ein Neffe des preußischen Diplomaten) und Max von Brandt (der von 1874 bis 1893 deutscher Gesandter in Peking sein wird). Zu der Mission gehören ferner Gelehrte (wie der Geologe Ferdinand von Richthofen), Künstler (unter ihnen der Zeichner Wilhelm Heine und der Maler Friedrich Berg) und die Kaufleute Wolff und Spieß.

Es gelingt Eulenburg tatsächlich, die von Berlin gewünschten Verträge zu schließen. Am 24. Januar 1861 unterzeichnet er in Tokio einen Vertrag mit Japan. Am 2. September 1861 ist der Vertrag mit China unter Dach und Fach. Schließlich unterzeichnet Eulenburg am 7. Februar 1862 auch den Vertrag mit Siam, in dessen Hauptstadt Bangkok drei Jahre später ein Generalkonsulat »zum Schutz der dort angesiedelten und lebhaftem Frachtverkehr zusprechenden Deutschen« eröffnet wird.

Der preußisch-chinesische Handelspakt wird in Tientsin besiegelt. Das Abkommen gewährt den Preußen und allen Staaten des Deutschen Zollvereins freien Handel mit dem chinesischen Kaiserreich. Er ist zunächst für die Dauer von zehn Jahren befristet.

Dem Königreich Preußen wird außerdem das Gesandtschaftsrecht eingeräumt, das 1867 auf den von Preußen geführten Norddeutschen Bund (zu dem siebzehn norddeutsche Kleinstaaten, das Königreich Sachsen und der nördlich des Mains gelegene Teil des Großherzogtums Hessen gehören) ausgedehnt wird.

Die Ratifikationsurkunden der preußisch-chinesischen Verträge – dieser ersten deutschen Abkommen mit China überhaupt – werden am 14. Januar 1863 in Schanghai feierlich ausgetauscht. Das ist der Auftakt zu einem neuen Abschnitt deutscher Außenpolitik.

Anfang April 1863 überreicht der preußische Gesandte Guido von Rehfues, der vorher schon – gleichsam als diplomatische Vorhut – seit 1861 zwei Jahre lang Generalkonsul des Königreichs Preußen in Schanghai war, den beiden Regentinnen Tsi-an und Tsi-hi (beide sind Witwen des Kaisers Mu-tsung) sein Beglaubigungsschreiben.

Damit beginnt die Geschichte der Beziehungen zwischen Deutschland und China, die erst – nach einem kleinen Interregnum während des Ersten Weltkrieges – 1945 unterbrochen werden.

Fünf Jahre später, 1950, reist Botschafter Johannes König als Chef der diplomatischen Mission der DDR in die Volksrepublik China und nimmt damit in Peking für einen Teil Deutschlands die Beziehungen wieder auf. Im November 1953 wird die diplomatische Mission der DDR zur Botschaft erhoben.

Die Bundesrepublik Deutschland knüpft erst 1972 wieder die diplomatischen Fäden mit Peking (vergleiche Seite 361 bis 364).

Nach der Gründung des Deutschen Reiches vertritt Rehfues den deutschen Kaiser und das gesamte Reich am chinesischen Kaiserhof. Er bleibt dort bis 1874.

Den Deutschen sind nun die Häfen geöffnet, der Weg zum Handel ist frei. Deutsche Handelshäuser entstehen, deutsche Schiffahrtsvertretungen etablieren sich an der chinesischen Küste. Immer mehr Kaufleute, die eine Chance wittern, errichten Filialen ihrer Unternehmen in China.

Auch deutsche Missionare folgen. Am berühmtesten wird der spätere Bischof aus der schlesischen Niederlassung des katholischen Missionshauses von Steyl (Holland), Johann Baptist von Anzer, der 1879 nach China kommt, Kirchen gründet, Schulen einrichtet, Seminare ihrer Bestimmung übergibt und Waisenhäuser baut. 1890 werden der deutsche Bischof und sein Werk offiziell unter den Schutz des Deutschen Reiches gestellt.

☆

Zu den Teilnehmern der Ostasien-Expedition des Diplomaten Eulenburg zählt der später so berühmte Geologe und Geograph Ferdinand Freiherr von Richthofen. Später unternimmt der Professor (Universitäten Bonn, Leipzig und Berlin) weitere Reisen nach China und veröffentlicht sein fünfbändiges Werk »China, Ergebnisse eigner Reisen«, zu dem später noch zwei Atlanten von China hinzukommen. Sein Werk gilt heute noch als China-Klassiker. Weitere Bücher (zum Beispiel »Schantung und seine Eingangspforte Kiautschou«) weisen ihn als besten und international anerkannten Kenner Chinas aus.

Auch andere deutsche Forscher machen sich einen internationalen Namen. Der Sinologe Dr. Otto Franke (Sinologie: wissenschaftliche Erforschung der chinesischen Kultur, Sprache und Literatur) lernt China von 1888 bis 1901 im deutschen Dolmetscher- und Konsulardienst gründlich kennen und schreibt grundlegende Arbeiten zur Erforschung der Geschichte Chinas. Sein 1930 begonnenes fünfbändiges Werk über die Geschichte des chinesischen Reiches wird noch heute als das international maßgebliche Werk zu diesem Thema anerkannt.

Der Geograph Georg Wegener bereist zwischen 1892 und 1910 mehrmals Ostasien und das innere Gebiet des Jangtsekiang. Auch seine China-Bücher finden die internationale Anerkennung der Fachwelt, vor allem seine Beschreibung des Kun-lun (Kwen-lun), des gewaltigen Gebirgsmassivs, das mit seiner Länge von viertausend Kilometern China von Westen nach Osten durchzieht: »Versuch einer Orographie des Kwen-lun«. (Orographie ist die Beschreibung der Reliefformen des Landes.)

Um noch drei weitere Namen zu nennen: Der deutsche Geograph Heinrich Schmitthenner (Professor in Heidelberg, Leipzig und Marburg) durchquert mehrfach China und veröffentlicht über seine Expeditionen das Monumentalwerk »Chinesische Landschaften und Städte«. Der Geograph Ernst Tiessen erntet mit seinen China-Forschungen großes Lob von der internationalen Fachwelt.

Der bekannteste deutsche Forscher Chinas ist Wilhelm Filchner, der von 1907 bis 1914 elf Text- und Bilderbände sowie vier Kartenwerke über »Wissenschaftliche Ergebnisse der Expedition Filchner nach China und Tibet 1903–05« veröffentlicht. Seine späteren Bücher »Sturm über Asien: Erlebnisse eines diplomatischen Geheimagenten« (1924) und »Tschung-Kue. Das Reich der Mitte« (1925) haben eine ganze Generation gefesselt.

Sven Hedin, der schwedische Asienforscher, Schüler des schon genannten China-Kenners Ferdinand Freiherr von Richthofen und als besonderer Freund Deutschlands bekannt geworden, hat übrigens mit seinen vielen Büchern den größten Erfolg in Deutschland gehabt. Hedin betonte immer wieder, ohne seinen Freund und Lehrer Richthofen, den er auf einigen Reisen begleitete, wäre er nur ein »halber« Forscher geworden.

✡

Das Interesse an China wächst im Deutschen Reich sehr schnell auf allen Gebieten. In Berlin wird 1887 auf Anregung Bismarcks das Seminar für Orientalische Sprachen gegründet. Es ist zunächst nur gedacht als eine Unterrichtsanstalt, an der die Anwärter des Auswärtigen Dienstes die Sprachen des Orients und des Fernen Ostens lernen können. Bald gehört hier auch Chinesisch zu den Lehrfächern. An der reichshauptstädtischen Friedrich-Wilhelms-Universität wird ein Sinologisches Seminar eingerichtet.

Es gibt kaum ein Gebiet, auf dem nicht zwischen Berlin und Peking Kontakte geschlossen werden.

Da ist zum Beispiel der Kolonialoffizier Georg von Glasenapp, der von 1885 bis 1887 Instrukteur einer chinesischen Armee ist. Er vertieft dabei auch die Beziehungen chinesischer Offiziere zum »Kanonen-König« Krupp. Schon 1878 nimmt ein chinesischer Offizier – Militärattaché der Botschaft seines Landes in Berlin – an der militärischen Sensation der damaligen Zeit teil: dem berühmt gewordenen »Völkerschießen« der Firma Krupp, bei dem die neuesten Geschütze 27 Artillerie-Offizieren aus zwölf Staaten vorgeführt werden. Ein Jahr später treffen die ersten deutschen Geschütze in China ein.

Nach dem Boxer-Krieg 1900 wurden von den alliierten Truppen in und um Peking Hunderte von Geschützen aufgefunden, die fast alle von Krupp stammten. Einige waren noch gut verpackt in den Versandkisten, in denen sie die Fabrik aus Essen geschickt hatte. Nur zwei jener Krupp-Kanonen hatten in das Gesandtschaftsviertel gefeuert. Da die Boxer die passende Munition nicht besaßen, schossen sie mit Eisenstücken, Ziegeln und Kieselsteinen.

Georg von Glasenapp hat sich später, 1899, noch einen Namen gemacht als Teilnehmer an einer großen China-Expedition. 1908 wurde er Kommandeur der Schutztruppen im Reichskolonialamt.

Manche kleine Krupp-Kanone ist auch bei den chinesischen Seeräubern gelandet, die zusammen mit den Strandräubern über eine uralte Tradition in China verfügen. Die Regierung in Peking hat bisher nichts gegen sie ausrichten können. Erst das Auswärtige Amt des Deutschen Reiches sorgt dafür, daß Ordnung geschaffen und die Macht der Seeräuber zwar nicht gebrochen, aber doch sehr eingeschränkt wird.

Ende Oktober 1875 wird der deutsche Schoner »Anna« im Gelben Meer von Seeräubern angegriffen. Das Schiff wird beschädigt, einige Matrosen erleiden Verletzungen. Der Nachfolger des deutschen Gesandten Rehfues, Max von Brandt, der das Deutsche Reich von 1874 bis 1893 in China vertritt, protestiert sofort bei der Pekinger Regierung.

Um der Vorstellung Brandts den nötigen Nachdruck zu verleihen, ordert Berlin eine Flottille von sechs Schiffen mit einer Besatzung von 1 400 Mann in die chinesischen Gewässer. Gleichzeitig bitten die Deutschen England, Rußland und Nordamerika um »Amtshilfe«, die prompt geleistet wird.

36 Schiffe – bestückt mit 340 Geschützen, besetzt von 7 000 Soldaten – sind bereit, an mehreren Stellen der Küste zu landen, wenn Peking nicht unverzüglich energische Schritte gegen die Seeräuber unternimmt.

Die Drohung wirkt. Der deutschen Forderung wird nachgegeben. Gesandter von Brandt nimmt in aller Form die Entschuldigung der chinesischen Regierung für den Überfall auf die »Anna« entgegen und leitet sie sogleich an das Auswärtige Amt in Berlin weiter. Die chinesische Regierung erläßt gleichzeitig eine strenge Strandordnung, die gewissenhaft befolgt wird und den See- und Strandräubern das Leben schwermacht. Dennoch gibt das letzte Seeräuber-Schiff erst 1938 das Geschäft auf. Es wird befehligt von einer schönen Frau: der berühmt gewordenen Piratin Fu.

1880 wird eine Zusatzkonvention zum deutsch-chinesischen Handelsvertrag von 1861 unterzeichnet. Sie regelt verschiedene Einzelheiten und öffnet den Deutschen weitere Häfen. Schon 1895 nimmt der deutsche Handel mit China unter allen Ländern die zweite Stelle ein. Nur der englische ist ihm überlegen.

Hier nun müssen einige Zahlen genannt werden:

1877 gab es in China 41 deutsche Firmen, 1890 waren es schon 80, und diese Zahl erhöht sich bis 1901 auf 122 (ohne die Firmen im deutschen Pachtgebiet von Kiautschou mit seiner Hauptstadt Tsingtau). 1913 ist die Zahl der deutschen Firmen in China auf 296 gewachsen (ebenfalls ohne Tsingtau), gegenüber 590 englischen, 131 amerikanischen und 106 französischen.

1890 führten die Deutschen für acht Millionen Goldmark aus China ein und für 30 Millionen Goldmark aus. Zehn Jahre später haben sich die Zahlen wesentlich erhöht: 35 Millionen deutsche Einfuhr aus China, 44 Millionen deutsche Ausfuhr nach China (auch diese Zahlen wieder ohne Tsingtau).

Und wieviele Deutsche lebten in China? 1890 waren es 648,

zehn Jahre später 1 560 – Diplomaten mit ihren Angehörigen, Konsulatsangestellte und Soldaten selbstverständlich ebenso wenig mitgezählt wie die Deutschen von Tsingtau (vgl. das nächste Kapitel). Bis 1914 ist die Zahl der China-Deutschen auf 3 150 gestiegen.

Die Bedeutung des deutschen China-Geschäftes machen auch die sechs Handelskammern deutlich, die 1910 alle wirtschaftlichen Interessen des Deutschen Reiches in China vertreten: Schanghai, Kanton, Hankau, Harbin, Mukden, Tientsin und Tsingtau.

☆

Wie gut das Verhältnis zwischen Deutschland und China ist, beweist die Tatsache, daß der kaiserliche Hof zur Silbernen Hochzeit des deutschen Kronprinzenpaares am 25. Januar 1883 einen besonders freundlichen telegraphischen Glückwunsch nach Berlin übermittelt.

Viele Jahre später geht die Liebe zu Deutschland bei einigen Chinesen sehr weit... Tung-Ling, der Erste Legationssekretär des chinesischen Gesandten in Berlin (General Yin Tschang), nennt seine beiden in der deutschen Reichshauptstadt geborenen Töchter Germania und Berolina.

Li Hung-tschang, einer der größten Staatsmänner in der Geschichte Chinas, ließ zeit seines Lebens eine besondere Hochachtung für den deutschen Reichskanzler Otto von Bismarck erkennen. Der Chinese hat die Außenpolitik Chinas entscheidend beeinflußt. Während der Unruhen des Jahres 1900 war er Gouverneur von Kanton (und damit eines der mächtigsten Provinzoberhäupter). Als einziger weigerte er sich, den Befehlen der Hauptstadt zu folgen, die »fremden Teufel« umzubringen. Er stellte sie vielmehr unter seinen ganz persönlichen Schutz.

Dieser Li Hung-tschang, der den Titel eines Großsekretärs der chinesischen Regierung trug (was in etwa der Stellung des deutschen Reichskanzlers entsprach), war als Offizier an der Niederschlagung des Taiping-Aufstandes beteiligt. Danach gewann er immer mehr Einfluß auf die Außenpolitik des chinesischen Kaiserreiches. Auch bei dem Staatsstreich, durch den die Kaiser-Witwe Tzu Hsi 1875 Regentin für den unmündigen Kaiser Kuang Hsü wurde, spielte er eine entscheidende Rolle. Während der Friedensverhandlungen von Schimonoseki 1895, nach dem Chinesisch-Japanischen Krieg, vertrat er sein Land.

1896 bereiste er Europa und danach die Vereinigten Staaten. Wenn man seinem Tagebuch, das er zusammen mit seinen beiden Begleitern führte, die gleichzeitig als Dolmetscher fungierten, glauben darf, bildete der Besuch beim ehemaligen deutschen Reichskanzler Otto Fürst von Bismarck in Friedrichsruh den Höhepunkt seiner diplomatischen Weltreise.

Bismarck, in großer Uniform, erwartet seinen chinesischen Gast am Tor seines Hauses und verneigt sich, als Li Hung-tschang ihn begrüßt.

Im Tagebuch Lis heißt es:

Wie Bismarck dort stand – diese mächtige Gestalt in edler Haltung und mit einem Lächeln auf dem Antlitz –, bot er einen erhabenen Anblick. Als ich zu ihm getreten war, drückten wir uns beide einander die Hände. Während wir uns unterhielten, standen wir.

»Welch eine Freude für mich, daß Sie, ein Mann mit weltberühmtem Namen und einer so hohen Stellung in Ihrem großen Reich, zu mir gekommen sind, um mir die Ehre Ihres Besuches zu erweisen!«

Mit diesen Worten begann Fürst Bismarck das Gespräch, und ich erwiderte:

»Ich habe schon viel von Eurer Hoheit großen Taten vernommen. Ich habe aber nie begriffen, wie Sie das alles zuwege gebracht haben. Was Sie unternahmen, Exzellenz, schien mir das Werk von Geistern zu sein und nicht das Werk eines Menschen, der im Erdenleben wandert. Doch nun, da ich Eurer Hoheit

Augen gesehen habe, ist es, als ob ich in Ihr Herz geblickt hätte.«
»Die Verdienste, die Eure Exzellenz erworben haben, sind mindestens ebenso außerordentlich«, antwortete Bismarck.

Die beiden Herren machen sich noch gegenseitig Komplimente, und Großsekretär Li bedient sich dabei der blumenreichen Formulierungen, die er, wie alle Chinesen mit literarischer Bildung, so sehr liebt. Die beiden großen alten Männer erkundigen sich gegenseitig nach ihren Krankheiten und geben einander Rat, wie man sie lindern kann.

Nach diesem ersten Gespräch bittet Bismarck seinen Gast und dessen beide Begleiter zu einer kleinen Mahlzeit. Dabei wird eifrig über Politik gesprochen. Schließlich sagt der chinesische Großsekretär:

»Ich bin nach Friedrichsruh gekommen, um in einer bestimmten Frage den Rat Eurer Hoheit zu erbitten.«

»Und welche Frage wäre das, Exzellenz?«

»Gibt es ein Mittel, um China wieder zur Blüte zu bringen?«

Bismarck bleibt eine Antwort schuldig, weil er, wie er bedauernd betont, sich zu wenig um die politischen Verhältnisse in China gekümmert hat.

»Ich kann es deshalb nicht wagen, ein Urteil über das Land zu fällen.«

»Aber gewiß wissen Eure Exzellenz einen allgemein gültigen politischen Grundsatz für unser Land!« entgegnet Li.

»Stellen Sie eine starke Armee auf und verhelfen Sie damit der Staatsgewalt wieder zu Ansehen! Eine Armee ist das einzige Mittel, das es dafür gibt. Es braucht keine besonders große zu sein. Ihre Stärke braucht fünfzigtausend Mann nicht zu übersteigen. Aber die Mannschaften müssen jung und mutig sein und Disziplin zeigen. Dann, so glaube ich, wird es keinen Widerstand mehr geben.«

Genau das hat Bismarck schon zwölf Jahre zuvor dem chinesischen Politiker und Offizier Tseng gesagt, der ihn in der Reichskanzlei besuchte, um damit aller Welt zu dokumentieren, wie ausgezeichnet das Verhältnis zwischen den beiden Kaiserreichen Deutschland und China ist.

Als Ergebnis dieses Gespräches zwischen Bismarck und Tseng wurde der schon erwähnte Georg von Glasenapp für zwei Jahre als militärischer Instrukteur nach China geschickt. Andere Offiziere folgten ihm.

Nachdem Bismarck daran erinnert hat, rückt der Großsekretär mit der Sprache heraus: Er möchte neue deutsche Militärberater für China gewinnen. Wörtlich sagt er:

»Unter allen Armeen in den fünf Erdteilen gibt es keine, die so gut ist wie die deutsche. Wenn ich in meine Heimat zurückkehre, dann soll die neue Armee nach deutschem Vorbild zusammengestellt werden. Was ihre Lehrmeister betrifft, so hoffen wir auf Deutschland, und wir müssen uns darauf verlassen können.«

Tatsächlich gehen wieder deutsche Offiziere bis 1914 nach China, aber ihr Wirkungsfeld bleibt begrenzt. Erst viele Jahre später, 1928, wird die große Zeit der deutschen Militärberater für China beginnen. Viele berühmte Generale und Fachoffiziere der Reichswehr und der späteren Wehrmacht organisieren das Heer Tschiang Kai-scheks.

Nach dem Essen tauschen Bismarck und Li Hung-tschang Geschenke aus. Danach müssen sich die beiden Staatsmänner dem Fotografen stellen. Ein Bild dieser Begegnung hängt noch heute in einem Zimmer des Außenministeriums der Volksrepublik China.

Während seines Studiums in Deutschland hat der heutige Ministerpräsident der Volksrepublik China, Tschou En-lai, übrigens 1923 das Mausoleum Bismarcks in Friedrichsruh besucht.

☆

Die Deutschen haben sich überall gut etabliert in China. Nicht nur im deutschen Pachtgebiet Kiautschou, dem »Musterländle« im Fernen Osten, dem ein besonderes Kapitel dieses Berichtes gewidmet sein wird. Der Direktor des berühmten »Grand-Hôtel des Wagons-Lits« in der Pekinger Gesandtschafts-Straße ist ein Deutscher. Das »Hôtel du Nord« gehört dem Deutschen Otto Ludwig, und in seinem Haus haben zwei Generationen von deutschen China-Besuchern gewohnt.

Die bekanntesten Geschäfte der chinesischen Hauptstadt gehören ebenfalls Deutschen: Kierulff & Co. und Bahlke. Der bestrenommierte Fotograf ist ein Deutscher und heißt Hartung. Sogar in der Buchhändler-Straße gibt es einen Kuriositätenladen, den seit der Jahrhundertwende ein Deutscher führt. Den besten Kuchen von ganz China gibt es in der deutschen Konditorei von Kießling in Tientsin.

Die Buchhandlung Max Nössler & Co. in Schanghais Nanking Road, der Hauptstraße der Internationalen Niederlassung, beliefert seit 1901 alle China-Deutschen mit Büchern, Zeitschriften und Zeitungen und gilt zugleich als ein deutsches Kulturzentrum im Fernen Osten.

Heinrich Cordes, Dolmetscher der Deutschen Gesandtschaft, der bei der Ermordung des Gesandten Freiherr von Ketteler schwer verletzt wurde, ist seit seinem Ausscheiden aus dem diplomatischen Dienst Direktor der Deutsch-Asiatischen Bank in Peking.

Wen wird es wundern, daß es auch schon vor der Jahrhundertwende deutsche Brauereien in chinesischen Städten gibt? Das beste chinesische Bier kommt noch heute aus einer alten deutschen Brauerei in Tsingtau.

Die deutschen Journalisten, die den CDU-Politiker Dr. Gerhard Schröder im Juli 1972 auf seiner China-Reise begleiteten, konnten sich davon überzeugen: Tschou En-lai ließ jedem von ihnen zwei Flaschen Tsingtau-Bier aus der alten deutschen Brauerei »Germania« überreichen, die bis vor wenigen Jahren noch einen deutschen Braumeister beschäftigte.

Das international verwaltete Schanghai, in dem britisch-indische Polizei für Ordnung sorgt, hat sich schnell zum Zentrum der ausländischen Geschäfts- und Lebewelt entwickelt. Hier gehören deutsche Namen zum Straßenbild der ausländischen Konzessionen, die innerhalb der Stadt exterritoriale Rechte besitzen. Manche »echt chinesische« Bar hat einen deutschen Besitzer.

Die ersten Filme, die 1903 in Schanghai und Kanton und bald danach auch in Peking gezeigt werden, kommen aus Deutschland – genau wie die technischen Apparaturen.

☆

Die Missionschefs der Deutschen Gesandtschaft in Peking rekrutieren sich bis zum Ersten Weltkrieg ausschließlich aus dem Adel. Auf Max von Brandt folgt 1893 Gustav Freiherr Schenck zu Schweinsberg, der das Deutsche Reich bis 1896 repräsentiert.

Im Jahr 1893, in dem der neue Gesandte sein Beglaubigungsschreiben überreicht, wird in Shao Shan, in der Provinz Hunan, am 26. Dezember Mao Tse-tung geboren. Sechs Jahre zuvor kam in der Provinz Tschekiang der spätere national-chinesische Generalissimus Tschiang Kai-schek zur Welt . . .

Nachfolger von Schenck zu Schweinsberg wird Edmund Freiherr von Heyking, der das Deutsche Reich von 1896 bis 1899 vertritt. Seine Frau Elisabeth veröffentlicht 1902, anonym, einen Roman in Briefform unter dem Titel »Briefe, die ihn nicht erreichten«, der in alle Weltsprachen übersetzt und ein Weltbestseller wird. Allein in Deutschland erreicht das Buch bis in die dreißiger Jahre hinein eine Auflage von drei Millionen.

In diesem Buch spiegelt Elisabeth von Heyking viele ihrer Eindrücke und Erlebnisse in China wider. Eine tiefe Sympathie zum chinesischen Volk spricht aus diesem Buch, das in Briefen an einen Freund die Geschichte einer unerfüllten Liebe erzählt. An einer Stelle heißt es:

»Es war Winter. Wir gingen durch das finstere Tor der Tatarenstadt und dann über die Bettlerbrücke, uns mühsam einen Weg bahnend zwischen langen Zügen mongolischer Kamele, zahllosen wirr durcheinanderfahrenden blauen Karren und einem Gewühl seltsam fremdartiger Menschen: Mongolen, in breitabstehenden Pelzmützen und dicken ockergelben und kupfrigroten Röcken; Chinesen, fröstelnd trotz ihrer vielen wattierten Gewänder, die Hände unter den lang überhängenden Ärmeln verborgen, auf dem Kopf einen spitz in die Höhe stehenden roten Baschlik, der fest um den Hals zugebunden war.

Andere trugen über den Ohren kleine Pelzfutterale; man konnte sie oft mehrmals anrufen, sie hörten gar nichts und wurden beständig von Karren und Reitern angerannt.

Das waren die Wohlhabenden, die sich gegen die Kälte zu schützen vermochten, aber auf der Bettlerbrücke, zwischen den kleinen offenen Buden und Garküchen, drängte sich eine Menge grausiger Gestalten; halb nackt waren manche, und die abgemagerten Körper zitterten vor Kälte; wir sahen eingefallene Gesichter, blaue Lippen, violette, halb erfrorene Glieder, Wunden und Gebrechen aller Art, Haare struppig verfilzt, Augen, die wie im Wahnsinn starrten.

Kaum menschliche Wesen waren sie zu nennen in ihrem Schmutz und ihrer namenlosen Verkommenheit. Und viele waren noch sehr jung, noch Kinder, und mußten doch auch mal eine Mutter gehabt haben! Und der Jammer erschien deshalb so entsetzlich, weil seine völlige Hoffnungslosigkeit so klar vor Augen lag.

Umringt von den Bettlern blieben wir an einer der kleinen Garküchen stehen, wo in alten, hundertfach gesprungenen und mit Draht kunstvoll geflickten Porzellannäpfen namenlose, seltsam duftende Speisen feilgeboten wurden. Heißhungrig schauten die Bettler nach der großen Pfanne über dem offenen Feuer, auf der Fleischabfälle, zu Bällen geformt, in siedendem Fett gebraten wurden.

Bläulich stieg der heiße Dunst auf in der kalten Winterluft, und gierig sogen die Armen den Geruch brotzelnden Fettes ein und drängten sich möglichst nahe an das Feuer. In ihres Daseins

Hölle war eine warme Mahlzeit am Feuer einer Garküche wohl das Höchste, was die Erde zu bieten vermag – und Sie, mein Freund, ließen allen zu essen geben und blieben dabei, damit auch jeder wirklich sein Teil bekam; denn die Bettler Pekings waren Ihre besonderen Schutzbefohlenen. Wie oft habe ich Sie von dieser merkwürdigen Schar umringt gesehen, die wir Ihre Garde nannten!

Ich fragte Sie nach einigen der seltsamsten Gestalten. Sie kannten sie alle und sagten:

›Auch unter diesen rechtlosesten aller Menschen bestehen noch Rechtsstreitigkeiten: jeder darf nur in bestimmten Straßen betteln; alle zusammen bilden sie eine Gilde, an deren Spitze ein kaiserlicher Prinz steht, dem sie einen jährlichen Tribut entrichten müssen – denn nichts auf Erden wird mehr ausgebeutet als das Elend, das sich nicht zu wehren vermag‹.«

Erst dreißig Jahre nach Erscheinen des Buches wurde die Autorin genannt: Elisabeth von Heyking. Ihre beiden Söhne fielen im Ersten Weltkrieg.

Heykings Nachfolger als deutscher Gesandter in China ist Clemens Freiherr von Ketteler (dessen Ermordung während des Boxer-Aufstandes in Peking im ersten Kapitel dieses Buches geschildert wurde). Auf Ketteler folgen: Alfons Freiherr Mumm von Schwarzenstein (1900–1906), Arthur Graf von Rex (1906 bis 1911), Johann Friedrich Wilhelm Elmershaus von Haxthausen (1911–1914) und Paul von Hintze (1914 bis zur Kriegserklärung Chinas an Deutschland am 14. August 1917).

Die meisten erlebten die chinesische Hauptstadt so, wie sie Sven Hedin schildert:

»Damals (1902) gab es noch nicht einmal die japanischen Rikschas im Straßenbild. Nur die Gesandtschaften hatten europäische Wagen. Es wimmelte von den kleinen, hübschen, mit einem Pferd oder Maultier bespannten Peking-Karren mit ihren blauen gewölbten Stoffdächern und den beiden großen Rädern.

Im beginnenden Frühling lief man Gefahr, in dem Schlamm auf den Straßen und Gassen zu ertrinken. Die Fußgänger trippel-

14 *Zwei große alte Männer der Weltpolitik: der deutsche Alt-Reichskanzler Otto Fürst von Bismarck und der chinesische Großsekretär Li Hung-tschang. Der Staatsmann aus China, der die Politik seines Landes ein Leben lang entscheidend mitbestimmte, besuchte den von ihm verehrten Bismarck 1896 mit »Kleiner Begleitung« in Friedrichsruh.*

15 *Elisabeth von Heyking, die Frau des deutschen Gesandten Edmund Freiherr von Heyking, der das Reich von 1896 bis 1899 in Peking vertrat, schrieb 1902 anonym einen Roman unter dem Titel »Briefe, die ihn nicht erreichten«. Er wurde in alle Weltsprachen übersetzt und erreichte bis zum Ausbruch des Ersten Weltkrieges eine Auflage von zehn Millionen. (Foto: das Ehepaar)*

16, 17, 18 *Das armselige Fischerdorf Tsingtau auf der Halbinsel Schantung zeigt schon 1899, zwei Jahre nach der Ankunft der Deutschen, Zeichen schnellen Aufbaus (ganz oben). Nach weiteren acht Jahren ist aus Tsingtau eine moderne Hafenstadt mit allem Komfort der damaligen Zeit entstanden (Mitte). Das untere Bild zeigt eine Straßenszene aus dem Tsingtau des Jahres 1926, als es längst wieder chinesisch ist. 1973 leben hier 1 150 000 Menschen.*

ten auf hohen Holzschuhen einher, während sich die vornehmen Damen von Kulis in Sänften tragen ließen, und andere auf mongolischen Pferden oder Mauleseln ritten.

Das Straßenleben in seiner Farbenpracht und mit seinen fortwährend wechselnden Bildern war entzückend. Man schrie, man rief seine Ware aus, man trieb seine Reit- und Zugtiere an, man lärmte und stritt, und der Fremde fühlte sich in diesem malerischen Wirrwarr chinesischen Lebens ganz verloren.

Das wogende Gewimmel von Mensch und Tier zeichnete sich gegen einen Hintergrund von Alleen und Baumgruppen im frischen leuchtenden Grün des Frühlings ab. Fast überall sah man etwas von den grauen oder rosafarbenen Flächen der gewaltigen Stadtmauer und hier und da die mächtigen, turmartigen Aufbauten über den Toren mit ihren elegant geschwungenen Dächern.

Fest verschlossen war damals noch die Verbotene Stadt innerhalb ihrer hellroten Mauern. Aber über dem pulsierenden Leben der alten kaiserlichen Hauptstadt leuchtete das Gold auf dem Dach des Kaiserpalastes glänzender als heute, da der Sohn des Himmels der Geschichte angehört, nachdem die Herren der demokratischen Republik und dann die Gewalthaber des kommunistischen Chinas die alten Drachen von ihren Thronen verjagt haben.«

Die Verbotene Stadt ist das Viertel für den Hof – das Heiligtum des Kaiserreiches China. Hier darf niemand anderes wohnen als die Kaiserliche Familie.

☆

Die Deutschen erfreuen sich in China besonderer Beliebtheit. Sie verdanken es zum Teil auch einem philologischen Zufall. Das chinesische Schriftzeichen für »deutsch« bedeutet gleichzeitig »Tugend«. So kommt es, daß – bei nur feindifferenzierter Betonung – im Chinesischen aus Deutschland »Tugendland« wird. Dabei sind freilich längst nicht alle Deutschen, die seit den letzten drei Jahrzehnten des neunzehnten Jahrhunderts in China leben, besonders tugendhaft und nicht immer gerade bescheiden.

Zu den vielen Hohenzollern-Prinzen, die China besuchen, gehört auch Leopold, ein Schwager Kaiser Wilhelms II. Als er 1904 nach Peking kommt, hat er auch eine Begegnung mit dem Prinzen Pun-Lun in dessen Schloß.

Prinz Leopold bemüht sich, seinem Gastgeber klarzumachen, welche Bedeutung die Hohenzollern-Dynastie für Deutschland besitzt. Er geht bis zu der vermessenen Erklärung, das Haus Hohenzollern habe allen Grund, Anspruch auf die Herrschaft über die gesamte zivilisierte Welt zu erheben.

Preußen-Prinz Leopold schwelgt, bramarbasiert und prahlt nach allen Regeln undiplomatischer Kunst. Es dauert lange, bis Prinz Pun-Lun auch einmal zu Wort kommt:

»Eure Königliche Hoheit wissen vielleicht, daß wir hier in China schon lange Anhänger des Ahnenkultes sind. Was mich betrifft, so werde ich, leider, kaum befugt sein, über dieses Thema zu sprechen; denn die Dokumente meines Familienarchivs gehen nicht über dreitausendachthundert Jahre hinaus. Aber – sprechen Sie einmal mit meinen Vettern von der Ming-Dynastie. Die können Ihnen über sechstausend Jahre berichten!«

Dem Prinzen von Preußen verschlägt es die Sprache ...

China und vor allem seine Hauptstadt Peking bilden ein beliebtes Ziel für alle Überseereisenden aus Deutschland. Das gilt besonders für die kaiserliche Marine, die immer wieder die deutsche Flagge in die chinesischen Gewässer trägt.

Ernst Freiherr von Weizsäcker, der spätere Staatssekretär im Auswärtigen Amt (1938 – 1943), Botschafter beim Vatikan (1943 bis 1945) und Vater des Physikers und Philosophen Ernst Freiherr von Weizsäcker, gehört zu jenen vielen Deutschen, die als junge Seeoffiziere in den Fernen Osten und nach Peking gekommen sind. Und wieder ist ein Preußen-Prinz dabei ... Ernst von Weizsäcker erinnert sich an das Jahr 1909:

»Hier im Ausland machte ich meine ersten Hoferfahrungen.

Die Höfe öffneten sich uns, als auf unserem Kreuzer ›Hertha‹ der dritte Sohn des Kaisers, Prinz Adalbert von Preußen, eingeschifft war. Am bemerkenswertesten war der Empfang in der ›Verbotenen Stadt‹, in Peking bei der Kaiserin. Die alte Mandschu-Fürstin führte ein strenges Regiment. Kein Würdenträger sprach mit ihr, ohne zu knien. Aus ihrem von Schminke glasierten Gesicht funkelten die Augen. Der Mund war groß, so groß, daß mein Freund Rabe von Pappenheim mir zuflüsterte: ›Die kann Spargel quer essen.‹

Zum umständlichen, feierlichen, von Tor zu Tor, von Saal zu Saal, von Begrüßung zu Begrüßung führenden Zeremoniell gehörte auch ein Frühstück. Als die Tafel aufgehoben wurde, sah ich, wie auf einen Wink des ersten Bediensteten die noch halbvollen Sektgläser gesammelt wurden, man goß den Inhalt durch einen Trichter in eine leere Champagnerflasche zurück.

Dem König von Württemberg, der mich nach meiner Rückkehr zur Meldung und zu Tisch empfing, erzählte ich den Vorgang. Er schlug lachend seinem Hofmarschall die gleiche Sparmaßnahme vor.

Später habe ich noch manche Hofhaltung gesehen, in Siam, in Griechenland, Italien, in Spanien, Dänemark, Norwegen und namentlich auch in Berlin. Mit der Größe und mit der Würde der chinesischen war keine zu vergleichen.«

☆

1909 verfügt das deutsche Kaiserreich, einschließlich seiner Gesandtschaft in Peking, über achtzehn diplomatische Vertretungen in China. In allen großen Städten gibt es ein Konsulat, das meist mit hervorragenden Fachleuten besetzt ist. Die Diplomaten tragen wesentlich zum Ansehen des Deutschen Reiches in China bei.

Pekings Gesandtschaftsviertel, von Mauern umgeben, bildet eine in sich geschlossene eigene Welt. Die Diplomaten aus elf Ländern leben mit ihren Familien ganz unter sich. Sie unterstehen keinem chinesischen Gesetz. Sie unterhalten eigene Truppen in eigenen Kasernen. Sie verfügen über ihr eigenes Krankenhaus, über eigene Läden. Mit ihrer Post sind sie ebenfalls autark. Briefmarkensammler kennen alle die »Deutsche Post China«.

Das Gesandtschaftsviertel, in dem auch die schon genannten Hotels liegen, nimmt vor allem seit 1900 mehr und mehr europäischen Charakter an und – wie es Wilhelm Filchner formuliert – »sticht mit seiner Ruhe und Sauberkeit wohltuend gegen die übrigen Stadtteile ab.«

Für die heißen Sommermonate haben die Gesandtschaften ihre kühlen Ausweichquartiere. Die deutsche Gesandtschaft unterhält ihren Sommersitz in Pe-tai-ho, einem Seebad nördlich des Golfes von Tschili. Dort ist auch ein Erholungsheim für die deutschen Truppen, die in Peking stationiert sind.

Die Bewohner des exterritorialen Gesandschaftsviertels in Peking vertragen sich ausgezeichnet untereinander und bilden gleichsam ein kleines kosmopolitisches Reich.

Reise-Altmeister Karl Baedeker beschreibt 1912 das Gesandtschaftsviertel von Peking mit der ihm eigenen Akribie:

»Das Gesandtschaftsviertel hat seit 1900 mehr und mehr europäischen Charakter angenommen und sticht mit seiner Sauberkeit und Ruhe angenehm gegen die übrigen Stadtteile ab. Es ist im Norden, Osten und Westen durch eine zum Teil mit vorgelegtem Graben versehene Verteidigungsmauer, im Süden durch die nach dem Hatamen (Hata-Tor) und nach dem Tsienmen (Tsien-Tor) zu durch Blockhäuser gesperrte Südmauer der Tatarenstadt geschützt und wird durch den Edelsteinkanal in einen östlichen und einen westlichen Teil geschieden.

Die Hauptstraße ist die von Osten nach Westen laufende Gesandtschaftsstraße. Betritt man sie vom Hatamen her, so hat man rechts das Deutsche Offizierskasino, links die Waldersee-kaserne (gute Kantine).

In der rechts abzweigenden Schwarzhoffstraße rechts das Deutsche Militärlazarett. Weiterhin links die Belgische Gesandtschaft, rechts die Deutsch-Asiatische Bank und die römisch-katholische Kathedrale St. Michel.

Die hier links abzweigende Sodenstraße führt zu einem Aufgang auf die Mauer der Tatarenstadt. Rechts führt die Thomannstraße zwischen der Ostmauer der Französischen Gesandtschaft und der französischen Kaserne hindurch nach Norden. Rechts der Internationale Klub, links das Haus von Mr. Aglen, dem Direktor der Seezölle, und die Italienische Gesandtschaft. Dann rechts die Österreich-Ungarische Gesandtschaft mit dem 1909 errichteten Standbild des Kaisers Franz Joseph von J. Benk.

In der Gesandtschaftsstraße weiter links die Deutsche Gesandtschaft, in deren Garten ein Marmorkreuz an den Gesandten Freiherrn von Ketteler erinnert; rechts die Französische Gesandtschaft, die französische und die japanische Post; links die Hongkong & Shanghai-Bank; rechts die Spanische Gesandtschaft und die Yokohama Specie Bank.

In der beim Grand-Hôtel des Wagons-Lits links abzweigenden Kanalstraße gelangt man, an der Deutschen Post vorbei, zum Wassertor und zum Bahnhof. An dem nördlich von der Gesandtschaftsstraße gelegenen Teil der Kanalstraße rechts die Japanische Gesandtschaft, die japanische und die italienische Schutzwache. Westlich vom Kanal liegt die Englische Gesandtschaft mit Kirche und schönem Park; am nördlichen Tor Kugelspuren von der Belagerung im Jahre 1900 und die Inschrift ›Lest we forget!‹ (Damit wir nicht vergessen!)

Die Brücke über den Kanal beim Grand-Hôtel des Wagons-Lits überschreitend, hat man rechts die Russische Gesandtschaft mit Kapelle; links die Banque de l'Indo-Chine, die International Banking Corporation, die Russisch-Asiatische Bank, die Holländische und die Amerikanische Gesandtschaft.«

Und wie sieht es heute im alten Gesandtschaftsviertel aus? Nur noch wenige Botschafter der insgesamt 80 bei der Volksrepublik China diplomatisch vertretenen Länder residieren hier. Fast alle Diplomaten sind inzwischen in einem neuen Viertel außerhalb Pekings untergebracht: im sogenannten Diplomaten-Getto San Li Tun.

Mauer und Tor der alten Deutschen Gesandtschaft stehen

heute noch – wie zu Heykings und Kettelers Zeiten. Das frühere Deutsche Militärlazarett ist heute wie damals Krankenhaus. Auch die Sankt-Michel-Kathedrale hat die Zeiten überdauert, dient aber heute als Lagerhaus. Das Gebäude der Deutsch-Asiatischen Bank beherbergt Büros – genau wie die Bauten der übrigen Banken von damals.

Vom Sturm der Zeiten verweht ist das deutsche Hôtel du Nord; erhalten, doch zweckentfremdet das Grand-Hotel des Wagons-Lits. Abgetragen sind das alte Stadttor Hatamen, die Südmauer des Gesandtschaftsviertels und das Wassertor. Zugeschüttet ist der Edelsteinkanal, verschwunden das Haus des deutschen Fotografen Hartung. Auf dem Platz der deutschen Kaserne erhebt sich heute das Ausländer-Hotel Hsin Tschiao, und der Internationale Klub gibt sich immer noch international.

Auf dem Gelände der früheren Italienischen Gesandtschaft sind heute das Pekinger Partei-Komitee und der für alle Touristen so wichtige China-Reisedienst untergebracht.

In der früheren Französischen Gesandtschaft lebt seit 1970 Prinz Norodom Sihanuk, der frühere Staatschef von Kambodscha. Seit seinem Sturz durch einen Staatsstreich der antikommunistischen Rechten in Phnom Penh (18. 3. 1970) leitet er von seinem Pekinger Exil aus die »Königliche Regierung nationaler Einheit.«

☆

Dr. Werner Otto von Hentig, der während des Ersten Weltkrieges durch seinen Vorstoß auf gefahrvollen Wegen nach Afghanistan und von dort über die Höhen Zentralasiens bis schließlich nach Schanghai weltberühmt wurde, später auf wichtigen Posten das Deutsche Reich repräsentierte und in den fünfziger Jahren Bonns Botschafter in Indonesien war, kam als junger »diplomatischer Eleve« 1911 nach China.

»Das Diplomatische Corps (in Peking) war jedenfalls eine wirkliche internationale Familie«, berichtet von Hentig. »Man wohnte zusammen, man sah sich täglich meist mehrfach. Die

Damen fanden sich außer auf den Jours sehr ausgiebig beim Bridge. Oft trat diese wahre Körperschaft gegenüber der Zentral- oder auch manchmal der Provinzialregierung auf.«

Eine Party jagt die andere, aber trotz allen Amüsements erübrigen die Diplomaten auch noch Zeit für die Arbeit...

Den Diplomaten bleibt auch jenes China nicht verborgen, von dem der durch seine Bücher berühmt gewordene italienische Diplomat Daniele Varè (1912 bis 1920 Erster Legationssekretär in Peking, von 1927 bis 1932 Gesandter) berichtet:

»In keinem anderen Land nehmen Leid und Not solche Formen an wie in China. Regengüsse und Überschwemmungen steigern sich zu apokalyptischem Ausmaß und treten mit entsetzlicher Häufigkeit auf. Der Mangel an Verbindungswegen macht jede wirkliche Hilfeleistung unmöglich. Provinzen, die größer sind als mancher europäische Staat, mit einer Bevölkerung von zehn bis sechzig Millionen, werden teilweise überflutet oder gehen in Flammen auf, und dann folgen Kriege, die an sich schon wirtschaftliche Not mit sich bringen. Man liest, daß an zehn Millionen Leute sterben, und fragt sich: ›Kann das wahr sein?‹ Es ist immer wahr...«

Niemand hat bisher die vielen Katastrophen und Leiden aufgezeichnet, die das chinesische Volk in seiner langen Geschichte erdulden mußte.

☆

Die Deutsche Gesandtschaft in Peking ist Sprungbrett für viele Diplomaten gewesen, die sich später einen Namen machten.

1911 ist Erster Sekretär Ago von Maltzan, Freiherr zu Wartenberg und Penzlin – der später als Leiter der Ostabteilung im Auswärtigen Amt für eine Annäherung zwischen Berlin und Moskau eintritt und maßgeblich am Rapallo-Vertrag beteiligt ist. 1924 wird er Botschafter in Washington.

Als Zweiter Sekretär fungiert Freiherr Riedesel zu Eisenbach – ein »geborener Diplomat«, dessen glanzvolle Karriere 1914 durch den Soldatentod beendet wird. Er fällt in den ersten Tagen der Belagerung der deutschen Kolonie Tsingtau durch die Japaner.

Von den drei Militärattachés von Falkenhausen, Willisen und Dr. Wertheimer spielt später Alexander von Falkenhausen eine bedeutende Rolle. Als General ist er in den dreißiger Jahren fünf Jahre lang einer der militärischen Berater Tschiang Kaischeks und von 1940 bis 1944 Militärbefehlshaber in Belgien und Nordfrankreich (bis ihn Hitler nach dem 20. Juli 1944 in ein Konzentrationslager sperren läßt).

Unter den Dolmetschern der Deutschen Gesandtschaft sind vor dem Ersten Weltkrieg zwei später als internationale Kapazitäten geschätzte Männer. Legationsrat Krebs beherrscht 36 (!) Sprachen in Wort, Schrift und Phonetik perfekt und gilt als Sprachwunder von Peking.

Dr. Hauer hat sich auf die mandschurische Sprache spezialisiert und erarbeitet das erste gültige Gesamtlexikon für das Mandschurische. Es gilt noch heute als beispielhaft. Die letzten Teile seines Werkes werden Anfang der dreißiger Jahre von den Japanern gedruckt.

☆

Im fernen China wird das politische Gewitter nicht vernommen, das sich 1914 über Europa zusammenzieht. Während sich die Repräsentanten der Länder im Gesandtschaftsviertel von Peking glänzend verstehen, sind die Politiker und Kabinette dabei, in Europa die Lichter verlöschen zu lassen.

Das Deutsche Reich muß auch in China einen großen Preis im Völkerringen des Ersten Weltkrieges zahlen.

Am Badestrand der Deutschen treffen sich alle China-Europäer

III

Die stolzen Tage von Tsingtau

- Deutsche Stadt am Gelben Meer: Internationales Lob für das Pachtgebiet von Kiautschou.
- Günther Plüschow, der Flieger von Tsingtau, liefert Schlagzeilen für die Weltpresse.
- Bis der Krieg sie trennt ... Nach dem Ruhm der Untergang 1914.

»Ich bin ganz der Ansicht Eurer Majestät, daß wir dringend unseren eigenen Hafen mit Kohlestation und Handelsmöglichkeiten in China erwerben müssen«, sagt Reichskanzler Chlodwig Fürst zu Hohenlohe-Schillingsfürst. Und Admiral Fritz von Hollmann, Chef des Reichsmarineamtes, ergänzt:

»Es ist wirklich höchste Zeit, Majestät, daß wir etwas unternehmen. Ich habe mir erlaubt, schon nach geeigneten Plätzen zu suchen.«

»Ausgezeichnet, mein lieber Hollmann!« antwortet Kaiser Wilhelm II. und lächelt jovial. »Dann wären wir uns also einig, meine Herren. Treiben Sie die Angelegenheit schnell voran. Sie können fest auf meine Unterstützung rechnen!«

Ehe der Kaiser die beiden Herren entläßt, sagt er mit aller Deutlichkeit: »Ich lasse keine Einwände gelten, das Deutsche Reich könne durch eine Annektionspolitik im Fernen Osten in einen internationalen Konflikt geraten.«

Deutschland braucht nicht nur einen »Platz an der Sonne« – den besitzt es schon mit seinen Kolonien in Afrika. Es benötigt jetzt dringend einen für die Versorgung der Schiffe (vor allem mit Kohle) wichtigen Stützpunkt (»Kohlestation«) in Ostasien, den man zu einem großen Handelszentrum ausbauen kann.

Reichskanzler und Reichsmarineamt-Chef ziehen sich mit geziemendem Respekt zurück.

Nach dieser Unterredung im kaiserlichen Schloß zu Berlin,

Anfang Juni 1896, beginnt mit allen diplomatischen Mitteln und praktischen Vorarbeiten die endgültige Suche nach einem geeigneten deutschen Hafen in China. Schon zwei Jahrzehnte zuvor hatte das Deutsche Reich Ausschau nach einem Stützpunkt gehalten. Die Inseln Hainan oder Formosa standen zur Diskussion. Was damals versäumt wurde, soll jetzt – 1896 – nachgeholt werden . . .

Fachleute werden alarmiert. Da ist vor allem der damals schon berühmte deutsche Geograph Ferdinand Freiherr von Richthofen. Sein Gutachten spricht eindeutig für eine deutsche Niederlassung in der Bucht von Kiautschou, im Süden der Halbinsel Schantung.

Admiral Hollmann mobilisiert seine Spezialisten von der deutschen Ostasiatischen Kreuzerdivision. Ihr Chef war einmal Alfred von Tirpitz, der zur Zeit Staatssekretär im Reichsmarineamt ist (im Jahr darauf wird er Chef dieses Amtes sein). Tirpitz, der die Gewässer und die Küsten Chinas »wie seine Westentasche« kennt, spricht sich ebenfalls für Kiautschou aus.

Ein sehr wichtiger Mann wird unverzüglich auf die Reise geschickt, um sich an Ort und Stelle noch einmal umzusehen. Es ist der Wasserbau-Ingenieur Ludwig Franzius, Mitglied der Akademie des Bauwesens in Berlin und Erbauer vieler Häfen (zum Beispiel Bremen). Auch sein Urteil als Hafenfachmann fällt positiv für Kiautschou aus. Damit wären die geographischen und technischen Voraussetzungen erfüllt.

Viel wichtiger erscheinen dem Reichskanzler die politischen Fragen, die bei dem Problem auftauchen und zu berücksichtigen sind. Vor allem gilt es, mit Rußland nicht anzuecken. Die Russen haben ohnehin schon gemerkt, daß die Schiffe der deutschen Ostasiatischen Kreuzerdivision verdächtig oft an der Südküste der Halbinsel Schantung aufgetaucht sind und dort umfangreiche Untersuchungen über Ankergrund und andere nautische Fragen begonnen haben. Aber sie können sich keinen rechten Vers darauf machen . . .

Admiral Otto von Diederichs, Chef der Ostasiatischen Kreuzerdivision, hält guten Kontakt mit seinem russischen Kollegen,

Generaladmiral Jewgenij Iwanowitsch Alexejew, der die Schiffe seines Landes in den chinesischen und pazifischen Gewässern befehligt. Von ihm erfährt der deutsche Admiral, daß die Russen auf Befehl ihrer Regierung einen Winter lang in der Bucht von Kiautschou geankert haben.

»Es war eine schreckliche Zeit«, berichtet der Generaladmiral des Zaren. »Alles öde und entsetzlich einsam. Es gibt keine Teehäuser und keine hübschen Mädchen. Es war furchtbar! Wir werden niemals mehr dorthin fahren. Ich habe meine Regierung dringend davor gewarnt, daß wir uns in dieser Bucht festsetzen. Dort ist absolut nichts zu holen!«

Diederichs tut so, als pflichte er seinem russischen Kollegen Alexejew bei, und meldet den Inhalt seines Gespräches mit ihm sofort nach Berlin.

Der Bericht des Admirals Diederichs trifft in der Reichskanzlei fast gleichzeitig mit einer Antwort des russischen Außenministers Graf Michail Nikolajewitsch Murajow ein. Sie bezieht sich auf Sondierungsfragen, die der deutsche Gesandte in Petersburg an den russischen Außenminister wegen der Kiautschou-Bucht gestellt hat. Kaiser Wilhelm II. und sein Reichskanzler wollten ganz sicher gehen.

Murajow läßt den deutschen Reichskanzler wissen, sein Land erhebe zwar keine direkten vertraglichen Ansprüche auf die Bucht durch ein Abkommen mit China; es berufe sich aber auf das »Recht der ersten Ankerung« und melde damit einen Besitzanspruch an — »weil die Schiffe Seiner Majestät des Zaren dort zu allererst vor anderen Flotten geankert haben.«

Reichskanzler Hohenlohe-Schillingsfürst unterrichtet sofort den Kaiser, der sich daraufhin in die Reichskanzlei begibt — ein sehr seltener Vorgang. Der Kanzler hat inzwischen Admiral Hollmann alarmiert. Die drei Herren haben noch nie etwas vom Recht der ersten Ankerung gehört. Auch die Juristen des Auswärtigen Amtes, die zu Rate gezogen werden, behaupten übereinstimmend, daß es im internationalen Seerecht einen solchen Begriff nicht gibt.

»Fordern Sie ein verbindliches schriftliches Gutachten an!« befiehlt Seine Majestät. »Wir werden dann sehen, wie es weitergeht. Notfalls werde ich höchstpersönlich mit dem Zaren reden.«

Das Gutachten erstellt ein international berühmter deutscher Spezialist für Seerecht: der Geheime Admiralitätsrat Ferdinand Perels. Sein Gutachten fällt vernichtend für Murajow aus. Es gibt wirklich kein »Recht der ersten Ankerung« ...

Im geheimen laufen alle Vorbereitungen weiter, um die deutsche Flagge auf der Halbinsel Schantung hissen zu können.

Im August 1897 reist Wilhelm II. nach Sankt Petersburg. Er bespricht während eines Tennisspiels in den großen Gärten der Sommerresidenz Peterhof den Fall mit Nikolaus II. »Niki« und »Willi« sind sich schon nach wenigen Minuten einig:

»Ich habe kein Interesse an chinesischen Landesteilen, die südlich der Linie Tientsin-Peking liegen«, versichert der Zar. »Du kannst dich darauf verlassen, daß mein Land dir in Schantung keinerlei Hindernisse bereitet. Ich werde mich sogar freuen, wenn Deutschland und Rußland in China sozusagen Nachbarn sind.«

Wilhelm II. ist hocherfreut und läßt großzügig den Zaren die nächste Partie Tennis gewinnen.

»Nachher hatte ich ein Gespräch mit Murajow«, berichtet der deutsche Kaiser. »Er drehte und wendete sich und brachte schließlich sein berühmtes Recht der ersten Ankerung vor. Ich hatte bloß auf diesen Augenblick gewartet und ging nun meinerseits zur Offensive über, indem ich ihm gründlich mit dem Perels'schen Gutachten zu Leibe rückte. Als ich ihm schließlich, wie der Zar es gewünscht hatte, das Ergebnis des Gesprächs der beiden Souveräne mitteilte, wurde der Diplomat noch mehr betreten, verlor seine gekünstelte Ruhe und kapitulierte.«

Somit wäre also alles in Ordnung. Der politische Boden ist vorbereitet. Die technischen Voraussetzungen sind erfüllt. Jetzt fehlen nur noch eine Gelegenheit und ein guter Grund, um die deutsche Flagge über der Bucht von Kiautschou aufziehen zu können.

Der deutsche Gesandte in Peking, Edmund Freiherr von Heyking, nimmt in aller Heimlichkeit mit den Chinesen über die Kiautschou-Frage Verhandlungen auf und erklärt, das Deutsche Reich wolle das Gebiet nicht etwa besetzen, sondern nur pachten.

Genau in diesen Tagen, da Heyking verhandelt, meldet der katholische Bischof Johann Baptist Anzer in einem Telegramm, das am 5. November 1897 in Berlin eintrifft: In einem Dorf der Provinz Schantung sind die beiden deutschen katholischen Patres Henle und Nies, Angehörige der Steyler Missionsgesellschaft, ermordet worden. Die Täter sind Mitglieder der fremdenfeindlichen Sekte der »Brüder vom Großen Messer«.

Die Ermordung der beiden deutschen Missionare ist für den Kaiser und seine Regierung – wie Wilhelm II. es formuliert – »ein Geschenk des Himmels«.

Die Katholiken Deutschlands, besonders die »Kolonialen« in der Zentrumspartei, fordern harte Maßnahmen. Der Kanzler schlägt dem Kaiser vor, unverzüglich und hart einzuschreiten. Nach einer Jagd in der Letzlinger Heide (Kreis Gardelegen) besprechen Kaiser und Kanzler in dem zum Jagdrevier gehörenden Schloß Hirschberg alle Schritte, die sofort getan werden müssen.

Die Ostasiatische Kreuzerdivision soll unverzüglich den Ort Tsingtau besetzen. Unter dem Kommando des Prinzen Heinrich von Preußen, eines Bruders Wilhelms II., der dem Gespräch beiwohnt, soll zur Verstärkung der in ostasiatischen Gewässern operierenden deutschen Kreuzer ein weiteres Geschwader nach China auslaufen.

In seinen Abschiedsworten an den Prinzen Heinrich vor dem Auslaufen der Schiffe sagt der Kaiser:

»Wenn jemand versuchen sollte, Deutschland zu kränken, mußt du mit der gepanzerten Faust dreinfahren!«

Höchst pathetisch antwortet Prinz Heinrich:

»Mich zieht nur eines: das Evangelium Eurer Majestät geheiligter Person im Auslande zu künden und zu predigen jedem, der es hören will – auch denen, die es nicht hören wollen!«

☆

Am 14. November 1897 besetzt das deutsche Geschwader unter dem Befehl von Admiral Otto von Diederichs Tsingtau an der Mündung der Bucht von Kiautschou. Tsingtau ist zu dieser Zeit ein erbärmliches Nest mit knapp eintausend chinesischen Einwohnern.

30 Offiziere und 687 Matrosen landen. Die chinesischen Soldaten, etwa 1500, die in dieser Gegend liegen, dürfen ihre Gewehre behalten, müssen aber Munition und Geschütze übergeben, ehe sie unbehindert abziehen.

Die Nachricht von dem deutschen Coup eilt um die Welt. Die englische Regierung zeigt sich sehr verärgert – vor allem deshalb, weil sie vorher nicht den von der deutschen Regierung erbetenen Segen zu dem Unternehmen erteilt hat. Auch andere Mächte reagieren mit formellen Protesten und wollen so den Deutschen zeigen, daß sie »auch noch da« sind.

Die chinesische Regierung in Peking macht unfreundliche Miene zu diesem Eklat der »fremden Teufel«, kann aber in ihrer Ohnmacht nichts dagegen unternehmen. Freiherr von Heyking, der deutsche Gesandte in Peking, nimmt sofort mit dem von seiner Europareise zurückgekehrten chinesischen Großsekretär Li Hung-tschang und dem »Tsungli Yamen«, der Behörde für Auswärtige Angelegenheiten, Kontakt auf.

Schon am 6. März 1898 (chinesisches Datum: 14. Tag des 2. Mondes im 24. Jahre Kuang-Hsü) unterzeichnen Freiherr von Heyking für Deutschland und Li Hung-tschang und Weng-tung-hao in Peking den Kiautschou-Vertrag. Er besteht aus fünf Artikeln, dessen zweiter lautet:

Der Kaiser von China verpachtet auf 99 Jahre die beiden Seiten des Eingangs der Bucht von Kiautschou, damit Deutschland, gleich anderen Mächten, einen Platz an der chinesischen Küste innehat für die Ausbesserung und Ausrüstung von Schiffen, für die Niederlegung von Materialien und Vorräten für dieselben sowie für sonstige dazugehörende Einrichtungen.

Abgesehen von dem eigentlichen Territorium (552 Quadratkilometer Größe) des deutschen Schutzgebietes Kiautschou wird Deutschland noch eine neutrale Einflußzone zuerkannt, die fünfzig Kilometer im Umkreis des Kiautschou-Gebietes umfaßt. Hier ist der freie Durchmarsch deutscher Truppen jederzeit gestattet. Die gesamte Provinz Schantung wird sehr bald praktisch deutsches Interessengebiet.

Der Erfolg der Deutschen läßt einige andere Mächte nicht ruhen. In schneller Folge nacheinander schließen Frankreich, Rußland und England ähnliche Verträge wie Deutschland mit China ab: Frankreich über die Bucht von Kwangtschouwan, Großbritannien über Weihaiwei, Rußland über Port Arthur, Dairen und Dalni.

Aus den Vereinigten Staaten kommt prompt ein scharfer Protest. In einem Memorandum (1899) wenden sich die USA an die Regierungen von Deutschland, England, Rußland, Frankreich, Japan und Italien. Washington fordert, daß alle Sonder-Rechte der europäischen Nationen auf chinesischem Gebiet aufgehoben und eine allgemeine »Politik der offenen Tür« beachtet werden soll.

Diese Mahnung zu Vernuft und Mäßigung bleibt ungehört und – sie kommt im übrigen zu spät. Die europäischen Regierungen zeigen taube Ohren und legen das Dokument aus Washington zu den Akten.

Nach Abschluß des Kiautschou-Vertrages verkündet Kaiser Wilhelm II. stolz:

Tausende von Christen werden aufatmen, wenn sie des deutschen Kaisers Schiffe in ihrer Nähe wissen werden. Hunderttausende von deutschen Kaufleuten werden aufjauchzen in dem Bewußtsein, daß endlich das Deutsche Reich festen Fuß in Asien gefunden hat. Hunderttausende von Chinesen werden erzittern, wenn sie die eiserne Faust des Deutschen Reiches schwer in ihrem Nacken fühlen werden. Und das ganze deutsche Volk wird sich freuen, daß seine Regierung eine mannhafte Tat vollbracht hat.

Aber in der Praxis ist diese Faust in China gar nicht so hart ...

Schon wenige Wochen nach Vertragsabschluß laufen deutsche Schiffe nach Ostasien aus. Mit Baumaterial, mit technischem Gerät, mit Geschützen und Munition, mit allem, was dazu gehört, wenn eine Großmacht sich irgendwo in der Welt häuslich niederläßt.

Je eine Militär- und Zivilverwaltung werden etabliert. Der Gouverneur ist zugleich Befehlshaber der Besatzung. Zur Zivilverwaltung gehören die Hafen- und Bauverwaltung, das Gericht und die astronomische und meteorologische Station. Das alles wird in kürzester Zeit mit deutscher Gründlichkeit eingerichtet.

In seinen Kolonien unterhält das Deutsche Reich sogenannte »Schutztruppen«, die meist nur aus Heeresangehörigen bestehen. Im fernöstlichen Pachtgebiet dagegen, das der Marine unterstellt ist, erhält Tsingtau als Garnison das III. See-Bataillon (Marine-Infanterie) und dazu eine Abteilung Artillerie, deren Soldaten ebenfalls Angehörige der Kaiserlichen Marine sind. Sie sind zwar im eigentlichen Wortsinn eine »Schutztruppe«, werden aber im Pachtgebiet von Kiautschou nicht so genannt. Ihre amtliche Bezeichnung lautet: Ostasiatisches Marine-Detachement Kiautschou.

Neben einer kleinen deutschen Polizei-Einheit wird eine 60 Mann starke Chinesen-Polizei gedrillt, die unter deutschem Kommando steht.

☆

Schöne, breite Straßen werden in Tsingtau, dem bisher vergessenen Nest, angelegt, natürlich mit Kanalisation. Überall werden Wasserleitungen verlegt. Zahllose Häuser schießen buchstäblich aus dem Boden. Es entsteht ein regelrechtes Villenviertel. Ein Strandhotel wird gebaut, außerdem werden in Tsingtau ein großes Krankenhaus und zwei Polikliniken eröffnet.

Es werden Ziegelei- und Kalkbrennereien erstellt, Maschinenschlossereien und andere Werkstätten errichtet. Werften entstehen, Buchdruckereien, eine Seidenspinnerei, Ölpressen und drei Brauereien (von denen »Germania-Bräu« die berühmteste ist). Das Elektrizitätswerk gehört zu den ersten Errungenschaften. Ein Post- und Telegrafennetz entstehen. Die deutsche Handelskammer wird eröffnet. Bald gibt es ein Kino und ein Theater.

Deutschlands »Visitenkarte« im Fernen Osten kann sich sehen lassen: Aus dem Fischerdorf Tsingtau ist eine vorbildliche deutsche Stadt geworden, die allen technischen und hygienischen Komfort bietet, der damals möglich ist.

Die Deutschen machen sich besonders um die Schulen verdient. Nach wenigen Jahren gibt es insgesamt zwanzig Volksschulen für Chinesen, zwei für die Deutschen und andere Europäer. Hinzu kommen zahlreiche Seminare und Schulen der beiden christlichen Konfessionen: insgesamt 252 Dorfschulen für Chinesen.

Kiautschou gilt als das Gebiet Chinas, das in der Relation zur Einwohnerzahl mit Abstand die meisten Schulen unterhält. 1909 wird schließlich auf Initiative von Professor Otto Franke, gemeinsam mit der chinesischen Regierung, die Deutsch-Chinesische Hochschule gegründet. Zwei Jahre später zählt sie schon 374 Studenten. Die Hochschule soll nicht nur Wissen vermitteln; sie soll in erster Linie das gute Verhältnis zwischen Chinesen und Deutschen fördern und zum gegenseitigen Verständnis beitragen. Übrigens: Schon 1908 beherrschen etwa 5000 Chinesen des Kiautschou-Gebietes die deutsche Sprache.

Das Zentrum Tsingtaus, die Europäer-Stadt, liegt unmittelbar an der Tsingtau-Bucht. Sie wird bald ein beliebtes Ziel für alle Europäer, die vor der Hitze in Peking oder Tientsin flüchten und hier ihren Urlaub verbringen: Engländer und Franzosen, Italiener und Belgier und Angehörige aller anderen europäischen Niederlassungen in China.

Selbstverständlich gibt es auch sehr bald Tennis-, Pferderenn- und Poloplätze und – einen deutschen Turnverein.

Das kleine Chinesen-Dorf Tapautau wächst schnell zu einer Stadt von 30 000 chinesischen Einwohnern, in der sich auch viele europäische Firmen ansiedeln. Das sogenannte Pachtgebiet von Kiautschou, für das die Deutschen in Wirklichkeit nicht einen

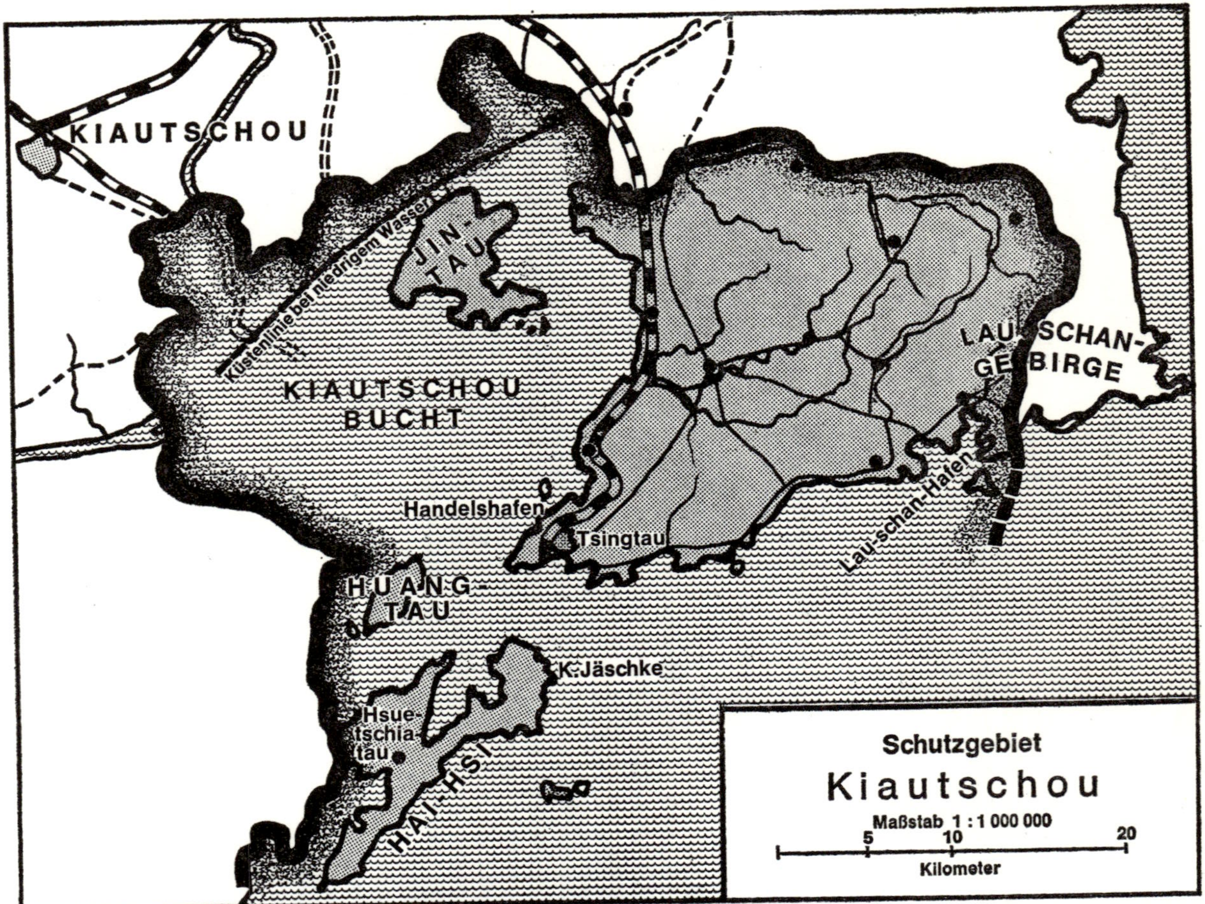
KIAUTSCHOU
Küstenlinie bei niedrigem Wasser
JIN-TAU
KIAUTSCHOU BUCHT
LAUSCHAN-GEBIRGE
Handelshafen
Tsingtau
Lau-schan-Hafen
HUANG-TAU
K. Jäschke
Hsue-tschia-tau
HAI-HSI
Schutzgebiet
Kiautschou
Maßstab 1 : 1 000 000
5
10
20
Kilometer

Pfennig Pacht bezahlen müssen, entwickelt sich, wie Kaiser Wilhelm es treffend formuliert, zu »einem großen Musterlager deutschen Könnens und deutscher Leistungen«.

Ab Januar 1899 gibt es sogar schon eine Zeitung im deutschen Pachtgebiet: die »Deutsch-Asiatische Warte – Amtlicher Anzeiger des Kiautschou-Gebietes«. Unter dem Titel dieses Blattes heißt es: »Druck und Verlag von Picker und Pickardt. Verantwortlicher Redakteur Gust. Picker, Tsintau«. Erst später wird – in neuer deutscher Transskription aus dem Chinesischen – »Tsingtau« geschrieben.

Die »Deutsch-Asiatische Warte« übernimmt einige ihrer Artikel aus der Zeitung »Ostasiatischer Lloyd«, die in Schanghai erscheint.

In einer Reihe »Briefe aus der Kiautschou-Bucht«, die der »Ostasiatische Lloyd« veröffentlicht, heißt es Ende 1898 an einer Stelle über die Probleme, die sich im deutschen Pachtgebiet stellen können:

Wie werden diese Menschen sich künftig regieren lassen? Es würde vermutlich ebenso falsch sein, sich die Sache zu leicht als zu schwer vorzustellen. Bis zu einem gewissen Punkte ist der Chinese ein äußerst friedfertiger und leicht zu leitender Staatsbürger. So wie dieser Punkt von dem chinesischen Beamten überschritten wird, wird der sanfte Chinese dickfellig, hartnäckig im Widerspruch und rebellisch. Er weiß den Widerstand sehr wohl zu organisieren und schreckt dann auch vor Gewalttaten nicht zurück.

Werden in dem neuen Gebiete größere Fehler in der Behandlung der einheimischen Bevölkerung gemacht, so könnte es sich ereignen, daß man sich eines Tages einem geschlossenen Widerstand gegenüber befände. Wir dürfen zu unserer Regierung das Vertrauen haben, daß sie auch die an sie herantretenden schwierigen Fragen einer glücklichen Lösung zuzuführen wissen wird.

Die Deutschen werden sehr gut mit »ihren« Chinesen auskommen ...

Als die Deutschen 1897 in Tsingtau gelandet sind, hat das gesamte Pachtgebiet von Kiautschou 83 000 Einwohner. Genau fünfzehn Jahre später waren es 192 000, darunter rund 2 100 deutsche Zivilisten, 2 000 andere Europäer und 2 400 deutsche Soldaten.

Unter den Chinesen hat es sich bald herumgesprochen, daß man bei den Deutschen viel lernen und gut verdienen kann. Auch viele wohlhabende Chinesen siedeln sich in Kiautschou an und bringen ihr Vermögen mit ins Land.

Die Deutschen denken an alles. Die Gefahr der Bodenspekulation ist von Anfang an gebannt worden. Preise für Land in die Höhe zu treiben, ist durch eine Verfügung des Reichsmarineamtes, dem Kiautschou unterstellt ist, unmöglich gemacht.

Alle Chinesen, die Land besitzen, sind durch eine Prämie verpflichtet, nur an die deutsche Regierung zu verkaufen, und zwar nur zu den Preisen, die vor der Landung der Deutschen in Kiautschou üblich waren. Auf diese Weise behält die Regierung Kiautschous den Landverkauf zum Wohle für alle Ansiedler in ihrer Hand.

Als der Stützpunkt für die Kriegs- und Handelsmarine mit allem ausgerüstet ist, was zu einem modernen Hafen und großen Handelsplatz gehört, wird auch an anderes gedacht. Die deutsche Verwaltung forstet das völlig kahlgewaschene Lauschan-Gebirge, das bis zu elfhundert Metern Höhe ansteigt, wieder neu auf. Schon bald kommen chinesische Fachleute, sehen sich das an und übernehmen mit größtem Erfolg die Methoden der Deutschen in vielen ihrer Provinzen.

Der Schiffsverkehr im Hafen von Tsingtau, der schon 1902 zwei Molen und eine Umfassungsmauer von fünf Kilometern Länge besitzt, die gegen Stürme völligen Schutz gewähren, erfreut sich bald eines ungewöhnlichen Auftriebs. Allein von Deutschland laufen monatlich acht Handelsschiffe direkt Tsingtau an, weitere zehn deutsche Schiffe, die unterwegs Station machen. Auch die Schiffe aller anderen europäischen Nationen sind in Tsingtau anzutreffen.

Schon 1910 nimmt Tsingtau den sechsten Platz unter allen chinesischen Häfen überhaupt ein. 1899 betragen die Einnahmen Tsingtaus an Hafengebühren nur 36 000 Mark (= Goldmark, mit mehr als sechsfacher Kaufkraft gegenüber der DM). Genau zehn Jahre später sind es zweieinhalb Millionen Mark. Auch der Handel blüht von Jahr zu Jahr mehr. 1911 führt das Kiautschou-Gebiet allein aus Deutschland für achtzehn Millionen Mark ein und schickt für sechs Millionen Mark Waren in die Heimat (hauptsächlich Bohnenöl, Erdnüsse und Strohborten).

Bereits 1901 wird ein See-Kabel von Tsingtau nach Schanghai verlegt; es schafft so den Anschluß an das Weltkabelnetz.

Das Bedeutsamste, das die Deutschen leisten, ist der Eisenbahnbau. Er beginnt mit einem großen repräsentativen Bahnhof in Tsingtau. Nach einer Bauzeit von nur zweieinhalb Jahren wird 1901 die 74 Kilometer lange Strecke bis Kiautschou eröffnet.

Ehe wir dieser Strecke folgen, ist eine Zwischenbemerkung notwendig. Während ein engmaschiges Schienennetz 1890 schon ganz Europa erschlossen hat, gibt es zu dieser Zeit in China erst 90 Eisenbahn-Kilometer. Als 1863 eine englische Handelsgesellschaft in Peking einen Kilometer Schienen verlegt hatte und eine Dampflok die Strecke befuhr, war das Entsetzen der Menschen groß. Ein Machtwort der Regierung befahl die sofortige Zerstörung des »Teufelswerkes«. Mit einer kurzen Strecke in Schanghai passierte dasselbe 1875.

Erst eine kleine Spielzeug-Eisenbahn aus Deutschland veränderte radikal die Situation. Der acht Jahre alte Kaiser Kuang-Hsu hat sie 1880 von dem deutschen Gesandten Max von Brandt als Geschenk bekommen. Der kleine Kaiser war begeistert über dieses Zauberding, dessen Uhrwerk man aufzog, und das dann ganz allein über die Schienen fuhr.

Die kluge Kaiserin-Witwe Tzu Hsi, die dem Spiel oft beiwohnte, wurde sehr nachdenklich ... Großsekretär Li Hungtschang unterschrieb 1880 den Vertrag mit einem europäischen Konsortium, das Chinas erste große Eisenbahnstrecke baute: die Linie Peking-Schanghai.

Die chinesische Regierung vergab bald weitere Konzessionen an Belgien (Strecke Peking-Hankau) und an England (Peking-Tientsin, Tientsin-Mukden und Schanghai-Nanking-Hsütschou).

Die Firma Krupp in Essen schickt 1890 als ihren Vertrauensmann den Ingenieur Georg Baur nach China. Er soll dort die Entwicklung des Eisenbahnwesens überwachen und die Interessen seines Hauses wahrnehmen. Baur erweist sich dabei als so umsichtig, daß ihn »Vizekaiser« Li Hung-tschang zum obersten Inspekteur für das gesamte Eisenbahnwesen Chinas ernennt. Die Engländer akzeptieren ihn ebenso wie die Franzosen und Chinesen als »vorbildlichen Pionier deutscher Technik und Wissenschaft«.

Baur erwirbt sich bei seiner Tätigkeit so gründliche Kenntnisse über das Land und dessen Probleme, daß er 1911 – nach der chinesischen Revolution – Berater des Präsidenten der Republik China, Yüan Schi-kai, wird. Auch Dr. Sun Yat-sen, der »Vater der Revolution« und spätere Staatspräsident, hat einen deutschen Berater: Gustav Amann.

☆

Die Deutschen erhalten nach ihrer »Besitzergreifung« von Kiautschou die Konzession für die Strecke von Tsingtau nach Tsinan und von dort nordwärts bis Tientsin und südwärts bis Hsütschou, wo sie auf den britischen Schienenstrang stößt, der von Schanghai kommt.

Die ganze Eisenbahnstrecke, die von den Deutschen gebaut wird, heißt Schantungbahn. Sie wird, wie es damals ein englischer »Konkurrent« formuliert, zu einem »regelrechten Werbestück für deutsche Ingenieurkunst und Industrie«.

1904 hat die Bahn von Tsingtau schon die 395 Kilometer bis Tsinan (Hauptstadt der Provinz Schantung) erreicht. 1910 ist die gesamte Strecke fertig und damit der Anschluß an die Transsibirische Bahn hergestellt. Die Deutschen können nun in dreizehn Tagen von Tsingtau bis Berlin mit der Eisenbahn reisen und brauchen dabei nur zweimal umzusteigen. Die Fahrt kostet 1912 in der II. Klasse der komfortablen Schlafwagenzüge 536,75 Mark.

Der deutsche Bahnbau, an dem der spätere Geheimrat und Generaldirektor der Deutschen Reichsbahn, Julius Dorpmüller, als junger Ingenieur mitwirkt, erweist sich als besonders schwierig. Allein auf der Strecke von Tsingtau nach Tsinan müssen auf einer Länge von 395 Kilometer 350 Brücken über einen Wirrwarr von Wasserläufen gebaut werden. Die größte ist 1 256 Meter lang und führt über den Hoangho, die zweitlängste überbrückt mit 470 Metern den Tsö-ho.

Bis 1914 weht auf allen Bahnhöfen der Schantungbahn die deutsche Reichsflagge neben der Fahne von China. In den Speisewagen der Schnellzüge auf dieser Strecke gibt es deutsche Küche. Spezialitäten sind »Schnitzel à la Holstein« und Spiegeleier mit Schinken.

Mit dem Bahnbau wird auch die Kohlenförderung in den Gruben der Halbinsel Schantung energisch vorangetrieben. Bei allem eigenen Bedarf für Eisenbahn und Schiffe bleibt immer noch so viel, daß (etwa im Jahre 1909) noch 130 000 Tonnen exportiert werden können.

Alles in allem: Das deutsche Schutzgebiet Kiautschou floriert. Es ist der Deutschen Lieblingskolonie und ihr ganzer Stolz.

Tsingtau, das bedeutet im Chinesischen »grüne Insel«. Sie macht ihrem Namen alle Ehre.

☆

Juli 1914 ... Am Badestrand der Stadt Tsingtau – den die Italiener »Neapel des Gelben Meeres« nennen, die Franzosen das »Biarritz des Fernen Ostens« und die Engländer das »deutsche Bournemouth« – herrscht reges Leben. Aus allen europäischen und amerikanischen Niederlassungen in den heißen Städten Chinas sind die Damen und Herren nach Tsingtau gekommen. Sie liegen friedlich in der Sonne und treffen sich abends in den Klubs, in denen fröhliche Feste gefeiert werden.

Die Damen erinnern sich in ihren Gesprächen gerne des deutschen Vizeadmirals Henning von Holtzendorff, dessen Bordfeste berühmt waren, wenn er mit seinen Schiffen im Hafen lag. Er hat so mancher schönen Frau aus Europa das Schwimmen beigebracht. Und oft gab es charmante Zankereien unter den Damen, wer von ihnen nach einem Bordfest als letzte das Schiff des Admirals verlassen sollte. Denn ihr wurde die Ehre zuteil, einen Kuß des alten Kavaliers der See zu bekommen.

Das waren unbesorgte, herrliche Zeiten. Aber auch jetzt, im Juli 1914, da sich im fernen Europa die Gewitterwolken eines Krieges zusammenziehen, wird am Strand von Tsingtau noch ein friedliches und glückliches Europa gespielt – bis zum 31. Juli, da aus Berlin, aus London, aus Paris, Wien und Sankt Petersburg alarmierende Nachrichten eintreffen.

Der Gouverneur von Kiautschou, Kapitän zur See Alfred Meyer-Waldeck, seit 1911 der höchste Repräsentant des Schutzgebietes, erhält telegraphisch die Anordnung: »Alle Sicherheitsmaßnahmen treffen!«

Schon am nächsten Tage lauten die alarmierenden Depeschen aus Europa: »Drohende Kriegsgefahr!«

An diesem 1. August verkünden Deutschland und bald danach Frankreich die allgemeine Mobilmachung, die in Rußland schon seit zwei Tagen imgange ist. Am 3. August erklärt das Deutsche Reich an Frankreich den Krieg. Am nächsten Tag, dem 4. August, tritt England in den Krieg gegen Deutschland ein. Die Tage des Friedens sind vorüber. Das große Sterben beginnt.

Seit dem 1. August steht plötzlich eine eisige Wand zwischen den Deutschen in Tsingtau und ihren Gästen. Gestern waren sie noch Freunde, die sich ihrer Ferien erfreuten. Heute sind sie Feinde. Die weiße Gesellschaft Ostasiens ist jäh entzweit. Es gelingt fast allen Ausländern, ihre Dienstorte in China noch zu erreichen.

Tsingtau wird von Meyer-Waldeck sofort zur Festung erklärt. Seine Worte sind unmißverständlich:

»Nie und nimmer wird diese Kolonie kampflos ausgeliefert

werden! Und wenn nur eine kleine Truppe hinter unzulänglichen Wällen und mit ein paar Dutzend Kanonen gegen eine Welt von Feinden kämpfen muß!«

Von den Schiffen des Ostasiatischen Geschwaders liegen am 2. August nur das Kanonenboot »Jaguar«, das Torpedoboot »S 90«, einige Minenleger und der österreichische Kreuzer »Kaiserin Elisabeth« im Hafen. »Jaguar« und »Kaiserin Elisabeth« laufen sofort zur Aufklärungsfahrt aus.

Wenige Tage zuvor hatte Tsingtau noch »hohen Besuch«. Der Kleine Kreuzer »Emden« mit seinem Kommandanten, dem Fregattenkapitän Karl von Müller, ist am 31. Juli ausgelaufen. Schon wenige Tage später kommt sie mit einem russischen Dampfer zurück, den die »Emden« in der Korea-Straße aufgebracht hat. Der Kleine Kreuzer bleibt nur wenige Stunden im Hafen. Er läuft, wie es einige Monate später in patriotischer Euphorie heißt, »zur Fahrt in die Unsterblichkeit« aus.

Im Indischen Ozean versenkt die »Emden« in kürzester Zeit 23 britische Handelsschiffe, einen russischen Kreuzer und ein französisches Torpedoboot. Sie legt dort den gesamten Handel lahm. Karl von Müller wagt sogar Vorstöße direkt in die Häfen des Feindes. Damit gibt er seinen Standort preis. Am 9. November 1914 wird die »Emden« bei den Kokosinseln (südwestlich von Sumatra) von einem australischen Kreuzer zusammengeschossen und auf ein Riff gesetzt.

Kurz vor Kriegsausbruch liegt das Deutsche Kreuzergeschwader, wie die Ostasiatische Division offiziell genannt wird, in seinem Heimathafen Tsingtau. Sein Kommandant ist seit 1913 Admiral Maximilian Graf von Spee. Mit seinen Panzerkreuzern »Scharnhorst« (dem Flaggschiff) und »Gneisenau« und dem Kleinen Kreuzer »Leipzig« hat er in Tsingtau die Anker gelichtet zur Fahrt in die deutschen Südsee-Kolonien – ohne zu wissen, daß er auf dem Weg zu großen Schlachten ist. In Ponape, einer östlichen Insel der damals deutschen Karolinen, stößt noch die »Nürnberg« hinzu.

Am 1. November 1914 zersprengt Graf von Spee vor der chilenischen Küste, auf der Höhe von Coronel, ein englisches Geschwader und vernichtet dabei zwei britische Kreuzer. Dieser Sieg bewirkt an der Westküste Südamerikas die sofortige Einstellung des englischen Schiffsverkehrs.

Nach weiterem erfolgreichen Kreuzerkrieg wird das Geschwader des Grafen Spee am 8. Dezember 1914 bei den Falklandinseln von überlegenen englischen Kräften zum Kampf gestellt. Es geht ruhmvoll unter ...

☆

Gegen einen Angriff von See ist Tsingtau mit seinen Hafenanlagen durch Forts und Küstenbatterien gut geschützt. Aber gegen einen Landangriff ist wenig Schutz vorhanden. Es gibt nur einige Batterien und Infanterie-Stellungen mit Drahthindernissen, die sogenannte »Boxerstellung« aus den Tagen des Boxeraufstandes.

In Tsingtau regen sich alle Hände, um das gesamte Schutzgebiet verteidigen zu können.

Seit den ersten Augusttagen 1914 brechen aus ganz China Deutsche nach Tsingtau auf — oft in den abenteuerlichsten Verkleidungen, um nicht von Engländern, Franzosen und Russen erwischt zu werden. Sie kommen aus Mukden und aus Kanton, aus Peking und Tientsin — lauter Freiwillige, die bei der Verteidigung »ihrer« Kolonie dabei sein wollen.

Viele müssen unsägliche Strapazen und zahllose Abenteuer bestehen, ehe sie ihre deutsche Heimat im Fernen Osten erreicht haben. Nur wenigen gelingt es, unbehelligt mit der Eisenbahn bis Tsingtau zu gelangen. Auch alle Männer der in Peking und Tientsin stationierten 500 Infanteristen des »Ostasiatischen Marine-Détachement« können sich, unter dem Kommando des Oberstleutnant Kuhlo, nach Tsingtau durchschlagen.

Die Mannschaft des in Kanton liegenden deutschen Kanonenbootes »Tsingtau« versenkt im Dunkel der Nacht, unter den Augen der Engländer und Franzosen, ihr Schiff und gelangt auf Schleichwegen bis Kiautschou. Ihr Kommandant, Kapitänleutnant von Möller, sah keine Chancen, mit der »Tsingtau« die Übermacht der Feinde zu durchbrechen. Möller selber unternimmt mit fünf Deutschen aus Kanton das Wagnis, mit einem kleinen Segelkutter nach Deutschland zu kommen.

Das Unmögliche gelingt. Die kleine Mannschaft durchquert den Indischen Ozean und landet an der Küste Arabiens. Kurz vor ihrem Ziel – der deutschen Flotte in Konstantinopel – werden die Männer auf einer Bahnstation im Norden des heutigen Libanon von aufständischen Beduinen ermordet.

Die militärische Besatzung Tsingtaus beträgt am 1. August 1914 nur 2 400 aktive deutsche Soldaten. Mit den 500 Marine-Infanteristen aus Peking und Tientsien und den vielen Freiwilligen, die aus allen Teilen Ost- und Südostasiens auf gefahr- und listenreichen Wegen in Tsingtau gelandet sind, besteht die Kampftruppe schließlich aus 4 000 Mann.

Am 19. August 1914 stellt Japan, das seit 1902 gegen die Expansionspolitik Rußlands in Ostasien mit England verbündet ist, an Deutschland ein Ultimatum zur Übergabe von Kiautschou. Es ist bis zum 23. August befristet.

Gouverneur Meyer-Waldeck denkt gar nicht daran, das deutsche Pachtgebiet bedingungslos an Japan auszuliefern. Er würdigt die Japaner keiner Antwort und richtet am Tage, da das Ultimatum abläuft, ein Telegramm in die Heimat mit dem lapidaren Satz: »Einstehe für Pflichterfüllung bis zum äußersten!«

Tag und Nacht arbeiten die Deutschen weiter an ihren Befestigungen. Die japanische Blockade beginnt schon gleich nach dem 23. August. Alle noch verfügbaren Schiffe im Hafen werden von den Deutschen so versenkt, daß die Einfahrt gesperrt ist.

Was werden die Japaner tun? Wo und wann werden sie angreifen? Hier ist es der später durch seine Flüge in Südamerika weltberühmt gewordene Oberleutnant Günther Plüschow, der mit seiner Rumpler-Taube, dem einzigen Flugzeug in ganz Kiautschou, unschätzbare Aufklärungsdienste leistet. Er kann dem Gouverneur mehrmals täglich genau melden, wie die Japaner seit den ersten Septembertagen an der Nordküste der Halbinsel

Schantung landen und durch neutrales chinesisches Gebiet gegen Kiautschou vordringen. Auch eine weitere Landung japanischer Truppen in der Lauschan-Bucht entdeckt Plüschow sofort.

Erschreckend ist die Übermacht der Japaner. Sie haben nach Schätzungen – die sich später als richtig erweisen – über 65 000 Infanteristen gelandet. Wie soll der verlorene Haufen der Deutschen mit dieser Übermacht fertig werden?

Immer wieder steigt Plüschow mit seiner Taube auf. Und stets machen die Japaner alle Anstrengungen, diesen lästigen Vogel abzuschießen. Es gelingt ihnen nicht. Den Flieger von Tsingtau begleitet das Glück des Kühnen. Ein Augenzeuge von damals berichtet:

»Atemberaubend ist es, zu erleben, wenn Plüschow von seinen Flügen zurückkehrt. Gehetzt und verfolgt von zehn und mehr feindlichen Flugzeugen, nähert er sich dem kleinen Flugplatz, über dem schon dichte Schrapnell-Wolken japanischer Batterien auf den Flieger warten. Da heißt es, Zähne zusammenbeißen und im Sturzflug durch diese Hölle durchsausen ... Kaum hat sein Vogel die Erde erreicht, so fliegen auch schon die Bomben der Flugzeuge auf den Platz ...«

Die großen Geländeschwierigkeiten machen es den Japanern schwer, vorwärts zu kommen. Erst Mitte September beginnen die ersten Gefechte mit deutschen Vorposten. Unter heftigsten Artillerie- und Infanteriekämpfen gelangen die Japaner immer näher an das Kiautschou-Gebiet heran, bis Ende September die Umschließung des deutschen Schutzgebietes vollendet ist.

Den Japanern folgen schließlich noch 1 500 Briten, die von ihrem Stützpunkt Weihaiwei (an der Nordküste der Halbinsel Schantung) aus aufbrechen.

Der Missions-Superintendent C. A. Voskamp aus Berlin, der lange in Tsingtau gewirkt hat, trägt am 21. September 1914 in sein Tagebuch ein:

Die Maschen des japanischen Belagerungsnetzes ziehen sich enger um uns. Im Lauschangebirge, das unsere schöne, deutsche

Kolonie im Osten abschließt, ist es schon zu wiederholten Zusammenstößen zwischen unseren Patrouillen und dem japanischen Militär gekommen. Das Mecklenburg-Haus, das herrliche Erholungsheim, ist zum Teil von den Unseren zerstört und wurde dann von den Japanern beschossen. Das Gros der japanischen Armee befindet sich noch auf dem Marsche. Die Truppen sind in Lungku und den Lauschanhäfen gelandet, aber die Wege sind durch die wolkenbruchartigen Regengüsse so unpassierbar geworden, daß die feindlichen Maschinengewehrabteilungen nur täglich fünf bis sechs Kilometer weit vordringen können.

Die anfängliche Besorgnis vor einer Überrennung unserer Verteidigungslinien durch überlegene japanische Kolonnen hat kühleren Erwägungen Platz gemacht. Auf dem Meere sieht man die Schatten der japanischen Linienschiffe und Kreuzer, und von Zeit zu Zeit erscheint ein englisches Kriegsschiff, das wohl beobachten soll, welche Fortschritte die Japaner gemacht haben. Japan hat sich anheischig gemacht, wie verlautet, für die Erlassung der Zinsen der Anleihe Englands in der Höhe von 50 Millionen Jen Tsingtau zu stürmen. Andere sagen, Tsingtau solle ausgehungert werden. Ein zerstörtes Tsingtau – und Deutschland würde den stürmenden Japanern nur einen rauchenden Trümmerhaufen hinterlassen – würde den Feinden nichts nützen.

Was den Japaner reizt, zu besitzen, ist das in den 16 Jahren mit unendlicher Mühe und Fleiß geschaffene, mustergültige Kolonialanwesen, das einzigartig in ganz Ostasien dasteht. Aber England will auch kein japanisches Tsingtau haben, und Japan verlangt nicht darnach, als Preis seiner schweren Opfer eine internationale Konzession wie Schanghai und Tientsin und Hankau entstehen zu sehen. Japan will ganz Schantung beherrschen oder nur ein Faustpfand haben, zum Umtausch gegen die ihm so nötige Kornkammer der Provinz Fukien. Es ist ein Rätsel, warum Japan so langsam und mit Zögern die Belagerung Tsingtaus betreibt, so ungleich dem russischen Kriege, wo es mit dem Ungestüm eines Tigers in den Dschungeln – um sein eigenes Bild zu gebrauchen – dem Gegner an die Kehle fuhr.

Unsere Soldaten – welche prachtvolle Stimmung herrscht doch unter unseren kämpfenden Brüdern an der Front! – haben längst erkannt, daß der Japaner ein schlechter Gewehrschütze ist. Seine Stärke liegt im Angriff mit dem Bajonett, im Überwinden von unglaublichen Hindernissen und in seiner Geschicklichkeit, Stellungen zu schaffen für seine gute Artillerie bei Belagerungsarbeiten.

Schon werden kleine Heldenstückchen von unseren Leuten erzählt, wie sie im Kugelregen der Feinde ruhig das gestürzte Pferd aufrichten und satteln, dann die Patronen vor sich ausschütten und zehn bis fünfzehn Gegner erledigen. Außen vor den Verteidigungslinien spielen sich täglich solche Szenen ab. Aber auch dem Feinde muß man Gerechtigkeit widerfahren lassen. Er kämpft eben auch für seinen Kaiser, für das größere Japan, für sein Buschido, seine Ehre.

Am 28. September 1914 greifen japanische Großkampfschiffe von See her in den Kampf ein. In dieses Inferno mischen sich jetzt die Abschüsse der schweren japanischen Artillerie auf der Halbinsel.

Die Deutschen warten auf den Generalangriff ihres Gegners – mehrere Wochen lang. Dadurch hat Meyer-Waldeck die Möglichkeit, seine Verteidigungsstellungen weiter auszubauen.

Am 30. Oktober, dem Geburtstag des japanischen Kaisers, versuchen die Gegner, Tsingtau im Sturm zu nehmen. Der Angriff wird von den Deutschen abgeschlagen. Und doch – darüber sind sich alle im klaren – wird der Kampf bald zu Ende sein. Wasser ist schon knapp. Es mangelt an Lebensmitteln – von fehlender Munition und den wenigen Soldaten erst gar nicht zu reden, die am Ende ihrer physischen Kräfte sind. Seit vielen Tagen haben sie nicht mehr geschlafen.

Die Sturmangriffe der japanischen Infanterie beginnen am 4. November. Schritt für Schritt müssen sie das Festungsgelände erobern – bis auf deutscher Seite die letzte Patrone verschossen ist.

Erst jetzt entschließt sich der Gouverneur, die gesamten Hafen-

19 *Deutsche Uniformen gehören bis 1917 in China zum alltäglichen Bild. Hier paradieren Kaiserliche Marinesoldaten 1910 im Hafen von Tsingtau zu Ehren eines deutschen Gastes.*

20 *Auf Vorposten Berlins in China: Mumm v. Schwarzenstein (1900–1907).*

21 *Admiral, Politiker und Gesandter: Paul von Hintze (1914–1917) in Peking.*

22 *Schlagzeilen für die Weltpresse 1914: Günther Plüschow, der Flieger von Tsingtau.*

23 *Von Tsingtau aus ruhmvoll in den Untergang: Admiral M. Graf von Spee.*

24 *Kampf auf verlorenem Posten: Tsingtau-Gouverneur Meyer-Waldeck.*

anlagen zu zerstören, die Befestigungswerke zu sprengen und die letzten Schiffe, die noch im Hafen liegen, zu versenken.

Über diesen 7. November 1914, an dem die deutsche Besatzung von Kiautschou nach 43tägiger tapferer Gegenwehr gegen achtzehnfache Überlegenheit kapitulieren muß, schreibt der evangelische Pfarrer Dr. Richard Wilhelm in seinem Tagebuch:

Um sieben Uhr gehe ich auf das Polizeiamt, um mich nach dem Stand der Dinge zu erkundigen. Im Schein der aufgehenden Sonne sieht man auf dem Signalberg die weiße Flagge, ebenso auf dem Observatorium. Ein Wachtmeister nimmt ein Fernglas, sieht genauer hin und sagt: »Es ist die japanische Flagge!«

Die beiden Japaner, die gefangen waren und nun wieder freigelassen werden, grinsen vergnügt. Nun ist ihre Zeit gekommen. Auf der Höhe begegne ich den ersten japanischen Soldaten. Fast jeder hat seinem Gewehr eine japanische Flagge aufgepflanzt. Von der Werft her hört man die Banzai-Rufe der Sieger.

Vor dem West-Tor begegnet mir ein japanischer Leutnant, der deutsch spricht und sich sofort nach »Herr Meyer« erkundigt. Er hätte unseren Gouverneur gern gefangengenommen.

Der Kampf um Tsingtau ist beendet. Es bleibt nur noch die ehrenvolle Kapitulation. Ein Beteiligter von damals, Major von Kayser, Adjutant des Gouverneurs, berichtet später über die letzte Stunde Tsingtaus:

»Kapitän zur See Meyer-Waldeck denkt jetzt an die wehrlosen Frauen und Kinder. Er kämpft einen schweren Kampf ... Doch – es muß sein! Kein Hindernis liegt mehr zwischen dem Feind und den deutschen Frauen und Kindern. Wenn er noch weiter zögert, werden führerlose Haufen des Feindes die wehrlose Stadt sengend und mordend überfluten.

Es ist die schwerste und bitterste Minute seines Lebens, als der Gouverneur den Befehl gibt, die Kriegsflagge durch die weiße Fahne der Übergabe zu ersetzen. Dann senkt er tief den Kopf, und auch alle anderen um ihn blicken zu Boden.

Doch kein Makel haftet an dieser weißen Flagge. Es ist ja keine Festung, die übergeben wird – es ist eine wehrlose Stadt. Im fahlen Licht des dämmernden Morgens wehen auf dem Observatorium und auf dem Mast der Signalstation die weißen Flaggen ...«

Die Deutschen haben in ihrem Pachtgebiet von Kiautschou, vor allem in dessen Hauptstadt Tsingtau, auch Japaner als Arbeiter beschäftigt. Nach der Eroberung Tsingtaus durch die Soldaten des Tenno stellt sich allerdings heraus, daß es unter den japanischen Arbeitern eine Menge Spione gegeben hat. Sie sind vom Kriegsministerium in Tokio, als Arbeiter getarnt, nach Tsingtau eingeschleust worden.

1908 hat der Gouverneur Meyer-Waldeck dem Japaner Fangota die Genehmigung erteilt, in der Bismarck-Kaserne die Marinesoldaten zu fotografieren. Alle deutschen Matrosen, die ihre Dienstzeit hier verbringen, nehmen Erinnerungsbilder mit nach Hause, die jener Fangota gemacht hat.

Jetzt, da Tsingtau kapituliert hat, erscheint jener Arbeiter, der sich nebenbei als Fotograf betätigt hat, in der Uniform eines japanischen Hauptmanns und verhört deutsche Offiziere in fließendem Deutsch. Vorher hat Fangota immer einen Dolmetscher gebraucht, wenn er mit Deutschen sprach.

Der Fall Fangota ist exemplarisch. Später stellt sich heraus, daß unter den japanischen Arbeitern noch andere getarnte Soldaten des Tenno wichtige Dinge für einen möglichen Kriegsfall ausgekundschaftet haben. Die Japaner haben schon lange auf die Gelegenheit gewartet, sich Kiautschous als Flottenbasis zu bemächtigen ...

☆

Die Deutschen beklagen 199 Tote und 500 Verwundete. Japans Verluste sind wesentlich höher: 1 800 Tote und 4 000 Verwundete.

Der Gouverneur, seine Offiziere und Soldaten gehen in ehrenvolle Gefangenschaft. Zivilisten gelten als interniert, dürfen aber in ihren Wohnungen bleiben und schon bald wieder ihrer Arbeit nachgehen. Die meisten Männer freilich müssen beim Aufräumen und Aufbauen helfen.

Nur einer entkommt buchstäblich in letzter Minute: Günther Plüschow mit seiner Taube. Er soll versuchen, mit Dokumenten, Briefen und dienstlichen Berichten in neutrales Gebiet zu gelangen.

Vor Plüschow liegt eine der großen Odysseen des Ersten Weltkrieges. Nach der Landung mit seiner Taube in einem chinesischen Schlammfeld gelingt ihm eine Flucht rund um den Erdball in allen nur denkbaren Maskeraden, bis er schließlich als arbeitsloser Seemann in Gibraltar und endlich über London in Deutschland landet. Er ist den Engländern und anderen Häschern immer und überall entwischt.

Für Tsingtau beginnt ein neues Kapitel seiner Geschichte. Die Japaner werden ihres neuen Besitzes in China nicht froh werden.

Im fernen Peking ist das gesellschaftliche Leben im Gesandtschaftsviertel seit Kriegsbeginn erloschen. Europäische Diplomaten, deren Länder in den Krieg verwickelt sind, meiden sich.

Dennoch gibt es bis zum November 1918 ein friedliches Nebeneinander im Gesandtschaftsviertel – auch unter Angehörigen der Nationen, die sich in Europa bekämpfen.

Für eine erfreuliche Situation sorgt die Pekinger Gruppe des Weltbundes »Young Men's Christian Associations« (YMCA). Sie gründet bald nach Kriegsbeginn für die Soldaten aller Gesandtschaftswachen ein Heim. Hier treffen sich, in Uniform, die meist jungen Männer dieser Wachen. Sie sitzen zwar nach Nationen geordnet an getrennten Tischen, aber doch friedlich beieinander in einem Raum und denken garnicht daran, sich »feindselig« zu benehmen – während sich ihre Kameraden in Europa gegenseitig bekämpfen und töten ...

China bleibt vorläufig neutral, und keiner der Diplomaten muß die chinesische Hauptstadt verlassen. Paul von Hintze steht als Gesandter weiter auf Posten für Deutschland im Fernen Osten.

☆

1929 besucht Richard Katz auf einer seiner Weltreisen für den Berliner Ullstein-Verlag auch Tsingtau. Er ist überrascht, wie »deutsch« die Stadt geblieben ist, in der bis 1914 »unsere Besatzung nicht die Herren spielten, sondern freundschaftliche Beziehungen zu den Chinesen suchten. Und diese Freundschaft bewährt sich heute noch«.

»Tsingtau ist so eindeutig deutsch geblieben«, notiert Katz 1929 an Ort und Stelle, »daß die chinesischen Rikschas und Schubkarren in ihr wirken wie eine Hagenbeck-Schau in Pirna. Die Stadt ist 1914 nur den Uniformen nach japanisch geworden. Doch auch Japan hätte nicht das Leben seiner Soldaten eingesetzt, wenn es gewußt hätte, wie bald Amerika es zwingen würde, die deutsche Stadt den verhaßten Chinesen zurückzugeben. Es hätte nicht das neue Wasserwerk gebaut, es hätte sich überlegt, so viele Baumwollspinnereien, Ölpressen, Denkmäler, Tempel und Verwaltungsgebäude zu errichten, und es hätte nicht achtzehntausend Japaner zur Ansiedlung ermuntert.«

Tsingtau ist auch 1922, als es China zurückgegeben wurde, nur den Uniformen nach wieder chinesisch geworden. »Die Chinesen spüren das«, schreibt Richard Katz für die Leser der »Vossischen Zeitung« und die vielen Käufer seiner späteren Bücher. »Würde sonst der Metzger in deutscher Plakatschrift über seinen Laden pinseln: SCHLACHTEREI?«

1929 leben noch rund dreihundert Deutsche in Tsingtau – eine kleine Minderheit unter 60 000 Chinesen, 13 000 Japanern und 500 Russen. Ich zitierte noch einmal Katz:

»Aus dem deutschen Gerichtsgebäude ist ein chinesisches Landgericht geworden, aus dem deutschen Gouvernement die chinesische Verwaltung. Im deutschen Garnison-Lazarett werden jetzt Japaner gesundgepflegt, und das Strand-Hotel läßt ein japanischer Manager gemeinsam mit einem Holländer verwahrlosen. Aber Tsingtau ist dennoch deutsch geblieben in seinem Wesen, und nirgendwo in China werden deutsche Ansiedler so respektiert wie hier – weil guter Wille ein langes Leben hat.«

Katz fährt mit einem Auto auch in das Lauschan-Gebirge, das

die Deutschen 25 Jahre zuvor in beispielhafter Weise aufgeforstet haben. Er schreibt darüber:

»Seit Japan Tsingtau eroberte, muß man in den Lauschan Proviant mitbringen. Das große deutsche Sanatorium ›Mecklenburghaus‹ ist zerschossen, und auch die Quartiere, die der ›Alpenverein‹ in Bergklöstern eingerichtet hatte, sind nun zu dürftigen Nachtlagern herabgesunken. Es gibt nur noch harte Pritschen dort, und auch denen bleibt man besser fern, seit Lepra-Kranke dort Asyl suchen.«

Aber die Wochenend-Häuser im Vorgebirge des Lauschan, die sich schon vor dem Kriege Tsingtau-Deutsche dort gebaut haben, sind wieder sauber wie eh und je. In einem von ihnen hat 1929 Tsingtaus deutscher Kegelklub sein Refugium.

1965 besucht der Schriftsteller Frank Thiess auf einer China-Reise auch Tsingtau. Er schreibt darüber:

»Am besten läßt sich die topographische Geschichte einer Stadt an Tsingtau feststellen: Die Altstadt bis hin zum Strande und den Häfen wirkt wie eine behäbige deutsche Landstadt mit Villen und Gärten, Schulen und Verwaltungsgebäuden, durchschnitten von einer baumreichen Promenade, deren Mitte Blumenbeete zieren.

Die Hauptstraßen führen aufwärts zur Sankt Antonius-Kirche, doch unterhalb des hügeligen Geländes umkränzen schon repräsentative Bauten aus der japanischen Zeit die ehemals deutsche Stadt. Und darunter, mit dem Blick aufs Meer, die chinesischen Bauten der letzten Jahre: das Aquarium, Aussichtsplätze mit breiten Steintreppen zum Strand hinunter.

Nach Norden zu hat sich Tsingtau bis Tsangku erweitert, das einst ein Badeort mit dem Blick auf die innere, von den Bergen geschützte Bucht war. Überall ist man bestrebt gewesen, den Reiz dieses Neapels am Gelben Meer mit seiner herrlichen Lage auf den Hügeln zu erhalten.

Unverändert blieb das alte Chinesenviertel am Hafen: häßlich, ungepflastert, mit niedrigen Häusern, durchschnitten von baumlosen Gassen, die in Werftanlagen endeten ...«

Neue große Stadtviertel sind inzwischen in Tsingtau entstanden, aber der deutsche Teil blieb unverändert. Tsingtau ist heute, 1973, eine Millionenstadt mit 1 150 000 Einwohnern und nach Schanghai und Tientsin das drittgrößte Textilzentrum der Volksrepublik China. Außerdem wurde in Tsingtaus Werkstätten und Fabriken die erste Lokomotive gebaut, die bis zur letzten Schraube »made in China« ist.

Ein Sturm fegt 1911 durch China: Revolution!

IV

Geheimdepeschen nach Berlin

- Wilhelm II. ist stolz auf seine »Preußen des Ostens«.
- Durch Peking marschieren wieder fremde Soldaten – die Deutschen an der Spitze.
- Krieg gegen Deutschland mit Vorbehalt: Nur Kulis an die Front in Frankreich.
- Sonderfrieden und neue Freundschaft mit China: Deutschland verzichtet auf alle Sonderrechte.

Nach dem Boxeraufstand 1900 ist China nicht nur ein Thema für die Weltpresse. Auch die europäischen Mächte, die Vereinigten Staaten und Japan beobachten sorgsam die Ereignisse im morschgewordenen chinesischen Kaiserreich.

Seit Deutschland auf der Halbinsel Schantung sein Schutzgebiet von Kiautschou mit der Hauptstadt Tsingtau 1897 besetzt hat, verfolgt Berlin die Vorgänge im Reich der Mitte besonders aufmerksam. Der Handel zwischen den beiden Ländern blüht. Viele junge Chinesen studieren im Anfang des Jahrhunderts in Deutschland. Allein in Berlin sind während des Wintersemesters 1901/1902 an der Friedrich-Wilhelms-Universität 120 junge Chinesen immatrikuliert. Sie bereiten sich darauf vor, bei den dringend notwendigen Reformen in ihrer Heimat mitzuwirken. Und mehr und mehr deutsche militärische Berater werden nach China abkommandiert.

In Peking haben sich nach dem Boxeraufstand viele europäische und auch amerikanische Journalisten niedergelassen. China ist zu einem »Nachrichtenplatz« ersten Ranges geworden.

Die großen deutschen Verlage haben schon eigene Berichterstatter in die chinesische Hauptstadt entsandt, die von dort aus durch das Land reisen und über ihre Erkundungen im Land ständig berichten. Das deutsche »Wolffsche Telegraphen-Büro« (WTB) schickt 1904 einen Mann nach Peking.

Berliner Großverlage sind in China ebenfalls vertreten und

teilen sich ihre Berichterstatter meist mit anderen Zeitungen. Erich von Salzmann schreibt für die Ullstein-Blätter, die »Kölnische Zeitung« und das »Hamburger Fremdenblatt«; Kapitän zur See a. D. Pustau für den »Berliner Lokal-Anzeiger« und die »Münchner Neuesten Nachrichten« – um nur wenige Beispiele zu nennen.

Selbstverständlich ist auch »Reuter's Telegram Company« – damals die berühmteste Nachrichtenagentur der Welt mit Sitz in London – in China akkreditiert. Der Korrespondent der Londoner »Times«, Ernest Morrison, betätigt sich gleichzeitig als Berater der chinesischen Regierung. Der »New York Herald« hat David Ohl als seinen Beobachter nach Peking geschickt. Der amerikanische Journalist gilt als deutschfreundlich.

Die Gesandtschaften in China geben regelmäßig ihre chiffrierten Berichte über Kabel an ihre Außenministerien. Die deutschen Gesandten in Peking sind besonders fleißig. Neben den Kabel-Meldungen werden regelmäßig größere Berichte durch Kuriere oder durch junge Diplomaten, die versetzt werden, nach Berlin gebracht. Auf der Reise nach Peking nehmen andere dorthin kommandierte Diplomaten und Offiziere die neuen Chiffrier-Unterlagen mit, die selbstverständlich nicht der Post anvertraut werden dürfen.

Es gibt sehr viel zu berichten in den vierzehn Jahren von der Jahrhundertwende bis zum Ausbruch des Ersten Weltkrieges. Es rumort in China. Nach dem gescheiterten Versuch des Kaisers Kuang-Hsü (1898), dringend notwendige Reformen durchzuführen (»Ära der Hundert Tage«) und nach einem Staatsstreich unter Führung der berühmt-berüchtigten Kaiser-Witwe Tzu Hsi, die den Kaiser einsperren läßt, sorgen die Konservativen und Reaktionäre dafür, daß – zunächst – alles beim alten bleibt.

»Es gärt weiter«, berichtet der deutsche Gesandte von Heyking nach Berlin. »Vor allem die junge Generation Chinas bricht mit der Tradition und verlangt Reformen.«

Unter der jungen chinesischen Intelligenz ist die Unruhe nicht mehr zu dämpfen. Da ist vor allem der Arzt Dr. Sun Yat-sen

(Jahrgang 1866), Sohn eines Christen, der seine Ausbildung auf englischen und amerikanischen Schulen und Universitäten erhalten hat. Schon 1895 hat er in Kanton einen Putsch gegen das Kaiserhaus versucht – mit dem Ziel sozialer Reformen. Er muß ins Ausland fliehen und hält sich meist in den Vereinigten Staaten, in Japan und Großbritannien auf, wo er unter den Auslands-Chinesen viele Anhänger findet.

Freunde Sun Yat-sens versuchen zweimal einen neuen Aufstand in ihrer Heimat: 1902 in Kanton, 1904 in der Provinz Hunan. Beide mißlingen, und die Revolutionäre – meist Studenten – sterben unter den Schwertern der Armee.

Schon 1892 – drei Jahre vor seinem ersten Putschversuch in Kanton – hat Sun Yat-sen mit einer kleinen Zahl Gleichgesinnter eine revolutionäre Geheim-Organisation gegründet, die sich »Gesellschaft zur Entwicklung Chinas« nennt.

Zu dieser Zeit studieren besonders viele junge Chinesen in Japan moderne Wissenschaften, dabei vor allem die technischen. Unter ihnen finden die revolutionären Ideen besondere Sympathie. Die Japaner sind die Feinde Rußlands, und Russen sind zugleich die Gegner Chinas. Kein Wunder, daß die Kontakte zwischen den jungen Leuten beider Kaiserreiche sich besonders eng gestalten.

Japan zeigt besonderes Interesse an Korea (das früher einmal chinesisch war) und 1897 unter dem Schutz russischer Marinesoldaten Kaiserreich geworden ist – sehr zum Ärger der Japaner, die Korea für sich beanspruchen.

In Korea stehen sich also Russen und Japaner als Rivalen gegenüber. Rußland ist dabei, die Mandschurei zu besetzen, durch die ein Schienenstrang von Moskau bis Wladiwostok führt. Hier aber stößt das Zarenreich auf japanischen Widerstand. So kommt es zum Krieg zwischen Rußland und Japan.

Am 5. Februar 1904 überreicht der japanische Gesandte in Petersburg dem russischen Außenminister Graf Lamsdorff eine Note, die den Abbruch der diplomatischen Beziehungen ankündigt. Vier Tage später bombardiert eine japanische Flotte, unter dem Kommando des Admirals Togo, den russischen Hafen Port Arthur.

Bei dem russischen Versuch, die Minensperre vor dem Hafen zu durchbrechen, laufen die Schiffe des Zaren direkt in die Torpedos der Japaner hinein. Die Ostasienflotte der Russen versinkt. Auch von der Landseite her, von Dairen aus, haben die Japaner unter General Nogi den Hafen umschlossen. Was dort noch an Schiffen liegt, wird vom Land aus durch schwere Kanonen versenkt. Der Kommandant von Port Arthur, General Stössel, kapituliert am 2. Januar 1905. Die Japaner können, jetzt von Russen ungestört, starke Truppenverbände nach Korea schicken.

Vier andere japanische Armeen (insgesamt 320 000 Mann) sind auf dem chinesischen Festland gelandet und dringen in der Mandschurei auf die Stadt Mukden vor.

Nach vier Siegen über die Russen erstarren die Fronten zum winterlichen Stellungskrieg. Im März 1905 kommt es bei Mukden zur großen Entscheidungsschlacht, die zehn Tage dauert: 320 000 Japaner besiegen 380 000 Russen.

Die größte Niederlage aber steht Rußland noch bevor. Im Oktober 1904 sticht von Libau aus die gesamte russische Schlachtflotte, das »Baltische Geschwader«, in See. Der Kommandant, Admiral Roschdestwenskij, soll die Wende im Fernen Osten bringen ...

Die Armada von insgesamt sechsundzwanzig Schiffen – darunter fünf moderne Panzerkreuzer – umrundet den halben Erdball in höchster Geschwindigkeit, fährt um Afrika herum, durchkreuzt den Indischen Ozean und erscheint auf dem Wege nach Wladiwostok Anfang Mai 1905 vor der Küste Koreas.

Es ist eine Fahrt in den Tod. Nahe bei der Insel Tsushima warten die Japaner, zu deren Flotte allein zwölf moderne Panzerkreuzer gehören, auf ihren Feind. In der bisher größten Seeschlacht der Weltgeschichte werden die Russen vernichtend geschlagen. Von ihren insgesamt 26 Schiffen können nur fünf entkommen. Die übrigen versinken mit Mann und Maus in den Fluten.

In den ersten Tagen sind die Nachrichten aus dem Fernen Osten, die nach Europa gelangen, nur sehr spärlich. Treffend charakterisiert Baronin Spitzemberg die Situation. Als gewissenhafte Chronistin aller Ereignisse der deutschen Reichshauptstadt schreibt sie am 1. Juni 1905 in ihr Tagebuch:

Fieberhaft erregt sind wir durch die Seeschlacht in der Korea-Straße, ein Ereignis, so großartig schrecklich und in seinen Folgen unberechenbar, wie kaum ein anderes in der Weltgeschichte. Noch lauten die Nachrichten so widersprechend, daß man ein klares Bild nicht haben kann; so viel aber steht wohl fest, daß die Russen wieder dumm und stur in die Mausefalle gegangen sind. (...) Zwei Admirale sind gefangen, der dritte ist tot, und was von der ganzen Flotte übrigblieb, sind elende Trümmer.

Im Frieden von Portsmouth (bei Boston in den USA) muß Rußland am 5. September 1905 Japans Interessen in Korea anerkennen (das dann auch prompt fünf Jahre später unter der Bezeichnung »Generalgouvernement Tscho-sen« dem japanischen Reich einverleibt wird). Port Arthur mit seinen umliegenden Gebieten und der Südteil der Insel Sachalin werden japanisch (und fallen erst 1945, nach Japans Niederlage, an die UdSSR zurück).

Die Mandschurei soll laut Vertrag an China zurückgegeben werden: Rußland und Japan verpflichten sich gegenseitig, die Mandschurei zu räumen. Die Japaner erhalten hier lediglich die Kohlengebiete und die mandschurische Eisenbahn. Eine neugegründete »Südmandschurische Eisenbahn-Gesellschaft« übernimmt sie. Sie wird sich als Japans bester Agent in der Mandschurei betätigen und mithelfen, daß dieses Gebiet später (1931) doch noch ganz an Japan fällt.

Die Russen müssen nach 1905 eine neue Bahnlinie für ihren Transsibirien-Expreß bauen. Sie führt jetzt nördlich und östlich der mandschurischen Grenze über russisches Territorium nach Wladiwostok.

Sankt Petersburg und Tokio denken gar nicht daran, ihren Vertrag von Portsmouth zu halten und die Mandschurei an China zurückzugeben. Rußland hält den mandschurischen Norden, Japan den Süden besetzt. Kein Politiker spricht mehr von der Integrität Chinas ... Das Reich der Mitte scheint vogelfrei zu sein.

Japans Wünsche sind in Portsmouth längst nicht alle erfüllt worden. Aber es zählt jetzt zu den Großmächten dieser Welt.

☆

Viel wichtiger als alle politischen sind die psychologischen Folgen des Russisch-Japanischen Krieges. Zum erstenmal hat sich ein Volk farbiger Rasse ebenbürtig gegen eines der weißen Völker Europas gestellt und es besiegt. Das chinesische Volk ist vom japanischen Triumph über die europäische Großmacht Rußland sehr beeindruckt. Warum kann dem kleinen Japan, diesem »Inselzwerg«, etwas gelingen, was dem großen China unmöglich ist?

Das Riesenreich der Chinesen gerät immer mehr in Bewegung. Der Ruf nach Reformen wird ständig lauter ...

Die Zeitungen Europas haben wochenlang über die Schlacht von Tsushima berichtet. Viele europäische Blätter gestehen es offen ein, daß die Tage der alleinigen Vorherrschaft der weißen Rasse gezählt sind.

Das Wort Kaiser Wilhelms II. von der »Gelben Gefahr«, mit dem er Japan meinte, ist jetzt oft zu hören. Ob der Kaiser es wirklich selber geprägt hat, ist historisch nicht gesichert. Jedenfalls hat er es populär und sogar zum Schlag- und politischen Modewort gemacht.

Morgen, so lauten 1905 viele Prognosen, kann vielleicht eine andere gelbe Macht ihre Kraft zeigen: China ...

In den Berichten des deutschen Gesandten in Peking, Alfons Freiherr Mumm von Schwarzenstein, spiegelt sich genau die Stimmung, die vor allem unter den jungen Chinesen herrscht.

Kaiser Wilhelm II. reagiert freilich auf seine Art. Er sieht zwar die Gelbe Gefahr durch Japan (und nicht durch China) heraufziehen, kann aber seiner Umgebung einen gewissen Stolz auf die Japaner nicht verbergen; denn »seine« Deutschen haben ihnen sehr geholfen.

Es beginnt schon mit der neuen japanischen Verfassung, die am 11. Februar 1889 verkündet wird und Japan zur konstitutionellen Monarchie macht. Sie ist ganz nach preußischem Muster angelegt. Auch das gesamte Heerwesen, zunächst französisch orientiert, ist seit der Niederlage Frankreichs 1871 exakt nach preußischem Vorbild aufgebaut worden.

Viele Offiziere der deutschen Armee waren in Japan als Militärberater tätig. Japanische Studenten haben ihr Wissen in Deutschland vermittelt bekommen. Krupp lieferte Geschütze und Maschinen. Deutschland hat zweifellos zur schnellen Modernisierung und Technisierung (erste Eisenbahn schon 1872) beigetragen, als das Reich des Tenno anfing, alle technischen Errungenschaften Europas und der Vereinigten Staaten von Amerika zu übernehmen.

Wilhelm II. spricht nach dem Russisch-Japanischen Krieg stolz von den »Preußen des Ostens«, wenn er die Japaner nennt.

☆

Unter dem Eindruck des japanischen Sieges über Rußland schließen sich 1905, geführt von Sun Yat-sen, die drei bedeutendsten revolutionären Gesellschaften der chinesischen Studenten in Japan mit ihren Freunden daheim zum »chinesischen Revolutions-Bund« zusammen. 1907 gründet Sun, als nächste Stufe seines Revolutions-Bundes, die »Schwurbrüderschaft« (Tung Meng Hui).

Diese Schwurbrüderschaft wird zum Vorläufer der 1912 gegründeten »Nationalen Partei« (Kuomintang), die heute noch unter Tschiang Kai-schek Regierungspartei in Formosa (Taiwan) ist.

Die chinesische Regierung sieht die Gewitterwolken, die sich über dem Kaiserreich zusammenballen. Neue ernsthafte Versuche zu Reformen werden gemacht. In einem allmählichen Übergang soll die Verfassung modernisiert werden. Ein erster und besonders wichtiger Schritt, um vor allen Dingen die jungen Intellektuellen zu beschwichtigen, ist die Abschaffung des alten Prüfungssystems, das seit dem Jahre 595 unverändert besteht.

Ziel jeden Studiums, schon bei der Elementarausbildung, war das Bestehen einer Prüfung für die Laufbahn eines Staatsbeamten. Der gesamte Bildungsstoff war darauf ausgerichtet: ausschließlich die staatsethischen Schriften des Philosophen Konfuzius (die ohnehin praktisch kaum noch beachtet wurden) und literarisch-historische Themata. Daß dieses System plötzlich fallen gelassen wird, ist schon eine kleine Revolution für sich.

Es wird eine Regierung etabliert, die sich, nach westlichem Muster, in Ressorts gliedert. Dazu gehört auch ein Unterrichtsministerium. Der Ministerpräsident heißt Yüan Schi-kai.

Yüan ist in jenen Jahren der mächtigste Mann Chinas (General und Politiker). Als Vertrauensmann der Kaiser-Witwe Tzu Hsi betreibt er schon seit der Jahrhundertwende eine vorsichtige Reformpolitik. Er weiß vor allem, wie wichtig ein gutes Heer ist. Seine »Hausmacht« bildet die Schantung-Armee, die er modernisiert und hervorragend ausbildet.

1905 verfügt Yüan Schi-kai über sechs moderne Divisionen, deren Geschütze und Maschinengewehre fast ausschließlich aus Deutschland stammen. Wertvolle Hilfe beim Aufbau seiner Streitmacht leisten ihm dabei deutsche Offiziere, die durch Vermittlung der Deutschen Gesandtschaft in Peking nach China abkommandiert werden. Auch an der Kriegsakademie in Paoting lehren neben englischen und französischen Offizieren hauptsächlich deutsche Instrukteure. Nach dem Russisch-Japanischen Krieg läßt Yüan viele seiner Soldaten in Japan ausbilden.

Yüan Schi-kai ist ein Mann, auf den sich die kaiserliche Regierung verlassen kann . . .

Im Oktober 1911 haben die Journalisten in Peking Hochbe-

25 *In jungen Jahren Revolutionär und Sozialist: Tschiang Kai-schek.*

26 *»Vater der Revolution« von 1911: Doktor der Medizin Sun Yat-sen.*

27 *Sie kämpfen für ein gerechtes China: Immer wieder demonstriert die junge Intelligenz. Studentinnen sind bei der Revolution 1911 und allen späteren Unruhen dabei.*

28 *Konferenz der Provinzgenerale 1926. Sie haben ihre Karriere als Räuberhauptmänner begonnen: Wu Pei-fu, Tschang Hsue-liang, Tschang Tso-lin (vordere Reihe v. l. n. r.)*

trieb. Am 10. Oktober 1911 revoltieren in Wutschang bei Hankau Truppenteile, die mit den jungen Revolutionären sympathisieren. Ihr Aufstand wird zum Fanal für die Erhebung im ganzen Land, die vom Revolutionsbund und von den Geheimgesellschaften vorbereitet worden ist.

Da der Funke auf andere Militäreinheiten überspringt, setzt sich die Revolution ohne großes Blutvergießen rasch durch. Auch viele Kaufleute und Industrielle, vor allem in den Großstädten Chinas, sympathisieren mit der Revolution, weil sie sich bei ihren Geschäften und ihren Unternehmungen den Ausländern gegenüber stets benachteiligt fühlten.

Innerhalb weniger Tage ist das ganze Tal des Jangtsekiang in Aufruhr. Mit dem Ungestüm einer Naturgewalt breitet sich von hier aus die Revolution weiter aus. Die Bauernschaft und das »niedere Volk« in den Städten erheben sich gegen das verhaßte Kaiserhaus der Mandschu. Gelegentlich lassen sie sich zu grauenvollen Gemetzeln hinreißen. Auch Nanking fällt wenige Tage vor Weihnachten 1911 in die Hand der Aufständischen.

Sun Yat-sen, der sich bei Revolutionsbeginn in den USA aufhält, macht sich sofort auf die Heimreise, trifft am Heiligen Abend 1911 in Schanghai ein und wird dort als »Vater der Revolution« von jubelnden Volksmassen empfangen und zum Provisorischen Präsidenten der Republik China gewählt.

Nur ein Mann kann jetzt, so meint der Hof in Peking, die Lawine der Revolution noch aufhalten: Yüan Schi-kai. Er ist die letzte Hoffnung des Kaiserhauses der Mandschu.

Einige Wochen lang spielt der General eine Doppelrolle — für und wider die Revolution. Doch dann reagiert er anders, als Peking es erwartet. Yüan erklärt den sechsjährigen Kaiser Pu-yi und die Dynastie der Mandschu für abgesetzt (die Kaiser-Witwe Tzu Hsi ist 1908 verstorben), bietet der Revolution seine Unterstützung an und wird am 12. Februar 1912 Präsident der Chinesischen Republik.

Zwei junge Männer, die später Weltgeschichte machen und damals noch völlig unbekannt sind, zeichnen sich bei der Revolution aus. Der Leutnant Tschiang Kai-schek, der kurz vor der Revolution aus Japan zurückgekehrt ist und ganz auf Seiten der Revolutionäre steht, zeigt in Wutschang Mut und taktische Klugheit.

In Wutschang haben die revolutionären Soldaten harte Kämpfe mit tatarischen Truppen zu bestehen. Tschiang Kai-schek leitet bei diesen schweren Straßenkämpfen den Gegenangriff, mit dem die kaiserlichen Truppen geschlagen werden.

In Tschangscha (Provinz Hunan) steht auf den Barrikaden der Revolutionäre, die von kaiserlichen Truppen berannt werden, ein junger Mann, der erst wenige Wochen zuvor das Pädagogische Seminar der Stadt bezogen hat: der achtzehnjährige Mao Tse-tung.

Dieser junge Mao ist erfüllt von den Idealen und Ideen der neuen Zeit. Die Jahre zwischen Grundschule und dem Seminar hat er auf dem väterlichen Hof verbracht und dabei – sehr zum Kummer seines Vaters – viel Zeit gefunden, um sozialistische und philosophische Literatur zu lesen.

Mao ist ein scharfer Kritiker der chinesischen Wirklichkeit, voller Elan und Zukunftshoffnungen: ein Jüngling unter ungezählten tausenden anderer junger Männer, die von dem gleichen Feuer wie er erfüllt sind.

Die wichtigsten Schlagworte der Revolution, von denen die meist jungen Leute beflügelt werden, sind »die drei Volksprinzipien«, die Dr. Sun Yat-sen formuliert und schon lange vor der Revolution zum Programm erhoben hat:

Erstens: Nationalismus. Sturz der Mandschu-Dynastie und Errichtung einer chinesischen Republik.

Zweitens: Die Rechte des Volkes. Sie sollen durch ein Parlament ausgeübt werden.

Drittens: Lebenshaltung und Wohlfahrt. Grund und Boden sollen gerecht verteilt, der Kapitalismus eingeschränkt und die Vorrechte fremder Mächte aufgehoben werden. »Das Land soll denen gehören, die es bebauen!«

Für die vielen Studenten, die das Rückgrat der Revolution bildeten, gibt es nichts Wichtigeres als den Frieden. In immer neuen Aufrufen verkünden sie die Förderung des Weltfriedens als eines der wichtigsten Ziele der Revolution.

Doch vieles bleibt zunächst nur Theorie. Die Revolution verliert an Schwung. Soziale Gerechtigkeit? In den meisten Provinzen redet niemand mehr davon. Landreform? Die Bauern bleiben arm, und die Macht der Fremden bleibt ungeschmälert.

Staatspräsident Yüan Schi-kai erweist sich als Diktator. Macht, auf Gewehre gestützt, ist dem ehrgeizigen General wichtiger als das Wohl des Volkes.

Viele der jungen Männer, die während der Revolution und in den Tagen des Umsturzes so begeistert gejubelt und mutig gekämpft haben, fühlen sich verraten, begehen Selbstmord oder geben, müde geworden, den Kampf auf. Andere verlassen China – unter ihnen Tschiang Kai-schek, der wieder nach Japan zurückkehrt.

Zu vieles, was die Revolutionäre erhofft haben, bleibt Theorie. Wer sich anpaßt, akzeptiert die von Yüan Schi-kai angebotenen Ämter. Dr. Sun Yat-sen erhält in der neuen Regierung nur das bedeutungslose Amt eines Ministers für das Eisenbahnwesen.

Der deutsche Korrespondent Salzmann berichtet an seine Blätter das Zitat eines dreiundzwanzig Jahre alten Arztes:

»Uns bleibt nichts anderes übrig, als unsere Pläne einzusargen. Doch eine künftige Generation wird sie wieder ausgraben.«

☆

Während der ersten Tage der Revolution wird über das Gesandtschaftsviertel in Peking eine Art Belagerungszustand verhängt. Die militärischen Schutztruppen der einzelnen Gesandtschaften haben für einige Tage die beiden Zufahrtsstraßen mit Barrikaden und Stacheldraht gesperrt. Niemand soll aus Sicherheitsgründen das Viertel betreten oder verlassen. Die Einwohner des Diplomatenviertels beobachten Feuer in der Stadt, und von ferne dringt das Peitschen von Gewehrschüssen zu ihnen herüber.

In den ersten Stunden weiß niemand so recht, was eigentlich vor sich geht. Der Verdacht liegt nahe, daß irgendein General in die Stadt eingedrungen ist, um sich der Regierung zu bemächtigen.

Für die Deutsche Gesandtschaft stellt sich vor allem die Frage, ob die Deutschen, die außerhalb des Diplomatenviertels in einigen Teilen Pekings wohnen, Gefahren ausgesetzt sind. Der Gesandte von Haxthausen beschließt, alle Deutschen unter seine Obhut zu holen.

Mehrere große Leiterwagen werden bespannt. Die Schutzwache der Gesandtschaft, die aus Seesoldaten besteht, geleitet die Wagen in die Stadt. Aber dieses »Rettungskommando« erweist sich als unnötig.

Die meisten Deutschen, die innerhalb Pekings wohnen, haben sich in ihren Häusern verbarrikadiert. Jeder von ihnen will in seiner »Festung« bleiben. Und keinem von ihnen ist in den nächsten Tagen ein Leid zugestoßen. Die deutsche Schutztruppe bringt nur einige Frauen, deren Männer sich gerade nicht in Peking aufhalten, in die exterritoriale Obhut des Gesandtschaftsviertels – zusammen mit einigen Kindern.

Soldaten ziehen mordend und plündernd durch die chinesische Hauptstadt. Es muß ihnen klargemacht werden, daß die Ausländer notfalls ihre Rechte mit Gewalt verteidigen werden. Die elf Gesandtschaften in Peking formieren daher ihre Schutzwachen zu einem Marsch durch einige der umliegenden Straßen außerhalb der schützenden Mauern des Diplomatenviertels.

Daß die Deutschen den Zug von insgesamt 1 800 Soldaten anführen, liegt daran, daß ihr Land nach der französischen Bezeichnung (Allemagne) in der alphabetischen Reihenfolge an der Spitze steht.

Die Chinesen, die marodierend die Stadt ängstigen, sind keine echten Revolutionäre. Sie wollen nur die Stunde für eigene Raubzüge nutzen. Ein General, der schon wenige Tage nach der Revolution in Peking eintrifft, sorgt auf seine Weise für Ordnung: Mit den Henkern, die zu seiner Truppe gehören, reitet er durch Peking und läßt jeden – ob Zivilist oder Soldat – enthaupten, der mit gestohlenen Sachen angetroffen wird. Der General greift gelegentlich selber zum Schwert. Jedem Enthaupteten wird der Kopf zwischen die Beine gelegt.

In Peking hat sich das Leben nach wenigen Tagen wieder normalisiert. Nach dem Sieg der Revolutionäre schneiden sich auch in der Hauptstadt, wie überall im Riesenreich der Chinesen, alle Männer ihren langen Haarzopf ab, der seit urdenklichen Zeiten die Zierde jedes Mannes war.

Das neue chinesische Staatswesen sieht sich großen Schwierigkeiten gegenüber. Das Volk bleibt mißtrauisch. Die Lage ist völlig undurchsichtig. Und das Ausland beginnt mit neuer Kraft, sich in chinesische Angelegenheiten zu mischen und Teile des Landes für eigene Zwecke zu bevormunden.

Rußland veranlaßt eine Unabhängigkeitserklärung der Äußeren Mongolei. Japan dringt weiter in der Mandschurei vor. England sichert sich Einfluß in Tibet.

Staatspräsident Yüan Schi-kai kann nur allmählich Herr der Situation werden und verstärkt dabei mehr und mehr seine diktatorische Macht. I h m gewähren die »Imperialisten des Westens« Anfang 1913 ein Darlehen, das sie Sun Yat-sen verweigert haben. England stellt dabei die größte Summe zur Verfügung, danach folgen Deutschland, Frankreich, Rußland und Japan.

Nach Ausbruch des Ersten Weltkrieges versuchen England und Frankreich, Yüan Schi-kai zu einer Kriegserklärung an das Deutsche Reich zu bewegen. Aber dem deutschen Botschafter, Admiral Paul von Hintze, gelingt es, ihn davon abzuhalten. Die Engländer, Franzosen und Russen haben sogar Angst, Deutschland könne einen Sonderfrieden mit Japan schließen. Um das zu verhindern, billigen sie Tokio »freie Hand in China« zu.

Als die Vereinigten Staaten von Nordamerika am 6. April 1917 dem Deutschen Reich den Krieg erklären, macht auch Washington erhebliche Konzessionen an Japan, um sich auf diese Weise Rückenfreiheit im Pazifischen Ozean zu erkaufen: Die amerikanische Regierung sichert den Japanern völlige Handlungsfreiheit in der Mandschurei und in China zu.

Schon vorher hat Japan unmißverständlich gezeigt, welchen Druck es künftig auf China ausüben wird: Am 18. Januar 1915 überreicht der japanische Gesandte in Peking der chinesischen Regierung die berühmten Einundzwanzig Forderungen. Sie sind sinnigerweise auf Papier geschrieben, das als Wasserzeichen Maschinengewehre zeigt. Hätte China diese Forderungen akzeptiert, so wäre es auf das Niveau eines Satellitenstaates Japans gesunken.

Der deutsche Gesandte gibt auf diplomatischen Kanälen Yüan Schi-kai den Tip, er möge diese Forderungen veröffentlichen. Als das geschieht, geht ein Proteststurm durch China, und auch die westliche Welt ist entsetzt über das brutale Ultimatum Tokios.

Um es nicht zum Kriege mit Japan kommen zu lassen, unterschreibt der chinesische Staatspräsident schließlich am 9. Mai 1915 ein Dokument, mit dem er einen Teil der japanischen Forderungen anerkennt – zum Beispiel, daß China keinen Hafen, keine Bucht und keine Insel an seiner Küste einem anderen Staat außer Japan durch Verkauf oder Pacht überlassen darf.

Dieser 9. Mai 1915 gilt künftig in China als »Tag der nationalen Schande«.

☆

Die Deutsche Gesandtschaft in Peking entwickelt in jenen Monaten eine ungewöhnliche Aktivität. Die Kriegsgegner Deutschlands, vor allem England und Frankreich, drängen China immer mehr zu einer Kriegserklärung an die deutsche Regierung. Yüan Schi-kai ist jetzt bereit dazu, aber – er hat im Augenblick wichtigere persönliche Pläne: Er möchte die Revolution endgültig verraten und die Kaiserwürde annehmen.

Fünf Provinzen im südlichen China wenden sich gegen den Diktator und sagen sich von seiner Regierung los. Ehe er dennoch sein Ziel erreichen kann, stirbt er ganz plötzlich am 6. Juni 1916. Es ist nie geklärt worden, ob er ermordet wurde oder plötzlich an einer tödlichen Krankheit verschieden ist.

Sein Nachfolger als Staatspräsident ist Li Yüan-hung, unter

dessen Amtszeit sich weitere Provinzen von der Zentralregierung lösen.

Auch Li ist nicht bereit, sich dem Druck der Gegner Deutschlands zu beugen und Berlin den Krieg zu erklären. Aber er hat einen mächtigen Gegenspieler – den Ministerpräsidenten Tuan Ki-jui –, der alles daran setzt, mit Deutschland zu brechen. Den deutschen Gesandten von Hintze empfängt er nicht mehr.

Li Yüan-hung, der Staatspräsident, und Tuan Ki-jui, der Regierungschef, handeln schließlich einen Kompromiß aus: China löst die diplomatischen Beziehungen zu Deutschland im Frühherbst das Jahres 1916. Die Niederlande übernehmen durch ihre Gesandtschaft in Peking den Schutz der deutschen Interessen.

Der deutsche Gesandte Admiral von Hintze und einige seiner engsten Mitarbeiter verlassen das Land von Schanghai aus auf einem norwegischen (neutralen) Schiff. In der Gesandtschaft bleiben nur einige Diplomaten als »Restkommando« zurück. Auch die meisten Konsulate in China werden noch nicht geschlossen.

Paul von Hintze wird bald nach seiner Rückkehr deutscher Gesandter in der norwegischen Hauptstadt Kristiania (die ab 1924 Oslo heißt). In den letzten Monaten des Krieges ist Hintze Staatssekretär des Auswärtigen Amtes und schließlich Vertreter dieses Amtes im Großen Hauptquartier.

Tuan schürt weiter das Feuer gegen Deutschland. Die meiste Unterstützung findet er bei dem amerikanischen Gesandten in China, Dr. Paul Reinsch. Am 14. August 1917 erklärt die chinesische Regierung dem Deutschen Reich und Österreich-Ungarn den Krieg.

In der neutralen Welt wird viel herumgerätselt, warum China dem Deutschen Reich den Krieg erklärt hat. Vor allem in der Schweiz bewegt diese Frage alle politisch Interessierten, und es werden viele Überlegungen in den führenden Blättern angestellt. Die »Neue Zürcher Zeitung« bringt Ende August 1917 eine ausführliche, auf zwei Ausgaben verteilte Analyse »von einem deutschen China-Kenner«, die mit den – vermutlich fingierten – Initialen W. D. signiert ist. Wahrscheinlich verbirgt sich dahinter ein Diplomat, der lange an der Deutschen Gesandtschaft Peking tätig war. Aus seinen Überlegungen läßt sich folgendes Resümee ziehen:

In den Noten, die dem Abbruch der Beziehungen zwischen China und Deutschland vorausgingen, beklagte sich die Pekinger Regierung über den »Schaden an Leben und Gut, den China seit Beginn des uneingeschränkten deutschen Unterseebootkrieges erlitten hat.«

Von deutscher Seite wurde dagegen der Einwand erhoben: »Der materielle Schaden ist unbedeutend, da chinesische Schiffe in europäischen Meeren überhaupt nicht verkehren. China trägt selber Schuld an den Menschenverlusten, weil es Arbeitskräfte für Schiffe zur Verfügung stellt, die im Dienst der Entente fahren.«

Wer die deutschen Argumente gegenüber Chinas Beweggründen besser verstehen will, muß die völkerrechtliche Stellung des Landes würdigen. China hat seit seinem Anschluß an den Weltverkehr unter den Übergriffen der Großmächte schwer leiden müssen. Völkerrechtlichen Schutz hat es bisher für das gedemütigte Land nicht gegeben.

Wegen des Unvermögens, seine Rechte selbst zu verteidigen, muß China alle Hoffnungen auf das Völkerrecht setzen. Es ist deshalb verständlich, daß die Chinesen denen glauben, die ihnen erklären: »Ihr könnt nie Anspruch auf völkerrechtlichen Schutz erheben, wenn ihr nicht selber für das Völkerrecht eintretet!«

China protestiert also gegen den uneingeschränkten Unterseebootkrieg, um in seinem eigenen zukünftigen Interesse die Notwendigkeit der Achtung des Völkerrechts zu betonen. Ob es dabei seine Stellungnahme in der völkerrechtlichen Kontroverse zwischen Deutschland und dessen Gegnern, die im Unterseebootkrieg kulminiert, nach wirklich »rechtlichem« Ermessen entschieden hat, oder ob China sich lediglich der Mehrheit anschließt, die es für die stärkere hält, bleibt dabei unerheblich.

Es ist von besonderer politischer Bedeutung, daß China unmittelbar nach dem Bruch zwischen Amerika und Deutschland gegen den Unterseebootkrieg protestiert hat. Die Vereinigten Staaten sind die einzige Großmacht, die bisher — im allgemeinen — Chinas Rechte geachtet und dem chinesischen Volke Beweise der Freundschaft gezeigt hat. In Amerika sieht China deshalb einen aufrichtigen Vertreter des Völkerrechts und seinen wahren Freund. Von Washington erhofft China den Schutz seiner Interessen auf der zukünftigen Friedenskonferenz.

An diese Konferenz denken die Politiker im Reich der Mitte mit großer Sorge. Sie muß die Lösung der Friedensfrage bringen; sie wird zudem entscheiden, ob die Zugeständnisse, die China im Frühjahr 1915 den Japanern unter Druck in der Mandschurei, in der Mongolei, in Tsingtau und in der ganzen Provinz Schantung gemacht hat, rechtsgültig bleiben sollen oder nicht.

Als neutrale Macht, so fürchtet die chinesische Republik, wird sie auf der Friedenskonferenz nicht gehört werden. Als Kriegsteilnehmer aber wird die Stimme Pekings zählen.

Die Chinesen glauben, daß es für sie das beste sein wird, wenn sie »Seite an Seite mit den amerikanischen Delegierten zur Konferenz gehen«. Die Mehrzahl der Politiker in China befürwortet deshalb ein enges Zusammenarbeiten ihres Landes mit Amerika — in Krieg und Frieden.

☆

Der italienische Diplomat Daniele Varè, in jenen Jahren Erster Legationssekretär an der Gesandtschaft seines Landes in Peking, sagt über Chinas Kriegserklärung an Deutschland:

»Ich bezweifelte damals die Weisheit einer solchen Politik. Heute glaube ich, daß sie einen verhängnisvollen Fehler darstellte. Der Krieg in Europa war ein Bürgerkrieg unter weißen Völkern. Er zerstörte die gemeinsame Front, die sie bis dahin in Peking aufrechterhalten hatten. Als wir uns daran machten, einander sogar in China (Tsingtau) zu bekämpfen, erlitt unser Prestige im Fernen Osten einen Schlag, von dem es sich nie wieder erholt hat.«

Die Deutschen der Pekinger Gesandtschaft und der Konsulate

im ganzen chinesischen Reich können aufgrund ihrer diplomatischen Immunität das Land unbehelligt verlassen. Die deutschen Männer, Frauen und Kinder dagegen, die – Peking ausgenommen – in vielen Städten Chinas leben, werden in Internierungslager gesteckt (insgesamt etwa 4 200) und dort von chinesischen Soldaten unter zum Teil entwürdigenden Umständen bewacht.

»Das Ansehen der weißen Rasse, das bis dahin streng gewahrt wurde, wird durch die Internierung der Deutschen sehr geschädigt«, heißt es in einem Bericht, den ein deutscher Missionar aus dem Lager schmuggeln und auf Schleichwegen nach Berlin befördern lassen kann.

Die Deutschen in Schanghai bleiben im Internationalen Settlement der Stadt unbehelligt. Wem es gelingt, aus dem Innern Chinas hierhin zu fliehen, darf sich des Glücks erfreuen, daß er vom Krieg und seinem Schrecken verschont bleibt.

Auch das Deutsche Konsulat im kosmopolitischen Schanghai bleibt geöffnet und erlebt seit Beginn des Kriegszustandes zwischen China und Deutschland als einzige funktionierende Repräsentation des Reiches eine situationsbedingte »Hochkonjunktur«.

In der chinesischen Hauptstadt ist die Lage für die Deutschen ebenso günstig wie in Schanghai – jedenfalls bis zum November 1918.

Im Gesandten-Viertel von Peking bleibt das politische Klima während des ganzen Krieges für alle Ausländer, die hier leben, freundlich. Die Angehörigen der ausländischen Diplomaten und auch alle Deutschen, die innerhalb dieses durch die Immunität geschützten Viertels leben, werden von Kriegsschrecken und Gefangenschaft verschont. In der deutschen Schule, der ein evangelischer Pfarrer vorsteht, wird bis in den November 1918 hinein unterrichtet.

Doch dann ändert sich die Situation von einem Tag zum anderen. Den Deutschen wird in der Nacht vom 9. auf den 10. November der Rat erteilt, schleunigst in das deutsche Lazarett überzusiedeln, das – was immer auch geschehen mag – als »neutrale

Zone« anerkannt werde. Einige deutsche Familien folgten diesem Rat.

Die Deutsche Ursula Hoops geborene Paulsen, die als Tochter eines wohlhabenden Kaufmanns in China geboren ist und von 1914 bis 1920 mit ihren Eltern in Peking gelebt hat, erinnert sich an jene Novembertage des Jahres 1918:

»Wir blieben im Schutz der hohen Mauern des Gesandten-Viertels. Von unserer Wohnung aus beobachteten wir mit Entsetzen, wie die wilden Horden der in französischen Diensten stehenden Annamiten aus Indochina alle deutschen Geschäfte und auch die Deutsch-Asiatische Bank plünderten und sinnlos Feuer legten.

Aus den Fenstern der oberen Stockwerke der Bank wurden Möbel und Hausrat der Familie des Bankdirektors Heinrich Cordes auf die Straße geworfen. Die Annamiten kletterten, flink wie Affen, zum deutschen Reichsadler hinauf und rissen ihn ab. Mehrere der französischen Kolonialsoldaten fielen dabei herunter.

Es waren also nicht die Chinesen, die sich undiszipliniert benahmen. Sie haben sich uns gegenüber immer sehr neutral und korrekt verhalten – bis zum Frühjahr 1920 ...«

Zu dieser Zeit fordern vor allem die Engländer, aber auch die Amerikaner, von den Chinesen, alle Deutschen möglichst schnell auszuweisen und keine neuen mehr ins Land zu lassen. Insgesamt 2 176 Deutsche erhalten den »Repatriierungsbefehl« und werden von zwei englischen, zwei französischen und einem japanischen Schiff in die Heimat gebracht.

Den Chinesen ist nicht ganz wohl bei dieser Aktion – weil sie sich, wie in diesem Kapitel noch berichtet wird, von den Siegermächten des Ersten Weltkrieges betrogen fühlen. Schon sehr bald wird es für die Deutschen wieder eine erfreuliche Atmosphäre in China geben, und kaum ein Chinese denkt daran, dem Verlangen der Briten und Amerikaner mehr als unbedingt nötig nachzukommen, wenn es darum geht, sich deutsches Eigentum anzueignen.

Die schon zitierte Ursula Hoops gehört zu jenen Deutschen, die Opfer einer politischen Affekthandlung werden. Sie wird mit ihren Eltern und vielen anderen Deutschen Anfang 1919 ausgewiesen und muß Peking verlassen. Mit Entsetzen denkt sie an jene Tage zurück:

»Keine Familie durfte mehr Koffer oder Kisten mitnehmen, als sie Mitglieder hatte. Wir wurden in Tientsin auf den alten japanischen Truppentransporter ›Nankai Maru‹ verfrachtet, der aus Yokohama kam und ehemalige deutsche Marine-Soldaten aus Tsingtau als Besatzung hatte. Statt der höchstzulässigen Zahl von 600 Passagieren nahm das Schiff 1 200 an Bord. Wir waren von Peking bis in die Heimat insgesamt 12 Monate unterwegs ...«

So paradox ist damals alles in China: Als dieses Schiff in Deutschland ankommt, brechen andere Deutsche schon wieder nach China auf, um sich dort eine Existenz aufzubauen oder die alten Geschäfte wieder aufzunehmen.

Alle sind herzlich willkommen. Viele Chinesen möchten nicht daran erinnert werden, daß einige übereifrige Beamte dem Verlangen der Engländer geflissentlich nachgekommen sind: Deutsche »verraten« und des Landes verwiesen zu haben. Auch das 1919 beschlagnahmte Vermögen der Deutschen wird ab 1922 teilweise wieder zurückerstattet.

☆

Vor der Kriegserklärung an Deutschland hat es in den chaotischen Verhältnissen in China unter einer Gruppe von Provinzgouverneuren einen Staatsstreich gegeben, mit dem die Mandschu-Kaiser wieder auf den Thron gehoben werden sollten. Vom 1. bis zum 8. Juli 1917 regierte tatsächlich der junge Kaiser Süantung. Danach wurde wieder die Republik ausgerufen.

Aber viele Provinzen interessierte das nicht mehr. Dort haben sich die »Kriegsherren« – offiziell Militärgouverneure genannt – selbständig gemacht. In weiten Gebieten Chinas wird gehungert. Truppen beherrschen Städte und Dörfer. Dr. Sun Yat-sen und

Tschiang Kai-schek mußten schon sehr früh nach Japan fliehen ...

☆

Die Teilnahme Chinas am Krieg gegen Deutschland spielt sich auf eine höchst eigenartige Weise ab. Die Regierung in Peking ermächtigt die wenigen Gouverneure, die ihr überhaupt noch gehorchen, insgesamt 175 000 Kulis anzuwerben oder zwangsweise auszuheben. Sie sollen, unbewaffnet, als Arbeitsbataillone in französischen Bergwerken oder hinter der Front in Frankreich und im Nahen Osten verwendet werden.

Franzosen und Engländer organisieren und überwachen das Unternehmen »Kulis für den Krieg« und sorgen auch für den Transport in den fernen Westen. Dabei glückt es zwei Deutschen, die perfekt die chinesische Sprache beherrschen und aus einem Internierungslager entkommen sind, in Kuli-Verkleidung auf einem norwegischen Schiff anzuheuern und sich nach Europa durchzuschmuggeln. Von Marseille aus gelingt es ihnen, auf einem schwedischen Frachter nach Stockholm und von dort nach Stettin zu kommen.

Die Kulis in Frankreich, die aus verschiedenen Provinzen stammen, kämpfen nicht gegen den deutschen Feind – aber immer wieder gegeneinander. An der Somme, wo sie Schanzarbeiten verrichten sollen, kommt es einmal zu einer regelrechten Schlacht zwischen zwei chinesischen Arbeitsbataillonen. Das eine wirft dem anderen vor, es entstamme einer schändlichen Beziehung zwischen einer Schildkröte und einer Schlange.

Als sie sich die Köpfe blutig geschlagen haben, vertragen sie sich wieder und stellen übereinstimmend fest, sie hätten jetzt genug von diesem verdammten Krieg, und es sei höchste Zeit, schleunigst in die Heimat zurückzukehren.

Die Franzosen trauen ihren Ohren nicht, als eine Abordnung der beiden Bataillone bei ihnen vorspricht und ihre Wünsche vorträgt.

»Wir möchten nach Hause zu unseren Frauen und Kindern – und zwar sofort!« erklärt der Sprecher der chinesischen Kulis. »Wir bitten untertänigst darum, uns sofort Wagen und ein Schiff für die Heimreise zur Verfügung zu stellen.«

Die Franzosen halten das ganze für einen schlechten Witz und erinnern die Kulis an ihre Pflicht, die sie hier als Angehörige eines verbündeten Landes zu erfüllen haben.

Da beschließen die heimwehkranken Chinesen, sich zu Fuß auf den Weg in die Heimat zu machen. Sie marschieren Ende Juli 1918, nach der »Großen Schlacht in Frankreich«, in Richtung Osten los.

Im Dunkel der Nacht gelingt es einer Gruppe, unbehelligt durch die französischen Linien zu kommen. Vor der Stadt Soissons, wo die Deutschen sich eingegraben haben, glauben zwei der Chinesen, denen der Weg bis hierhin geglückt ist, ihre große Stunde sei gekommen. Beide haben viele Jahre lang bei den Deutschen in Tsingtau gearbeitet und dabei auch etwas deutsch gelernt.

Was geht sie dieser verdammte Krieg an? Die Deutschen haben sie immer gut behandelt und ordentlich bezahlt.

Einer von beiden brüllt hinüber, wo er die Deutschen vermutet:

»Deutsche Freunde! Hier chinesischer Freund! Wir wollen nach Hause!«

Er ruft es ein zweites und ein drittes Mal. Aber er hört keine Antwort. Gut, dann wird er eben mit seinen Kameraden versuchen, auf gut Glück zu den Deutschen zu kommen. In diesem Augenblick erfaßt sie ein französischer Scheinwerfer. Wenige Minuten später hat sich eine französische Patrouille vorgepirscht, um die chinesischen Ausreißer, die zu Fuß um den halben Erdball laufen wollten, wieder an ihre Arbeitsplätze zu bringen.

Sie graben und schuften weiter für den Sieg der Alliierten...

☆

Sun Yat-sen und Tschiang Kai-schek kehren Ende 1917 nach China zurück. Die beiden gründen in Kanton eine Art Provinzialregierung und beginnen, eine Armee aufzustellen. Tschiang spekuliert an der Börse und investiert seine großen Gewinne bei Kriegsanleihen in Munitions- und Waffenkäufen.

In Europa geht der Krieg zu Ende. Aber auf der Friedenskonferenz, die am 18. Januar 1919 in Versailles beginnt, erfüllen sich die Hoffnungen der Chinesen nicht. Die aus Abgeordneten der Nordregierung (Peking) und der Südregierung (Kanton) zusammengesetzte Delegation kehrt mit leeren Händen zurück. Hat China deshalb 1917 dem Deutschen Reich den Krieg erklärt?

Es bleibt bei den fremden Konzessionen in China, bei den Sonder-Rechten der Fremden. Und vor allem: das Gebiet von Kiautschou fällt nicht an China zurück, dem es doch gehört. Es verbleibt bei Japan.

Eine Welle der Empörung geht durch ganz China. Vor allem sind es die Studenten, die protestieren, die Alliierten beschimpfen und ihrem Unmut auf alle nur denkbare Weise Luft machen.

Die Studenten der Nationaluniversität in Peking veranstalten am 4. Mai 1919 eine große Kundgebung gegen die Entscheidung von Versailles. Mehrere Regierungsbeamte werden von den Demonstranten überfallen. An ihnen lassen sie ihren Zorn gegen die »verräterische Regierung« aus.

Einige Studenten werden verhaftet. Es gibt neue Demonstrationen. Ein großes Polizeiaufgebot greift ein und setzt alle Studenten, die es fassen kann, hinter Schloß und Riegel. Das entfesselt einen neuen ungeheueren Sturm. Das ganze Land gerät in Aufregung. Kaufleute, Professoren und Politiker fordern in immer neuen Kundgebungen, China solle den Friedensvertrag nicht unterzeichnen. Gleichzeitig demonstrieren sie gegen die demütigenden Einundzwanzig Forderungen Japans aus dem Jahre 1915.

Diese Protestwelle erhält nach dem Tag der ersten Demonstrationen den Namen »Bewegung vom 4. Mai 1919«. Sie gilt heute, im Reiche Maos, als wichtigste Vorläuferin der kommunistischen Revolution.

Zu den Studenten, die in Peking demonstrieren, gehört auch der junge Mao Tse-tung, der das Abschlußexamen am Pädagogischen Seminar in Tschangtscha bestanden hat und soeben eine kümmerlich bezahlte Stelle als Hilfsbibliothekar an der Universität Peking angenommen hat.

Die »Bewegung vom 4. Mai 1919« setzt es durch, daß China den Vertrag von Versailles (28. Juni 1919) nicht unterzeichnet. Auf der Abrüstungskonferenz in Washington schließen neun Mächte ein Abkommen der »Offenen Tür für China«. Gleichzeitig zwingen sie Japan, Tsingtau und die Schantung-Halbinsel zu räumen. Das geschieht aber erst 1922 nach der Washingtoner Konferenz (vgl. Seiten 137 und 138).

Die Deutschen ziehen, was China betrifft, ihre eigenen Konsequenzen. In Peking schließen Deutschland und China am 20. Mai 1921 einen Sonderfrieden, den der deutsche Diplomat von Borch und der Stellvertretende chinesische Außenminister Yen unterzeichnen.

Deutschland ist damit der erste Staat unter den einst führenden imperialistischen Mächten in China, der mit diesem Land einen Freundschaftsvertrag abschließt – und zwar auf der Grundlage völliger Gleichberechtigung beider Staaten. Das Deutsche Reich verzichtet auf alle seine früheren Sonder-Rechte (zum Beispiel deutsche Konsulargerichtsbarkeit), wie sie die anderen Staaten auch weiterhin in China besitzen werden – mit Ausnahme der Sowjetunion, die ebenfalls auf alle Privilegien verzichtet.

Andere Staaten folgen erst später und dann auch nur auf Teilgebieten – zum Beispiel England, das 1929 auf Weihaiwei verzichtet, und Belgien, das 1930 seine Konzession in Tientsien an China zurückgibt.

☆

Als erster deutscher Nachkriegs-Gesandter in China überreicht Adolf Boyé Anfang September 1921 dem chinesischen Staatspräsidenten Hsü Schi-tschang sein Beglaubigungsschreiben.

Der deutsche Einfluß, der seit August 1917 völlig beseitigt zu

29 Freunde Deutschlands: Tschiang Kai-schek (rechts) mit seiner Frau Mei-ling und ihrem Schwager Dr. Kung Hsiang-hsi. Mei-lings Eltern und ihr Schwager gehören zu den reichsten Familien Chinas. Durch seine »Einheirat« wird Sozialist Tschiang Kapitalist.

30 Tschiangs Freunde, Tschiangs Feinde: Die wichtigsten Männer der Kommunistischen Partei Chinas 1931. Ganz rechts: Mao Tse-tung, 2. von links: Tschu Teh, Chef der Roten Armee, die aus kleinsten Anfängen zu einer disziplinierten Streitmacht wird.

31 *Chinas drei berühmte Schwestern aus der Familie Soong, von links nach rechts: Mei-ling, die Frau Tschiang Kai-scheks, Tsching-ling (Witwe Sun Yat-sens) und E-ling (Frau des Multimillionärs Dr. Kung Hsiang-hsi, der auch als Politiker eine große Rolle spielt).*

32 *Mit dem Transsibirien-Expreß von Moskau nach Peking. Der »Transsib« (Foto 1925) wurde von Januar 1904 bis Juni 1941 auch von mehr als 50 000 Deutschen benutzt.*

sein scheint, nimmt in einem unerwarteten Ausmaß so sehr zu, daß Deutschland in China eine viel größere Bedeutung gewinnt, als es vor 1914 mit all seinen Vorrechten jemals besessen hat.

»Die Geschichte Chinas zwischen den beiden Weltkriegen ist ohne die Deutschen überhaupt nicht vorstellbar«, schreibt 1942 der amerikanische Historiker Grover Clark, der lange Berater Washingtons in fernöstlichen Angelegenheiten war. »Die Deutschen haben bewiesen, daß Tüchtigkeit viel wertvoller ist, als es Privilegien sein können.«

Während es 1920 in China nur noch neun deutsche Firmen gibt, sind es sechs Jahre später schon wieder dreihundert. Die Zahl die China-Deutschen steigt von Jahr zu Jahr. 1932 sind es über viertausend: Kaufleute, Ingenieure, Wissenschaftler, Ärzte (allein in Schanghai praktizieren dreißig), Lehrer und ab 1928 auch Militärberater.

Deutsche Schulen sind nach dem Kriege neu erstanden in Peking, Schanghai, Hankau, Tsingtau (wo 1926 wieder dreihundert Deutsche leben), Tsinanfu, Mukden und Harbin.

An dieser Stelle ist noch ein Wort zu sagen über die deutschen Zeitungen und Zeitschriften, die es in China gegeben hat. 1866 erscheint in Hongkong ein Blatt, das wir heute Betriebszeitung nennen würden. Es wird von der Firma Wm. Pustau & Co. herausgegeben und trägt den etwas merkwürdigen Titel »Omnibus – Blätter für Ernst und Scherz«. Diese Zeitung lebt nur wenige Jahre, da der Bezugspreis von jährlich 20 Goldmark längst nicht die Herstellungskosten deckt.

In Schanghai stellt sich 1886 der »Ostasiatische Lloyd« vor, der mehr als dreißig Jahre lang erscheint und durch seine Vielseitigkeit bald zum Organ aller Deutschen im Fernen Osten wird.

In den letzten zehn Jahren vor dem Ersten Weltkrieg erlebt der »Ostasiatische Lloyd« seinen Höhepunkt: er spiegelt die Vielgestaltigkeit des Lebens aller Ostasien-Deutschen im geistigen und wirtschaftlichen Bereich.

Eine »Ostasiatische Lehrerzeitung«, ebenfalls in Schanghai ediert und gedruckt, erscheint von 1900 bis 1914.

Während des Ersten Weltkrieges gibt es neben dem »Ostasiatischen Lloyd« zusätzlich »Die Deutsche Zeitung in China«. Sie bemüht sich mit Erfolg um aktuelle Berichterstattung. Ab 1915 geben die Deutschen noch eine Zeitung heraus, die in englischer Sprache gedruckt wird, »The War« heißt und die einseitigen Berichte der britischen Kolonie Schanghais aus deutscher Perspektive korrigiert.

Im deutschen Pachtgebiet von Kiautschou erscheint bis zur japanischen Besetzung die »Deutsche Zeitung in Tsingtau«. Zusätzlich gibt es hier die schon einmal genannte »Deutsch-Asiatische Warte — Amtlicher Anzeiger des Kiautschou-Gebietes«.

Als China 1917 dem Deutschen Reich den Krieg erklärt, müssen alle deutschen Periodika ihr Erscheinen einstellen.

Erst 1925 besitzen die China-Deutschen wieder eine eigene Zeitung: »Die Brücke«. Sie besteht bis 1933. 1932 stellt sich als Tageszeitung die »Deutsche Schanghai-Zeitung« ihren Lesern vor. Ein ehemaliger Militärberater bei Tschiang Kai-schek, Hauptmann a. D. Simon Eberhardt, hat sie gegründet, muß sie aber schon bald wieder einstellen.

Ab 1936 wird eine neue »Deutsche Schanghai-Zeitung« herausgegeben. Sie knüpft an die Tradition des »Ostasiatischen Lloyd« an und übernimmt schon bald auch dessen alten Namen.

In der Mandschurei schaffen sich 1929 in Harbin die Deutschen ebenfalls ein eigenes Blatt: die »Deutsch-Mandschurischen Nachrichten«. Als die Japaner Herren der Mandschurei werden, siedelt das Blatt nach Tientsin über und nennt sich hier »Deutsch-Chinesische Nachrichten«.

Zu erwähnen ist schließlich noch der in Schanghai von 1932 bis 1935 erscheinende »China-Dienst«. Andere Zeitungen, die aus finanziellen Gründen über ihren Start nicht hinausgekommen sind, sollen hier ungenannt bleiben.

Parole junger Chinesen: Studium in Deutschland

V

Generäle, Genossen und Geschäfte

- Im Zauberkreis der Pekinger Diplomatenstadt: Einigkeit macht stark.
- Mit Mord und Bruderkrieg Tragödie der Uneinigkeit: In China geht es drunter und drüber.
- Hilferuf nach Berlin: Schickt uns schleunigst Militärberater!
- Geheime Fäden zwischen Moskau und Schanghai, zwischen Berlin und Peking.

»In China geht es drunter und drüber, und eine Analyse der Situation ist so gut wie unmöglich«, heißt es in einem Bericht, den der deutsche Gesandte Adolf Boyé im Januar 1922 an das Auswärtige Amt in Berlin kabelt. »Peking wird zwar von allen hier vertretenen Mächten noch als Hauptstadt anerkannt. Aber das nutzt dem Lande wenig mehr, als daß es nur den Mittelpunkt für die Fortführung des diplomatischen Verkehrs bildet.«

Zu dieser Zeit gibt es sogar zwei Staatspräsidenten in China, das seit 1911 eine Republik ist. In Peking residiert Hsü Schitschang, daneben in Kanton Dr. Sun Yat-sen, der »Vater der Revolution« und Führer der Kuomintang (Nationalpartei).

Nach dem geheimnisvollen Tod Yüan Schi-kais (1916) besitzt kein Politiker mehr genügend Gefolgschaft und Ansehen, um sich mit der Autorität seines Amtes durchzusetzen.

Dem Namen nach gibt es immer noch »den« Präsidenten der Republik; es amtiert auch eine Regierung in Peking mit allen Ressorts, aber – sie besitzt keine wirkliche Macht. Sie ist praktisch nur eine Provinz-Regierung, deren Gewalt nicht über die drei Peking am nächsten liegenden Provinzen hinausreicht. Im übrigen China herrschen die »Kriegsherren« (war lords; Warlords), die sich untereinander bekämpfen oder auch Bündnisse schließen. Aber sie sind in erster Linie Chefs ihrer Söldnerheere und kümmern sich wenig um Politik.

In den Jahren von 1916 bis 1926 gibt es insgesamt 22 einzelne »Kriege«, die nichts anderes sind als Landsknechts-Unternehmungen. Dabei geht es immer um »Weidegründe«, Einflußbereiche und Pfründe für die Generale und ihre Soldaten. Und stets muß die Bevölkerung dafür bezahlen: mit ihrem Besitz und ihrem Leben.

Die fremden Mächte setzen einmal auf diesen, beim nächsten Mal auf jenen General. Die Ausländer verlieren, sie gewinnen – wie beim Totalisator auf dem Rennplatz oder wie im Spielkasino beim Roulett...

Bei dem permanenten Kriegszustand, der zwischen den Provinz-Potentaten herrscht, geht es wirklich, wie es Berlins Gesandter formuliert hat, »drunter und drüber«.

In den mittleren Provinzen Honan und Hupei herrscht der General Wu Pei-fu wie ein mittelalterlicher Feudalherr. Wenn Arbeiter irgendwo streiken, läßt er sofort schießen. Wenn hungernde Bauern demonstrieren, stürmen seine »Soldaten«, die in Wirklichkeit nur Räuber sind, die Dörfer, stehlen alles, was ihnen in die Finger fällt, foltern die Männer, schänden die Frauen und köpfen wahllos einen Teil der Bauern.

Wu Pei-fus »Kollege« Feng Yu-hsiang hat sich als Operationsgebiet den südlichen Teil der Provinz Hopei auserwählt (in dessen nördlichem Teil Peking liegt). Wenn die Journalisten aus Peking über diesen Hünen mit Bärenkräften berichten, sprechen sie immer vom »Christlichen General«, weil er – angeblich – eine Missionsschule besucht hat.

In der Mongolei spielt Tschang Tso-lin den Herrn im Lande. Er gefällt sich darin, die bunten Drachengewänder eines hohen Mandarins zu tragen. Seine Laufbahn hat er mit dem Ermorden und Ausplündern von Reisenden begonnen. Tschang Tso-lins Armee ist besonders schlagkräftig, weil sie aus den Elitetruppen des Generals Yüan Schi-kai besteht. Seine Waffen sind meist deutscher Herkunft, aus der Zeit vor dem Ersten Weltkrieg.

»Kriegsherr« Tschang Tschung-tschang ist der allmächtige Diktator der Provinzen Schensi und Schansi. Für die Journalisten aus dem Westen, die ihn einmal gesehen haben, ist er die Verkörperung eines orientalischen Potentaten – in jeder Beziehung.

»Er weiß nicht, wieviel Geld er eigentlich besitzt; er weiß auch nicht, wie groß die Zahl der Frauen ist, mit denen er sich umgibt«, schreibt der Berliner Journalist Erich von Salzmann, der von Peking aus für die Ullstein-Blätter und andere Zeitungen im Deutschen Reich berichtet. »Er kann auch nicht die Zahl der Kinder nennen, deren Vater er ist. Seine Frauenschar, die aus allen Teilen der Welt zusammengestellt ist (auch zwei Deutsche gehören dazu), zieht mit ihm von Ort zu Ort.«

Als er einmal mit seinem »Hofstaat« im Pekinger »Grand-Hôtel des Wagons-Lits« in der Gesandten-Straße einzieht, wirft er Brillanten und Saphire vor die Füße seiner zahlreichen Frauen und Geliebten.

Die Provinz Kwangtung hat sich der Warlord Tschen Tschung-ming untertan gemacht. Diese Provinz kann als exemplarisch gelten für die Situation der chinesischen Bauern. Zwei Prozent des Volkes besitzen hier fast 60 Prozent des ertragfähigen Bodens. Mehr als drei Viertel der Bewohner besitzen nur knapp ein Fünftel des Landes, das landwirtschaftlich genutzt werden kann. Viele Menschen haben überhaupt kein Land, andere nur winzige Stücke, die nicht zum Leben reichen. Um nicht zu verhungern, müssen sie Parzellen von den Reichen dazu pachten und sind so – wenn sie den Zins nicht aufbringen können – jeder Willkür der Grundherren ausgeliefert.

In Kanton, der Hauptstadt Kwangtungs, unterhält die Kuomintang ihr Hauptquartier, und hier liegt auch der Amtssitz von Sun Yat-sen. Seine Regierung steht unter dem zweifelhaften Schutz von Tschen Tschung-ming.

Schon 1918 und 1920 hat Sun Yat-sen versucht, hier eine Regierung zu etablieren. Erst beim drittenmal glückt es ihm. Und prompt versucht Tschen Tschung-ming, sie wieder zu stürzen. Dabei wäre Tschiang Kai-schek, der ehrgeizige Offizier, beinahe ums Leben gekommen.

Wu Pei-fu ... Feng Yu-hsiang ... Tschang Tso-lin ... Tschang Tsching-tschang ... Tschen Tschung-ming ... Diese fünf »Kriegsherren«, mit den für unsere Ohren so klangvollen Namen, die sich alle selber zum General befördert haben, sind nur die wichtigsten unter etwa zwei Dutzend ähnlich machthungrigen Landsknechten. Mit ihnen, die untereinander alle Gegenspieler sind, muß Sun Yat-sen sich auseinandersetzen. Ein neues China kann nur dann entstehen, wenn er sie überwunden hat.

Der Sohn von Tschen Tschung-ming wird uns später begegnen: Tschen Tschi-tong. Ein deutscher General, der 1935 sein Militärberater wird, stirbt unter geheimnisvollen Umständen.

☆

Es gibt in jenen Jahren so unendlich viel Leid in China. Aber das Land hat sich seit Jahrhunderten daran gewöhnt — an Not und Tod, an Krieg und Überschwemmungen.

Die Europäer, die in den Großstädten Chinas leben, lernen nach dem Ersten Weltkrieg neues menschliches Unglück kennen. Am Baikalsee sind, ungezählt, tausende Russen verhungert, erfroren und verblutet. Nur ein kleiner Teil hat sich 1920 über das Eis zu den japanischen Truppen durchschlagen können, die Sibirien im Interventionskampf gegen die bolschewistische Revolution bis zum Baikalsee besetzt haben.

Die Japaner leiten den Schreckens-Treck weiter in »ihre« Mandschurei. Viele bleiben hier, aber für die meisten ist die Flucht noch nicht zu Ende. Sie schlagen sich durch nach Peking, Tientsin, Hongkong, Hankau und vor allem nach Schanghai. Die Elendszeit der Weißrussen, die vor den Sowjets geflohen sind, beginnt.

In Harbin (Mandschurei), vor allem aber in Schanghai, bedienen russische Fürsten und Grafen die Nachtlokalgäste. Gräfinnen schlagen sich als Kellnerinnen, Tanzmädchen oder sogar als Prostituierte durch. Aristokraten als Taxichauffeure gehören in China zur bitteren Wirklichkeit der alten Herren Rußlands.

Daniele Varè, bis 1920 Erster Legationssekretär der italienischen Gesandschaft in Peking (und ab 1927 für fünf Jahre Gesandter), berichtet erschüttert über den Zustrom russischer Flüchtlinge.

Angesichts der Berufe, mit denen sich die meisten von ihnen durchschlagen, stellt er entsetzt fest:

»Das Ansehen der weißen Rasse schwand blitzartig, als Chinesen für einen Dollar eine weiße Frau besitzen konnten und russische Offiziere in zerfetzten Uniformen vor chinesischen Theatern betteln gingen.«

Der deutsche Gesandte Adolf Boyé meldet noch im Juli 1924 nach Berlin: »Noch immer reißt der Strom russischer Flüchtlinge nicht ab, die uns um Vermittlung einer Arbeit oder einer Weiterreise nach Deutschland oder in ein anderes europäisches Land bitten.«

☆

In den ersten Jahren nach dem Kriege spielen die Sowjetrussen für Sun Yat-sen und seine Kuomintang eine entscheidende Rolle. Erst später, Ende 1927, werden sie von den Deutschen abgelöst.

Schon am 15. Juli 1919 hat die Sowjetregierung erklärt, sie werde auf alle früheren Sonder-Rechte, Niederlassungen und Konzessionen verzichten, die das zaristische Rußland sich im Laufe der Zeit in China angeeignet hatte. (1924 wird dieses Versprechen auch staatsrechtlich durch einen Vertrag bekräftigt.) Moskau bekennt sich gleichzeitig zu freundschaftlichen Beziehungen »auf der Grundlage absoluter Gleichberechtigung«. Auch das Deutsche Reich hatte am 20. Mai 1921 auf seine früheren chinesischen Sonder-Rechte verzichtet (vergleiche Seite 128).

Im Gegensatz dazu wird auf der Großen Washingtoner Konferenz (12. November 1921 bis 6. Februar 1922), deren Ergebnis vier große Vertragswerke darstellt, im »Vertrag der Neun Staaten« (Amerika, Belgien, England, China, Frankreich, Italien, Japan, Holland und Portugal) im dritten der vier Abkommen ein Kompromiß über die »Aufteilung« Chinas geschlossen:

Es wird zwar von der »Souveränität Chinas« gesprochen, gleichzeitig aber das Prinzip der »gleichen Rechte aller Staaten in China« und die »Politik der Offenen Tür« proklamiert. Vor allem wollen sich die USA als stärkste imperialistische Macht nach dem Ersten Weltkrieg die Vorherrschaft in China sichern.

Die Deutschen und die Sowjetrussen, die beide an der Washingtoner Konferenz nicht teilnehmen, genießen deshalb, verständlicherweise, bei den Chinesen besonderes Ansehen.

Im vierten Abkommen der Washingtoner Konferenz werden den Chinesen als Trostpflaster die von den Japanern seit 1914 besetzte Halbinsel Schantung und das frühere deutsche Pachtgebiet Kiautschou mit der Hauptstadt Tsingtau zurückgegeben.

☆

Die Kuomintang braucht dringend Hilfe, um ihre soziale, politische und nationale Revolution zu vollenden. Sun Yat-sen sucht den Anschluß an die erfolgreiche russische Revolution. Er übernimmt schon bald die bolschewistischen Aktions- und Organisations-Methoden.

Anfang Dezember 1922 reist ein Mann nach China, der 1918 als erster sowjetischer Botschafter in Berlin residierte: Adolf Abramowitsch Joffe. Ende Dezember 1922 treffen der sowjetische »Gesandte in besonderer Mission« Joffe und Sun Yat-sen in Schanghai zusammen.

Obwohl Sun alles andere als ein Kommunist ist, hat er im Januar 1918 Lenin zum Erfolg der sowjetischen Revolution gratuliert. Das ist absolut verständlich; denn die Chinesen sind schon deshalb für die Sowjets, weil sie sich im Kampf gegen dieselben Feinde gegenübersehen: die imperialistischen Mächte.

Am 21. Januar 1923 unterzeichnen Sun Yat-sen und Adolf A. Joffe eine gemeinsame Erklärung, die richtungweisend für die nächste Zukunft sein wird. In dieser Erklärung wird ausdrücklich betont, »daß die kommunistische Ordnung oder gar das Sowjetsystem in China derzeit nicht eingeführt werden kann, weil hier die Bedingungen dafür noch nicht vorhanden sind«.

Und weiter: Joffe teilt die Ansicht von Dr. Sun Yat-sen und vertritt außerdem die Meinung, »daß es Chinas dringlichstes und wichtigstes Problem ist, die nationale Einigung zu vollenden und die volle nationale Unabhängigkeit zu erlangen«.

Moskau ist bereit, die nationale Revolution Sun Yat-sens zu unterstützen. Chinesische Kommunisten treten, ohne ihre Partei und die Kommunistische Internationale (Komintern) zu verlassen, einzeln in die Kuomintang ein und beginnen Bauern- und Arbeiter-Organisationen zu gründen. Damit wird China ein klassisches Beispiel der Leninschen Strategie, den Nationalismus und die Spannungen in der Landwirtschaft der asiatischen Länder für den Sieg des Kommunismus auszunutzen.

»Das große chinesische Volk mit seiner Kultur, seiner Friedensliebe und seinem außerordentlichen Fleiß ist der beste Verbündete des russischen Volkes in Asien«, erklärt Joffe beim Abschluß des Bündnisses am 21. Januar 1923. »Die Freundschaft Rußlands und Chinas ist die beste Gewähr für den Frieden in Ostasien.«

Das chinesisch-sowjetische Abkommen von Schanghai schlägt in der Welt wie ein »diplomatischer Donnerschlag« ein. Die Sowjetunion tut mit China genau das, was sie neun Monate zuvor mit dem Deutschen Reich, am 17. April 1922, in Rapallo getan hat, wo sie dem besiegten, entrechteten und ausgeplünderten Deutschland die Hand reichte und auf alle Reparations- und Schuldforderungen verzichtete.

Das Schlagwort vom »Rapallo Chinas« wird von den deutschen Journalisten in Peking als Sensation an ihre Heimatzeitungen gekabelt. Noch wochenlang ist dieses Bündnis Gesprächsthema auf allen Zusammenkünften der in Peking akkreditierten Diplomaten.

Bald nach der Vereinbarung von Schanghai folgt ein Bündnis zwischen der Kuomintang und der Kommunistischen Partei Chinas (KPCh).

Die KPCh ist im Jahre 1921 gegründet worden – von zwölf Männern, die aus verschiedenen Lagern stammen. Einer von ihnen ist der junge Hilfsbibliothekar der Pekinger Universität Mao Tse-tung. Er hat in den letzten Jahren ein umfassendes Wissen erworben und glänzt durch fundierte Kenntnis in der Geschichte, der Philosophie und vor allem in den Sozialwissenschaften.

Die große Wende in seinem Leben bedeutet jener Tag, an dem ihn ein Professor auf das Kommunistische Manifest von Karl Marx aufmerksam macht. Seit diesem Tage fühlt er sich ganz als Revolutionär. Auch sämtliche Schriften von Karl Marx und Friedrich Engels, die schon 1912 ins Chinesische übertragen worden sind, haben Mao in seiner Haltung bestärkt. Er will mithelfen, ein China zu schaffen, in dem es allen gut geht.

In der Zeit, da sich in Schanghai die KPCh konstituiert, halten sich andere junge chinesische Intellektuelle in Europa auf. Tschou En-lai arbeitet zunächst als Werkstudent in den Renault-Werken bei Paris und tritt dort der Kommunistischen Partei Frankreichs bei. Danach verdingt er sich als Kumpel in Deutschlands Kohlenpott und studiert anschließend in Göttingen. Dann geht er als Student nach Berlin, wo er in der Kaiser-Friedrich-Straße (Charlottenburg) wohnt.

In Göttingen schenkt ihm Kunigunde Staufenbiel, Stubenmädchen der Pension, in der er lebte, am 26. April 1924 einen Sohn: Kuno. Er fiel im Februar 1945 als Gefreiter der Deutschen Wehrmacht in Ostpreußen. Kuno hinterließ einen Sohn: Wilfried Staufenbiel, der heute in Zittau (DDR) lebt und Vater zweier Töchter ist – richtiger Urenkelinnen des heutigen Ministerpräsidenten der Volksrepublik China, Tschou En-lai. Frühere Kommilitonen von ihm bestätigen, daß Tschou En-lai damals die deutsche Sprache perfekt beherrschte.

Auch der spätere Generalstabschef und Marschall der chinesischen Streitkräfte, Tschu Teh, reist nach dem Ersten Weltkrieg zuerst nach Frankreich, studiert danach zwei Semester Soziologie in Göttingen und fährt dann weiter nach Berlin, wo er insgesamt zwei Jahre lang Vorlesungen über Soziologie und Militärwissenschaften hört.

In der deutschen Reichshauptstadt schließt sich Tschu Teh 1923 einer kommunistischen Zelle an, die von chinesischen Studenten gegründet worden ist und enge Kontakte mit der KP

Deutschlands hält. 1925 wird er verhaftet und bald danach ausgewiesen, weil er an einer verbotenen Demonstration teilgenommen hat.

»Ich habe viele Wanderungen in Deutschland gemacht, am Rhein entlang ,in Bayern und im Harz«, erinnert er sich später. Die politischen Versammlungen und die Sechs-Tage-Rennen im Berliner Sportpalast haben Tschu Teh besonders beeindruckt.

☆

Während der nächsten drei Jahre – bis 1926 – gibt es eine sehr enge Zusammenarbeit zwischen Moskau und Peking, auf wirtschaftlichem, technischem, politischem und militärischem Gebiet.

1924 verkündet die Kuomintang auf ihrem »Reorganisations-Parteitag« noch einmal ausdrücklich ihre neue Politik: Bündnis mit der UdSSR, Unterstützung der Bauern- und Arbeiterbewegung und Zusammenarbeit mit der KPCh, von der – wie schon erwähnt – einige Mitglieder offiziell in die Kuomintang eintreten, um das gleiche Ziel zu dokumentieren, das beide Parteien verfolgen.

Nach diesem Bündnis zwischen der Kuomintang und den Kommunisten wird Tschou En-lai der Erste politische Sekretär Tschiang Kai-scheks und Mitglied der KPCh. Mao Tse-tung leitet mit Umsicht und Verve die Agitations- und Propaganda-Abteilung der Kuomintang.

In diesem Jahr kommt es auch endlich zu einem Vertrag, der die diplomatischen Beziehungen zwischen China und der Sowjetunion regelt. Im Juni 1924 trifft der erste sowjetische Botschafter in Peking ein: Leo Karakhau. Er ist übrigens der einzige Botschafter in Peking. Die Repräsentanten aller anderen in China akkreditierten Staaten sind »nur« Gesandte. Das wird sich erst 1931 ändern.

In der chinesischen Hauptstadt gibt es nach wie vor den »Zauberkreis des Diplomatenviertels«: jene seltsame Einrichtung einer ummauerten Stadt für sich, die in der Welt ohne Beispiel ist.

Wenn sich irgendein Problem stellt, das die internationale Situation Chinas betrifft, so gibt es im Gesandtschaftsviertel stets eifrige Diskussionen. Wenn die Herren Gesandten sich dann einig sind, tritt das Diplomatische Corps der chinesischen Regierung geschlossen gegenüber. Und diese Einigkeit der Diplomaten bildet eine Macht. Mehrere Male setzt sie die chinesische Regierung praktisch schachmatt.

Alle Gesandten, die damals in Peking tätig waren, loben übereinstimmend das heitere und angeregte Leben und die beispielhafte Einmütigkeit, die meist herrschte. Das geht auch aus den Berichten des deutschen Gesandten Adolf Boyé hervor, dessen Nachfolger eine besonders wichtige Rolle in China spielen werden.

Für Adolf Boyé und seine Mitarbeiter gibt es in den zwanziger Jahren eine Menge zu tun. Der deutsche Handel mit China hat sofort nach dem Kriege wieder eingesetzt. 1918 war er gleich Null, aber schon zwei Jahre später, 1920, beträgt der Anteil Deutschlands am gesamten chinesischen Außenhandel schon 2,8 Prozent – eine Zahl, die ein Jahrzehnt später gigantische Ausmaße annehmen wird.

Seit Ende 1920 kehren zahlreiche deutsche Kaufleute zurück, um ihre früheren Geschäfte wieder aufzunehmen; viele neue folgen, um in China ihr Glück zu versuchen.

Auch auf kulturellem Gebiet gibt es viel zu tun. Immer mehr chinesische Studenten wollen nach Deutschland. Deutsche Wissenschaftler müssen von der Gesandtschaft betreut werden. Auch die ersten Techniker sind wieder zur Stelle. Es melden sich Flieger, die ihre Pläne entwickeln und feste Vorstellungen haben. Den ersten Fühlern folgen, wie wir noch sehen werden, langsam Taten. Schon 1932 möchte die deutsche Lufthansa regelmäßig von Berlin nach China fliegen ...

Während der Jahre, da es zwischen China und dem Deutschen Reich keine diplomatischen Beziehungen gab (1917 bis 1920), hatten die Niederlande den Schutz der deutschen Interessen übernommen. Es sprachen in jenen Jahren viele Deutsche bei den Holländern vor: deutsche Kriegsgefangene, denen die Flucht aus sibirischen Lagern gelungen war. Es meldeten sich deutsche Frauen. Sie suchten ihre Männer, die nach der Kriegserklärung Chinas an Deutschland (14. August 1917) interniert worden sind. Es baten um Schutz bei den Holländern sogar zwei deutsche Tsingtau-Kämpfer, die aus japanischer Gefangenschaft fliehen konnten.

In den Akten von damals sind ungewöhnliche Schicksale und kaum vorstellbare Abenteuer dokumentiert.

☆

Aufgrund der Vereinbarungen mit den Sowjets reist der Hauptmann Tschiang Kai-schek am 23. August 1923 mit dem Transsibirien-Expreß nach Moskau. Im Auftrage von Sun Yat-sen soll er an Ort und Stelle die russische Situation sondieren und darüber Bericht erstatten. Tschiang Kai-schek ist zu dieser Zeit Generalstabschef im Hauptquartier des Oberkommandierenden der Kanton-Regierung.

Er hat die Möglichkeit, alle militärischen Einrichtungen der UdSSR kennenzulernen und auch die Organisation der Partei zu studieren. Der chinesische Generalstabsoffizier ist von der Leistungsfähigkeit der sowjetischen Organisation sehr beeindruckt.

Als er im Dezember 1923 die Heimreise antritt, weiß er vor allem, wie wichtig eine völlige Umorganisation der chinesischen Armee sein wird.

Der Zufall will es – oder war es ein wirkungsvoller Trick sowjetischer Organisation? –, daß Tschiang Kai-schek auf der Rückreise im Zug einen Mann kennenlernt, der als sowjetischer Berater auf dem Weg zur Kuomintang-Regierung ist: Michail Markowitsch Borodin (früherer Name: Grusenberg). Er ist ein alter Revolutionär und gehörte schon 1903 zu den Bolschewisten.

Kurz vor seiner Reise nach China hat ihn Großbritannien ausgewiesen.

Erste Hilfe leistet Borodin beim Aufbau der Militär- und Marine-Akademie Whampoa, in der Nähe von Kanton. Hier soll mit der Aufstellung einer neuen, schlagkräftigen Streitmacht begonnen werden: der Nationalen Armee.

Zunächst besteht diese Akademie nur aus einigen Baracken und wenigen hundert begeisterungsfähigen jungen Leuten. Aber schon bald wächst sie zu einer Schule aus, in der das neue Offizierskorps nicht nur in Waffentechnik, Strategie und Taktik ausgebildet, sondern auch politisch und weltanschaulich geschult wird. Hier soll, wie es in einem Bericht des deutschen Gesandten Boyé heißt, das »Rückgrat der chinesischen Republik« entstehen.

Russischem Vorbild entsprechend umfaßt die Akademie zwei Hauptabteilungen: die militärische und die politische. Schon bald nach der Eröffnung trifft ein weiterer wichtiger Mann aus Moskau ein: der sowjetische General Wassilij Konstantinowitsch Blücher, der eigentlich Gurow heißt und in China als militärischer Berater der Kuomintang-Regierung den Namen Galen trägt.

Dem General Galen folgt ein ganzer Stab sowjetischer Offiziere und Propagandisten, die Whampoa »auf Schwung bringen«. Moskau schickt außerdem Waffen, Munition und alles, was zum Kriegshandwerk gehört.

Während an der neuen Militär- und Marine-Akademie Soldaten gedrillt werden, ereignen sich im Land Vorfälle, die das Interesse der ganzen Weltpresse erregen.

Aus den Kämpfen der »Kriegsherren« (Warlords) im Norden Chinas geht Tschang Tso-lin als Beherrscher Nord-Chinas hervor. Er hat sogar den Ehrgeiz, wieder ein Kaiserreich zu errichten.

In der Provinz Hunan ist Mao Tse-tung unermüdlich tätig und bildet kommunistische Zellen unter den Bauern. Ihm ist völlig klar, daß der Kommunismus in China nur dann siegen kann, wenn er die 150 Millionen armer Ackerpächter für sich gewinnen kann, die von Steuern, Wucherzinsen, Pachtschulden und den Erpressungen der »Kriegsherren« zur Verzweiflung getrieben werden.

33, 34, 35 Zu den großen China-Forschungsreisenden gehört Wilhelm Filchner, der schon 1903 Tibet erforschte (das bis 1912 zu China gehörte und seit 1951 als autonome Region wieder in die VR China eingegliedert ist). Links: Filchner 1928 nach der Rückkehr von einem Wintermarsch durch Tibet. Oben: Filchner »in Zivil« (1928). Foto unten: Asienforscher Sven Hedin, Schüler des deutschen Geographen und China-Forschers Ferdinand Frhr. von Richthofen.

36 Matrosen des Kreuzers »Emden«, der 1931 eine Weltreise macht, besuchen das Mausoleum Sun Yat-sens in Nanking. Die Deutschen werden überall als Freunde begrüßt

1926 wird Mao Tse-tung von der Parteileitung nach Kanton gebeten. Dort wartet ein Mann auf ihn, der sich Maring nennt, sich als Russe ausgibt, in Wirklichkeit aber ein Deutscher holländischer Abkunft ist: Henryk Sneevliet. Der neue Mann im Kreml, Stalin, hat ihn nach China geschickt, um die dortigen Genossen zu unterstützen.

Mao macht Maring klar, daß sich eine Revolution in China nicht auf die Arbeiter der Städte stützen kann, sondern ausschließlich auf die Massen der armen Bauern. Es bedarf tagelanger Diskussionen, bis daß Mao seinen deutschen Genossen aus Moskau von der Richtigkeit seiner und seiner Genossen Ansicht überzeugen kann.

☆

Der deutsche Gesandte Adolf Boyé ist, genau wie seine Kollegen, viel unterwegs. Die Familien der Diplomaten bleiben stets »zu Hause« im Gesandtschaftsviertel von Peking, während ihre Männer durch das Land reisen. Die Gesandten selbst oder irgendein Mitglied ihres Stabes haben oft in Kanton, Schanghai, Nanking oder in einer anderen chinesischen Stadt zu tun.

Jede Reise wird zu einem Abenteuer; denn irgendwo an der Eisenbahnstrecke wird gerade immer von irgendeinem Warlord Krieg geführt, so daß dann nur der Weg mit dem Schiff über Flüsse und das Meer übrigbleibt. So dauert manche Fahrt von Peking bis Schanghai fast eine Woche.

»Unsere Situation ist höchst paradox«, berichtet Boyé einmal nach Berlin. »Auf europäische Verhältnisse übertragen, ist unsere Lage so, als wenn ein in Berlin akkreditierter Gesandter in Konstantinopel oder Kairo wohnt . . .«

In China haben sich die Diplomaten an das Durcheinander gewöhnt. Niemand regt sich darüber auf.

Noch schwerer haben es die Journalisten, die sich nach Möglichkeit überall an Ort und Stelle informieren wollen. Ihre Erkundungsfahrten gleichen gelegentlich richtigen Expeditionen. Es wird immer schwieriger für sie, die Lage zu beobachten und zu analysieren. Immer verwirrender wird das Bild . . .

In den Jahren 1924 und 1925 bemühen sich die Kuomintang und die KPCh, die Provinz Kwangtung in Süd-China zur »revolutionären Basis« auszubauen. Von hier aus wollen sie die Macht in ganz China an sich reißen. Ihr Mühen, das Land relativ friedlich zu einigen, wird für kurze Zeit jäh durch den Tod von Sun Yat-sen unterbrochen. Er ist am 12. März 1925 in Peking gestorben.

Vier Jahre später wird sein Leichnam ins Sun Yat-sen-Mausoleum bei Nanking übergeführt. Es wird zum chinesischen Nationalheiligtum erklärt und bildet heute eine Sehenswürdigkeit, die jedem Besucher der Volksrepublik China gezeigt wird.

Unter den Mitarbeitern Sun Yat-sens gibt es Kämpfe um seine Nachfolge, vor allem unter dem linken (kommunistischen) und dem rechten (nationalen) Flügel. Suns Stelle nimmt schließlich dessen engster Vertrauter aus den Tagen der Revolution von 1911 und jetziger Chef der Kuomintang ein: Wang Tsching-wei.

Am 1. Juli 1925 wird die chinesische National-Regierung in Kanton gebildet, in der beide Richtungen fast gleich stark vertreten sind. Die Gegner der Zusammenarbeit mit der KPCh setzen sich nach Schanghai und Nord-China ab.

Inzwischen ist es am 30. Mai 1925 in den internationalen Niederlassungen (Settlements) von Schanghai zu fremdenfeindlichen Demonstrationen chinesischer Studenten und Arbeiter gekommen. Britische Polizei schießt in die Menge; dabei werden dreizehn Demonstranten getötet.

Das ist das Signal zu einer großen anti-europäischen Solidarität, die sich »Bewegung des 30. Mai« nennt. In fast allen chinesischen Hafenstädten kommt es zum Generalstreik und zu Unruhen. Vor allem vor englischen Konsulaten, Handelskontoren und Banken machen sich die Revolutionäre Luft. Fremde werden verprügelt, Fenster eingeworfen, Geschäfte angezündet.

Diese Welle der Empörung erweist sich als großartige Reklame für die KPCh. Ihre bisherige Mitgliederzahl von rund eintausend steigt sehr schnell auf das zwölffache.

In Peking und anderen großen Städten kommt es immer wieder zu Unruhen. Erich von Salzmann kabelt am 25. Juni 1925 einen Bericht für die »Vossische Zeitung« des Ullstein-Verlages nach Berlin:

Über das ganze Gesandtschaftsviertel hallt seit Stunden der wütende Aufschrei von Zehntausenden. Im Westen innerhalb der alten, feierlichen, rot umwallten Kaiserstadt sammelten sich in früher Stunde die Studenten und Studentinnen, die Schüler und Schülerinnen der Universitäten, Hochschulen, Groß- und Kleinkinderschulen mit ihren Lehrern. Alle waren in die chinesische Trauerfarbe, weiß, gekleidet.

Die Knirpse und kleinen Mädchen trugen Kinderfähnchen mit Protestzeichen. Die Erwachsenen schwenkten Riesenstandarten und Fahnen mit feierlichen Protesten gegen die Usurpation Chinas durch die Fremden. Portalartige Aufschriften, von zwei Studenten rechts und links getragen, wogten in der weißen Masse. Mit Megaphonen schrie es von allen Seiten zu den Fremden hinüber:

»Wir wollen die Unabhängigkeit zurück, wir wollen unser Land zurück! Wir wollen unser Recht zurück! Nieder mit den Ausnahmegesetzen! Zurück mit den usurpierten Niederlassungsgebieten!«

Die Polizei hielt gut Ordnung. Der Zug wälzte sich alle Straßen Pekings entlang. Langsam bemächtigte sich der Massen eine hier im Norden ungewohnte Erregung. Noch sind schwere Zwischenfälle nicht vorgekommen, aber der psychologische Augenblick ist da, wo sich der sonst so ausgeglichenen nordasiatischen Gehirne der Wahnsinn bemächtigt, dessen Folgen außerordentliche sein können. Noch besteht keine Gefahr für Leib und Leben der Fremden. Aber geht es so weiter, wird keine Einigung erzielt, dann kommt hier eine große internationale Verwicklung herauf, die gar nicht abzusehen ist.

Ein Nationalkongreß der Kuomintang in Kanton im Januar 1926 zeigt, wie stark der linke Flügel inzwischen geworden ist: von rund 250 Delegierten sind allein 90 Mitglieder der KPCh, die zu dieser Zeit schon 30 000 Anhänger zählt. Den von ihr beherrschten Bauernverbänden und Gewerkschaften gehören bereits zwei Millionen Mitglieder an.

Tschiang Kai-schek, dem maßgebenden Mann der Kuomintang, ist nicht ganz wohl in seiner Haut. Große Sorge bereitet ihm vor allem das Anwachsen des kommunistischen Einflusses in seiner Partei. Am 15. März 1926 nutzt er die Abwesenheit Borodins aus, der sich gerade in Kanton aufhält, und geht energisch gegen die KPCh vor. Ihre Kampftrupps werden entwaffnet, russische Kommissare und maßgebliche chinesische KPCh-Führer verhaftet.

Wang Tsching-wei tritt als Parteiführer zurück und setzt sich nach Europa ab. Tschiang Kai-schek, der am 6. Juli 1926 offiziell Führer der Kuomintang wird, ordnet an, daß Kommunisten ab sofort nicht mehr in führenden Stellen der Partei sitzen dürfen. Das heißt: Die Abteilungen für Arbeiter, Bauern, Organisation und Propaganda, die bisher von Kommunisten geleitet wurden, übernehmen nun parteitreue Kuomintang-Männer.

Borodin hat es gleich gewußt: »Tschiang Kai-schek wird sich der chinesischen Kommunisten und unserer nur so lange bedienen, wie er uns braucht und wir ihm von Nutzen sind . . .«

☆

Am 4. Juli 1926 bricht Tschiang Kai-schek auf, um die Kriegsherren in Mittel- und Nord-China auszuschalten. Mit seiner »Nationalen Befreiungsarmee«, die etwa 160 000 Mann stark ist und deren Kern aus den Schülern seiner Kriegsakademie besteht, beginnt er den Feldzug.

Die Bauern sind überrascht, daß die Soldaten nicht plündern, nicht rauben und nicht töten. Die zunächst strenge Disziplin der Nationalen Befreiungsarmee erweist sich als die beste Waffe.

Das erste Ziel des Marsches nordwärts ist die kommunistisch »verseuchte« Provinz Hunan. Am 12. August rückt Tschiang Kai-schek in die stark befestigte Stadt Tschangscha ein. Hier hat sich Mao Tse-tung einst die ersten revolutionären Sporen verdient.

Bald folgt eine Schlacht der anderen. General Wu Pei-fu wird besiegt. Bis Ende September 1926 hat die Nationale Befreiungsarmee alle Kriegsherren und Banden südlich des Jangtsekiang, von Hankau bis Schanghai, niedergeworfen. Die Einheit Chinas ist damit im Süden wiederhergestellt.

»Selbstverständlich spielten sich trotz grundsätzlicher Disziplin gelegentlich schlimme Dinge ab«, berichtet der amerikanische Historiker Grover Clark als Augenzeuge. »Bauern und Arbeiter, die plötzlich – mit behördlicher Vollmacht ausgestattet – nach dem militärischen Sieg in Regierungskomitees saßen, wüteten in blutiger Vernichtung, und mißliebige Grundbesitzer und sonstige Begüterte wurden hart angepackt. Der Haß gegen die Reichen im allgemeinen, die China den Lebenssaft anzapften, bewirkte Überfälle auf ausländische Missionen, ausländischen Besitz und ausländische Siedlungen in wichtigeren Städten.«

In dem gesamten Gebiet, das die Nationale Befreiungsarmee erobert hat, arbeiten die Kommunisten – trotz der »Säuberungsaktion« in ihrer Partei – weiter mit der Kuomintang zusammen. Auch Borodin kehrt wieder nach Kanton als Berater zurück, und der Einfluß der KPCh wächst so schnell, daß schon ein Jahr später die von Mao Tse-tung geführten Bauernverbände in der Provinz Hunan zwei Millionen Mitglieder zählen.

Im November 1926 wird Hankau Hauptstadt der Nationalregierung. Wang Tsching-wei wird aus Europa zurückgerufen.

Um die Jahreswende 1926/1927 gibt es in Nanking blutige Ausschreitungen gegen die Fremden. Auch in Schanghai und Kanton demonstrieren Arbeiter und Studenten so unmißverständlich, daß ausländische Schlachtschiffe sich gefechtsbereit machen, um notfalls eingreifen zu können.

Als Tschiang Kai-schek mit seinen Truppen Ende März 1927 siegreich in Nanking einmarschiert, erhebt er am 18. April die

Stadt zum Sitz der Nationalen Zentralregierung. Ihr Ministerpräsident wird Wang Tsching-wei. Die Kommunisten erklären Hankau zu ihrer Metropole.

Die Spaltung scheint damit vollzogen zu sein. Und doch ... Am 5. April 1927 unterzeichnet Wang Tsching-wei ein Dokument, in dem eine neue Zusammenarbeit von Kuomintang und KPCh besiegelt wird.

Aber das Karussell dreht sich weiter:

Schon wenige Tage danach, am 12. April, ist der vorerst »endgültige« Bruch da. Tschiang Kai-schek holt an diesem Tag in Schanghai zum großen Schlag gegen die Kommunisten aus. Alle Roten Truppen, die seine Soldaten erreichen können, werden entwaffnet, über 4 000 Kommunisten und Linksradikale seiner Partei hingerichtet, alle Organisationen der KPCh in Schanghai aufgelöst. Doch die Kommunisten geben nicht auf ...

Im Norden Chinas hat unterdessen Marschall Tschang Tso-lin auch die letzten seiner Konkurrenten unter den »Kriegsherren« geschlagen und am 6. April seinen Einzug in Peking gehalten. Seine Geheimpolizei dringt in die Räume der sowjetischen Botschaft ein und findet dort Schriftstücke, die Tschang Tso-lin sofort der Presse übergibt.

Aus einer Geheim-Anweisung an Borodin geht, zum Beispiel, hervor, daß die Kuomintang eine neue Führung bekommen soll, die ausschließlich aus Kommunisten besteht; daß alle »reaktionären Politiker und Militärs« liquidiert werden sollen; daß die Kuomintang so umorganisiert werden soll, daß nur noch das kommunistische Programm übrigbleibt.

»Das ist die endgültige Demaskierung Moskaus«, heißt es in dem Bericht des deutschen Gesandten.

Tschiang Kai-schek zieht sehr bald die Konsequenzen aus diesen Enthüllungen. Am 15. Juli 1927 werden die letzten Kommunisten aus der Kuomintang ausgestoßen, die KPCh außerhalb des Gesetzes gestellt. Wenige Tage später reisen Borodin und die übrigen politischen und militärischen Berater der Sowjetunion mit dem Transsibirien-Expreß nach Moskau zurück.

Acht Monate zuvor, im Dezember 1926, hat sich auf der transsibirischen Strecke eine Tragödie ereignet, die in den Zeitungen der ganzen Welt die Leser erschauern ließ ...

Während eines heftigen Schneesturms wird ein Zug von solchen Schneemassen überrascht, daß eine Weiterfahrt unmöglich ist. Irgendwo auf freier Strecke bleibt er stehen. Die Lokomotive hat keine Kohlen mehr. Es schneit und schneit. Schließlich ist der ganze Zug unter den Schneemassen buchstäblich begraben – mit allen Fahrgästen, Schaffnern und dem Lokomotivführer.

Die Menschen halten in eisiger Kälte tapfer aus. Die Hoffnung, eine Ersatzlokomotive werde kommen und sie retten, hält sie aufrecht – trotz des Hungers, des Durstes und der Kälte. Aber es kommt keine Hilfe, weil die Geleise trotz Schneepflüge unpassierbar sind. Einige Tage später hat sich ein Bergungstrupp mit Schneepflügen und einer neuen Lokomotive endlich durchgekämpft.

Aber – die Hilfe kommt zu spät. Alle Reisenden sind erfroren. Der Toten-Zug wird auf das Nebengleis gezogen und bleibt auf einer gottverlassenen kleinen Station stehen.

Unter den Toten gibt es auch zwei Deutsche: einen Ingenieur aus Berlin und einen Kaufmann aus Breslau. Erst ein Jahr nach der Katastrophe wird die Deutsche Botschaft in Moskau unterrichtet, nachdem die völlig durchnäßten Papiere der Toten mühsam identifiziert werden konnten.

Einige Monate später reist der italienische Gesandte Daniele Varè mit dem Transsibirien-Expreß nach Europa und sieht den Unglücks-Zug, um den sich immer noch keiner gekümmert hat. Varè notiert in sein Tagebuch:

»Die Felder ringsum schimmerten weiß von Lilien. Die Skelette sahen aus den zerbrochenen Fenstern, als freuten sie sich der duftenden Brise. Es hätte mich kaum gewundert, wären sie aus den Abteilen Erster und Zweiter Klasse ausgestiegen, um mich aufzufordern, an einem Reigen unter den Blumen teilzunehmen.«

Borodin und seine Begleiter haben den Zug des Grauens nicht mehr gesehen. Ende Juli 1927 ist er verschwunden.

Die chinesischen Kommunisten stehen nach der Abreise aller sowjetischen Berater ohne Hilfe da und werden innerhalb des Machtbereiches von Tschiang Kai-schek rücksichtslos verfolgt.

Im letzten Augenblick gelingt es Mao Tse-tung, zu entkommen. Aber seine zweite Frau, Jang Kai-hui, eine Tochter des Pekinger Universitäts-Professors Jang Tschen-tschi, und sein kleiner Sohn fallen in die Hände der Nationalisten und werden liquidiert.

Über Maos erste Frau, von deren Existenz außer dem amerikanischen Journalisten Edgar Snow niemand Notiz genommen hat, sagt Mao 30 Jahre später:

»Meine Eltern hatten mich, als ich vierzehn Jahre alt war, an ein zwanzigjähriges Mädchen verheiratet. Aber ich habe nie mit ihm zusammengelebt. Ich sah es nicht als meine Frau an.«

Mao Tse-tung flüchtet zu seinen Bauernverbänden. Kleine Trupps seiner kommunistischen Mitkämpfer stoßen zu ihm. In den Provinzen Hunan, Kiangsi und Fukien organisiert er den Partisanenkampf. Während des Winters 1927/28 bildet Mao, zusammen mit dem roten General Tschu Teh, in den Bergen zwischen Hunan und Kiangsi eine rote Bauern-Armee und beginnt damit, kleine kommunistische Enklaven im Machtbereich der Kuomintang zu etablieren.

Erst viele Jahre später, Anfang 1937, werden die Kommunisten und die Nationalisten Chinas wieder zusammenarbeiten – im Kampf gegen Japan.

Der erste von vielen kommunistischen Aufständen gegen die Autorität der Nationalregierung in Nanking bricht am 30. Juli 1927 los. Die Heeresmacht Tschu Tehs und Mao Tse-tungs (wenig über 2000 Bewaffnete) erobert Nantschang, die Hauptstadt der Provinz Kiangsi. Wenige Tage später werden die Kommunisten von Nationaltruppen in die Berge zurückgetrieben.

Dennoch bleibt dieses Ereignis beachtenswert: Es war das erste selbständige militärische Unternehmen, das die Kommunisten gewagt haben.

Tschiang Kai-schek weiß jetzt, mit welchen Gefahren er künftig zu rechnen haben wird. Er muß sein Heer verstärken und – er braucht neue Berater. Schon Ende Juli 1927 nimmt er Kontakt mit dem Militärattaché der Deutschen Gesandtschaft auf. Er bittet um deutsche militärische Berater. Aber die Gesandtschaft ist nicht »zuständig«, weil die Offiziere – im Gegensatz zu den Beratern, die das Kaiserliche Deutschland nach China geschickt hat – als Privatleute verpflichtet werden sollen.

Der Militärattaché gibt den chinesischen Wunsch nur an das Auswärtige Amt »zur Kenntnisnahme« weiter. Die Chinesische Gesandtschaft in Berlin sorgt für die notwendigen Kontakte und hat schon bald Erfolg.

Ein Mann mit besten Beziehungen zu allen Stellen, Ernst Waurich, kann der Chinesischen Gesandtschaft sehr schnell eine Persönlichkeit präsentieren, die allen Erwartungen entspricht.

Anfang 1928 trifft der erste deutsche Militärberater mit seinen Mitarbeitern in Nanking ein: Oberst Max Bauer. Er gehört zu dem kleinen Kreis von Offizieren, die am 13. März 1920 am Putsch des Generallandschaftsdirektors Wolfgang Kapp gegen die Reichsregierung des Sozialdemokraten Gustav Bauer teilgenommen haben.

Mit Oberst Max Bauer setzt der Aufmarsch deutscher Militärberater in China ein, die zehn Jahre lang hier wirken. Zu ihnen gehören so berühmte Leute wie der Generaloberst von Seeckt, Organisator der Reichswehr, und General von Falkenhausen, der später Militärbefehlshaber von Belgien und Nordfrankreich wird.

Falkenhausen hat schon ostasiatische Erfahrungen. 1900 nahm er als junger Leutnant im Gefolge des »Weltmarschalls« Graf Waldersee an den Kämpfen gegen die Boxer teil. Von 1909 bis 1912 war er Militärattaché an der Deutschen Gesandtschaft in Peking, anschließend bis zum Kriegsausbruch 1914 an Berlins Gesandtschaft in Tokio. Seit jenen Jahren hat ihn die Geisteswelt des Fernen Ostens fasziniert.

1928 beginnt die »große Zeit« der Deutschen in China. Die Militärberater sind zugleich Vortrupps für wirtschaftliche Zusammenarbeit, die für die deutsche Industrie größte Ausmaße annimmt.

Den Offizieren folgen Experten aller Kategorien: vom Handel über die Finanzen bis zur Luftfahrt. Und im Deutschen Reich etablieren sich immer mehr »Vereine und Institute zur Förderung der deutsch-chinesischen Beziehungen«.

Das »Jahrzehnt der Deutschen in China«, wie der chinesische Militärhistoriker F. F. Liu es nennt, beginnt.

Chinesische Elite-Divisionen:
Von Deutschen ausgebildet und geführt

VI

Bomben auf Schanghai

- Lebensraum für Japan: Nach einem inszenierten Attentat Krieg gegen China.
- Deutsches Lob für chinesische Kommunisten.
- Aus der Hölle ins Tanzlokal: Kampfpause für deutsche Offiziere.
- 43 Offiziere mit Privatverträgen bei Marschall Tschiang Kai-schek.

Wird China rot? Diese Frage wird schon 1927 von Politikern vieler Länder gestellt. Der deutsche Gesandte in Peking, Adolf Boyé, berichtet Ende Juli 1927 an das Auswärtige Amt in Berlin:

»Die Kommunisten erfreuen sich bei den armen Bauern und bei den Industriearbeitern immer größerer Beliebtheit. Schon in drei Provinzen beherrschen die Kommunistische Partei Chinas (KPCh) und die Truppen der noch kleinen Roten Armee weite Gebiete. Die Berichte darüber sind sehr widerspruchsvoll ...«

Wenige Tage später meldet Boyé an seine Berliner Zentrale, daß der Wunsch Tschiang Kai-scheks, deutsche Militärberater in seine Dienste zu nehmen, immer stärker wird; es genüge ihm nicht mehr, daß einige seiner Offiziere auf der Kriegsakademie in Berlin studieren.

Wie geschickt die Kommunisten operieren und wie wirkungsvoll sie es immer wieder verstehen, die Weltöffentlichkeit auf sich aufmerksam zu machen, beweist ein neuer Aufstand am 11. Dezember 1927 in Kanton. Er wird von Schülern der Militärakademie Whampoa bei Kanton blutig niedergeschlagen. Dabei laufen einige hundert Soldaten der Nationalarmee von Tschiang Kai-schek zu den Kommunisten über – ein Vorfall, der sich in den nächsten Jahren oft wiederholen wird.

Tschiang Kai-schek hat in den letzten Monaten des Jahres 1927 auf seine Weise Schlagzeilen gemacht. Am 12. August 1927 veröffentlichen alle Zeitungen rund um den Globus die Sensationsmeldung, Tschiang Kai-schek sei von allen seinen Ämtern zurückgetreten – vor allem (so seine Begründung), um »den Weg frei zu machen für eine wirkliche Versöhnung Chinas«.

Berlins Gesandter Boyé informiert das Auswärtige Amt durch eine klärende Blitzinformation: »Das gesamte in Peking akkreditierte Diplomatische Corps ist der Ansicht, daß es sich bei dieser spektakulären Erklärung Tschiang Kai-scheks um ein geschicktes Propagandamanöver handelt.«

Jedenfalls zieht sich Tschiang Kai-schek in einen alten Konfuzius-Tempel zurück und spielt hier den Einsiedler, der von der Politik, dem Krieg und der Welt nichts mehr wissen will.

Er hat jetzt Zeit, eine familiäre Angelegenheit zu ordnen. Von seiner ersten Frau, einer biederen Erscheinung, die sich um Politik nicht kümmert, hat er sich scheiden lassen. Schon lange erregt ein junges Mädchen seine Bewunderung, das einer der reichsten Familien Chinas entstammt. Aber es durfte von dem General in früheren Jahren nichts wissen. Doch jetzt, da er ein erfolgreicher Mann ist und den Kommunisten schwere Schläge versetzt hat, erscheint er den Eltern des Mädchens für »würdig«, in die Familie aufgenommen zu werden.

Die hübsche Chinesin ist eine der drei Töchter von Dr. Soong, der sich seit seinem Studium in den Vereinigten Staaten gerne Charly nennt. Ursprünglich war er Geistlicher der Methodisten, betätigte sich bald als Bibeldrucker, legte damit den Grundstein seines Vermögens und avancierte durch Wagemut, Spekulationen und Skrupellosigkeit bald zu einem steinreichen Industriellen.

Die Presse spricht damals schon vom Soong-Klan – aus gutem Grund. »Charlys« älteste Tochter Tsching-ling war mit Dr. Sun Yat-sen verheiratet, dem »Vater der chinesischen Revolution«.

Tsching-ling, Jahrgang 1890, amtiert heute noch als Vize-Staatspräsidentin der Volksrepublik China. 1927 verbrachte sie fünf Monate in der deutschen Reichshauptstadt. Ihre Berliner Zeit zählt sie heute zu den schönsten Erinnerungen ihres Lebens. Sie liebt immer noch deutsche Volkslieder, schätzt Berliner »Bouletten« und zählt deutsche Kartoffelpuffer zu ihren Lieblingsspeisen.

Charly Soongs zweite Tochter, E-ling, ist mit Dr. Kung Hsiang-hsi verheiratet, der über ein unschätzbares Vermögen verfügt, schon mehrfach wichtige Regierungsposten bekleidete und in späteren Jahren Finanzminister und schließlich sogar Ministerpräsident der nationalchinesischen Regierung sein wird.

Die jüngste der Soong-Töchter schließlich, Mei-ling, hat Tschiang Kai-schek zu seiner Gemahlin erkoren.

Die Hochzeit wird mit allem Prunk am 1. Dezember 1927 im damals berühmtesten und größten Hotel Schanghais gefeiert: im »Majestic«. Mehr als tausend Gäste sind geladen. Es werden viele Reden gehalten. Alle enden mit dem Wunsch, General Tschiang Kai-schek möge doch bald wieder auf seinen Posten zurückkehren.

Es wird übrigens eine Hochzeit nach doppeltem Ritus gefeiert; denn die Familie Soong mit ihren sechs Kindern (außer den Töchtern gibt es noch drei Söhne) sind Christen. Tschiang Kai-schek wünscht eine Zeremonie nach chinesischem Ritus, die Soongs und die Kungs legen den größten Wert auf den christlichen Segen. Tschiang Kai-schek verspricht seiner neuen Verwandtschaft, er werde sich eingehend mit dem Christentum beschäftigen. Drei Jahre später schockiert er seine nichtchristlichen Freunde damit, daß er zum Christentum übertritt.

Auf der Hochzeit von Schanghai verbünden sich zwei Mächte: das Großkapital und der Führer der Kuomintang, die immer noch – wie es das Parteiprogramm vorsieht – ihre sozialistischen Ideen realisieren möchte.

An der Festtafel im »Majestic« sitzt die Verwandtschaft der Soongs und der Kungs, die zusammen ein Vermögen von etwa fünfzehn Milliarden Goldmark repräsentieren.

Die Soongs, die neben ihren großen Geschäften auch noch politische Ambitionen hegen, machen ihrem neuen Verwandten klar, das Eigentum müsse ihm unantastbar sein. Und natürlich sei es unter diesen Umständen ganz ausgeschlossen, den Sozialismus, wie ihn Dr. Sun Yat-sen erstrebte und wie er auch Tschiang Kai-schek immer noch vorschwebe, zu verwirklichen.

Tschiang Kai-scheks alte Freunde sind entsetzt über diese Heirat. Sie sind sich angesichts der Einheirat in den Soong- und Kung-Klan einig, daß Tschiang Kai-schek damit den Sozialismus verraten hat. Viele sagen sogar, er habe seine Seele verkauft.

Vor allem T. V. Soong, der Bruder seiner Frau Mei-ling, gilt als ebenso ausgekochter Kapitalist wie sein Schwager Kung. Diese Familie wird künftig Tschiang Kai-schek am Zügel halten . . .

Schon die Tatsache, daß Tschiang Kai-schek am 18. April 1927 die Regierung nach Nanking verlegt hat, war ein erstes Zeichen dafür, daß er dem Kapitalismus zuneigte. Vor allem die Großindustrie konnte beruhigt sein; denn der größte Teil der chinesischen Schwerindustrie liegt, genau wie die neue Hauptstadt, am Jangtsekiang. Auch die Großgrundbesitzer sind glücklich über die Wahl Nankings; denn die Ebene des Jangtsekiang gilt immer noch als das ergiebigste Gebiet der Landwirtschaft. Die Großgrundbesitzer, die dort residieren, können sich also sicher fühlen.

Die Entscheidung Tschiang Kai-scheks für Nanking und seine Hochzeit sind eine wirkungsvolle Propaganda für die KPCh.

»Wir werden die kommunistische Bewegung in China im Auge behalten müssen«, hat Adolf Boyé schon Anfang 1927 an das Auswärtige Amt berichtet. Auch Berlins Botschafter in Moskau, Ulrich Graf von Brockdorff-Rantzau (»roter Graf«), der am Freundschafts- und Neutralitätsvertrag zwischen Deutschland und der Sowjetunion (24. April 1926) – zur Vertiefung des Rapallo-Vertrages von 1922 – maßgeblich beteiligt war, berichtet ähnliches aus seiner Sicht.

☆

Die erste politische Konsequenz aus seiner Hochzeit zieht Tschiang Kai-schek am 9. Januar 1928. Er nimmt seine Wahl vom Zentralrat der Kuomintang zum Oberbefehlshaber der Nationalarmee an und nennt sich danach Marschall.

Mit seiner Armee beginnt Tschiang Kai-schek am 7. April 1928 seinen Feldzug gegen die Generale im Norden Chinas. »Kriegsherr« Tschen Hsi-schan stellt sich ihm kampflos zur Verfügung;

37 Erster Militärberater nach Weltkrieg I in China: Oberst Dr. phil. h. c. Max Bauer (links) 1928 mit dem Chef der Nationalarmee, Generalissimus Tschiang Kai-schek – sehr zivil.

38 *Marschieren haben sie von Deutschen gelernt: Soldaten Tschiang Kai-scheks 1936.*

39 *Generaloberst Werner von Blomberg, Reichskriegsminister, im Gespräch mit dem chinesischen General Tschang Hsue-liang, 1935 in Berlin. Es geht um Waffenlieferungen*

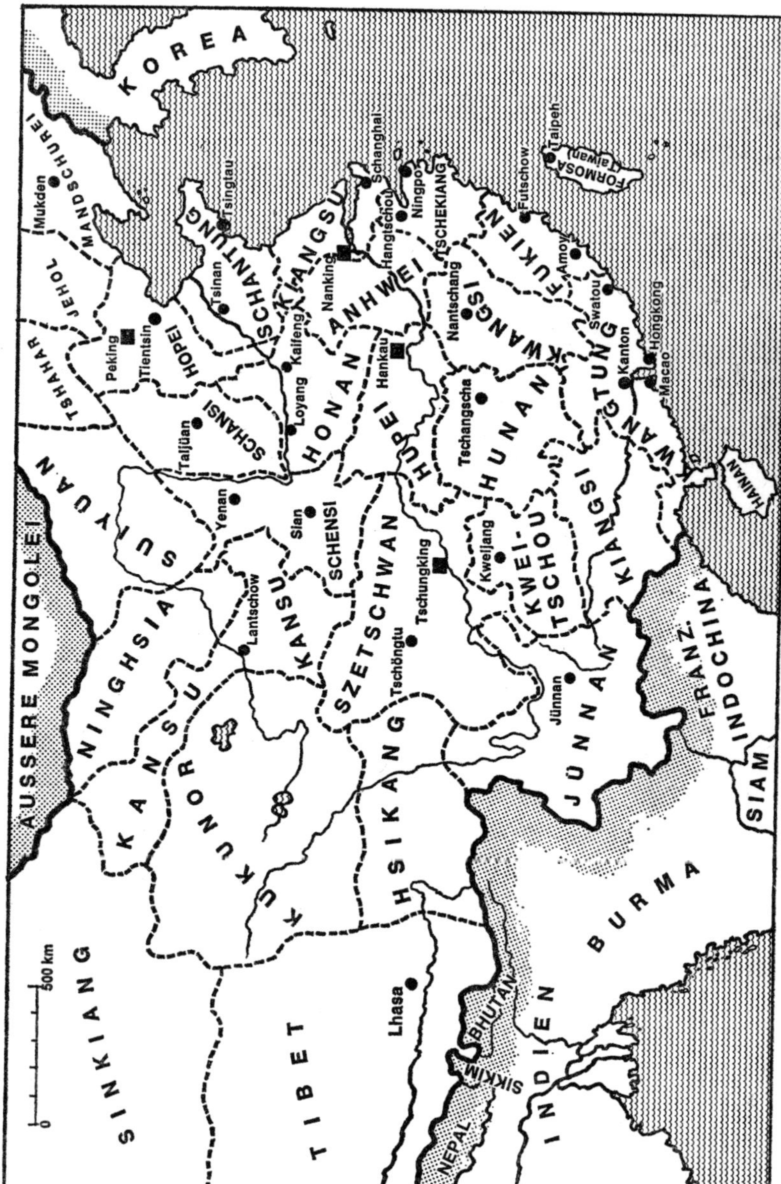
KOREA
MANDSCHUREI
Mukden
JEHOL
TSHAHAR
Peking
Tientsin
HOPEI
Tsingtau
SCHANTUNG
Tsinan
KIANGSU
Nanking
Schanghai
Hangtschou
Ningpo
TSCHEKIANG
ANHWEI
FUKIEN
Futschow
Amoy
Swatou
FORMOSA (Taiwan)
Taipeh
KIANGSI
Nantschang
KWANGTUNG
Kanton
Hongkong
Macao
HAINAN
Kaifeng
Loyang
HONAN
Hankau
HUPEI
HUNAN
Tschangscha
SCHANSI
Taijüan
SUIYUAN
Yenan
SCHENSI
Sian
KWANGSI
KWEI-TSCHOU
Kweijang
JÜNNAN
Jünnan
SZETSCHWAN
Tschungking
Tschöngtu
KANSU
Lantschow
NINGHSIA
AUSSERE MONGOLEI
KUKUNOR
HSIKANG
FRANZ. INDOCHINA
SIAM
BURMA
INDIEN
BHUTAN
SIKKIM
NEPAL
TIBET
Lhasa
SINKIANG
0
500 km

11 Peking

einer seiner Kollegen folgt. Der Marsch auf die nördliche Hauptstadt Peking kommt zügig vorwärts.

In Peking residiert zu dieser Zeit Marschall Tschang Tso-lin, der seine Karriere, wie die meisten seiner Kameraden, als Räuber und Bandit begonnen hat. Sein Revier war die Mandschurei, die er als unumschränkter Herr seit 1919 »regierte«. Drei Jahre später erklärte er sich vom übrigen China unabhängig und beherrschte einige Jahre danach ganz Nordchina.

Am 3. Mai 1928 läßt Tschang Tso-lin Peking räumen und zieht mit einem über 250 000 Mann starken Heer in »seine« Mandschurei zurück, die seit dem Russisch-Japanischen Krieg (1904–1905) mehr und mehr japanisches Einflußgebiet wurde.

Tschang Tso-lin kommt hier den Japanern in die Quere, die an der wirtschaftlichen Entwicklung der reichen Mandschurei sehr interessiert sind. Japan fühlt sich, genau wie das Deutsche Reich, als »Volk ohne Raum«. Aber es wird früher losschlagen als sein späterer Verbündeter Deutschland.

Tschang Tso-lin und seine Soldaten, die im Vormarsch auf die mandschurische Hauptstadt Mukden sind, passen den Japanern überhaupt nicht ins Konzept. Sie könnten Japans Pläne stören.

Am 4. Juni 1928 fährt der Sonderzug von Tschang Tso-lin in Richtung Mukden. Als er die Eisenbahnbrücke über den Liau-ho, bei Mukden, erreicht hat, explodieren Bomben. Der gesamte Zug stürzt in den Strom, der gerade Hochwasser führt. Unter den vielen Toten, die geborgen werden können, ist auch Tschang Tso-lin.

Erst nach dem Kriege wird es zur Gewißheit, was damals schon Journalisten vermuteten und auch Gesandter Boyé nach Berlin berichtet hat: Die Japaner haben diesen »Überfall« organisiert; nicht etwa die Regierung in Tokio, sondern einige Offiziere der in der Mandschurei stehenden und mit Tschang Tso-lin offiziell befreundeten japanischen Kwangtung-Armee (die nach der Halbinsel benannt ist, auf der Port Arthur liegt, und mit der chinesischen Armee der Provinz Kwangtung im Süden des Landes nichts zu tun hat).

Die japanischen Offiziere hatten beschlossen, auf eigene Faust Außenpolitik zu betreiben. Sie wollten den Marschall, dem sie nie so recht trauten, liquidieren und damit eine günstige Gelegenheit herbeiführen, um die gesamte Mandschurei durch japanische Truppen zu besetzen.

Am 8. Juni 1928 nehmen die Truppen Tschiang Kai-scheks Peking ein. Damit ist die Einheit Chinas endlich wiederhergestellt – bis auf die kommunistischen Enklaven in den Süd-Provinzen.

Die Nanking-Regierung unter Tschiang Kai-schek findet jetzt die schon lange erstrebte internationale Anerkennung. Sie läßt schon bald eine ungewöhnliche außenpolitische Aktivität erkennen. Tschiang Kai-schek möchte vor allem möglichst bald die immer noch bestehenden ausländischen Vorrechte abbauen.

Schon wenige Tage nach seinem Einzug in Peking empfängt Tschiang Kai-schek das gesamte in China akkreditierte Diplomatische Corps. Besonders lange spricht er mit dem deutschen Gesandten. Auch bei dieser Gelegenheit sagt Tschiang Kai-schek es ganz deutlich: »Ich brauche dringend deutsche militärische Berater!«

Der tote Tschang Tso-lin hinterläßt als Erben seinen Adoptivsohn Tschang Hsue-liang, der sich »junger Marschall« nennt. Als politischer und militärischer Opportunist unterstellt er sich der Nanking-Regierung und seine Truppen dem Oberbefehl von Tschiang Kai-schek.

»Aber – mit diesem Schritt ist die Mandschurei keineswegs für China gerettet«, berichtet der deutsche Gesandte an das Berliner Auswärtige Amt. »Wir werden abwarten, welche Pläne die Japaner mit der Mandschurei verfolgen.«

Während der Ereignisse im Norden Chinas haben die Kommunisten unermüdlich gearbeitet, um ihrem Ziel näher zu kommen. In den Bergen der Provinzen Fukien und Kiangsi ist es ihnen schon geglückt, kleine Sowjetrepubliken zu bilden. Immer mehr Gebiete werden »rot«. Es folgen in den nächsten drei Jahren kommunistische Inseln in den Provinzen Honan, Hunan und Szetschuan.

1931 gibt es im Grenzgebiet der Provinzen Kiangsi und Fukien eine große sowjetische Enklave, die sich »Räterepublik Juischin« nennt.

Im November 1931 wird auf einer Konferenz – zu der alle Gebiete, die in der Hand von Kommunisten sind – ihre Vertreter entsenden, sogar eine »provisorische Sowjetregierung Chinas« ausgerufen, deren Hauptstadt Juischin ist. Der Präsident dieser roten chinesischen Regierung heißt Mao Tse-tung.

Die Zahl der roten Truppen ist ständig gewachsen. Von allen Seiten strömen tausende armer Bauern und zahlreiche desertierte Soldaten Tschiang Kai-scheks herbei. Auch sehr viele Studenten, Männer und Frauen, die sich zunächst für die nationalistische Sache begeistert, sich dann aber wegen des Verrats am Sozialismus von ihr losgesagt haben, laufen zu den Roten über.

Die Kommunisten und ihre Soldaten verschaffen sich dadurch Geld, daß sie es den Reichen abnehmen. Waffen und Munition erbeuten sie durch Überfälle auf die Truppen Tschiang Kai-scheks. Auch propagandistisch operieren die Kommunisten sehr klug. Sie schicken ihre Spezialisten in die Ebenen und ihre Städte hinab und berichten dort von den großen Erfolgen der KPCh.

Die chinesischen Kommunisten können vor allem auf die Bodenreform hinweisen. Großgrundbesitzer werden enteignet, das Land wird aufgeteilt und armen Bauern übertragen. Zum erstenmal in der Geschichte Chinas kann sich ein ausgemergelter Ackerkuli als Herr der Scholle fühlen. Auch die Ärzte sind für alle da, und überhaupt: Es wird ein klassischer Kommunismus nicht nur theoretisch proklamiert, sondern im Rahmen der durch die Situation bedingten Möglichkeiten innerhalb der KPCh-Enklaven auch realisiert.

☆

Ende 1930 beginnt der erste Feldzug Tschiang Kai-scheks gegen seine früheren Freunde, die jetzt als Kommunisten seine Todfeinde sind.

»Offenbar hat Tschiang Kai-schek bisher keine Zeit dazu gehabt«, heißt es in einem Bericht der Deutschen Gesandtschaft, deren Chef als Nachfolger Boyés seit 1928 Herbert Cuno von Borch ist.

Schon bald meldet die Nationalarmee erste Siege: »Kian in der Provinz Kiangsi erobert!«

Das ist nur sehr bedingt richtig. In dem Armee-Bericht wird völlig verschwiegen, daß die Division, die diesen »Sieg« errungen hat, in die Berge gelockt und dort so gut wie vernichtet wurde.

»Tungkuan genommen!« heißt eine zweite Siegesmeldung, die in die Welt hinausposaunt wird. Wichtige Tatsachen werden dabei nicht erwähnt; denn die Division, die Tungkuan erkämpft hat, wird durch einen nächtlichen Gegenangriff der Kommunisten vernichtet und entwaffnet. Die Sieger hatten es bei einer allzu unbekümmerten Feier an Wachsamkeit fehlen lassen.

So geht es weiter. Kompanien, Regimenter und ganze Divisionen der Nationalarmee fallen in geschickt angelegte Hinterhalte, werden niedergemacht oder gefangen und entwaffnet.

Die Bauern, die ganz auf Seiten der Kommunisten stehen, melden jede Bewegung, die Tschiang Kai-scheks Truppen machen, der Roten Armee. Wann immer sich eine Gelegenheit dazu bietet, locken Sympathisanten der Kommunisten die Nationaltruppen in einen Hinterhalt. Tausende und abertausende Soldaten Tschiang Kai-scheks laufen mit ihren Waffen zu den Kommunisten über.

Auf beiden Seiten wird mit unerbittlicher Grausamkeit gekämpft, und es geschehen dabei Dinge, die heute als »Kriegsverbrechen« klassifiziert würden. Besonders skrupellos handeln in diesem Feldzug, der ein Vernichtungskrieg werden sollte, die Nationaltruppen, wie zahlreiche Berichte aus jener Zeit belegen.

Mit 100 000 Soldaten unternahm Tschiang Kai-schek seinen ersten Feldzug gegen die Kommunisten. Schon drei Monate später, im Februar 1931, wird der Kampf aufgegeben.

Einer der nationalen Generale, die an diesem Feldzug beteiligt waren, gesteht einem Attaché der Deutschen Gesandtschaft:

»Die Unfähigkeit und die schlechte Verwaltung der Provinzbeamten, dazu die Untüchtigkeit der Polizei, die Leute belästigte und störte, anstatt sie zu beschirmen, und vor allem die Unterdrückung durch die einheimischen Grundbesitzer, die auf Kosten der Armee feist wurden – das alles vereint treibt das Volk in die Arme der Kommunisten. Die bankrotte Bauernschaft, Arbeitslosigkeit unter Handwerkern und Arbeitern und die allgemeine wirtschaftliche Not unter der Bevölkerung liefern dem Anwachsen des Kommunismus unerschöpfliche Nährstoffe.«

Der National-General wiederholt seinen realistischen Situationsbericht, den er dem deutschen Attaché erstattet hat, ungeschminkt vor Journalisten. Danach taucht in der Weltpresse immer wieder die Frage auf: »Wird China rot?«

Dem ersten Feldzug gegen die Kommunisten folgen in kurzen Abständen vier weitere. Obwohl Tschiang Kai-schek immer größere Heere einsetzt, bleiben seine Unternehmen wirkungslos – hauptsächlich deshalb, weil die Kommunisten das Wohlwollen der Bevölkerung genießen, weil sie das Gelände genauestens kennen und weil sie mit einer wahren Besessenheit und Hingabe an ihre Idee glauben.

Der Militärattaché der Deutschen Gesandtschaft berichtet nach Berlin:

Die Kommunisten bedienen sich stets derselben Taktik. Zunächst scheinbarer Widerstand, dann Rückzug, mit dem man die Nationaltruppen in die Berge lockt. Schnelle Märsche durch die Pässe, die den Kommunisten genau bekannt sind, den Nationaltruppen aber nicht. Verheerende Angriffe aus der Flanke. Die Roten bewaffnen ihre Truppen in erster Linie mit den erbeuteten Waffen und ernähren sie mit zurückgelassenen Vorräten der National-Soldaten oder mit jenen Waffen und Lebensmitteln, die Überläufer ihnen mitbringen.

Der amerikanische Historiker Grover Clark, der sich in den zwanziger und dreißiger Jahren oft in China aufgehalten hat, kennt noch andere, psychologisch wichtigere Gründe für die Niederlagen der Nationalen:

»Mehr noch als die auf diese oder jene Art erworbenen Waffen half den Roten die barbarische, jeder Beschreibung spottende Grausamkeit, mit der die Nationalisten ihren Mut an der Bevölkerung der Gebiete kühlten, die sie ihren Gegnern wegnahmen. Unter den besitzenden Bürgern und den Ausländern (darunter auch rund 60 Deutsche) in den betroffenen Gebieten dagegen wuchs die Furcht vor den Kommunisten ständig, während sich die Bauern, die Arbeiter und die Studenten im ganzen Lande von den Nationalisten abwandten.«

Lin Yutang, Jahrgang 1895, Gelehrter und Schriftsteller, Professor für Sprachwissenschaft und englische Philologie an mehreren chinesischen Universitäten, nennt 1935 einige andere Gründe für den Zulauf, den die Kommunisten vor allem aus den Reihen der verarmten Bauernschaft erhalten: zu hohe und zu verschiedenartige Steuern. Lin Yutang, der übrigens in Jena und Leipzig studiert hat und 1936 von Schanghai in die USA emigrierte, beklagt sich bitter über die vielen und absurden Steuern, die den Bauern in den zwanziger Jahren auferlegt worden sind:

»Man kannte damals noch keine Sargsteuer und keine Hochzeitssänftensteuer (wie in der Provinz Fukien), keine Schweinedecksteuer, Schweinegeburtensteuer, Ferkelsteuer, Schweinemaststeuer, Schweineschlachtsteuer, Schweinebraten-Speisekartensteuer und Schweinebraten-Verdauungs-Entleerungssteuer (wie in Swatau und Hankau). Man hatte nichts gehört von Bürgerwohlfahrtssteuer, einer Hausnummersteuer und einer Trägheitssteuer für Bauern, die kein Opium anbauen wollen.«

Lin Yutang fährt in seiner Anklage fort:

»Die chinesischen Bauern brauchten früher nicht ihre Weiber und Töchter zu verkaufen, um ihre Steuern zahlen zu können, wie es einige Bauern in Kiangpei tun. Man hinderte sie nicht mit Waffengewalt, ihre Ernte einzuholen, zur Strafe dafür, daß sie irgendeine Steuer nicht bezahlt hatten, wie die Bauern in Kwantung es im Herbst 1934 erlebt haben. Man besteuerte das Volk nicht dreißig Jahre voraus (wie heute die Bewohner von Szetschwan) und legte ihnen nicht zusätzliche Abgaben auf, die das Dreißigfache der regulären Landsteuer betragen, wie das in Kiangsi geschehen ist.

Die Bauern brauchten früher keine Steuern zu zahlen, die ihr Einkommen überschritten, und wurden, wenn sie sie nicht aufbringen konnten, nicht ins Gefängnis gesteckt und so geprügelt, daß man nächtelang ihr Schreien und Stöhnen hörte, wie man heute das Schreien und Stöhnen der Bauern in der Provinz Schensi hören kann, die nachts im Kerker geprügelt werden.«

Der Kuomintang-Politiker Wang Tsching-wei hat schon ein Jahr vor Lin Yutangs Attacke in einer Rede zum neunten Jahrestag des Todes von Dr. Sun Yat-sen am 12. März 1934 gestanden:

»Die Untersuchung der Landwirtschaftlichen Wiederaufbau-Kommission im vorigen Jahre hat erwiesen, daß die zusätzlichen Abgaben in verschiedenen Provinzen zuweilen das Fünfundzwanzig- bis Einunddreißigfache der regulären Landsteuer erreicht haben.«

☆

Anfang des Jahres 1934 beherrschen die Roten rund ein Achtel des chinesischen Gebietes, das südlich der Großen Mauer liegt. Aber es ist kein einheitliches Gebiet, sondern liegt da und dort verstreut. Erst 1934, beim sechsten Feldzug der Nationalisten gegen die Kommunisten, wird sich die Situation ändern.

Durch einen massiven Angriff werden die Roten im Oktober 1934 gezwungen, ihre bisherigen Positionen zu verlassen. Nach dem zum Mythos gewordenen Langen Marsch quer durch China werden sie im Nordwesten einen neuen kommunistischen Staat gründen, der die Keimzelle der heutigen Volksrepublik China ist. Ein späteres Kapitel dieses Reports wird über jenen Marsch, der ohne Beispiel in der Geschichte ist, und über den Deutschen Otto Braun berichten, der als einziger Ausländer das dramatische Unternehmen mitmacht und dabei eine wichtige Rolle spielt.

☆

Während Tschiang Kai-scheks Truppen gegen die Rote Armee kämpfen, haben die Japaner politische Tatsachen geschaffen.

Am 18. September 1931 hört ein japanisches Bataillon, das die mandschurische Eisenbahn bewacht, plötzlich heftige Detonationen. Ein Leutnant eilt mit einigen seiner Männer zu der Stelle, wo er das Attentat vermutet. Die Geleise, über die eine halbe Stunde später ein Militärtransport fahren soll, sind zerrissen.

Natürlich – diesen Anschlag können nur Chinesen verübt haben! Auch der japanische Leutnant spricht von flüchtenden Chinesen, die seinen Spähtrupp beschossen haben.

Schon zwei Stunden später dringen in der Stadt Hsinking Japaner in die chinesischen Kasernen ein und nehmen fast 10 000 Soldaten gefangen. Auch in anderen mandschurischen Städten, in denen chinesische Soldaten untergebracht sind, erscheinen die Japaner blitzartig auf der militärischen Bühne.

Was zunächst nur ein Gerücht ist, erweist sich schon bald als Wahrheit: Die Japaner selbst haben die Geleise gesprengt, um einen Grund für ihr Vorgehen zu haben. Hätten sonst alle chinesischen Kasernen so schlagartig nach dem »Attentat« besetzt werden können?

☆

Der Journalist Roland Strunk, der für das nationalsozialistische Partei-Organ »Völkischer Beobachter« schreibt und nach Hitlers (falscher) Ansicht »unser einziger Korrespondent von Weltruf« ist, erlebt das japanische Vorgehen in der Mandschurei mit.

Oberst Tanaka hat ihn eingeladen, in seinem Panzerzug – der im Osten der Mandschurei »durchstoßen« soll – mitzufahren. Strunk, der später in Berlin wegen einer Frauen-Affäre im Duell fällt, berichtet u. a.:

Unsere Geschütze donnern los. Meine Kamera kann nichts erwischen vom noch unsichtbaren Feind. Ohrenzerreißender Lärm tobt im engen Felstal. Plötzlich erkenne ich die ganze Gefahr unserer Lage. Über uns, auf den steilen Hängen wimmelt es jetzt von Menschen. Die glattrasierten gelben Schädel leuchten, viele Oberkörper sind nackt. Es klettert und springt auf uns zu, ein Schwarm herabrollender Wut, mit Speeren in der Faust und roten Quasten und breiten chinesischen Schwertern. Das sind Hontschong-Oi-Kämpfer.

Immer dickere Massen wälzen sich den Berg herab. Meine Kamera schießt, ich muß mich weit herausbeugen und fahre zurück vor feindlichen Kugeln, die von unsichtbaren Schützen hoch oben herabklatschen. Diese schreiende Menschenwelle mit kahlen Schädeln und offenen Mündern ist die gewaltige Massenzahl Chinas, die, einmal organisiert, von niemandem zu überwinden ist.

Warum nur haben sie keine Verluste und sind doch schon fast heran? Ihre Speere und Schwerter werden am Panzerzug zwar stumpf werden, aber wir sind nur eine kleine Handvoll Japaner gegen diese anrasende Völkerwelle Chinas. (. . .)

Strunk unternimmt vom haltenden Panzerzug aus einen »Spähtrupp auf eigene Faust«. Er wird dabei verwundet. Die Weltpresse hat die Sensation: Einer ihrer Leute scheute nicht Tod und Teufel . . .

Aus Strunks Bericht:

Am nächsten Tage klettere ich die Felshänge hinauf, um von einem erhöhten Standort Filmaufnahmen zu machen. Wir haben Zeit, die Geleise sind noch nicht repariert. Die Felskletterei führt immer höher. Tief unten steht der Panzerzug, eifriges Treiben der von hier oben so winzig aussehenden japanischen Soldaten um ihn herum. Ich fühle mich völlig sicher, trotz Warnung Tanakas, so allein hier oben herumzuklettern, wo noch Späher der Chungusen stecken können.

Ich brauche Landschaftsbilder als Rahmen für das Todestal da unten beim Panzerzug. Ein Seitental verschluckt mich. Ich falle in völlige Stille, lausche und höre nichts. Hier sind überhaupt keine Menschen, und da oben ist der richtige Felsgrat, der mir die Fernsicht für eine Panoramaaufnahme gibt.

Plötzlich über mir ein Geräusch.

Was ist das?

Ein Tier auf Beutefahrt, ein Späher der Oi-Leute?

Ganz nahe, hinter einem Felszacken, schiebt sich ein Kopf vor, eine Schulter im Blau der Pekingfreiwilligen. Ein Gewehr schwingt herum. Ich greife nach dem Revolver. Zu spät. Ein Schuß peitscht die Stille hoch. Etwas brennend Heißes rast durch meinen Leib, ein stechender Schlag. Die Kamera springt sich überschlagend in die Felstiefe.

Ich bin noch völlig klar, sinke hinter einen großen Stein, ziehe den Revolver und knalle in den blauen Himmel. Das Ziel ist längst fort, aber meine Revolverantwort soll moralisch wirken, vielleicht holt sie auch Hilfe herauf vom Panzerzug.

Die völlige Stille nach dem unerwarteten Schuß wirkt, als sei dies der einzige Schuß in der Welt, der auf mich, nur auf mich gelauert hat. Ich will nicht allein sein, der Feind muß Angst bekommen, ich feuere weiter und lausche auf das Echobellen in den Felsen. Von unten kommt keine Patrouille; das Seitental schneidet mich völlig ab, eine ganz eigene Welt, mit der ich ganz allein fertig werden muß.

Der Einschuß blutet mit schwellenden Rändern. Ich kann nichts tun als versuchen, mit der Hand das rotsickernde Leben festzuhalten, langsam abwärts zu kriechen. Es gelingt. Das Zeitmaß ist unendlich lang. Es können Stunden sein, vielleicht auch nur Minuten. Am Panzerzug breche ich von den taumelnden Beinen herunter.

Die Japaner springen herzu. Lautlos hantieren sie. Der Bataillonsarzt macht kein besonders bedenkliches Gesicht. Oberst Tanaka läßt mich in den Stabswagen tragen, die Japaner sind teilnahmsvoll, ihre Ehrerbietung ist größer als vorher.

☆

Die Japaner überschwemmen buchstäblich in kürzester Zeit die ganze Mandschurei, die reich an Bodenschätzen ist: an Eisenerz und Steinkohle. Vor allem besitzt sie riesige Wälder und damit Holz in Fülle, an dem es Japan sehr mangelt.

Rohstoffe – das ist einer der Gründe für Japans schnelles Vorgehen. Ein anderer kommt hinzu. Die Japaner haben riesige Summen in der Mandschurei investiert und müssen befürchten, daß die durch den Übertritt des »jungen Marschalls« Tschang Hsue-liang erstarkte Nationalregierung sie zwingen könnte, ihren vertraglich gesicherten Einfluß in der Mandschurei aufzugeben.

China reagiert auf das militärische Vorgehen in der Mandschurei mit einem Boykott aller japanischen Waren. Das stört die Japaner zunächst nicht. Am 18. Februar 1932 erklären sie die Mandschurei für unabhängig und geben ihr den Namen Mandschukuo.

Der Form halber wird dieses Gebiet als japanisches Protektorat bezeichnet. Als Präsident ihrer Marionetten-Regierung setzen die Japaner den letzten Mandschu-Kaiser Pu-yi ein, der 1911, bei der chinesischen Revolution, als Siebenjähriger aus Peking nach Tientsin flüchten mußte und dort zunächst vom deutschen Hospital aufgenommen worden war. Am 1. März 1934 wird Pu-yi zum Kaiser von Mandschukuo gekrönt.

Tatsächlich ist dieser »Kaiser« ein Strohmann der Japaner – trotz allen Glanzes, mit dem Pu-yi sich umgeben darf. Mandschukuo erlebt unter dem japanischen »Protektorat« einen ungewöhnlich schnellen wirtschaftlichen Aufschwung.

Die meisten Politiker und Zeitungen der westlichen Demokratien verurteilen Japans Vorgehen. Auch die Weimarer Republik bemüht sich um Verständnis für China. In den ersten Jahren des Nationalsozialismus, als die Chinesen noch die Freunde des Dritten Reiches sind und deutsche Militärberater die Nationaltruppen Tschiang Kai-scheks ausbilden, liegen die deutschen Sympathien ebenfalls bei den Chinesen.

Das ändert sich erst ab 1936 durch den Abschluß des Anti-Komintern-Paktes zwischen Berlin und Tokio (vgl. Seite 211). Mehr und mehr wird China zum Bösewicht und Japan – das »Preußen des Ostens« – zum Verbündeten. Die politischen Vorgänge im Fernen Osten stellen sich plötzlich für das »Großdeutsche Reich« ganz anders dar. Im »Japanischen Kriegstagebuch«, 1943 in Berlin veröffentlicht, kann man über den Fall Mandschukuo zum Beispiel folgendes lesen:

In China trat der Nationalismus immer klarer hervor, verbunden mit einer Annäherung an Moskau. Schon fühlt sich der japanische General Baron Tanaka veranlaßt, die chinesischen Nationalisten vor jeder Verletzung japanischer Rechte zu warnen, während in der Provinz Schantung neue japanische Truppen eintreffen, um die Interessen in der Mandschurei zu schützen (...)
Weitere Truppen mußten entsendet werden, um japanisches Leben und Eigentum zu schützen und die Bahnen, die wirtschaftlichen Lebenserträge, zu sichern. So wurde der japanisch-chinesische Konflikt unvermeidlich, hervorgerufen durch eine chinesische Starrköpfigkeit, ungeachtet der im Innern des Landes herrschenden Zerrissenheit, die 1930 durch den Ausbruch eines neuen großen Bürgerkrieges klar in Erscheinung trat. Japan war sich nun voll bewußt, daß es nicht mehr warten dürfe, daß die entscheidende Stunde gekommen sei.
Blutige Streitigkeiten zwischen chinesischen und koreanischen Ansiedlern in der Mandschurei ließen es notwendig erscheinen, hier Ordnung zu machen. So sahen sich die Japaner veranlaßt, 1931 Mukden zu besetzen und bis an die ostchinesische Bahn vorzudringen, schließlich die ganze Mandschurei aus der chinesischen Vormundschaft zu befreien. Es war dies die Geburtsstunde des selbständigen Staates Mandschukuo.

Das Deutsche Reich schließt am 30. April 1936 mit Mandschukuo ein Handelsabkommen, das zunächst ein Jahr gelten soll. Es wird 1937 um drei Jahre verlängert.

In seiner Reichstagsrede vom 20. Februar 1938 kündigt Hitler die Aufnahme diplomatischer Beziehungen zu Mandschukuo an. Drei Monate später gibt es eine Deutsche Botschaft in Hsinking.

Am Tage nach Hitlers Reichstagsrede weist Reichsaußenminister Joachim von Ribbentrop, der dieses Amt erst zwei Wochen vorher übernommen hat, den deutschen Botschafter in China (Dr. Trautmann) an, »mit allen Mitteln der Demagogie dafür zu sorgen, daß nachteilige Folgen für die deutsch-chinesischen Beziehungen vermieden werden«.

☆

Den Boykott japanischer Waren — von China aus Protest gegen die »Vergewaltigung« der Mandschurei verhängt — lassen sich die Japaner nicht mehr gefallen; denn ihr Handel ist durch die verständliche Reaktion der Chinesen merklich gestört. Tokio ergreift drastische Gegenmaßnahmen.

Im Januar 1932 kreuzen vor Schanghai japanische Panzerschiffe auf und landen Truppen in der Stadt. Flugzeuge werfen Bomben — gut gezielt nur auf jene Teile Schanghais, die wirklich »chinesisch« sind.

Seit 1860 ist Schanghai eine kosmopolitische Stadt. An ihrer Verwaltung sind vierzehn Vertragsmächte durch je einen Konsul beteiligt. Die Franzosen haben sogar ihr eigenes Stadtviertel, die »Französische Konzession«, die eine gesonderte Verwaltung besitzt, obwohl sie zum internationalen »Settlement« gehört. Nach dem Ersten Weltkrieg haben die Deutschen auf die Mitverwaltung des exterritorialen Bezirks von Schanghai verzichtet, obwohl (1932) 960 Deutsche hier leben — mehr als in ganz Japan.

Während des Chinesisch-Japanischen Krieges (1894—1895) und des Boxeraufstandes (1900—1901) galt Schanghai als neutrales Gebiet.

Militärisch geschützt wird die Stadt — während japanische Fliegerbomben in Tschapei (dem chinesischen Teil Schanghais) einschlagen — wie seit eh und je von einer der seltsamsten Streitmächte, die es in der Geschichte gegeben hat: dem »Shanghai Volunteer Corps« (S. V. C.) — dem Schanghaier Freiwilligenkorps. Zu ihm gehören Engländer, Amerikaner, Japaner, Chinesen, Holländer und Filipinos. Bis zum Ersten Weltkrieg marschierten in dieser »Hausmacht« der Ausländer von Schanghai auch Deutsche mit (seit 1891).

In der Französischen Konzession des internationalen Territoriums von Schanghai bietet sich ebenfalls ein buntes Bild polizeilicher Macht: Franzosen aus dem Mutterland, Neger aus der französischen Kolonie Senegal und Annamiten aus dem französischen »Generalgouvernement« Indochina (Kambodscha, Laos und das heutige Nord- und Süd-Vietnam) sorgen für Ruhe und Ordnung in einem Teil Schanghais.

Obwohl Deutschland nach dem Ersten Weltkrieg keine Stimme mehr im Internationalen Verwaltungsrat Schanghais besitzt, spielt es im wirtschaftlichen Leben eine besonders wichtige Rolle. Zahlreiche große Firmen gehören Deutschen. Es gibt seit 1894 eine deutsche Realschule in Schanghai, und die 1909 gegründete Tung-Chi-Universität in Schanghais Vorstadt Wusung steht, angesichts der vielen deutschen Professoren, die hier lehren, unter deutschem Einfluß. Vor allem die medizinische Fakultät ist eine deutsche Domäne bis zum Ersten Weltkrieg. Auch die deutsche Ingenieurschule in Schanghai, 1912 gegründet, trägt sehr zum Ansehen der Schanghai-Deutschen bei.

Schanghai ... Der Name dieser Stadt ist damals gleichbedeutend mit allen Freuden und Sünden dieser Welt, für alle Laster und Leidenschaften. Hier wohnen aber auch Reichtum und Elend eng beieinander.

»Hier kann jeder arbeiten wie ein Löwe, saufen wie ein Pferd und lieben wie ein Hahn«. So charakterisiert ein Journalist Schanghais Situation in der »New York Times« 1930.

Über den Hafen von Schanghai geht rund die Hälfte des gesamten China-Handels, und jährlich treffen etwa 25 000 Schiffe (darunter bis zu 500 deutsche) hier ein (Vergleichszahl: 1933 laufen den Hafen von Hamburg rund 20 000 Schiffe aus aller Welt an).

Dieses rege Handelsleben wird nun jäh unterbrochen durch den Angriff der Japaner. In den Monaten Januar bis März 1932 kommt es zu hartnäckigen Kämpfen in und um Schanghai, das schwere Schäden erleidet. Fast sieht es so aus, als komme es zu einem regelrechten Krieg zwischen China und Japan. Aber beide Seiten schrecken vor den Konsequenzen (noch) zurück ...

Durch die Vermittlung des britischen Botschafters und vor allem durch eine weltweite Intervention, an der auch Deutschland beteiligt ist, wird in Schanghai ein Waffenstillstand geschlossen.

Die zahlenmäßig weit überlegenen Japaner (100 000 Soldaten), die bei den Kämpfen in und um Schanghai mit einem so hartnäckigen Widerstand der von deutschen Offizieren ausgebildeten Chinesen (50 000 Mann) nicht gerechnet haben, treten sofort den Rückzug an. Aber – fünf Jahre später kommen sie wieder. Zu diesem Zeitpunkt, 1937, beherrschen sie schon die gesamte chinesische Küste.

Zu den vielen zerstörten Gebäuden nach den Kämpfen von 1932 gehört auch die Orientalische Bücherei mit ihren unersetzbaren Schätzen. Als erstes Land schickt Deutschland schon im September 1934 zahllose Kisten mit ausgewählter Literatur. Diesem deutschen Beispiel folgen danach viele andere Nationen.

Der Völkerbund in Genf erhebt 1932 schärfsten Protest gegen das Vorgehen Japans in Schanghai. Unter dem Vorsitz des Engländers Lord Lytton tritt eine Kommission zusammen, die alle Hintergründe des japanisch-chinesischen Konfliktes untersuchen soll. In dieser Kommission sitzen, außer den Engländern, Deutsche, Nordamerikaner, Franzosen und Italiener.

Die Lytton-Kommission ist bestrebt, einen Kompromiß zwischen Macht und Recht zu finden. Am 4. September 1932 liegt der Bericht der fünf Mächte vor und wird am 25. Februar 1933 vom Völkerbund angenommen – zu einem Zeitpunkt, da die Japaner längst vollendete Tatsachen in der Mandschurei geschaffen haben. Selbstverständlich lehnt Tokio die Annahme des Berichtes ab und erklärt am 27. März 1933 seinen Austritt aus dem Völkerbund.

Für die deutschen Mitglieder dieser Kommission unterschreibt

40, 41, 42 *Gegenspieler in China: Ein Deutscher bei den Truppen Tschiang Kai-scheks, ein Deutscher bei der Roten Armee ... Generaloberst Hans v. Seeckt (links) konzipiert als Generalberater bei den Nationaltruppen 1934 die Einkesselungsstrategie gegen die Kommunisten, die sich durch den Langen Marsch in den Nordwesten Chinas retten. Sein Landsmann Otto Braun organisiert als Militärberater der Komintern (unten links) den Ausbruch und spielt auf dem Langen Marsch eine wichtige Rolle. Von Seeckt starb 1936; Braun lebt heute in Ost-Berlin (unten).*

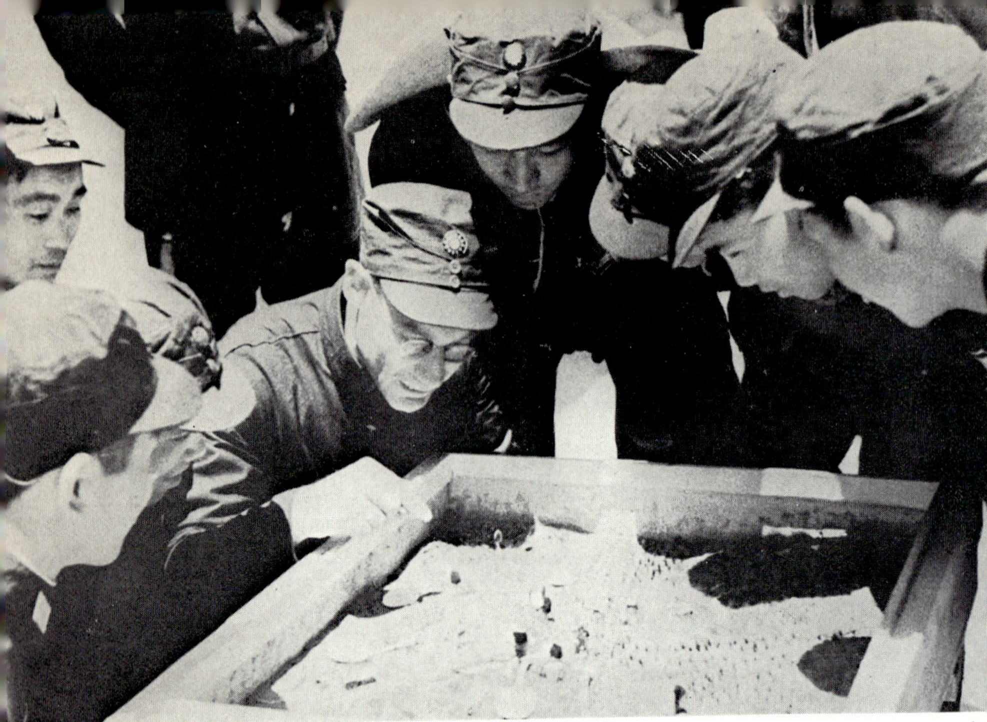

43 Otto Braun, der einzige Ausländer, der 34/35 am Langen Marsch teilnimmt, wirkt nach dem todesmutigen Unternehmen der Kommunisten als Taktiklehrer bei den Mao-Truppen.

44 Braun 1938 beim Strategie-Unterricht an der kommunistischen Militärakademie Yenan

der ehemalige Gouverneur von Deutsch-Ostafrika und nunmehrige Präsident des Bundes der Auslandsdeutschen, Heinrich Schnee, den Lytton-Report.

Dieses Dokument stellt die Unrechtmäßigkeit des japanischen Vorgehens fest, schlägt jedoch gleichzeitig vor, die Mandschurei in ein autonomes Gebiet unter chinesischer Staatshoheit – aber unter japanischer Kontrolle – zu verwandeln. Die »besonderen Rechte und Interessen Japans« werden ausdrücklich anerkannt.

Nicht allein die Chinesen sind enttäuscht vom Völkerbund ... Seine erfolglose Politik gegen einen »Aggressor« bedeutet einen schweren Schlag für jene politische Weltordnung, auf die alle Staaten 1919 so große Hoffnungen gesetzt hatten ...

Und als am 14. Oktober 1933 das Deutsche Reich die Genfer Abrüstungskonferenz verläßt und fünf Tage später seinen Austritt aus dem Völkerbund erklärt, ahnen nur wenige, welchen Verlauf das Schicksal der Welt nehmen wird.

»Der Weg vom Überfall auf die Mandschurei zum Angriff Mussolinis auf Äthiopien 1935, zu Hitlers militärischer Rheinlandbesetzung 1936, zum Einmarsch in Österreich 1938, zur Sudetenkrise im selben Jahr, zur Annektion der Tschechoslowakei 1939 und zum Angriff auf Polen führte geradeaus in diesen Zweiten Weltkrieg«, sagt Cordell Hull, von 1933 bis 1944 Außenminister der USA, im Januar 1943. »Es ist klar, daß die Mandschurei in den verhängnisvollen Tagen der Jahre 1931 und 1932 ein Wendepunkt der Weltgeschichte war.«

☆

Die Japaner triumphieren 1933. Sie sehen sich in ihrem Nationalismus durch die Bankrott-Erklärung des Völkerbundes in Genf bestätigt.

Für Tschiang Kai-schek erweist sich das Ergebnis des Lytton-Berichtes als große Niederlage. Die Propaganda der Kommunisten nutzt die Situation und macht Tschiang Kai-schek ein Angebot, gemeinsam gegen die Japaner vorzugehen. Die Nationalchinesen würdigen die Kommunisten keiner Antwort. Erst einige Jahre später wird es unter dramatischen Umständen zu einem Bund der feindlichen Brüder kommen.

Aber bleiben wir vorerst in Schanghai ... 1935 kommt es in Schanghais Chinesen-Stadt Tschapei zu großen Demonstrationen kommunistischer Studenten. Sie wollen die Nationalregierung zu energischem Vorgehen gegen die Japaner zwingen. Bei den schweren Zusammenstößen der Studenten mit chinesischen Truppen und der Polizei gibt es zahlreiche Tote.

1937, als der »richtige« Krieg der Japaner gegen China längst begonnen hat, dröhnt über Schanghai Kanonendonner. Kriegsschiffe Nippons feuern pausenlos in das Chinesenviertel Tschapei hinein, das schon nach den ersten Tagen des Bombardements an allen Ecken und Enden brennt. Dort haben sich die Soldaten Tschiang Kai-scheks verschanzt, kämpfen tapfer und sterben sinnlos.

Tag um Tag dauert das Bombardement japanischer Artillerie. Aber die Ausländer in der Geborgenheit ihres internationalen Viertels stört das alles nicht. Sie wissen, daß sie hier sicher sind und die Japaner ihre Exterritorialität achten.

In den vielen Bars sind die Menschen so vergnügt, als herrsche tiefster Frieden. Sie freuen sich ihres Lebens, das in jeder Minute andere in unmittelbarer Nachbarschaft verlieren. Im »Roof Garden« geht es in diesen Tagen des Bombardements besonders hoch her. Es ist das beliebteste Tanzlokal Schanghais und liegt im obersten Stockwerk des höchsten Bauwerkes der Stadt. Neben den vielen Europäern und Amerikanern sitzen auch reiche Chinesen hier, flankiert von bildhübschen Mädchen aller Rassen und zahlloser Nationen.

Die Tanzkapelle, deren Mitglieder ausschließlich Filipinos sind, hämmert harte Rhythmen in den durch bunte Lampen in ein magisches Licht gehüllten Raum. Wenn die Kapelle schweigt, hören die Menschen die Einschläge der japanischen Geschütze. Jedesmal geht dann ein Schüttern durch das ganze Haus, das vom »Roof Garden« gekrönt ist.

Bis zum chinesischen Viertel beträgt die Entfernung nur etwas mehr als einen Kilometer. Dort trommelt der Tod, und ein von den Bränden rot gefärbter Himmel wölbt sich gespenstisch über das Grauen.

Als das Tanzlokal für einen Tango noch mehr verdunkelt wird, spiegelt sich in den Sektkelchen und Cocktailgläsern der Feuerschein der Tschapei-Brände wider.

Tod und Verderben – wie oft liegen sie dicht neben Menschen, die den Rausch des Lebens genießen! Und in Schanghai, dieser Stadt hemmungslosen Lebensgenusses, läßt es sich besonders fröhlich leben, wenn man viel Geld hat.

Der ehemalige Diplomat Hans-Otto Meißner, Sohn des langjährigen Chefs der Berliner Präsidialkanzlei Dr. Otto Meißner, hat die Tage des japanischen Angriffs und auch die gespenstischen Szenen im »Roof Garden« erlebt:

»Die Japaner schossen jetzt schwerste Kaliber; es krachte ohrenbetäubend, wenn sie barsten. Die Musiker waren das gewohnt, und der Schlagzeugmann hatte seinen Spaß dran. Jeden Einschlag dort drüben skandierte er mit seiner großen Trommel. Rumms ... detonierte die Granate, und bumm ... bumm ... imitierte sie das Schlagzeug. Das übrige Orchester fiel ein und improvisierte eine rhythmische Folge daraus. Ziemlich regelmäßig schossen die Geschütze des Tenno; die Musik konnte gut mitgehen. Die Filipinos machten Japans Kanonen zu einem Instrument ihres Orchesters. Sie ließen ihre Gäste im Takt der Einschläge tanzen.«

Sind die Menschen etwa empört? Ganz im Gegenteil. Sie agieren mit bei diesem makabren Scherz. Was kümmert sie dieser verdammte Krieg! Mögen andere sterben – es lebe das Leben!

»Männer und Mädchen waren fasziniert von diesem Spaß«, berichtet Hans-Otto Meißner weiter. »Sie gingen in dem neuen Bomben-Donner-Rhythmus glänzend mit. Sie hatten nun ein neues Spiel: den ›Schanghaier Granaten-Tanz‹.«

Dazu stampfen die Tänzer und ihre ausgelassenen Partnerinnen nach jedem Einschlag eines Geschosses zum Paukenschlag des Trommlers zweimal im harten Stakkato mit den Füßen auf das geschundene Parkett und drehen sich danach im hektischen Wirbel herum.

»Wenn die Musik müde wurde«, so Meißner, »klatschten die Leute und lachten. Dann wurde weitergespielt. Explosion ... Paukenschlag ... Fußestampfen ... Explosion ... Paukenschlag ... Füßestampfen ... Explosion ... und so weiter ...«

Jeden Abend während der Kämpfe um Schanghai erleben die Gäste des »Roof Garden« und ähnlicher Etablissements Besucher, die gar nicht in das Bild des ausgelassenen Schanghaier Vergnügungslebens passen

Anfang 1938 berichtet mir in Berlin ein Kollege über diese mysteriösen Gäste. Er kam soeben aus dem Fernen Osten (den ich, einschließlich der wichtigsten Städte Chinas, selber 1935 kennengelernt und nach dem Kriege dreimal wiedergesehen habe). Was mein Freund da erzählte, hielt ich zunächst für die journalistische Übertreibung einer Begebenheit, über die im Dritten Reich ohnehin nicht hätte berichtet werden dürfen. Ehemalige Schanghai-Deutsche haben sie nach dem Krieg bestätigt, daß die »geheimnisvollen Gäste« gelegentlich in Bars auftauchten. Auch Hans-Otto Meißner hat es 1937 selber erlebt. An der Wahrheit dieser Geschichte besteht also angesichts übereinstimmender Beobachtungen kein Zweifel:

In den Tagen härtester Kämpfe um Tschapei erscheinen im »Roof Garden« abends immer wieder Gäste, vor denen die Tanzenden zuvorkommend zurückweichen, um den seltsamen Besuchern den Weg an die Bar oder zum nächsten Tisch mit hübschen Mädchen freizumachen. Es sind Offiziere, die verschmutzte und schlecht sitzende chinesische Uniformen tragen und ganz und gar nicht in das Bild dieser »feinen« Umwelt des Tanzlokals passen.

Chinesen? Auf den ersten Blick – vielleicht. Wer näher hinsieht, erkennt sofort, daß es sich um Europäer handelt. Männer mit harten Zügen im Gesicht und mit jenem Flair, das für Soldaten charakteristisch ist.

Es sind – deutsche Offiziere, die als Berater und Instrukteure in den Diensten Tschiang Kai-scheks stehen und mitgeholfen haben, schon viele nationalchinesische Divisionen auszubilden.

Die Offiziere aus dem fernen Westen verschwinden bald in der Turbulenz des Lokals, nehmen an der Bar Platz oder wirbeln vergnügt mit einem Mädchen über das Parkett und erleben so in einer für sie geradezu verklärten Atmosphäre den »Granaten-Tanz«, dessen grausamen Hintergrund sie kennen.

Sie kommen fast jeden Abend aus ihren Kampfabschnitten von Tschapei, wo sie chinesischen Offizieren attachiert sind, in diese funkelnde Welt eines ausgelassenen Friedens. Ihr Weg aus dem Kampfgebiet in das internationale Viertel von Schanghai ist gar nicht so weit ... Durch ein paar zerbombte Häusergevierte, dann über eine Brücke, die den Sutschou-Fluß überquert. Er bildet auf einer Strecke seines Laufes die Grenze zwischen Tschapei und dem internationalen Settlement Schanghais.

An der Brücke stehen englische Posten. Denen zeigen die deutschen Offiziere ihre Ausweise. Unbehelligt dürfen sie in den friedlichen Teil der großen Hafenstadt hinüberwechseln, wo es keinen Krieg, keinen Tod und keine Zerstörung gibt ...

Die deutschen Offiziere, die hier für einige Stunden in eine andere Welt tauchen, gehören zum Stab des Generals Alexander Freiherr von Falkenhausen, der als fünfter Chef einer deutschen Beratergruppe nach China gekommen ist. Die deutschen Militärberater spielen seit Anfang 1928 – viel mehr als in den Jahrzehnten zuvor – eine entscheidende Rolle beim Aufbau und bei der Ausbildung chinesischer Soldaten.

☆

Daß deutsche Offiziere aus dem Stab des Generals von Falkenhausen aktiv am Kampf gegen die Japaner teilgenommen haben, kann nicht bestritten werden. Die amerikanische Nachrichtenagentur »United Press« meldet am 19. September 1937, fünf deutsche Militärberater seien in Schanghai aktiv an der Tschapei-Front tätig. In einer Ergänzungsmeldung heißt es weiter:

Der deutsche Beraterstab ist zwar nach Nanchang verlegt worden, aber ein Teil der Offiziere – mindestens fünf, wie schon berichtet – nehmen aktiv am Kampf um Schanghai teil und führen dort chinesische Truppen.

Der deutsche Botschafter in Tokio, Dr. Herbert von Dirksen, dementiert am 21. September die Meldungen energisch und bittet das japanische Außenministerium, den Generalstab der Japaner sofort zu informieren.

Inzwischen hat sich bei Dirksen ein Schanghai-Deutscher gemeldet, der als zuverlässiger Gewährsmann gilt (so die Umschreibung für einen Agenten). Er berichtet Botschafter Dirksen:

»General von Falkenhausen ist längere Zeit in Schanghai gewesen und hat dort die Operation geleitet. Das erklärt auch den hartnäckigen Widerstand der Chinesen. Außerdem haben zwei deutsche Berater in vorderster Linie chinesische Truppen geführt.«

Bei den schweren japanischen Luftangriffen auf Schanghai werden auch deutsche Gebäude zerstört. Das Auswärtige Amt bittet seinen Botschafter Dirksen, »energisch vorstellig zu werden« und Schadenersatzansprüche anzumelden.

Berlins Botschafter bei der Nationalregierung in Nanking, Dr. Oskar Paul Trautmann, kabelt am 23. September 1937 u. a. nach Berlin:

1.) Es ist jetzt zu spät, um unsere Politik zu ändern. Wenn wir Berater zurückziehen, kann es schlimmste Folgen geben. Auf der andern Seite habe ich es sowohl Falkenhausen wie dem Marschall gesagt, daß die Berater nicht an Front tätig sein sollen. Formell sind wir dadurch gedeckt, daß kein Krieg erklärt ist. Wir hatten dieselbe japanische Agitation.

2.) »United Press«-Meldung vollkommen Erfindung. Generalberaterstelle erklärt: An Chapei(Tschapei)-Front kein deutscher Berater. Stab Berater nicht in Nanchang, beschäftigt mit Schule und Ausbildung wie bisher, nicht mit aktiven Operationen. Kein

Berater führt eine Truppe oder gehört einem höheren Stabe an. An Nordfront kein deutscher Berater.

3.) Der deutsche Gewährsmann hat (Botschafter von Dirksen) etwas Unrichtiges mitgeteilt; Falkenhausen ist niemals seit Beginn Kämpfe in Schanghai oder an Front gewesen. Richtig ist, daß er von Hauptquartier zu gleicher Zeit mit fremden Militärattachés eingeladen war, sich über Lage zu informieren. (...)

Ich habe Beratern heute nochmals eröffnet, daß es nicht dem Willen deutscher Heeresleitung entspricht, daß sie an der Front tätig sind. Für möglich halte ich es, daß Informationsreisen ins Hauptquartier unternommen werden. Diesen können sich Berater nicht entziehen.

6.) Ich halte nach wie vor jede Zeitungspolemik für falsch.

Nach allem, was wir heute wissen, war die »United Press«-Meldung vom 19. September 1937 richtig. Die nächtlichen Besucher im »Roof Garden«, die eindeutig durch mehrere Zeugen als deutsche Offiziere identifiziert sind, schließen jeden Zweifel aus. Trautmann hat zweifellos besten Gewissens – aber falsch, aus Unkenntnis des wahren Sachverhalts – nach Berlin berichtet.

Ministerialdirektor Ernst von Weizsäcker vom Auswärtigen Amt schickt am 24. September 1937 ein Telegramm mit dem Vermerk »Zu Ihrer Information. Nicht zur öffentlichen Verwendung!« an die Deutsche Botschaft in Tokio. Diese Information für Dirksen, bei der sich Weizsäcker auf Trautmann bezieht, ändert nichts an der Richtigkeit dessen, was »United Press« (U.P.) berichtet hat...

In dem Telegramm Weizsäckers an Dirksen heißt es u. a.:

Beratern ist inzwischen durch Botschafter Nanking erneut eröffnet worden, daß sie sich Teilnahme an Kampfhandlungen zu enthalten haben.

Botschafter Nanking bezeichnet von dort gemeldete U.P.-Meldung als vollkommen erfunden. Laut Erklärung Generalberaterstelle kein deutscher Berater an Chapei-Front. Berater wie bisher mit Schule und Ausbildung beschäftigt, nicht mit aktiven Operationen. Kein Berater führt Truppen oder gehört höherem Stabe an. Kein Berater an Nordfront.

Botschafter Nanking bezeichnet Mitteilung dortigen Gewährsmannes betr. Falkenhausen als unrichtig. Falkenhausen ist niemals seit Kampfbeginn in Schanghai oder Front gewesen. Zutreffend, daß er von Hauptquartier gleichzeitig mit fremden Militärattachés eingeladen war, sich über Lage zu informieren.

☆

Nach gründlichen Vorbereitungen, die im wesentlichen über die Chinesische Gesandtschaft in Berlin laufen, ist Anfang 1928 – wie schon im vorhergehenden Kapitel erwähnt – der erste deutsche Berater mit seinem Stab von Fachleuten eingetroffen, der Tschiang Kai-schek helfen soll, eine schlagkräftige Armee aufzubauen: Oberst Max Bauer.

Der Oberst und seine Mitarbeiter werden von Tschiang Kai-schek herzlich und mit militärischem Zeremoniell begrüßt. Bauer erkrankt schon bald an den Pocken und stirbt Anfang 1929 in Schanghai.

Sein Nachfolger als Leiter der deutschen Militärberater-Gruppe wird Oberstleutnant Hermann Kriebel – ein Offizier, der am 9. November 1923 am Hitler-Putsch vor der Feldherrnhalle in München teilgenommen hat.

Auch Kriebel, der 1934 deutscher Generalkonsul in Schanghai wird, bleibt nicht lange Chef der deutschen Offiziere und Waffenspezialisten in China. 1931 folgt ihm General Georg Wetzell. Dessen Nachfolger wiederum wird 1934 Generaloberst Hans von Seeckt, Schöpfer und Organisator der Reichwehr und von 1920 bis 1926 Chef der Heeresleitung. Seeckts Amt in China als Generalberater bei Tschiang Kai-schek übernimmt von Falkenhausen im Jahre 1935.

Ein anderer profilierter deutscher General, Hans Sehmsdorf, nimmt insofern eine Sonderstellung ein, als er 1935 Berater der

Südchinesischen Armee in Kanton wird, die »mehr sein will« als die übrigen Armeen der Nationaltruppen.

Die deutschen Militärberater – 1935 sind es neben 43 Offizieren ein rundes Dutzend Beamte – haben neben ihrer eigentlichen Aufgabe, Tschiang Kai-scheks Truppen nach preußischem und deutschem Muster zu organisieren und auszubilden, auch noch andere Funktionen. Sie sollen – selbstverständlich völlig inoffiziell – deutsches Kriegsmaterial erproben, das in großen Mengen nach China exportiert wird. Außerdem können sie hier strategische und taktische Pläne des deutschen Generalstabs überprüfen, die für einen eventuellen Krieg in Europa in den Panzerschränken liegen.

Hinzu kommt, wie wir noch sehen werden, daß die deutschen Militärberater auch ganz automatisch zu Schrittmachern der deutschen Industrie werden, die sich in China besonders engagiert hat und auf gute Geschäfte hofft.

Alle deutschen Offiziere und Waffenmeister sowie die technischen Spezialbeamten reisen nicht etwa als Angehörige der Reichswehr oder später der Wehrmacht nach China, sondern aufgrund von Privatverträgen, ohne – jedenfalls offiziell nicht – amtlichen Auftrag. Jeder einzelne schließt einen Privatvertrag auf die Dauer mehrerer Jahre mit der chinesischen Regierung. Die deutschen Offiziere tragen in China auch meist keine Uniform, sondern Zivilkleidung.

Ihre Bezüge sind zum Teil sehr beachtlich und liegen weit über dem, was sie in Deutschland verdient haben. Eine aufwendige Dienerschaft in großzügig ausgestatteten Häusern steht ihnen zur Verfügung, und Tschiang Kai-schek geizt nicht mit Geschenken.

Alle Verträge mit deutschen Offizieren, die sich als Militärberater nach China verpflichten, und alle chinesischen Staatsaufträge für die deutsche Industrie werden von der Handelsabteilung der Chinesischen Gesandtschaft (ab 1931 Botschaft) in Berlin geschlossen. Der erste Militärberater-Vertrag wird hier von dem Mann unterzeichnet, auf dessen Initiative die Handelsabteilung eingerichtet worden ist: Oberst Max Bauer. Dessen Sohn Ernst, später Oberstleutnant, arbeitet sechs Jahre lang in dieser diplomatischen Abteilung im besten Einvernehmen mit den Chinesen.

Während des Dritten Reiches war das Thema Militärberater in China natürlich tabu, und es durfte so gut wie nichts über sie veröffentlicht werden. Und nach dem Kriege wollte niemand mehr daran erinnert werden . . .

Rätselraten der Weltpresse:
Was macht Seeckt in China?

VII

Gift für einen deutschen General

- Frachtschiffe nach Fernost: Deutsche Militärberater kurbeln Chinas Wirtschaft an.
- Nach dem Dienst ein Leben wie Gott in Frankreich: Festessen für die Deutschen.
- Attentäter auf leisen Sohlen: Hintermänner des Mordes an General Hans Sehmsdorf.
- Schon 1937: Mit Flugzeugen der Lufthansa von Berlin nach China.

Anfang September 1932 erhält Generaloberst Hans von Seeckt in Berlin ein Telegramm aus Nanking. Marschall Tschiang Kai-schek bittet den berühmten deutschen Militärexperten, ihn möglichst bald zu besuchen. Schon seit Monaten hat Seeckt mit Tschiang Kai-schek und dessen engsten Mitarbeitern brieflichen Kontakt.

Am 20. September 1932 telegrafiert Seeckt: »Ich komme!« Bis Anfang April 1933 ziehen sich die Vorbereitungen für die Reise hin, die – wie der General versichert – zunächst nur »absolut privaten Charakter« hat.

Auf der Schiffsreise nach China wird Hans von Seeckt in den Häfen, die unterwegs angelaufen werden, immer wieder von Reportern nach dem Grund dieser Reise gefragt. Aber der Deutsche schweigt. Es hat ihn schon geärgert, daß seine China-Fahrt Schlagzeilen in der Weltpresse gemacht und zahlreiche Gerüchte ausgelöst hat.

Mitte Mai 1933 trifft der deutsche Generaloberst in Schanghai ein. Alle Zeitungen der großen internationalen Stadt widmen ihm Begrüßungsartikel. Die »Deutsche Schanghai-Zeitung« schreibt über »den großen Landsmann« unter anderem folgendes:

»Am deutschen Heer und in ihm wird unerläßlich gearbeitet; denn es ist ein lebendiges, sich stets erneuerndes Gebilde. Als Ganzes aber wurde es nur einmal gechaffen. Sein Schöpfer, der General von Seeckt, und das deutsche Heer sind weit mehr staatsmännischer Natur als militärtechnischer oder organisatorischer. Sonst wäre die Reichswehr dem Schicksal aller jener staatlichen Einrichtungen verfallen, die (...) von der großen nationalsozialistischen Bewegung hinweggefegt wurden.«

Marschall Tschiang Kai-schek kann nicht, wie vorgesehen, seinen deutschen Gast in Schanghai empfangen, da er bei den Kämpfen gegen die Kommunisten in der Provinz Kiangsi unabkömmlich ist. Er bittet Seeckt, möglichst bald in den etwa 1 200 Meter hoch gelegenen Kurort Kuling zu kommen, der zwischen Hankau und Nanking in den Bergen am Jangtsekiang liegt.

Seeckt, der von dem chinesischen Minister Tschu Tschi-hua von Schanghai nach Kuling begleitet wird, ist überrascht über die Warmherzigkeit, mit der er in China überall begrüßt wird.

Generalissimus Tschiang Kai-schek bietet in Kuling alles auf, um den deutschen General ebenso herzlich wie prunkvoll zu empfangen. Beide Männer sprechen über die Probleme der Weltpolitik, und Tschiang Kai-schek weiht seinen deutschen Gast in die ganze Problematik ein, die sich in China stellt. Beide verstehen sich auf Anhieb ausgezeichnet.

Nach einigen Tagen des Aufenthalts in Kuling macht sich Seeckt auf die Reise. Er möchte, ganz unter militärischen Aspekten, möglichst viel von China sehen, um danach dem chinesischen Marschall ein Memorandum überreichen zu können. In Nanking wird er von General Wetzell, dem derzeitigen Chef der deutschen Militärberater in China, auf das herzlichste empfangen. Wetzell trommelt alle seine Mitarbeiter zusammen – insgesamt etwa 30 – und stellt sie Seeckt vor.

Auf seiner Weiterreise trifft Seeckt in Peking den berühmten Forscher Sven Hedin, der über die Begegnung mit dem deutschen General schreibt:

»Am Sonntag, dem 11. Juni 1933, regnete es Bindfäden in Peking. Ich saß am Schreibtisch und arbeitete. Plötzlich knarrte die Hoftür. Ein großer, schlanker Herr in langem Regenmantel eilte mit ein paar Schritten über den unter Wasser stehenden Hof. Herein trat, triefend wie eine nasse Katze, der Generaloberst von Seeckt. Wir unterhielten uns überaus angeregt zwei volle Stunden. Er erzählte mir, er sei von Marschall Tschiang Kai-schek nach Nanking berufen worden, um ihn bei der Organisation des chinesischen Heeres zu beraten.«

Seeckt und Hedin sind alte Freunde, die sich oft in Berlin begegnet sind. Der General berichtet dem Forscher auch über die ersten Monate nationalsozialistischer Herrschaft. Hedin freut sich, »von einem sachverständigen und vertrauenswürdigen Freund frische und zuverlässige Neuigkeiten zu erfahren.«

Hedin schreibt über jenes Pekinger Gespräch mit Seeckt in sein Tagebuch:

»Ich bewahre in der Erinnerung den Eindruck, daß er sowohl zu dem neuen Regime als auch zu seinem kraftvollen Führer sympathisch eingestellt war. (...) Seeckt hoffte unerschütterlicher denn je auf eine leuchtende Zukunft und hatte nur den Wunsch, daß die Entwicklung weiterhin durch feste Hände in sichere und ruhige Bahnen geführt würde.«

Während seiner Weiterreise durch China, die ihn auch nach Schantung, Kanton und viele andere große Städte führt, lernt Seeckt zahlreiche chinesische Persönlichkeiten kennen — auch Tschiang Kai-scheks Frau Mei-ling. Über sie sagt der sonst so nüchterne Seeckt:

»Die Marschallin ist eine sehr kluge, sehr gewandte Frau, stark politisierend. (...) Das Auffallendste ist die vollkommene Sicherheit der gesellschaftlichen Form. Ich habe sehr wenige Frauen von so vollendetem Takt kennengelernt. Sie ist sich ihrer und ihres Mannes Stellung durchaus bewußt.«

Ehe Hans von Seeckt Ende Juli 1933 in Schanghai die Rückreise nach Deutschland antritt, übersendet er Tschiang Kai-schek eine Denkschrift, in der er als »Privatmann« — denn offizieller Berater ist ja zu dieser Zeit General Wetzell — seine Ansichten äußert. Vor allem drängt er zu einer durchgreifenden Neuorganisation des chinesischen Heeres und erklärt offen, es sei besser, zehn gute Divisionen statt zwanzig mittelmäßige zu besitzen.

Seeckt macht Tschiang Kai-schek klar, daß ein Heeresaufbau

nicht möglich sei, wenn ihm nicht eine gute Rüstungsindustrie voraufgehe. Das bedeute – so Seeckt – vor allem die wirtschaftliche Erschließung Chinas im modernen Sinne. Dazu hält er »eine starke staatliche Lenkung« für notwendig. Im militärischen Bereich ist ihm eine Übungsdivision oder eine Lehrbrigade unter deutschen Offizieren besonders wichtig.

Auch das erklärt von Seeckt in einem Memorandum dem chinesischen Marschall:

Ein Nebeneinander höchster Positionen, wie es während des letzten Krieges in China der Fall war und noch zu existieren scheint, kann niemals zum Siege führen.

Wenn der Oberbefehlshaber nicht persönlich das Kommando an der Front führen kann, muß er eine Person bestimmen, die an seiner Stelle uneingeschränkte Autorität besitzt.

Hier in Peking ist es nicht klar, ob der Kriegsminister, der Minister des Innern oder der Vertreter des Chefs des Generalstabs das Kommando über die Truppen hat. In jedem Fall gibt es keine einheitliche Befehlsgewalt.

Der chinesische Militärhistoriker F. F. Liu (so die amerikanische Schreibweise seines Namens) bemerkt 1939 zu diesem Thema:

Die chinesische Tradition des Gleichgewichts der Kräfte und die charakteristische Abneigung, Befehlsgewalt zu übertragen, werden von Herrn von Seeckt als Schwächen erkannt, die sich das chinesische Heer nicht mehr leisten kann. Das erste Erfordernis ist eine klar organisierte einheitliche Befehlsgewalt. Das zweite Gebot heißt Qualität. Dazu hat von Seeckt gesagt:

»Es erscheint mir besser, zehn gute Divisionen zu haben, als zwanzig, die nur mittelmäßig ausgebildet sind.«

Tschiang Kai-schek bemüht sich, die Vorschläge von Seeckts zu realisieren. Aber der Krieg mit Japan kommt dazwischen ...

45 Mao Tse-tung (links) wird während des Langen Marsches unbestrittener Führer der Kommunistischen Partei Chinas. Das Foto (1936) zeigt ihn mit Tschu Teh, dem Oberbefehlshaber der chinesischen Roten Armee, in Yenan: der Hauptstadt der KPCh-Republik.

46 Nach dem Streit zwischen den Nationalisten und den Kommunisten beginnt Tschiang Kai-schek 1931 einen erbarmungslosen Kampf gegen die zunächst noch kleine Rote Armee.

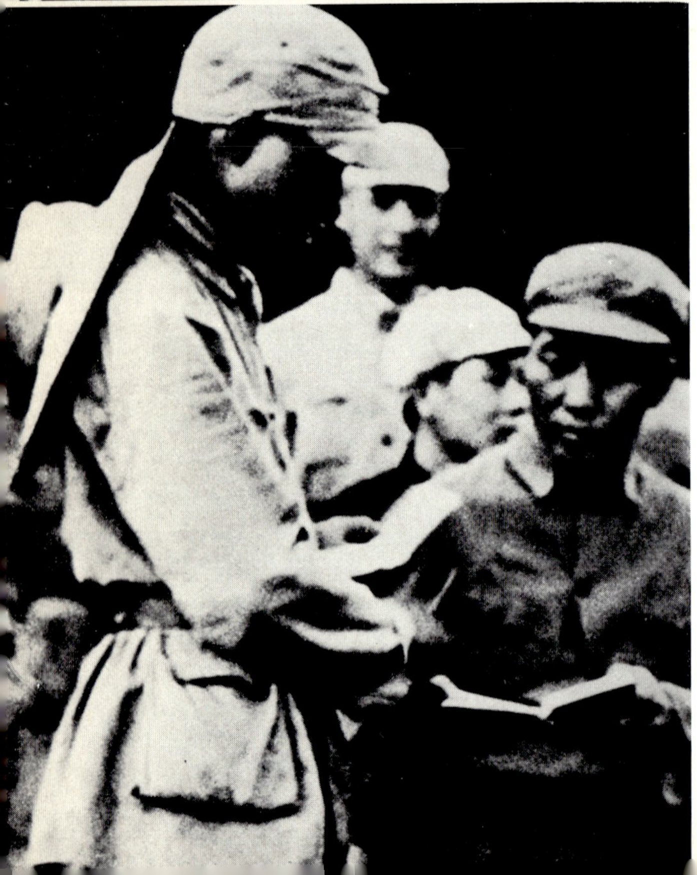

47, 48 *Während des Langen Marsches und der fast tagtäglichen blutigen Auseinandersetzungen mit den chinesischen Nationaltruppen sind keine Fotografen dabei. Den wenigen Chinesen der Roten Armee, die einen Fotoapparat besitzen, ist der Abzugbügel des Gewehrs wichtiger als der Kamera-Auslöser. So kommt es, daß es so gut wie keine Fotos vom Langen Marsch der chinesischen Roten Armee gibt. Das Bild oben zeigt Soldaten, die von der Bevölkerung eines Dorfes als Befreier begrüßt werden. Links: Mao Tsetung läßt sich nach dem Langen Marsch das Rapportbuch eines Unterführers der Roten Armee zeigen, 1936.*

Als der Generaloberst Anfang September 1933 wieder in Berlin eintrifft, berichtet er dem Reichspräsidenten Paul von Hindenburg und dem Reichswehrminister Werner von Blomberg ausführlich über das Ergebnis seiner ersten China-Reise.

Unter den Deutschen Chinas, aber auch unter den Angehörigen anderer Staaten im Fernen Osten, kursieren zahllose Gerüchte und abenteuerliche Vermutungen über den Zweck der Seeckt-Reise.

»So will man wissen«, schreibt Seeckt in sein Tagebuch, »daß ich entweder Wetzell ersetzen oder mit ihm teilen oder ihn beaufsichtigen soll.«

Nichts von dem stimmt – jedenfalls nicht aus der Sicht Seeckts. Marschall Tschiang Kai-schek hat allerdings eigene Pläne. Nach langen Verhandlungen, in die auch die Deutsche Botschaft in Peking eingefädelt wird, nach zahllosen Telegrammen hin und her und mit Hilfe diplomatischer Kurierpost verläßt Seeckt am 7. März 1934 Berlin, um als »Generalberater des Marschalls« nach China zu gehen. Diesmal fährt seine Frau Dorothee mit, die eine unmittelbare Nachfahrin des Dichters, Publizisten, Politikers und glühenden Patrioten Ernst Moritz Arndt (1769–1860) ist.

Seeckt hat immer wieder klargemacht, er wolle »unter keinen Umständen eine Stelle übernehmen, deren Aufgabenkreis den General Wetzell in seiner Tätigkeit in China hätte kränken können«. Hinzu kommt, daß Seeckt und Wetzell seit den Tagen des Ersten Weltkrieges gute Bekannte sind. Immerhin: Der »Generalberater« will Klarheit haben, und er bittet General Wetzell telegrafisch um Mitarbeit – die in der Praxis zweifellos eine Unterstellung bedeutet hätte.

Wetzell lehnt diese Mitarbeit ab und verläßt China in dem Augenblick, da von Seeckt Anfang April 1934 in Schanghai chinesischen Boden betritt. Seeckt bedauert das außerordentlich, und er ist sogar schmerzlich berührt. Die Hochachtung, die beide voreinander hatten, wird durch diese Kalamität nicht berührt.

Schon bald nach seiner Ankunft versammelt Seeckt in Schanghai alle deutschen Militärberater um sich, um ihnen in aller Offenheit die Schwierigkeiten seiner Situation auseinanderzusetzen. Er sagt dabei:

»Ich möchte es klar aussprechen, mit welchem hohen Grade der Anerkennung ich die Tätigkeit meines Herrn Amtsvorgängers betrachte. General Wetzell hat dem Herrn Marschall unvergängliche Dienste bei seiner Kriegsführung geleistet und mit seiner ganzen Arbeitskraft die Beraterschaft aufgebaut und die Anfänge zur Reorganisation der chinesischen Armee geschaffen.«

Die Chinesen haben dem neuen deutschen Generalberater einen hervorragenden Mann attachiert: Dr. Tschi Tsun, der in Deutschland studiert hat und die deutsche Sprache perfekt beherrscht.

Seeckt macht sich sofort an die Arbeit. Wenn er in den ersten Wochen seiner Tätigkeit chinesischen Generalen seine Ansichten darlegt, sitzt er dabei – ein besonders kluger psychologischer Trick Tschiang Kai-scheks – im Arbeitszimmer des Marschalls und dort sogar an dessen Schreibtisch. Was der deutsche General hier sagt, bedeutet für die chinesischen Offiziere militärisches Evangelium.

Überall, wo Seeckt sich zeigt, wird er mit fürstlichen Ehren empfangen. Wenn er über Organisation und Ausbildung der Soldaten spricht, bedeutet das für die Chinesen ein Machtwort höchster militärischer Instanz.

Wie der deutsche Generalberater die chinesischen Generäle beurteilt, läßt sich einer seiner Tagebucheintragungen entnehmen:

Einige machen forciert deutsche Formen nach, einige markieren den Fremden gegenüber feindselige Altchinesen. Ist das ehrlich, so sind das nicht einmal die Schlechtesten, denn die kann man durch Leistungen überzeugen. Äußerlich sind die meisten sklavisch den Vorgesetzten ergeben, doch gerade diesen ist nicht zu trauen. Tatsächlich ist ihre Existenz von dem betreffenden Führer abhängig. Sie stehen und fallen mit ihm, aber der junge Nachwuchs macht keinen schlechten Eindruck.

Ein Jahr vor Seeckts zweiter China-Reise ist ein anderer Deutscher von Tschiang Kai-schek verpflichtet worden: Walter Stennes. Der ehemalige Polizei-Offizier und SA-Führer für Berlin und ganz Ostdeutschland hatte mit Otto Strassers »Schwarzer Front« Anfang April 1931 eine Revolte gegen Hitler angezettelt, weil der »Führer« seiner SA aus politischen Gründen verboten hatte, Waffen zu tragen.

Stennes, der sich gerne als Kämpfer für die »reinen Prinzipien« in der NSDAP bezeichnete, wurde von Hitler aus der Partei ausgestoßen. »Einen besseren Chef meiner Leibgarde konnte ich mir nicht wünschen«, gesteht Tschiang Kai-schek einem amerikanischen Journalisten ...

Seeckt, dessen Arbeit als Militärberater so schwungvoll begonnen hat, fühlt sich körperlich nicht wohl. Ärzte, die er konsultiert, können keine klare Diagnose stellen. Eine Kur in dem berühmten Badeort Pe-tai-ho, den auch die Deutsche Gesandtschaft (seit 1931 Botschaft) zum Sommersitz erkoren hat, bringt zunächst schnelle Besserung.

Tschiang Kai-schek schickt ein Kanonenboot vor den Kurort. Es soll den deutschen Generalberater vor Strandräubern und Piraten, die hier gelegentlich noch ihr Unwesen treiben, abschirmen.

Die Erholung hält nicht lange an. Im Dezember 1934 muß Seeckt mit einer Lungenentzündung das Bett hüten. Marschall Tschiang Kai-schek besucht seinen Berater am Krankenbett – eine Sensation für die Zeitungen, die diese für chinesische Verhältnisse ungewöhnliche und seltene Ehrung feiern.

Auch nach überstandener Lungenentzündung kehren die alten Kräfte Seeckts nicht mehr zurück. »China ist mir zu weit, um hier zu sterben«, gesteht der deutsche Generalberater einmal seinem chinesischen Adjutanten Dr. Tschi Tsun.

Tschiang Kai-schek ist entsetzt, als er die Nachricht bekommt, Seeckt müsse aus Gesundheitsgründen von seinem Vertrag zurücktreten. Der Marschall lehnt eine Entlassung seines Generalberaters ab. Er beurlaubt ihn nur. Mitte Mai ist Seeckt wieder in

Berlin. Er stirbt am 27. Dezember 1936 in der Reichshauptstadt.

Nachfolger Seeckts als Chef der deutschen Militärberater in China wird, wie schon erwähnt, General Alexander von Falkenhausen, zu dessen Beraterstab 1935 43 Offiziere und ein gutes Dutzend Beamte gehören (im wesentlichen Feuerwerker und Waffenmeister, die Munitionsfabriken einrichten).

Schon Seeckt hatte eine eigene chinesische Rüstungsindustrie vorgeschlagen und damit automatisch den deutsch-chinesischen Wirtschaftsbeziehungen neue Impulse gegeben. General Walter von Reichenau, bis September 1935 Chef des Wehrmachtsamtes im Reichswehrministerium (und von 1939 bis 1941 Oberbefehlshaber der 6. Armee), reist 1936 im Auftrag des Reichswehrministeriums nach China, um an Ort und Stelle dafür zu sorgen, daß die Geschäfte mit Waffen und Munition gut laufen.

Die Lieferungen von Kriegsmaterial, die 1936 nur rund 23 Millionen Reichsmark betragen, steigen im Jahr darauf auf fast 83 Millionen Reichsmark. Damit steht China an erster Stelle unter den Ländern, die Kriegsmaterial aus Deutschland beziehen.

Hinzu kommen Maschinen, Lokomotiven, Eisenbahnbau-Material, Flugzeuge, Lastkraftwagen und chemische und pharmazeutische Erzeugnisse, die Deutschland an das China Tschiang Kai-scheks liefert. Schon 1934 decken die Deutschen 49 Prozent der chinesischen Gesamteinfuhr an Farben und 31 Prozent an Chemikalien.

China exportiert nach Deutschland Wolle, Ölsaaten, Eiprodukte und Wolfram- und Antimonerze, die für die deutsche Rüstung besonders wichtig sind. Die Deutschen bauen Stahlwerke in China und zahlreiche andere Fabriken, dazu Ferro-, Wolfram- und Kupfer-Elektrolyse-Anlagen.

Ein Handelsabkommen, am 23. August 1934 zwischen Deutschland und China in Berlin geschlossen, bildet die Grundlage dieses Geschäfts. 1937, nach Abschluß eines Kreditabkommens vom 8. April 1936, erreicht die Summe der deutschen Kapitalanlagen in China eine Höhe von 400 Millionen Reichsmark (die der Kaufkraft nach zwei Milliarden DM entsprechen).

Ein Handelsabkommen vom 30. April 1936 zwischen Deutschland und Mandschukuo erweitert den deutschen Handel auch auf dieses unter japanischem Protektorat stehende Kaiserreich. 1937 erreicht der Gesamthandel (Import und Export) zwischen dem Deutschen Reich und Mandschukuo schon eine Summe von fast 220 Millionen Reichsmark.

Deutschland anerkennt dann 1938 Mandschukuo auch diplomatisch und macht damit deutlich, daß es im fernöstlichen Konflikt endgültig für Japan optieren wird. Aber diese Feststellung ist ein Vorgriff auf die Zukunft. Noch ist China Deutschlands Favorit im Fernen Osten – vor allem wirtschaftlich.

Von 1934 bis 1935 reist Dr. Max Ilgner, einer der wichtigsten Repräsentanten des IG Farben-Konzerns, durch die Länder Ostasiens. Über diese Reise verfaßt er ein Memorandum, in dem er in aller Deutlichkeit sagt:

Durch die Militärberater – direkt oder indirekt – einen Einfluß in China auszuüben, ist gleichbedeutend mit einer lebhaften Beteiligung am Wirtschaftsaufbau Chinas. Alle Arbeit, alle Mittel, die hier verwandt werden, sind produktiv angelegt. Wir können bei systematischer und einheitlicher Arbeit (...) auf dem Gebiete des Beraterwesens in China zweifellos eine führende Rolle spielen.

Eine große Rolle spielt die vom Reichswehrministerium gelenkte »Handelsgesellschaft für industrielle Produkte mbH«: die HAPRO. Alle großen deutschen Firmen – etwa der Krupp-Konzern, die August-Thyssen-Hütte, der Otto-Wolff-Konzern, die Rheinischen Stahlwerke, AEG, um nur einige zu nennen – profitieren am China-Geschäft.

Eine aktive Kulturpolitik sorgt für bestes Verständnis zwischen China und Deutschland. Es gibt zahlreiche Vereine und Institute zur Förderung der deutsch-chinesischen Beziehungen – vom »Ostasiatischen Verein« (Hamburg und Bremen) bis zum »China-Klub der deutschen Industrie«, vom »Verband für den Fernen

Osten« bis zur »China-Studiengesellschaft Berlin«. Insgesamt gibt es zwischen den beiden Weltkriegen elf solcher Vereinigungen. Bei den meisten stehen natürlich geschäftliche Interessen im Vordergrund.

Der »Ostasiatische Verein« (OAV) ist der älteste und bedeutendste dieser Institutionen. Er wurde schon am 13. März 1900 gegründet — wie es in der ersten Satzung heißt »zur Bildung eines unabhängigen Mittelpunktes für die Vertretung und Förderung der deutschen Handels- und Industrie-Interessen in Ostasien«.

☆

1925 bis 1939 ... Es sind jene Jahre, da auch zahlreiche Romane auf dem deutschen Markt erscheinen, deren Handlung in China spielt. Einige Beispiele: Nora Waln: »Süße Frucht, bittre Frucht China«; Pearl S. Buck: »Die gute Erde«; Albert Gervais: »Ein Arzt erlebt China«; A. T. Hobart: »Petroleum für die Lampen Chinas« und »Strom, du Schicksal«.

Auch klassische Romane aus dem alten Reich der Mitte mit erotischer Färbung sorgen dafür, daß Nachrichten aus China, die der Leser täglich in seinen Zeitungen findet, eine literarische Kulisse bekommen.

Hier ist vor allem als wichtige Quelle für die Kulturgeschichte Chinas »Kin Ping Meh« (»Pflaumenblüten in goldener Vase«) zu nennen. Der Roman aus dem 16. Jahrhundert schildert mit detailfreudigem Realismus das Leben eines reichen Wüstlings. Dieses schillernde Dokument aus dem alten China wurde von dem deutschen Sinologen Franz Kuhn entdeckt, von ihm ins Deutsche übertragen und danach in alle Kultursprachen übersetzt.

Andererseits stehen in China einige deutsche Bücher hoch im Kurs. Schon vor dem Ersten Weltkrieg lagen alle wichtigen Werke von Karl Marx und Friedrich Engels in chinesischen Übersetzungen vor und erreichten hohe Auflagen. Das »Kommunistische Manifest«, das die beiden gemeinsam verfaßt haben, ist in Millionen von Exemplaren verbreitet — vor allem unter den Revolutionären von 1911, unter chinesischen Studenten und Arbeitern der großen Städte.

Auch »Die soziale Revolution« und »Der Weg zur Macht« von Karl Kautsky finden große Beachtung und gehören – nach eigenem Bekenntnis – neben den Marx- und Engels-Klassikern des Sozialismus zu den wertvollsten Büchern des Viel-Lesers Mao Tse-tung. Besonders lange hat er sich mit dem »System der Ethik« von Friedrich Paulsen beschäftigt. Dieses Buch des deutschen Philosophen und Pädagogen hat ihn so beeindruckt und inspiriert, daß sich viele Gedanken Paulsens in den »Worten des Vorsitzenden Mao« wiederfinden.

Kuo Mo-jo, Jahrgang 1892, Präsident der Akademie der Wissenschaften und Literaturpapst der Volksrepublik China, hat in den frühen zwanziger Jahren Goethes »Faust« und »Die Leiden des jungen Werther« ins Chinesische übersetzt.

1932 liegen insgesamt etwa 900 Bücher deutschen Ursprungs in chinesischen Übersetzungen vor.

☆

Es bleibt nicht bei der Literatur im deutsch-chinesischen Kulturaustausch der zwanziger Jahre. Chinesische Kunst, von Kennern schon lange geschätzt und gesammelt, begeistert die Berliner.

Otto Fischer, Weltreisender und China-Freund, entdeckt 1927 in Peking den Maler Tschi Po-tschi und sorgt dafür, daß seine Werke 1930 in Berlin einer breiten Öffentlichkeit vorgestellt werden. Die deutschen Kritiker feiern Tschi Po-tschi als größten chinesischen Tuschkünstler der Gegenwart. Erst durch die Anerkennung in Deutschland wird der Chinese auch in seiner Heimat entdeckt und geehrt.

Deutsche Sinologen machen an chinesischen Universitäten junge Intellektuelle mit den Leistungen des »Volkes der Dichter und Denker« vertraut und werben so für ein Deutschland, das dieser schmeichelnden Charakterisierung bald nicht mehr würdig ist.

Unter den vielen deutschen Sinologen sei hier nur Richard Wilhelm genannt, der nach seiner Tätigkeit in China (zuletzt Professor in Peking) in Frankfurt das China-Institut zum kulturellen und wissenschaftlichen Austausch zwischen Deutschland und dem alten Reich der Mitte gründet. Wilhelms Hauptwerke »Chinesische Literaturgeschichte« (1925) und »Geschichte der chinesischen Kultur« (1928) gehören noch heute – ebenso wie sein Buch über Konfuzius – zu den Klassikern der Literatur über China. Wilhelms »Chinesische Volksmärchen« haben seit ihrem ersten Erscheinen (1913) zahlreiche Auflagen erlebt.

Auch der Film »erobert« China. Zahlreiche amerikanische Filme, deren szenische Kulisse China bildet, werden in deutschen Kinos gezeigt – vom »Schanghai-Expreß« (1932) über »Öl für die Lampen Chinas« (1935) bis zum erfolgreichsten aller China-Filme: »Die gute Erde« (1937).

Besonders beliebt als Schauplatz ist Schanghai mit seiner vielfarbigen Palette voller Exotik, Vergnügen, Geschäfte, Verbrechen und quirlender Internationalität.

Auch einige in Deutschland gedrehte Filme nehmen sich des Themas China an. »Flüchtlinge« (mit Hans Albers und Käthe von Nagy) schildert das Schicksal einer Gruppe Wolga-Deutscher, die in den Stürmen der Russischen Revolution in die Mandschurei verschlagen wurde. Der Boxeraufstand bildet 1937 den historischen Hintergrund für »Alarm in Peking«.

Ein halbes Dutzend deutscher Kulturfilme für das Vorspann-Programm der Kinos schildert Land und Leute der fernöstlichen Republik, deren innere Probleme für Außenstehende so verwirrend sind.

Ab 1931, dem Jahr des ersten Vorstürmens der Japaner in China (Besetzung der Mandschurei), gibt es bald kaum eine Wochenschau, die nicht aus dem Land der (damals) vierhundert Millionen Einwohner ein neues Ereignis berichtet.

Häufig sind es freilich apokalyptische Bilder von Naturkatastrophen: von Überschwemmungen, denen Millionen Menschen zum Opfer fallen, und Hungersnöten, die so viele Männer,

Frauen und Kinder dahinraffen, daß 100 000 die kleinste Einheit in der Elendsstatistik ist...

☆

Wie wichtig den Chinesen die wirtschaftlichen Beziehungen zu Deutschland sind, beweist auch die Tatsache, daß Finanzminister Dr. Kung Hsiang-hsi, ein Schwager Tschiang Kai-scheks und einer der reichsten Männer des Landes, als Sonderbotschafter 1937 nach Berlin reist und dort mit allen konferiert, die ihm interessant und wichtig erscheinen.

Einige der Waffen, die das Deutsche Reich den Nationalchinesen liefert, landen auf Schleichwegen bei den Kommunisten, die nach dem Langen Marsch (über den im nächsten Kapitel berichtet wird) im Gebiet der Provinz Schensi einen kommunistischen Staat geschaffen haben.

Anerkennende Worte für die Leistungen der Kommunisten und ihrer Roten Armee findet der deutsche General Hans Sehmsdorf — auch wenn er sie als »Räuberbande« bezeichnet. Vor ihren organisatorischen und propagandistischen Leistungen hat er den größten Respekt.

Hans Sehmsdorf ist seit dem Frühling 1935 Generalberater bei der südchinesischen Armee, der sogenannten Ersten Armeegruppe. Der Chef dieser »Kwangtung-Armee« (nach der Provinz benannt, deren Hauptstadt Kanton ist), General Tschen Tschitong, hat besonderen Ehrgeiz und möchte deshalb seinen eigenen Berater haben.

Sehmsdorf war von 1928 bis 1931 Inspekteur der Pioniere und Festungen der Reichswehr. Er ist am 31. Januar 1931 aus der Reichswehr ausgeschieden mit dem Charakter eines Generals der Infanterie. Nach seiner Beratertätigkeit in China soll er reaktiviert und Kommandeur des Wehrkreises VII (München) werden.

Generaloberst Werner von Blomberg (von 1935 bis 1938 Reichskriegsminister und Oberbefehlshaber der Wehrmacht), Generaloberst Freiherr Werner von Fritsch (bis Anfang 1938 Oberbefehlshaber des Heeres), General Alexander von Falkenhausen (als Generalberater Nachfolger Seeckts) und General Hans Sehmsdorf sind seit vielen Jahren eng miteinander befreundet. Der Zufall will es, daß sie am 1. Oktober 1929 gleichzeitig zu Generalleutnanten der Reichswehr befördert werden.

Hans Sehmsdorf, der im Ersten Weltkrieg mit dem Orden Pour le mérite ausgezeichnet worden ist, hat von den Chinesen schon sehr früh verlockende Angebote erhalten; er hätte schon einige Jahre früher nach China gehen können, wenn er nicht so lange gezögert hätte.

In den ersten Februartagen des Jahres 1935 trifft er in Kanton ein und wird von General Tschen Tschi-tong mit allen Ehren begrüßt, als er – von Hongkong kommend – auf dem Bahnhof anlangt. Auch Sehmsdorf ist aufgrund eines Privatvertrages nach China verpflichtet worden.

Seine Bedingungen sind erheblich besser als die seiner Kameraden. Der Sold (oder besser gesagt: sein Gehalt) beträgt fast 7 000 Mark monatlich. Das ist fast das Dreifache dessen, was er in Deutschland bekommen hat. Außerdem hat Tschen Tschi-tong eine hohe Lebensversicherung für seinen deutschen Generalberater abgeschlossen. Es steht ihm ein großes Haus im Kantoner Vorort Tungshan zur Verfügung. Eine zahlreiche Dienerschaft sorgt für sein Wohl, und selbstverständlich werden ihm alle Spesen ersetzt.

Zu den Gehilfen des Haushalts gehören ein Koch, der Boy Nummer Eins, der Boy Nummer Zwei, ein Kuli, eine Wäscherin, ein Reitknecht, ein Chauffeur und eine Zofe.

Zu Sehmsdorfs übrigem Personal gehört auch ein Dolmetscher, der Yao heißt, in Deutschland studiert hat und fließend deutsch spricht. Der polyglotte General, der sieben Fremdsprachen beherrscht und schon als junger Leutnant Sanskrit gesprochen hat, kann sich schon bald selber auf chinesisch verständigen.

»Ich habe in den ersten Tagen eine Reihe Besuche bei den maßgebenden Militärs gemacht und zum Teil recht kluge und willensstarke Leute gefunden«, berichtet Sehmsdorf in einem Brief vom 1. März 1935 an seine Frau. »Gestern abend war ich zum ersten chinesischen Essen bei einem General geladen. Es fand in einem großen chinesischen Gasthaus statt, das mit seinen offenen Höfen und Gärten, die von den einzelnen, nach innen offenen Gasträumen umgeben werden, in nichts Ähnlichkeit mit unseren Gaststätten hat. Die Gesellschaft bestand aus etwa zehn Deutschen und ebensovielen Chinesen, nur Männern.«

Sehmsdorf schreibt in den ersten Wochen, soweit ihm der Dienst Zeit dazu läßt, viele Briefe an seine Familie und an seine Freunde. Er weiß stets interessante Informationen zu geben. Am 12. April 1935 berichtet er unter anderem über das alte »Handwerk« der chinesischen Räuber:

In der Provinz Kwangtung und ihrem westlichen Nachbarn Kiangsi ist im Augenblick alles ruhig, wenn auch die Ausrottung der Land- und Flußräuber noch nicht völlig gelungen ist. Das ist noch ein weites Feld. Dazu gehören erst die Beseitigung der Wirtschaftsnot und Besserung der sozialen Lage der armen Bauernbevölkerung; ferner die Säuberung von Beamtenschaft und Landpolizei, die vielfach gute Beziehungen zu den Räubern haben. Schließlich ist Räuber ein allgemein anerkanntes, durch altes Gewohnheitsrecht feststehendes Handwerk, in dem nicht die Schlechtesten unterkommen.

Die Kommunisten sind nichts weiter als zahlenmäßig stärkere, besser gegliederte und bewaffnete Räuberbanden, die im übrigen eine wohl anzuerkennende Leistung vollbracht haben.

Wer außer den Kommunisten hinter manchen Unruhen in China steckt, interessiert natürlich im fernen Deutschland sehr. Aus einem Schreiben Sehmsdorf vom 14. April 1935:

Hauptdrahtzieher sind sehr oft eine Anzahl ehemaliger Generale, die vor drei Jahren bei einem Putsch nach Hongkong flüchten mußten. Hongkong, Schanghai und Tientsin sind die Zufluchtsorte und Verschwörerherde für solche Leute. Sie suchen jetzt um jeden Preis einen neuen Job; denn ihr Geld geht wohl zur Neige.

Erst versuchten sie es hier in Kanton – die Studenten-Unruhen waren von ihnen angezettelt und bezahlt –, dann in Fukien (wo die Japaner zahlten). Aber beide Male vergeblich ...

In einem seiner nächsten Briefe kommt Sehmsdorf noch einmal auf das Problem zurück, das ihn am meisten beschäftigt – soweit es die Politik betrifft. Er muß sich mit ihr beschäftigen; denn die chinesischen Truppen, die er mit seinen Mitarbeitern ausbilden hilft, und die Generale, die er berät, werden eines Tages japanische Invasionstruppen aufhalten müssen (oder jedenfalls versuchen, es zu tun).

Sehmsdorf zeichnet das Situationsbild, wie er es sieht, am 6. Juni 1935 folgendermaßen:

Politisch ist die Lage reichlich unübersichtlich, was dadurch noch vermehrt wird, daß man nur dürftige Nachrichtenquellen hat. Die Kommunistengefahr ist für die inneren Provinzen Südchinas, Kiangsi und Kweitschou und auch für Jünan jetzt ausgebrannt. Ob für dauernd, kann man nicht sagen. Es ist ja weniger eine politische als soziale Bewegung, geboren aus den früheren Generalskriegen und der schlechten wirtschaftlichen Lage großer Teile der Bauern. Jedenfalls bedeutet das Eindämmen der kommunistischen Gefahr eine große Stärkung der Zentralgewalt.

Da kommt nun, während die Kommunisten auch aus Szetschwan, einem wilden Gebirgsland (ihrer derzeitigen Hochburg), herausgeräuchert werden sollen, das japanische Vordringen im Norden.

Das Kernproblem stellt sich, von allem Für und Wider befreit, für Sehmsdorf folgendermaßen dar:

Die Japaner wollen auf jeden Fall die bestimmende Macht in Ostasien werden. Darum können sie eine wirkliche innere Festi-

gung Chinas keinesfalls zulassen und werden sie auf jede Weise hintertreiben. Sie werden, wenn anders es ihre innere Lage wirtschaftlich und sozial zuläßt, die Sache bald tun; denn die weißen Mächte, die im Fernen Osten mitsprechen können, England und Amerika, können es bestenfalls mit vereinten Kräften hindern.

Das ist für England aus Gründen europäischer Politik und mangels einer brauchbaren Flottenbasis – Singapur wird vor 1937 nicht fertig – jetzt ausgeschlossen.

Rußland wird sich hüten, die verfehlte zaristische Politik noch einmal wieder aufzunehmen. Ich denke mir, die Japaner werden jetzt zunächst einen breiten Puffer-Raum zwischen sich und China legen, vielleicht ganz Tschili und Schantung umfassend. In welcher Form das geschieht, ist gleichgültig, ob es jetzt schon so viel wird, auch. Japan kann ja jeden Tag einen neuen Zwischenfall konstruieren, wenn es will.

Zurückschrecken wird Tokio nur vor wirklicher Kriegsdrohung vereinter europäischer Kraft – und die ist ausgeschlossen! Also langsam, nach und nach kann man die Artischocke am angenehmsten verspeisen ...

Sehmsdorf ist davon überzeugt, daß Japan immer tiefer in China eindringen wird. Das »Protektorat« Mandschukuo bildet nur den Auftakt. Die Kämpfe um Schanghai 1932 haben das deutlich gemacht.

Tokio sieht in China ein ideales Land mit wirtschaftlichen, finanziellen und industriellen Möglichkeiten, die für die ständig wachsende Bevölkerung Japans eine ungeheure Chance bieten: Lebensraum zu gewinnen und Rohstoffquellen zu erschließen.

In einem Sehmsdorf-Brief vom 16. Juni 1935 zeichnet der General ein Bild nächster Zukunft für China:

Japan hat heute schon tatsächlich die ausschließliche Kontrolle über Tientsin, und das ist der einzige Zugang zum nördlichen China. Der zweite Sprung wird folgen, und ihm ein dritter und vierter. Dann wird Japans Einfluß bis zum Hoangho reichen einschließlich ganz Schantungs und Tsingtaus. Ich sage Einfluß, nicht militärische Macht.

Es ist in jedem Fall das Gleiche: China wird allmählich verspeist, nur ohne obligates Schüsselgeklapper und ohne laute Tischreden. Aber das ist meiner Ansicht nach eine Naturnotwendigkeit.

Auf sich allein gestellt, ist China trotz moderner, fortschrittlicher westlicher Fassade unfähig, sich zu entwickeln. Es fehlt nicht an einigen großen Persönlichkeiten, die – vielleicht – die Führung übernehmen könnten.

Leider fehlt aber irgendein großer nationaler oder sittlicher Gedanke, der das Volk aufrütteln könnte. Ohne Idee geht es nicht. Und die wird in China, wo jedem alles nur Geschäft ist, immer wirkungslos verhallen.

Ein so altes, innerlich verkalktes Volk ist viel zu nüchtern, als daß es sich solchen Illusionen wie Vaterland, Einheit Chinas, Erneuerung des Lebens im Geistigen und Sittlichen auch nur eine Minute länger, als irgendeine Festrede gedauert hat, hingeben würde.

☆

Mit Sehmsdorf sind auch seine engsten militärischen Mitarbeiter nach Kanton gekommen: Oberst Sachse, Oberstleutnant Griepenkerl, Hauptmann Börner, Oberleutnant Roeder und mehrere Waffenmeister, deren Arbeit in den chinesischen Munitionsfabriken besonders wichtig ist.

Wenige Monate nach Sehmsdorfs Ankunft treffen auch seine Frau und Tochter Edelgard in Kanton ein. Sie sind begeistert von der Großzügigkeit des Hauses, von dem sie glauben, daß es für viele Jahre ihre Heimat sein wird.

Edelgard Sehmsdorf gehört sehr schnell zum Mittelpunkt der Ausländer-Kolonie von Kanton, in der neben den Deutschen die Engländer, Amerikaner, Franzosen und Schweizer besonders stark vertreten sind. Die Konsulate der einzelnen Staaten sind in Sha Mian untergebracht; dieser vornehme Stadtteil Kantons bildet eine Insel in der Perlfluß-Mündung und ist ein beliebter Treffpunkt aller Ausländer und ihrer chinesischen Freunde.

Edelgard Sehmsdorf unternimmt zahlreiche Ausflüge und betätigt sich, zusammen mit einer Freundin, als Fotografin. Eines ihrer Bilder, das die deutsche Generalstochter zeigt, wie sie einem verwundeten Chinesen zu trinken gibt, erscheint in einem großen amerikanischen Magazin.

Da sie in der Bildunterschrift genannt ist, schreibt ihr einer der Leser dieser Zeitschrift einen Brief, dessen Anschrift nur lautet: »Miss Edelgard Sehmsdorf, China«. Das Schreiben, dem ein Geldbetrag für die chinesischen Verwundeten beiliegt, erreicht nach normaler Laufzeit seine Empfängerin.

Zu den etwa 160 Mitgliedern der deutschen Kolonie von Kanton gehören zahlreiche Akademiker, von denen sich jeder einer speziellen Wissenschaft verschworen hat. Zu den Wissenschaftlern zählt zum Beispiel ein deutscher Pharmakologe, der alte chinesische Geheimrezepte und Medizinen erforscht und dabei Entdeckungen macht, die für die deutsche Arzneimittelherstellung von großer Wichtigkeit sind. Auch die deutschen Sinologen, Ärzte und Ingenieure genießen bei ihren europäischen und amerikanischen Kollegen höchste Wertschätzung.

General Sehmsdorf unterhält engen Kontakt mit dem Armeechef Tschen Tschi-tong und dessen Mitarbeitern, und der chinesische Armeegruppen-Chef spart nicht mit höchstem Lob über den Erfolg der deutschen Berater.

Ende April 1936 gibt General Tschen Tschi-tong ein Festessen zu Ehren »seines« deutschen Generals. Bei einem der vielen Gänge wird als besondere Delikatesse ein Schlangengericht serviert.

Schon am Tage danach fühlt sich Sehmsdorf nicht wohl. Die erste Diagnose des deutschen Arztes Dr. Hellmann lautet: Tropische Malaria.

Jetzt müßte eigentlich Dr. Otto, ein Tropenarzt mit legendärem Ruf, konsultiert werden. Aber der hält sich gerade in

Deutschland auf und tritt bald danach seine Stelle als Leibarzt bei Haile Selassi an, dem Kaiser von Abessinien.

Der Zustand Sehmsdorfs wird von Tag zu Tag bedenklicher. Er wird schließlich in das chinesische Krankenhaus »Dr. Dodd's Hospital« eingeliefert. Hier behandelt ihn auf Wunsch von Frau Sehmsdorf ein jüdischer Arzt – trotz schärfster Proteste des Hausarztes Dr. Hellmann, der zugleich Ortsgruppenleiter der Nationalsozialistischen Deutschen Arbeiterpartei (NSDAP) von Kanton ist. Solche Ortsgruppen gibt es übrigens in allen großen Städten Chinas, in denen Deutsche leben.

Auch im Krankenhaus bessert sich der Zustand des deutschen Generalberaters trotz intensiver Pflege nicht. Für den behandelnden Arzt steht es fest, daß sein Patient nicht an Malaria leidet ... Eine Überführung in ein Spezialkrankenhaus von Hongkong, die dringend angezeigt erscheint, ist für den Kranken zu beschwerlich.

Mehrere Ärzte bemühen sich Tag und Nacht um den General, aber ihre Kunst kann ihn nicht mehr retten. Sehmsdorf stirbt am 14. Juli 1936 – genau an dem Tage, der schon lange vorgesehen war für den Aufbruch der ganzen Familie zu einer Reise ins Inselparadies Bali.

Die in englischer Sprache erscheinende Zeitung »The Canton Daily Sun« vom 15. Juli 1936 widmet dem Verstorbenen einen ehrenden Nachruf, in dem es heißt: »Der Tod des Generals ist ein großer Verlust für die gesamte deutsche Kolonie in China und besonders für die Deutschen Kantons.«

Andere Blätter sprechen sogar von einem »Verlust, der alle Ausländer, die in Kanton leben, und auch die Chinesen hart trifft.«

Der tote General wird im japanischen Krematorium in Kanton eingeäschert, die Urne zwei Jahre später von Frau und Tochter den Wellen der Nordsee übergeben.

Schon bald nach Sehmsdorfs Tod gehen Gerüchte in Kanton um. Nicht nur die Deutschen sind fest davon überzeugt, daß der General keines natürlichen Todes gestorben ist.

49 *Berater bei der Südarmee: General Hans Sehmsdorf. Wer ließ ihn vergiften?*

50 *Eine Aufnahme, die Amerika rührte: Edelgard Sehmsdorf, Tochter des Generals, gibt einem verwundeten Chinesen Wasser.*

1 *Dieses Foto gilt insofern als seltenes Dokument, als es eines der wenigen Bilder ist, ie einen deutschen Militärberater bei der Besichtigung der von ihm ausgebildeten hinesischen Truppen zeigt. Neben Sehmsdorf (mit Tropenhelm) General Tschen Tschiong (salutierend), dem die gut ausgerüstete Armee der Provinz Kwantung untersteht.*

52 *Die letzte Fahrt eines deutschen Generals in China: Chinesen haben das Auto mit dem Sarg des toten Hans Sehmsdorf liebevoll geschmückt für den Weg zum Krematorium.*

53 *Auf der Ehrentribüne hat sich die nationalchinesische Generalität versammelt. Si nimmt am 5. Mai 1931 die Parade ab zur Eröffnung der »Ersten gesamtchinesischen Nc tionalversammlung« in Nanking. Auf der unteren Stufe Tschiang Kai-schek. Der Zivilis zwischen zwei Generalen (links) ist der Pantschen-Lama von Tibet, der Herr mit dem Hu (oben rechts) ein Offizier aus dem Stab des deutschen Beraters General Georg Wetzel*

Wer könnte ein Interesse daran haben, den deutschen Militärberater in Südchina zu ermorden? In erster Linie die Japaner, deren Geheimdienste es damals meisterhaft verstanden, unliebsame Gegner lautlos verschwinden zu lassen.

Mit ihrer Besetzung der Mandschurei im September 1931 und ihrem Angriff auf Schanghai von Januar bis März 1932 haben die Japaner deutlich gemacht, wo ihr Interessengebiet liegt und wohin sie ihre Bevölkerungsexplosion eines Tages entladen werden. Seitdem ist es vielen chinesischen Generalen klar, was ihr Land noch zu erwarten hat ...

Je besser die chinesischen Truppen ausgebildet sind, desto härter wird ihr Widerstand gegen die Japaner sein – so war es schon 1932 bei den Kämpfen in und um Schanghai. Und wer leistet entscheidende Hilfe bei der Ausbildung? Für die Japaner ist die Antwort klar: die deutschen Militärberater! Die chinesischen Divisionen, die 1932 bei Schanghai so hartnäckig Widerstand leisteten, waren die ersten Elitetruppen, die deutsche Offiziere ausgebildet haben.

Noch eine zweite Version für den Tod Sehmsdorfs wird unter den Ausländern Kantons diskutiert. Sie alle kennen das Spannungsverhältnis, das zwischen Marschall Tschiang Kai-schek, der mit seinen Truppen im Norden steht, und Tschen Tschi-tong herrscht. Man traut Tschiang Kai-schek zu, daß auch er seine Hand bei diesem geheimnisvollen Tod Sehmsdorfs im Spiele gehabt haben könnte.

Für die Situation charakteristisch ist die Tatsache, daß die deutschen Militärberater im Norden Chinas keinerlei Kontakt mit General Sehmsdorf und seinen Mitarbeitern im Süden haben dürfen. Wenn sie dennoch Lebenszeichen von sich geben und Grüße austauschen, kann das nur auf verschlüsselte und oft abenteuerliche Weise durch Kuriere geschehen.

Ob die Japaner oder Tschiang Kai-schek ihre Hand beim Tode Sehmsdorfs im Spiel hatten, ist bis heute nicht eindeutig geklärt. Absolut sicher ist aber, daß der deutsche General keines natürlichen Todes gestorben ist.

Rekapitulieren wir kurz die militärische Situation zwischen den Chinesen und Japanern:

Japan beherrscht schon seit 1931 die gesamte Mandschurei. Es hat 1932 drei Monate lang in und um Schanghai gekämpft und ist dort nur »vorläufig« wieder abgezogen. Es hat Anfang 1933 seine militärische Besetzung chinesischen Gebietes auf die Provinz Jehol ausgedehnt. Und es ist fest entschlossen, sich schon bald weitere Teile Chinas durch neue Vorstöße zu erobern.

Professor Lin Yutang, der unerbittliche Kritiker der Regierung seiner »wahnsinnigen« chinesischen Heimat, sagt 1934 in aller Deutlichkeit, wie leicht es für die Japaner war, Jehol praktisch ohne jeden militärischen Widerstand zu »erobern«:

Ist ein Land nicht wahnsinnig, wenn ein General die ganze Provinz Jehol verliert, ohne auch nur zum Schein ein Gefecht zu liefern, obendrein zweihundert Trainwagen dazu verwendet, seine Schätzchen und Schätze in Sicherheit zu bringen, und dann von der nationalen Regierung freigesprochen wird? Oder wenn geschlagene Generäle ihre Waffen und Munition im Stich lassen und lieber ihre Hamstervorräte an Opium retten, weil sie für Opium Gold bekommen und mit Gold sich einen neuen Posten kaufen können? Oder wenn Bauern gezwungen werden, Opium zu bauen statt Reis zur Ernährung der verwahrlosten, ewig unbesoldeten Truppen?

Gleichzeitig geht Lin Yutang mit Pekinger Beamten scharf ins Gericht, die 1933 ein Musterbeispiel an Korruption demonstriert haben:

Ist ein Land nicht wahnsinnig, in dem hohe Beamte und die Hüter des Peipinger Nationalmuseums so gebannt sind von den Kunstschätzen der Nation, daß sie nicht ruhen, ehe sie sie an den Meistbietenden verkauft und den Erlös in ihre Tasche gesteckt haben; und wenn diese Beamten sich seelenruhig irgendwo niederlassen und der Gerichte spotten können.

Lin Yutang weist nach, daß auch unter der Nationalregierung seines Landes 1933 noch alle Beamten korrupt sind — gleichgültig, wo und in welchen Ämtern sie sitzen. Für ihn bietet sich nur eine Chance, das zu ändern:

Der einzige Grund, warum die Korruption immer noch existiert, ist der, daß wir die Beamten noch nie erschossen haben — nicht einen von ihnen! Es gibt nur ein Mittel gegen die Korruption von Beamten, das ist die Erschießung von Beamten. So einfach ist das Problem. Die Demokratie macht keinerlei Schwierigkeiten, sobald man die Beamten wegen Rechtsbruchs verklagen kann und Aussicht hat, den Prozeß zu gewinnen. Das Volk braucht durchaus nicht zur Demokratie erzogen zu werden, es würde von selbst in sie hineingleiten. Die Beamten müssen nur Demokraten genug sein, um sich einem Gericht zu stellen und einer Klage Rede zu stehen, und dann wird das Volk über Nacht demokratisch genug sein, sie zu verklagen.

Man nehme dem Volke den Alpdruck der Beamtenvorrechte und der Beamtenbestechung, und das Volk von China wird selbst mit sich fertig werden! Denn höher als alle anderen Tugenden steht die Tugend der Gerechtigkeit; sie ist es, die China braucht.

Das größte Unrecht sehen viele Chinesen während der dreißiger Jahre aber nicht in ihrem eigenen Land, sondern in den Aktionen der Japaner, die das alte China mit der harten Wirklichkeit einer »modernen« Politik der Stärke zu überfluten drohen — gegen jedes Recht ...

✫

Am 25. November 1936 schließt das Deutsche Reich mit Japan den Anti-Komintern-Pakt. Er bildet den Auftakt zu jenem Militärbündnis, das am 27. September 1940 mit dem Drei-Mächte-Pakt zwischen Deutschland, Italien und Japan besiegelt wird.

Mit jenem Anti-Komintern-Pakt beginnt das Dilemma deutscher Außenpolitik im Fernen Osten, das sich, wie wir noch sehen werden, zwei Jahre später dramatisch zuspitzen wird und zu weltpolitischen Konsequenzen führt.

Oskar Trautmann, seit 1931 – als Nachfolger des Gesandten Herbert Cuno von Borch – erster deutscher Botschafter in China, berichtet am 28. 12. 1936 dem Auswärtigen Amt in Berlin, das den Hintergrund des Anti-Komintern-Paktes zu verschleiern sucht, er habe der chinesischen Regierung diese beruhigende Erklärung abgegeben:

Das Anti-Komintern-Abkommen, neben dem kein geheimes Militärbündnis besteht, berührt die Interessen Chinas in keiner Weise und beeinträchtigt nicht die herzlichen Beziehungen zu China, auf deren Pflege Deutschland den größten Wert legt.

In Wirklichkeit hat das Abkommen doch militärisches Gewicht. Dem Vertrag ist nämlich ein geheimer Zusatz (»Annex«) beigefügt, in dem sich Berlin und Tokio für den Fall eines Konfliktes mit der Sowjetunion wechselseitig »wohlwollendes Verhalten« versprechen.

Einen Tag zuvor hat Herbert von Dirksen, deutscher Botschafter in Tokio, aus seiner Sicht berichtet. Er befürwortete »rückhaltlos, aus weltpolitischen Gründen, aus Gründen deutscher Außenpolitik und aus der Gesamt-Bewertung Japans heraus« ein Bündnis zwischen Deutschland und Japan.

Die durch den Pakt entstandene zwiespältige Situation wird Hitler und sein Auswärtiges Amt noch lange in Atem halten.

Aber 1936, im Todesjahr des Generals Sehmsdorf, ist das Verhältnis zwischen den Deutschen und den Nationalchinesen noch ungetrübt. Wie geschätzt vor allem die deutschen Militärberater sind, beweist die Tatsache, daß Sehmsdorfs Frau und Tochter nach ihrem Aufbruch von Kanton vierzig Kisten nach Deutschland verfrachten, die Geschenke Tschen Tschi-tongs und anderer chinesischer Freunde enthalten. Alle diese Schätze fallen später den Bomben auf Berlin ebenso zum Opfer wie zahlreiche wichtige Bild- und andere Dokumente.

Zu den Flugzeugen, die das Deutsche Reich in den dreißiger Jahren an Tschiang Kai-schek liefert, gehören neben den berühmten Junkers-Verkehrsmaschinen Ju 52 auch Bomber vom Typ Ju 86 und Aufklärungsflugzeuge des Typs Junkers K 47. Auch die USA, Italien und Frankreich schicken militärische Flugzeuge nach China – mehr als die Deutschen. Dafür spielt das Deutsche Reich eine besondere Rolle in der chinesischen Zivilluftfahrt.

»Den Aufschwung der Luftfahrt hat China vor allem dem Unternehmungsgeist der Deutschen Lufthansa zu verdanken«, schreibt die amerikanische Historikerin Mary A. Nourse. Diese Feststellung entspricht exakt den Tatsachen.

Schon 1928 regt die Deutsche Lufthansa einen regelmäßigen Flugverkehr zwischen Berlin und Peking an. Es gibt intensive Verhandlungen zwischen den Deutschen und den Chinesen. Sie führen am 21. Februar 1930 zu einem deutsch-chinesischen Luftverkehrsabkommen. Zwei Jahre später, im Januar 1932, wird die »Eurasia«-Luftfahrtgesellschaft gegründet. Ihre Junkers-Flugzeuge verbinden bald die wichtigsten Städte Chinas miteinander.

Der alte Plan einer Direktverbindung zwischen Schanghai oder Peking mit Berlin scheitert am Widerstand der Sowjetunion, die den Luftraum über ihrem Territorium nicht für fremde Flugzeuge freigeben will. Der neue Versuch einer Verbindung über Indochina, Indien und Griechenland nach Berlin wird 1937 zum ersten Male Wirklichkeit.

Mei-ling Tschiang Kai-schek sagt in ihrem 1940 geschriebenen und stark propagandistisch gefärbten Buch: »This is our China« (Das ist unser China):

»China eignet sich ganz besonders für die Zwecke der Luftfahrt. Seine riesigen Distanzen, die Ausdehnung unermeßlicher Gebiete, die Unzulänglichkeit der sonst üblichen Beförderungsmittel lassen das Flugzeug als immer dringlichere Notwendigkeit erscheinen.«

Im Manuskript ihres Buches lobt sie ausdrücklich die »wertvolle Hilfe der Deutschen«. Als Frau Tschiang Kai-schek es aber Anfang 1941 einem amerikanischen Verleger gibt, streicht sie das

Lob für die Deutschen, die ja inzwischen Freunde ihres Todfeindes Japan geworden sind ...

Frau Tschiang Kai-schek will sich auch nicht mehr daran erinnern, daß sie und ihr Mann jahrelang nur mit Junkers-Maschinen geflogen sind, und sie hat auch vergessen, wie stolz sie immer war, wenn sie ihrem Mann neue deutsche Flugzeuge zu seinem Geburtstag »als Dank des chinesischen Volkes« schenken konnte.

Auch die große Hilfe, die deutsche Militärberater China geleistet haben, wird später heruntergespielt. Während noch 1938 in Tönen höchsten Lobes über sie gesprochen und anerkannt wird, daß sie »Hervorragendes geleistet haben« und »unsere Truppen durch die Deutschen ein Höchstmaß an militärischer Ausbildung erhalten haben« (so Tschiang Kai-schek im Juni 1937 in einer Besprechung mit General von Falkenhausen), tut der Biograph H. H. Tschang in seinem 1943 in den USA erschienenen Buch »Chiang Kai-shek, Asia's man of destiny« (wörtlich: Asiens Mann höherer Fügung) so, als habe kaum einer auf General von Falkenhausen gehört:

Bei der Ausbildung seiner Armee verwendete Tschiang eine Anzahl deutscher Offiziere. Sie waren lediglich als Fachleute engagiert und hatten mit den internationalen Beziehungen zwischen China und Deutschland oder mit Chinas nationaler Politik nichts zu schaffen. Deutschlands militärische Fähigkeiten waren überall anerkannt, und diese Instruktoren waren nur zur Ausbildung berufen worden. (...)

Im ganzen waren die Beziehungen zwischen den deutschen Offizieren und den Chinesen freundlich, doch die Dienstleistungen der Deutschen waren lediglich technischer Art und hatten keinerlei Einfluß auf die nationale Politik, selbst in Kleinigkeiten nicht. Von Falkenhausen pflegte zu sagen:

»Ich rede und rede, und niemand hört mir zu.«

Einmal machte er einen Ausflug nach Schansi, und wohin er auch kam, wurde er mit üppigen Festmählern bewillkommnet.

Die Offiziere der chinesischen Armee waren sehr freundlich gegen ihn, aber zu ernsthaften Ergebnissen kam es nicht. Einmal soll er aufgebraust sein:

»Bin ich eigentlich hergekommen, um an Festmählern teilzunehmen oder um die chinesische Armee auszubilden?«

China kann Fachleute aller Nationen engagieren ...

Als H. H. Tschang das schreibt, lebt er schon in den USA, und es sind jetzt, seit 1940, amerikanische Offiziere, die Tschiang Kai-scheks Soldaten für den Krieg gegen Japan ausbilden.

Einer von ihnen, Albert C. Wedemeyer, später Vier-Sterne-General, findet Worte des Lobes für seine deutschen Vorgänger als Generalberater bei Tschiang Kai-schek. Über Falkenhausen, zum Beispiel, sagt er:

Chinas tapferer drei Monate langer Widerstand 1937 gegen Japan bei und in Shanghai und später bei Nanking war zum Teil General von Falkenhausen zu verdanken, der (...) mit Takt und Geduld im Umgang mit den Chinesen viel erreicht hatte.

Chinas Rote Armee: Zehntausend Kilometer gegen Tod und Teufel

VIII

Deutscher Berater beim Langen Marsch

- Generaloberst Hans von Seeckt konzipiert die »Einkesselung« der chinesischen Roten Armee, sein Landsmann Otto Braun organisiert den Ausbruch.
- Krieg ohne Gnade, Kampf ohne Erbarmen: mit dem Feind und dem Hunger, mit Hitze, Kälte und Schlaf, mit Bergen und Strömen.
- Deutsche Gemütlichkeit in einer Höhle von Yenan: Otto Braun bittet zu Tisch.

Täglich neue Nachrichten aus dem China der dreißiger Jahre. Fast jede Woche neue Fotos in den Illustrierten der Welt. In fast jeder Wochenschau der Kinos erregende Szenen aus China und der Mandschurei.

Die Welt ist verwirrt. So vieles bleibt unklar. Selbst Diplomaten und erfahrene China-Journalisten gewinnen manchmal kein präzises Bild. So kommt es, daß Diplomaten und Journalisten von einem »roten Häuptling« sprechen, der »Tschou Mao« heißen soll. Niemand ahnt, daß es sich hier um zwei kommunistische Führer handelt, nämlich um Tschou En-lai und Mao Tse-tung.

Dieser Namens-Irrtum der Beobachter wurde einige Jahre später eine politische Realität — allerdings ohne Tschou En-lai: Ab 1936 unterzeichneten Parteichef Mao Tse-tung und der Oberkommandierende der Roten Armee der KPCh, Tschu Teh, Befehle gemeinsam. So dokumentierten sie den Dualismus des revolutionär-Krieges in seiner politischen und militärischen Komponente. Zugleich war es ein Hinweis auf das Primat der Politik nach Maos Maxime »Die Politik kontrolliert die Gewehre«.

☆

Fünf Feldzüge hat Marschall Tschiang Kai-schek jetzt schon gegen die Kommunisten unternommen. Aber er konnte ihre Kraft in den roten Gebieten, die als Enklaven im Riesenland

China liegen, nicht brechen – trotz seiner von deutschen Militärberatern zum Teil hervorragend ausgebildeten Divisionen.

Bei dem fünften Feldzug, der im Oktober 1933 gegen die Kommunisten beginnt, stehen Tschiang Kai-schek 75 Divisionen zur Verfügung: fast eine Million Soldaten. Er besitzt Panzer, Flugzeuge und schwere Artillerie.

Die Hauptmacht der Roten Armee steht im Gebiet der Provinz Kiangsi und umfaßt etwa hunderttausend Mann. Hinzu kommen zahlreiche starke Partisanengruppen, die in anderen kommunistischen Enklaven operieren und meist nur primitiv ausgerüstet sind: mit Keulen, Spießen oder Säbeln. Außer diesen Partisanen gibt es in den sowjetischen Enklaven auch reguläre Truppen. Sie alle glauben an ihre Mission und zeigen daher eine hervorragende Kampfmoral.

Die Deutsche Botschaft in Peking, deren Chef seit 1932 Dr. Oskar Paul Trautmann ist, berichtet im Dezember 1932 nach Berlin:

Wir werden die Entwicklung der Kommunistischen Partei Chinas (KPCh) und ihrer Roten Armee genau beobachten müssen. Der Wunsch der Nationalregierung nach mehr Hilfe durch die Westmächte – vor allem Deutschland – und die USA ist nur zu verständlich.

Die Zentrale der kommunistischen Gebiete liegt in der Stadt Juischin (Provinz Kiangsi). Im Dezember 1931 hat sich hier die »Nationale Sowjetregierung« etabliert. Chef dieser Regierung ist Mao Tse-tung, der aber zu dieser Zeit noch nicht Vorsitzender der Kommunistischen Partei Chinas (KPCh) ist. Das rote Kiangsi-Gebiet zählt damals etwa dreieinhalb Millionen Einwohner.

Nach dem japanischen Angriff auf Schanghai und den heftigen Kämpfen, die in der Stadt und ihrem Umkreis von Januar bis März 1932 tobten, hat die sowjetische Juischin-Regierung der KPCh Anfang April 1932 Japan den Krieg erklärt – getreu ihrer antiimperialistischen Maxime.

Die Chinesen waren damals empört über die japanische Besetzung der Mandschurei, entsetzt über den Angriff auf Schanghai. Die einzigen, die daraus Konsequenzen zogen, waren die Kommunisten.

Das Zentralkomitee der KPCh sitzt 1932 immer noch in Schanghai, fristet hier aber nur ein Untergrund-Dasein. Deshalb übersiedelt es im Januar 1933 nach Juischin. In Schanghai bleibt nur ein kleines »Restkommando«.

Zehn Monate später, im Oktober 1933, trifft auf Schleichwegen ein Mann in Juischin ein, der bald eine große Rolle in der Umgebung Mao Tse-tungs spielen wird. Es ist der Deutsche Otto Braun, ein alter und überzeugter Kommunist, der in den zwanziger Jahren in Deutschland als »Reichsnachrichtenleiter der KPD« Erfahrungen gesammelt und nach seiner Flucht vor den deutschen Gerichten in Moskau militärwissenschaftliche Studien betrieben hat.

Die Kommunistische Internationale (Komintern) schickt Braun, Jahrgang 1900 und Oberbayer, 1932 zunächst in die Mandschurei. Dort nimmt er in Harbin am Widerstandskampf gegen die Japaner teil. Im Herbst 1932 wird er in die internationale Stadt Schanghai beordert, wo die Kommunisten im Untergrund leben müssen.

Hier sitzt seit 1932 sein alter Freund aus der Kommunistischen Partei Deutschlands als Vertreter der Komintern beim Zentralkomitee der KPCh: Arthur Ewert. Otto Braun hat den Auftrag, seinen Genossen Ewert militärisch zu beraten.

Vor ihnen waren schon andere führende deutsche Kommunisten von der Komintern nach China geschickt worden: Gerhard Eisler und Heinz Neumann. Der Berliner Neumann hatte im Dezember 1927 in Kanton einen kommunistischen Aufstand inszeniert, der von zahlenmäßig weit überlegenen Nationaltruppen niedergeschlagen wurde.

»Mit Ewert traf ich nach meiner Ankunft in Schanghai fast täglich zusammen«, erinnert sich Otto Braun, der heute als angesehener Publizist und Übersetzer, von der DDR geehrt, vielfach ausgezeichnet und Mitglied wissenschaftlicher Gremien, in Ostberlin lebt.

»Mit ›sauberen‹ Pässen versehen und im ›Internationalen Settlement‹ wohnend, waren wir relativ ungefährdet, wenn wir die nötige Vorsicht walten ließen, öffentlich nur mit Ausländern verkehrten, gelegentlich einen Klub besuchten und im übrigen nicht auffielen. Ungleich schwieriger war der Kontakt mit den führenden chinesischen Kommunisten ...«

In Schanghai nimmt Otto Braun auch Kontakt mit dem deutschen Journalisten und konsequenten Kommunisten Dr. Richard Sorge auf, der später als Meisterspion Stalins in Tokio vor allem 1941 kriegsentscheidende Meldungen nach Moskau funkt, 1944 von den Japanern hingerichtet und 1955 posthum mit dem Titel »Held der Sowjetunion« geehrt wird.

Kommunisten sind zu der Zeit, da Braun in Schanghai eintrifft, schon lange vogelfrei. Wer der Geheimpolizei Tschiang Kai-scheks in die Hände fällt, wird erbarmungslos liquidiert.

Otto Braun stattet Anfang 1933 dem amerikanischen Journalisten Edgar Snow einen Besuch ab, der schon damals die kommunistische Entwicklung genau beobachtete, später die Freundschaft Mao Tse-tungs fand und 1938 sein berühmt gewordenes Buch »Red Star over China« (»Roter Stern über China«) veröffentlichte.

Braun stellt sich als Otto Stern und Zeitungskorrespondent vor. Das ist korrekt; denn Braun war lange Redakteur an KPD-Zeitungen. Sechs Jahre später begegnen sich die beiden wieder – in der »Hauptstadt« jenes Gebietes, wo der Lange Marsch endet: in Yenan.

Zu dieser Zeit ist Otto Braun unter dem Namen Li Teh bei den Kommunisten längst schon ein berühmter Mann geworden, und sein ganzer Name lautet: Li Teh Tung-chi (»Tugendhafter Genosse Li«). Otto Braun alias Li Teh ist der einzige Ausländer, der den legendären Langen Marsch mitmacht.

Nicht ein einziger Bürger der Sowjetunion oder irgendeines anderen Staates gehörten – außer Braun – zur chinesischen

Roten Armee. Wenn Tschiang Kai-scheks Propagandisten hinausposaunten, die Nationaltruppen hätten »Berge von toten Soldaten aus der Sowjetunion« gefunden, so hatte das nur den Zweck, dem Ausland den Kommunisten-Schreck einzujagen.

Tschiang Kai-schek gab erst 1936 zu — nach einer neuen gewissen Annäherung zwischen seiner Regierung und den Yenan-Kommunisten —, daß in der chinesischen Roten Armee kein einziger sowjetrussischer Soldat gedient hat.

Edgar Snow findet lobende Worte für Otto Braun, wenn er schreibt:

Es stand außer Frage, daß Li Teh trotz der Entscheidungsfehler, die er gemacht haben mag, durch seine langjährige Erfahrung mit chinesischen Kampfmethoden und chinesischem Terrain eine der bestqualifizierten westlichen Autoritäten auf dem Gebiete des chinesischen Militärwesens war. Der persönliche Mut eines Mannes, der die Härten des Langen Marsches ertragen hatte, gebot Achtung und war eine Herausforderung für die Sessel-Revolutionäre der ganzen Welt.

Aber — wir eilen den Ereignissen schon voraus. Otto Brauns Weg von Schanghai in das kommunistische Hauptquartier in Juischin ist beschwerlich und voller Abenteuer. Mit einem englischen Küstendampfer fährt Braun im Oktober 1933 von Schanghai nach Swatou, das heute Schantou heißt und etwa 300 Kilometer östlich von Hongkong liegt. Von hier aus wird es gefährlich . . .

Im einzigen europäischen Hotel der südchinesischen Hafenstadt trifft er sich mit einem Geheimagenten der Komintern. Die beiden brechen gemeinsam auf, zunächst zu Fuß. Immer wieder fallen sie Polizisten Tschiang Kai-scheks in die Hände, aber es gelingt ihnen stets, sich durch Geschicklichkeit oder Glück durchzumogeln.

»Mein Begleiter führte mich zu einer im Ufergebüsch stehenden Dschunke«, berichtet Otto Braun. »Ich kroch in den engen

Raum zwischen Deck und Bodenplanken. Dort blieb ich dann zwei Tage und Nächte flach ausgestreckt liegen und mußte mich mucksmäuschenstill verhalten. Am späten Nachmittag rückte das Boot endlich von der Stelle. Abends wurde es mit vielen anderen von einem Dampfer den Hangkiang-Fluß hinaufgeschleppt.«

Mehrfach gibt es Aufenthalte. Braun hält aus in seinem Versteck. Immer wieder hört er Schritte über sich. Dann Stimmen, barsche Fragen, harte Befehle bei strengen Kontrollen. Erst am dritten Tag darf sich Braun an Deck zeigen. Bootsleute ziehen jetzt die Dschunke über einen Quellfluß des Hangkiang aufwärts.

Nach Anbruch der Dunkelheit stiehlt sich Braun mit seinem Begleiter an Land und schleicht in ein abgelegenes Haus. Dort werden sie von einigen bewaffneten Männern empfangen. Es sind die ersten chinesischen Rotarmisten, die Otto Braun sieht. Aber noch ist er im Gebiet, das von Tschiang Kai-schek beherrscht wird.

»Im Gänsemarsch ging es auf schmalen Pfaden zwischen Reisfeldern, an Hausecken und Zäunen stockdunkler Ortschaften vorbei in die Berge. Tagsüber schliefen wir im subtropischen Wald, von Myriaden Stechmücken umschwärmt. Nach zwei Nächten erreichten wir Niemandsland, und hier wartete ein rotes Bataillon auf uns. Für mich stand sogar ein Maultier bereit . . .«

Otto Braun muß noch einige Tage durch verwüstetes und menschenleeres Gebiet reiten, bis er dort ankommt, wo er sich in Li Teh verwandelt: im Gebiet von Juischin.

☆

Der »Nationalen Sowjetregierung« der KPCh in Juischin stehen schwere Tage bevor. Die Wirtschaftsblockade, die Tschiang Kai-schek über die kommunistischen Gebiete verhängt hat, wirkt sich aus. Es gibt kaum noch Lebensmittel. Außerdem haben die Nationalchinesen inzwischen eine neue Methode entwickelt. Sie wurde Marschall Tschiang Kai-schek von Generaloberst von Seeckt empfohlen, der seit Ende Mai 1934 deutscher Generalberater bei der Nationalarmee ist und auch den letzten Vernichtungsfeldzug, der jetzt gegen die Kommunisten beginnt, strategisch konzipiert hat.

Marschall Tschiang Kai-schek läßt rings um die kommunistischen Enklaven einen Ring von Befestigungsanlagen errichten, an denen Tag und Nacht gearbeitet wird. Er besteht aus sogenannten »Blockhäusern« und schließt sich im Verlaufe von Monaten immer enger. Dafür ist der Bau neuer Straßen notwendig.

Die Kommunisten geben ihre ersten Versuche, die Blockhäuser anzugreifen, bald wieder auf, weil diese Unternehmen zu verlustreich sind. Außerdem wäre es auch sinnlos, da die eroberten Stellungen doch nicht gehalten werden können.

Die Rote Armee, in ihrer Existenz bedroht und ausweglos umzingelt, muß in die Defensive gehen. Tausende und abertausende roter Soldaten und Zivilisten finden den Tod allein durch die täglichen Luftangriffe.

Es ist unmöglich, im Rahmen dieses Berichtes auf Einzelheiten einzugehen. Jedenfalls gelingt es zwei roten Kommandeuren, durch ein militärisches Ablenkungsmanöver die Nationalsoldaten zu binden. Dabei können kommunistische Truppen sich aus der Umklammerung lösen und sich mit den Soldaten anderer kommunistischer Enklaven vereinigen.

Das ist das Vorspiel zum großen Ausbruch der roten Hauptstreitmacht. Er ist dringend nötig, weil die Kommunisten Ende September 1934 durch die pausenlosen Angriffe der Nationaltruppen auf knapp einem Zehntel des Gebietes zusammengepfercht sind, das sie noch zwei Jahre zuvor beherrschten. Den Plan des Ausbruchs entwirft Otto Braun.

Am 2. Oktober 1934 wird der große Durchbruch beschlossen. Für die gesamten Vorbereitungen sind Tschou En-lai als politischer Generalkommissar der Armee und Tschu Teh als Oberbefehlshaber der Roten Armee verantwortlich.

In der Nacht des 16. Oktober zerstören todesmutige Rotarmisten eine Reihe von Blockhäusern und schlagen damit eine Bresche in ihre Umklammerung. Über hunderttausend Kommunisten gelingt die große Flucht. Die Nationalsoldaten merken erst zwei Tage später, was sich in der Nacht zum 16. Oktober 1934 ereignet hat. Die gesamte Rote Armee des Kiangsi-Gebietes ist mit vielen Zivilisten im Troß entkommen.

»So begann der Lange Marsch, der zu dieser Zeit keineswegs als solcher geplant war«, stellt Otto Braun ganz nüchtern fest. »Der Durchbruch gelang plan- und fristgemäß, wenige Tage vor dem neuen – sechsten – Feldzug, den Tschiang Kai-schek begann. Der Gegner war völlig überrascht. Im Laufe von knapp zwei Monaten gelang es, vier tiefgestaffelte Festungszonen zu durchbrechen. Natürlich gab es Schwierigkeiten und Verluste. Trotz rechtzeitiger und sorgfältiger Erkundung bot das größtenteils gebirgige Gelände viele Überraschungen; denn Karten, nach denen man sich orientieren konnte, besaßen wir nicht.«

Mao Tse-tung, Tschou En-lai, Tschu Teh und Li Teh legen auf dem Langen Marsch mit der Hauptstreitmacht, der Zentralen Armeegruppe, über zehntausend Kilometer zurück – das entspricht der Entfernung zwischen Peking und Lissabon. Weitere Verbände, das Zweite Korps und das Vierte Korps der Roten Armee, brechen von anderen sowjetischen Basen auf und marschieren getrennt.

Insgesamt sind etwa dreihunderttausend Kommunisten – Soldaten, Partisanen und Zivilisten – unterwegs. Nur ein Zehntel – dreißigtausend Menschen – kommt in der nordwestlichen Provinz Schensi an. Wer nicht im Kampf fällt, verhungert, stirbt vor Erschöpfung, erliegt einer Krankheit, versinkt in Sümpfen, ertrinkt in Flüssen oder stürzt in Schluchten.

Not und Tod folgen dem Langen Marsch, der zu den größten Leistungen der Weltgeschichte gehört. Hannibals Alpenübergang nimmt sich dagegen wie eine Bergpartie mit Elefanten aus.

Achtzehn hohe Gebirgszüge, von denen fünf mit ewigem Eis und Schnee bedeckt sind, muß die Rote Armee überschreiten. 24 Flüsse werden überquert, darunter die größten Ströme Asiens.

Von den insgesamt sieben kommunistischen Gebieten (1934) innerhalb Chinas sind nur die drei größten durch einen Stern markiert. Hauptstadt aller roten Enklaven war Juischin.

Der Weg führt durch zwöf Provinzen, die von zweihundert Millionen Menschen bewohnt werden. Die Kommunisten besetzen über sechzig große und vierhundert kleine Städte und lassen, wo immer es möglich ist, dort ihre Guerillakämpfer zurück.

Der Lange Marsch geht durch sechs Territorien, die von kriegerischen und wilden Eingeborenenstämmen bewohnt sind. Die Rote Armee durchbricht die Sperren der Nationaltruppen von zehn verschiedenen Provinzen.

Die Rotarmisten legen im Durchschnitt täglich dreißig Kilometer zurück, benutzten selten Hauptstraßen — bei peitschendem Regen, bei heftigen Schneestürmen, bei drückender Hitze oder eisiger Kälte.

Rund 350 Schlachten, Gefechte und Zusammenstöße mit den Nationaltruppen haben die Soldaten der Roten Armee durchzustehen. Dauernd werden sie aus der Luft angegriffen, mit Bomben und Maschinengewehrfeuer. Deshalb wird oft nur in der Nacht marschiert. Dabei gelingt es ihnen immer wieder, den an Zahl und Ausrüstung weit überlegenen Truppen Tschiang Kaischeks auszuweichen.

Und stets ist es ein Wettlauf mit dem Tod, ein Kampf gegen den Schlaf, ein Durchstehen des Hungers, ein Duell mit immer neuen Strapazen.

»Die Menschen waren aufs äußerste erschöpft«, erinnert sich Otto Braun. »Ich selbst schlief eines Nachts buchstäblich im Gehen ein und lief geradeaus weiter in einen Bach, der nebenherfloß.«

Sehr oft binden sich die Männer nachts zusammen, um die Kälte besser ertragen zu können oder nicht im Moor zu versinken. Manchmal schlafen sie, bis zu den Oberschenkeln im Morast stehend, Rücken an Rücken. Wenn es kein Wasser gibt, sind die Männer gelegentlich gezwungen, ihren eigenen Urin zu trinken. Wochenlang leben sie nur von Baumrinde und Wurzeln.

Solange es nur eben möglich war, haben die Soldaten Drehbänke, Vervielfältigungsapparate, Druckerpressen und Nähmaschinen — buchstäblich eine kleine bewegliche Industrie — auf

Maultieren, Pferden und auf dem Rücken von Trägern mitgeschleppt, um notwendige Reparaturen ausführen und Plakate für die Bevölkerung drucken zu können. Karren, geschweige denn bespannte Wagen, können nicht mitgeführt werden. Munition, Verpflegung, Verwundete – alles muß von Menschen und Tieren getragen werden...

Die kleinen mobilen Textil- und Schuhfabriken kleiden die Soldaten und die Bevölkerung der gehetzten »wandernden Räterepublik«. Doch mehr und mehr müssen sie sich von ihren beweglichen Handwerksbetrieben trennen, weil zu viele Träger, Maultiere und Pferde ausfallen.

Fast überall werden die ärmlich uniformierten und verdreckten und oft verlausten Soldaten von der Bevölkerung herzlich begrüßt. Die KPCh und ihre Truppen konfiszieren zwar in manchen Gegenden den Besitz unbeliebter Grundbesitzer und verteilen das Land an arme Leute, aber im Gegensatz zu den Regierungstruppen plündern und rauben sie nicht. Daß in der Roten Armee auf Vergewaltigung die Todesstrafe steht, macht auf die einfachen Menschen besonderen Eindruck.

Die Disziplin auf dem Langen Marsch ist ungewöhnlich streng. Da Mao Tse-tung den gesamten »Staatsschatz« seiner bisherigen Regierung in Kiangsi mit auf den Weg genommen hat, läßt er Lebensmittel und sonstige Dinge ordnungsgemäß kaufen. Die Propagandisten verstehen es auch, den Bauern deutlich zu machen, daß die Rote Armee »ihre« Armee ist.

Überraschend, daß es auf dem Langen Marsch praktisch keine Deserteure gibt. Es gelingt im Gegenteil immer wieder, neue Soldaten anzuwerben oder Überläufer von den Nationaltruppen in die Rote Armee aufzunehmen.

Acht Vorschriften hat Mao Tse-tung seinen Männern eingehämmert, an die sie immer denken müssen. Sie sind sogar vertont und können gesungen werden:

1. *Setze die Türen wieder ein, wenn du ein Haus verläßt!*

Die Türen chinesischer Bauernhäuser hängen an Pflöcken und können leicht abgenommen werden. Legt man sie auf hölzerne Schemel, dienen sie als improvisiertes Bett.

2. *Gib die Schlafmatte zurück und rolle sie zusammen!*
3. *Sei freundlich und höflich zur Bevölkerung und hilf ihr!*
4. *Gib alle geliehenen Gegenstände zurück!*
5. *Ersetze alles, was du beschädigt hast!*
6. *Sei ehrlich bei allen Geschäften mit den Bauern!*
7. *Bezahle für alles, was du kaufst!*
8. *Sei hygienisch! Errichte Latrinen in angemessener Entfernung von den Häusern.*

Viele Frauen folgen ihren Männern auf dem Langen Marsch. Mao Tse-tung und seine Genossen konnten es nicht riskieren, beim Ausbruch ihre Familien zurückzulassen, weil sie mit Recht annehmen mußten, daß sie von den Soldaten Tschiang Kaischeks gefangen genommen und ermordet würden. Andererseits bilden die Frauen oft eine psychische Belastung für die Soldaten.

Mao Tse-tung selber hat die größten Sorgen. Schon Ende November 1934 kann sich seine dritte Frau, Ho Tse-nien, während eines Fliegerangriffs nicht schnell genug in Sicherheit bringen. Sie wird von zahlreichen Bombensplittern getroffen, kann aber vom Tode errettet werden. Während der nächsten Monate wird sie auf einem Bauernwagen, der von der Sanitätsabteilung auf einer kurzen Strecke benutzt werden kann, einigermaßen sicher transportiert. Auf schwierigen Bergwegen läßt Mao sie auf Maulesel binden.

Auch ihre beiden Kinder gehören zum zivilen Troß. Nach einem besonders schweren Angriff läßt Maos Frau sie beide bei einem Bauern zurück. Die Kinder überleben und finden nach vielen Jahren zu ihrer Mutter zurück.

Auch Li Teh alias Otto Braun hat seine Frau, eine bezaubernde Chinesin, aus Kiangsi mitgebracht. Sie ist ebenso tapfer wie ihr Mann.

Mao Tse-tung und sein deutscher Berater Li Teh treiben gelegentlich auf ihre Weise botanische Forschungen: Sie untersuchen verschiedene Blätterarten darauf, ob sie sich als Tabakersatz eignen. Dabei kommen die beiden, unabhängig voneinander, zu der erfreulichen Erkenntnis, daß eine Sorte chinesischen Huflattichs den Eigenschaften des Tabaks am nächsten kommt.

Li Teh, der als »Generalstäbler« entscheidend an dem Durchbruchsplan mitgewirkt hat, ist auf dem Langen Marsch als Mitglied des Revolutionären Militärrates nur noch Berater und macht seine Autorität als Komintern-Angehöriger nicht geltend, weil »schließlich die Chinesen ihre eigene Revolution besser verstehen als irgendein Ausländer das jemals könnte«.

☆

Während des Langen Marsches vollbringt die Rote Armee mit ihrer Opferbereitschaft, ihrer Zähigkeit, ihrem Todesmut, ihrer Tapferkeit, aber auch mit ihrem Einfallsreichtum einige Taten, die zu den klassischen Geschichten gehören, die alle Kinder in der Volksrepublik China heute schon sehr früh kennenlernen.

Da sind die vielen Flußüberquerungen, die Mao Tse-tungs Soldaten zu bewältigen haben. Die berühmteste von ihnen ist der Übergang über den Tatu, den gefährlichen reißenden Nebenfluß des Jangtsekiang in West-Szetschuan. Der Fluß quält sich hier an vielen Stellen durch tiefe Schluchten. Eine Überquerung mit Booten ist so gut wie ausgeschlossen. Außerdem stehen am nördlichen Ufer starke Kräfte der Nationalarmee, und Flugzeuge bombardieren unaufhörlich die Stelle, an der die Kommunisten den reißenden Fluß überqueren wollen.

Mao Tse-tung, Tschu Teh und Li Teh entschließen sich daher, weiter nach Westen zu marschieren, bis fast an die Grenze von Tibet. Hier gibt es eine berühmte, alte Hängebrücke, die aus eisernen Ketten besteht, auf denen Holzbohlen liegen. Sie überspannt im Gebirge eine besonders steile Schlucht. Hier ist der Tatu außerordentlich reißend und gefährlich. Auf der gegenüberliegenden Seite dieser Brücke liegt ein Vorposten der Nationaltruppen.

Genau an dieser Stelle ist der letzte Führer des Taiping-Aufstandes (1850—1866), Prinz Tschi Da-kai, im November 1866 mit seinen Truppen eingekreist und völlig vernichtet worden. Mao und Tschu Teh kennen die Niederlage des Mandschu-Prinzen sehr gut und wissen, daß die Ursache für dessen Vernichtung verlorene Zeit gewesen ist. Es muß also sofort gehandelt werden.

Zu ihrem Entsetzen stellen die Soldaten der Roten Armee fest, daß viele der Bretter auf ihrer Seite der Brücke verschwunden sind. Auf der anderen Seite haben sie Maschinengewehrnester der Nationalchinesen ausgemacht. Tschiang Kai-schek hat hier nur wenige Soldaten hingeschickt, weil er dieses Gebiet als völlig unzugänglich für seine Gegner angesehen hat.

Es gibt keine Zeit zum Nachdenken, weil die Gefahr besteht, daß drüben größere Verbände schnell herbeigerufen werden könnten.

Dreißig Freiwillige schnallen ihr Gewehr um, umgürten sich mit Handgranaten, schwingen sich, mit den Händen hantelnd, an den Ketten über den reißenden Strom. Vom jenseitigen Ufer hämmern die Maschinengewehre, aber nur drei der Soldaten werden getroffen und fallen in den Fluß, der tief unter ihnen wirbelnd und mit ungeheuerer Strömungsgeschwindigkeit dahindonnert.

Die restlichen 27 Freiwilligen erreichen die Bretter, ziehen sich hinauf und werfen mit unheimlicher Präzision Handgranaten auf die nationalchinesische Stellung. Kriechend hasten sie weiter, dem anderen Ufer entgegen. Kurz vor ihrem Ziel setzen die Gegner noch die Bohlen in Brand. Aber es nutzt alles nichts mehr. Die Soldaten kümmern sich nicht um die Flammen und stürmen weiter vor. Das alles geschieht so blitzschnell, daß die Nationalchinesen an Gespenster glauben. Wer von ihnen nicht flüchten kann, wird niedergemacht.

In Windeseile werden neue Bohlen über die Brücke gelegt, und die Truppen der roten Zentralen Armeegruppe, der Hauptmacht der chinesischen Kommunisten, gelangen verlustlos auf das andere Ufer.

Schon sind auch Bomber Tschiang Kai-scheks zur Stelle. Aber sie treffen die Brücke nicht. Als neue Flugzeuge der »Weißen« anrücken, sind die Roten vom Erdboden dieser gewaltigen Naturkulisse verschwunden.

Hätten die todesmutigen Männer Maos die Brücke nicht erobert, so wäre die Rote Armee in das Hochgebirge Tibets abgedrängt worden und mit großer Wahrscheinlichkeit im ewigen Schnee zugrunde gegangen.

Wenn die Chinesen heute ihre alten Soldaten, die das »Wunder vom Tatu-Fluß« vollbrachten, eine »todesmutige Heldenschar« nennen, dann wiederholen sie – ohne sich dessen freilich bewußt zu sein – ein Kompliment, das ihnen auch der amerikanische General Joseph Stilwell macht.

Andere Teile der Zentralen Armeegruppe haben stromabwärts der Kettenbrücke mit Hilfe eines zufällig entdeckten und eroberten Lastkahns ebenso tapfer wie listig den Tatu überschritten und dabei die jenseits des Flusses operierenden Verbände der Nationaltruppen umgangen.

☆

Als Mao Tse-tung mit seiner Zentralen Armeegruppe, den Kerntruppen seiner Militärmacht, in der Provinz Kansu angelangt ist, hat er nur noch etwa zwanzigtausend Soldaten. Aber das Wichtigste ist vollbracht: Die Nationaltruppen, die sich in den unbekannten, öden Gebieten verlaufen und die Strapazen nicht durchstehen können, bilden keine Gefahr mehr für den Langen Marsch.

Und doch – ein Refugium ist noch nicht erreicht. In diesem unwirtlichen Gebiet läßt sich kein neuer Sowjetstaat gründen. Es muß weitermarschiert werden – nach Nordwesten.

»Die Verluste nahmen von Tag zu Tag zu, weniger infolge von Kämpfen als durch Krankheit und Erschöpfung, Kälte und Hunger«, erinnert sich Otto Braun. »Besonders wüteten der Typhus und die Blutige Ruhr, von der buchstäblich alle befallen waren.«

Zu dieser Zeit haben das Zweite und Vierte Korps auf ihrem Weg nach Norden mit starken Nationalverbänden heftige und verlustreiche Kämpfe zu bestehen. Aber auch diese roten Verbände sind ungebeugt.

Im Oktober 1935 erreicht der Lange Marsch die Provinz Schensi. Die Soldaten sind bis aufs Skelett abgemagert, ihre Uniformen zerlöchert. Die meisten von ihnen besitzen keine Schuhe mehr und laufen barfuß. Doch endlich haben sie in der Provinz Schensi einen sicheren Platz und damit ihr Ziel erreicht.

Mao Tse-tung ist jetzt unumschränkter und von allen anerkannter Herr der KPCh. Schon während des Langen Marsches wurde er in dem Ort Tsunyi (Provinz Kweitschou) während einer Konferenz im Januar 1935 zum Vorsitzenden des Zentralkomitees und des Politbüros der Kommunistischen Partei Chinas gewählt. Diesen Titel »Vorsitzender« trägt Mao heute noch. Mao hatte sich in Tsunyi als Führer der KPCh im Alter von 42 Jahren endgültig durchgesetzt – nach vielen politischen und strategischen Auseinandersetzungen im inneren Kreis der Partei.

»Militärisch gesehen war der Lange Marsch ein strategischer Rückzug, der in der letzten Phase in einen Vormarsch umschlug«, charakterisiert Otto Braun die Situation. »Politisch betrachtet, war es ein enscheidender Sieg der chinesischen Roten Armee. Sie hatte einer ungeheueren Macht feindlicher Truppen getrotzt, hatte ihre befestigten Stellungen und Einkreisungen durchbrochen, sie dutzende Male geschlagen und hunderte Male ausmanövriert.«

Auch die Reste der übrigen beiden Marschkolonnen, mit denen gefahrvolle Kurierverbindung besteht, treffen im Laufe der nächsten Wochen und Monate in der Provinz Schensi ein. Viele von ihnen haben bis zu vierzehntausend Kilometer zurückgelegt – allen Kämpfen und Strapazen trotzend. Doch die Opfer sind entsetzlich.

Von den insgesamt fast dreihunderttausend verfolgten Kommunisten – Soldaten, Träger, Frauen und Kinder – kommen nur dreißigtausend in Schensi an. Die anderen sind gefallen, gestorben, verhungert, ertrunken, irgendwo erschöpft liegengeblieben.

Kleine Kinder, vor allem jene, die während des Marsches geboren wurden, haben nicht überlebt. Auch unter den Frauen hat der Tod gewütet. Nur die Frauen, die mit der Zentralen Armeegruppe – der Hauptstreitmacht Maos – ziehen, haben Glück: Alle – viele von ihnen freilich verwundet – überstehen die Strapazen des todesmutigen Unternehmens.

In die Marschkolonnen des Zweiten und Vierten Korps haben sich wesentlich mehr Frauen eingereiht – etwa viertausend. Unter ihnen hat der Tod erbarmungslos zugeschlagen. Die Zahlen schwanken. Nach der einen Quelle haben einige Hunderte, nach anderen Unterlagen fast zweitausend den Langen Marsch nicht überlebt.

Nur die Zahl der Verluste unter den Veteraninnen der KPCh ist exakt bekannt: 35 von 47 von ihnen sind heil in Schensi eingetroffen, darunter Ho Tse-nien, Maos dritte Frau, und Teng Yitschao, Tschou En-lais Frau.

☆

Hauptstadt der neuen Sowjetrepublik ist zunächst Pao An, ein Jahr später wird es Yenan sein. Beide Städte liegen im Lehmgebiet am Oberlauf des Gelben Flusses (Hoangho). Hier steht die Wiege des chinesischen Volkes. Das Lößgebiet mit seinem Lehm ist sehr fruchtbar. Auch der Gelbe Fluß trägt ungeheuere Mengen Löß mit sich – bis zum Gelben Meer.

In diesem Land der gelben Erde, in Schensi, gibt es zwar Häuser, aber sehr viele Menschen leben in Höhlen – wie in Urzeiten. Auch viele der Kommunisten richten sich in solchen Höhlen sehr wohnlich ein.

Li Teh / Otto Braun gestaltet mit seiner Frau sein »Loch« zu einer wahren Komfort-Höhle aus. Er besitzt etwas, das eine Sensation darstellt – ein altes Grammophon mit einer einzigen Platte: »Parlez-moi d'amour«, gesungen von Lucienne Boyer. Wie dieses Erinnerungsstück an die Zivilisation hart an die Grenze der mongolischen Wüste gekommen ist, bleibt ein Rätsel.

Bald nachdem sich die Kommunisten in ihrer neuen Republik etabliert haben, trifft der amerikanische Journalist Edgar Snow als erster westlicher Korrespondent nach abenteuerlicher Reise in Yenan ein. Er verkündet später der Welt die Wahrheit und räumt auf mit den vielen Lügen, die Tschiang Kai-scheks Propagandisten verbreiten lassen.

Snow ist überrascht, in Li Teh, der als Lehrer an der neuen Militärakademie von Yenan tätig ist, den Journalisten wiederzusehen, den er in Schanghai als Otto Stern kennengelernt hat. Braun, der fließend russisch, englisch, französisch und nun auch etwas chinesisch spricht, und Snow verstehen sich auf Anhieb ausgezeichnet. Braun / Li Teh ladet den Amerikaner zu einem »ausländischen Mahl« zu sich. Edgar Snow berichtet darüber:

Er hatte einen Dreh, sich manchmal Eier und Reis zu beschaffen, und als Deutscher konnte er natürlich Würste herstellen. Jeder konnte sie an Schnüren baumeln sehen vor seiner Behausung in Pao An, wo sie trockneten. Er stellte seine Winterration zusammen. Er hatte selber einen Kamin gebaut und seiner chinesischen Frau (im amerikanischen Original gebraucht Snow das deutsche Wort »Frau«) *das Backen beigebracht. Er zeigte mir, daß die Zutaten für mäßige Kochkünste vorhanden waren.*

Mrs. Lo Ping-hui, die Frau eines Kommandeurs der Roten Armee, war oberster Küchenchef der Kooperative, wo unser gemeinsames Essen gekocht wurde. Ich glaube, daß Li Tehs Frau sich sehr gut mit ihr verstand und er deshalb seinen Vorrat an Eiern und Zucker anlegen konnte. Aber Li Teh war mehr als ein guter Koch und Pokerspieler ...

Snow findet lobende Worte für Otto Braun und wundert sich nicht, daß er »als Deutscher unter den Chinesen eine so bedeutende Rolle spielen konnte«.

Nach dem Aufbruch der Roten Armee aus der Provinz Kiangsi

am 16. Oktober 1934 fand Tschiang Kai-scheks General Lo Tschou-ying unter der Hinterlassenschaft der Kommunisten einige Schriften und Memoranda von Otto Braun. Als der General sie gelesen hatte, hielt er den »mysteriösen Deutschen«, wie Snow ihn nennt, für den »Brain trust« (Gehirntrust; Bezeichnung für ein Gremium von Fachleuten) der chinesischen Roten Armee.

Snow berichtet auch folgendes über Li Teh:

Dem übergroßen Ausländer hatte der Lange Marsch ein paar spezielle Härten bereitet. Er hatte einen kranken Magen und mußte unbedingt (wie fast alle Überlebenden des Langen Marsches) in Zahnbehandlung. Aber sein Hauptproblem blieben seine Schuhe – bei einer Größe 43. So große Schuhe waren in China offenbar überhaupt nicht zu haben.

Drei Jahre hatte er ohne Kontakt mit Europäern gelebt, meistens auch ohne Bücher. Als ich in Pao An war, war er entzückt über ein Exemplar des riesigen China-Jahrbuchs, das er sorgsam von vorne bis hinten, nebst unzähligen Statistiken, studierte – eine Meisterleistung dieses blonden und blauäugigen Ariers ...

Otto Braun, der fast schon legendäre Li Teh, verläßt Yenan – so Edgar Snow – »Ende 1939 mit dem einzigen sowjetischen Flugzeug, das während des Zweiten Weltkrieges dort landete.«

Hier irrt der sonst so vorzügliche Kenner der ersten chinesischen Roten Republik. Die Wirklichkeit ist, so muß man sagen, viel pikanter, und sie mutet wie ein Treppenwitz der Geschichte an ...

Marschall Tschiang Kai-schek haßt die Kommunisten leidenschaftlich – trotz des mit ihnen nach dem Zwischenfall von Sian geschlossenen Burgfriedens. Aber ausgerechnet er stellt Otto Braun und Tschou En-lai, der zu politischen Gesprächen nach Moskau reisen will, im Spätsommer 1939 eines seiner Privatflugzeuge zur Verfügung: eine amerikanische Douglas.

Diese Maschine bringt die beiden prominenten Kommunisten nach Lantschou (Hauptstadt der chinesischen Provinz Kansu).

Hier steigen sie um in ein sowjetisches Flugzeug (ebenfalls eine Douglas). Mit ihr fliegen sie über Urumtschi (Hauptstadt der autonomen chinesischen Region Sinkiang) zu ihrem ersten Stop auf sowjetischem Gebiet: Alma Ata (Metropole der Unionsrepublik Kasachstan). Bis 1948 hält Otto Braun sich in der Sowjetunion auf – als Polit-Instrukteur in mehreren Lagern und als Lehrer an mehreren Schulen. Das Geheimnis der wahren Identität dieses Mannes, der mit Recht als China-Experte gilt, wurde in der Volksrepublik China lange gewahrt.

☆

Wenige Tage nach dem Ende des Langen Marsches schreibt Mao Tse-tung sein inzwischen berühmt gewordenes Gedicht »Der Lange Marsch«.

Schon seit den zwanziger Jahren reflektiert Mao – ganz in den Formen alter chinesischer Lyrik – das Zeitgeschehen auf poetische Art. Er gibt »lyrische Kommentare« aus seiner politischen Erlebniswelt.

Der amerikanische Journalist Edgar Snow weist 1938 zum erstenmal im Westen darauf hin, daß der KPCh-Chef ein »begnadeter Dichter« ist.

Die besten Übersetzungen der Mao-Gedichte ins Deutsche stammen von Joachim Schickel, der nicht – wie andere reimend – »überträgt«, sondern ganz der Sprache des Dichters folgt: soweit der Geist chinesischer Lyrik überhaupt zu transponieren ist, ohne sich in sprachlicher Freiheit vom Original zu lösen.

DER LANGE MARSCH

Die Rote Armee verachtet, weit marschierend, das Leid,
zehntausend Gewässer, tausend Gebirge nur Müßiggang.
Fünf Bergzüge, Schlangenwege,
ihr Anstieg ein Wellenspiel,
des Wu-meng Steinmassiv, ein Abstieg wie Erdgeröll.

Die Goldsandwasser: Gischt an bewölkte Klippen, erhitzt,
die Tatu Brücke: quer an Eisenketten, eiskalt.
Nur froher geworden im Min-shan,
im Tausendmeilenschnee,
drei Heere: ihr Weg ist zu Ende, gelöst ist ihr Gesicht.

Kurswechsel in Berlin:
Hitlers neuer Fernost-Favorit ist Japan

IX

Teufelskreis der Freundschaft

- Politische Vernunft triumphiert über Haß und Rache: Tschou En-lai rettet seinen gefangenen Todfeind Tschiang Kai-schek.
- Japanische Sturmflut über China: Erfolgreicher Widerstand nur durch Truppen mit deutschen Beratern.
- Nach Berlins Kehrtwendung Ultimatum des Auswärtigen Amtes: Alle Militärberater sofort zurück, sonst Sippenhaftung!

Ende des Jahres 1936 geschehen im Nordwesten Chinas merkwürdige Dinge. Was Marschall Tschiang Kai-schek von dort berichtet wird, gefällt ihm gar nicht. Der Generalissimus der Streitkräfte Nationalchinas und Chef der Kuomintang (Nationalpartei) entschließt sich daher, nach Norden zu reisen. An Ort und Stelle wird er sich ein Bild machen können, um notfalls energisch durchzugreifen.

Am 2. Dezember 1936 startet er mit einer Junkers-Maschine »Ju 52« von Nanking aus nordwärts, begleitet von seinen engsten Mitarbeitern. Zwei weitere Junkers-Flugzeuge fliegen mit; in ihnen ist seine Leibgarde untergebracht, die der Deutsche Walter Stennes gedrillt hat. Sein erstes Ziel ist die Stadt Loyang im Nordwesten der Provinz Honan.

Hier steigt ein Mann zu Tschiang Kai-schek, der kürzlich von einer Reise durch Deutschland zurückgekehrt ist: der Diplomat und Philosoph Tschiang Po-li. Er hat die Olympischen Spiele in Berlin miterlebt, er war Gast auf dem »Parteitag der Ehre« der Nationalsozialistischen Deutschen Arbeiterpartei in Nürnberg und ist anschließend, von Propagandisten begleitet, quer durch Deutschland gereist.

Tschiang Po-li berichtet dem Marschall begeistert über alles, was er dort gesehen hat. Vor allem hat ihn die »Partei-Zucht« beeindruckt, und das wird, wie wir noch sehen werden, einige Konsequenzen für die Kuomintang auslösen.

Der Bericht von Tschiang Po-li lenkt Tschiang Kai-schek von seinen Sorgen ab. Im Nordwesten Chinas, über den die drei Junkersmaschinen jetzt fliegen, steht eine große Armee, die der »junge Marschall« Tschang Hsue-liang befehligt. Er war ein Jahr zuvor ebenfalls in Deutschland und hat dort außer seinen Gesprächen mit führenden Politikern auch eine lange Unterhaltung mit dem Reichskriegsminister Werner von Blomberg gehabt.

Zur Armee des »jungen Marschalls« gehören auch die Truppen der Generale Feng Jü-hsiang und Jang Hu-tscheng.

Diese Verbände möchten schon lange gegen Japan losschlagen, aber Tschiang Kai-schek hat sich für eine »abwartende und unkriegerische Politik« entschieden. Eine solche Taktik haben ihm auch seine deutschen Berater empfohlen, deren Chef zu dieser Zeit General von Falkenhausen ist. Als Oberbefehlshaber der Nationaltruppen hatte Tschiang Kai-schek angeordnet, gegen den Rest der roten Truppen zu kämpfen, die den Langen Marsch überlebt und sich im mittleren Norden der Provinz Schensi festgesetzt haben.

Doch der »junge Marschall«, ein Adoptivsohn des langjährigen Beherrschers der Mandschurei Tschang Tso-lin, und seine beiden wichtigsten Generale denken gar nicht daran, gegen die Roten zu kämpfen. Im Gegenteil – zwischen den kommunistischen Soldaten der Sowjetrepublik Yenan und den Truppen Tschang Hsueliangs, die hart an den Grenzen des jungen Sowjetstaates stehen, ist es oft zu Verbrüderungsszenen gekommen.

Die Soldaten auf beiden Seiten sind der Ansicht, daß sich die National- und die Rote Armee vereinigen und gemeinsam gegen die Japaner vorgehen sollen. Das ist wichtiger für China, als sich im Bürgerkrieg, wie bisher, gegenseitig umzubringen.

Diese Generale möchte Marschall Tschiang Kai-schek nun wieder »auf Vordermann« bringen. Er hat sie deshalb in die Stadt Tungkwan befohlen.

Er wird dort, nachdem er sein Flugzeug verlassen hat, mit allen militärischen Ehren, nach preußischem Muster, empfangen.

Nur General Jang Hu-tscheng ist erschienen. Der »junge Marschall« und Feng Jü-hsiang fehlen im »Empfangskomitee«. Dafür sind Kommandeure gekommen, die den ausdrücklichen Befehl haben, gegen die Rote Armee zu kämpfen: also an der Front und nicht in Tungkwan sein müßten.

Als Tschiang Kai-schek, der Zivil trägt, die Ehrenkompanie abschreitet, bemerkt er zu seinem Schrecken, daß einige Soldaten kleine rote Sterne an ihrer Uniform befestigt haben. Es ist wirklich höchste Zeit, daß er hier einschreitet...

Das in einem alten Palais von Tungkwan vorbereitete große Abendessen benutzt Tschiang Kai-schek dazu, den Offizieren eindringlich klarzumachen, daß ein gemeinsamer Kampf mit den Kommunisten gegen die Japaner ganz unmöglich ist. Er gibt den strikten Befehl, daß Verbrüderungen mit den Yenan-Truppen ab sofort zu unterbinden sind.

Dem Abendessen folgen am nächsten Tag weitere unmißverständliche Gespräche mit den verantwortlichen Militärs. Der Marschall sieht ein, daß er sich nur dann durchsetzen kann, wie er glaubt, wenn gemeinsam mit dem »jungen Marschall« Tschang Hsue-liang eindeutige Befehle erlassen werden können.

Tschang Hsue-liang hat sein Hauptquartier in der etwa 150 Kilometer weiter westlich gelegenen uralten Kaiserstadt Sian aufgeschlagen. Sie war während der Han-Dynastie (206 v. Chr. – 220 n. Chr.) und während der Tang-Dynastie (618 – 906) Hauptstadt ganz Chinas.

Eine lange Kolonne großer Autos, von denen die meisten aus Deutschland stammen, fährt über die alte »Drachentor-Straße«, die dem Weiho stromaufwärts folgt. Vor und hinter den Autos mit Tschiang Kai-schek und den Generalen sorgen die Leibwächter des Marschalls von Lastwagen aus für die Sicherheit der hohen Offiziere.

Der Marschall ist auch hier entsetzt, als er vom Wagen aus marschierende Soldaten mit roten Sternen an ihren Uniformen sieht. General Jang Hu-tscheng versucht seinem Oberkommandierenden einzureden:

»Diese Sterne sind harmlose Souvenirs an Gefechte mit den Kommunisten ...«

Am späten Nachmittag des 9. Dezember erreicht die Autokarawane Sian. Marschall Tschang Hsue-liang erwartet seinen Oberbefehlshaber in Galauniform.

Bei den Gesprächen der nächsten Tage, so glaubt Marschall Tschiang Kai-schek, sind die Generale einsichtsvoller. Sie widersprechen auch nicht dem Befehl, den Kampf gegen die roten Yenan-Truppen »mit allen Mitteln siegreich zu beenden«.

Tschiang Kai-schek ist der Ansicht, er habe alle Offiziere überzeugt – zumal der »junge Marschall« in seiner Gegenwart den Befehl gibt, den »Endkampf« gegen die Kommunisten unverzüglich einzuleiten.

Der Generalissimus zieht sich für einige Tage nach Lintung, östlich von Sian, zurück: in einen Badeort mit heißen Quellen. Hier haben früher schon die chinesischen Kaiser ihre Sommerresidenz gehabt.

Um die neue gewonnene Einigkeit gebührend zu feiern, ladet der Marschall für den 11. Dezember 1936 alle Armeekommandanten zu einem abendlichen Bankett nach Lintung. Aber nur der »junge Marschall« folgt der Einladung. Die anderen Generale lassen sich mit allen möglichen fadenscheinigen Gründen entschuldigen.

Tschiang Kai-schek merkt sofort, daß hier offenbar eine kleine Verschwörung im Gang ist. Sein Eindruck vertieft sich, als Tschang Hsue-liang seinem Generalissimus noch einmal klarmacht: Es komme jetzt darauf an, Japan gemeinsam mit den Kommunisten zu schlagen; es sei ganz unmöglich, die Soldaten davon zu überzeugen, daß man zuerst die Rote Armee vernichten müsse, um dann erst gegen den Feind Japan zu ziehen. Wörtlich sagt der »junge Marschall«:

»Die Kommunisten werden von unseren Soldaten nicht gehaßt, ganz im Gegenteil. Alle unsere Männer halten sie für fortschrittliche, zuverlässige und im höchsten Maße tapfere Soldaten, denen sie sich kameradschaftlich verbunden fühlen.«

Der Kommunisten-Hasser Tschiang Kai-schek ist empört. Wenn er den Namen Mao-Tse-tung hört, fällt es ihm schwer, sich zu beherrschen . . .

Die Regierung in Nanking hat auf den Kopf Maos eine Belohnung von 250 000 Yüan (rund 80 000 US-Dollar) ausgeschrieben, auf die Köpfe von Tschu Teh, Tschou En-lai und andere aus der Führungsspitze der KPCh »nur« 25 000 Dollar. Die Plakate, die das verkünden, bleiben ohne Wirkung. Als Tschu Teh einmal auf einem seiner Aufklärungszüge ein Plakat sieht, mit dem er gesucht wird, schreibt er darunter: »Für Tschiang Kaischek zahle ich einen Dollar! Tschu Teh.«

Dieser Witz wirkt auf die einfachen Menschen besser als alle Propaganda.

Mao Tse-tung ist Ende 1937 dabei, seine später so berühmte Schrift »Über den lang dauernden Krieg« zu verfassen. Er setzt sich dabei theoretisch mit dem Krieg gegen Japan auseinander. In der Annahme, daß dieser Krieg lange dauern werde, entwickelt Mao seine Taktik und Strategie des Partisanenkrieges. Seine Lehre von den »tausend Nadelstichen« erweist sich später als richtig und wird heute noch von den Nordvietnamesen befolgt. Maos vier schlagwortartige Grundregeln lauten:

Wenn der Feind vordringt, weichen wir zurück.
Wenn der Feind rastet und lagert, stören wir ihn.
Wenn er den Kampf vermeiden will, greifen wir an.
Wenn der Feind zurückweicht, verfolgen wir ihn!

☆

Die beiden Marschälle gehen an diesem Abend des 11. Dezember 1936 verärgert auseinander. Am anderen Morgen erhebt sich der Generalissimus, wie gewohnt, sehr früh und beginnt seine Yoga-Übungen. In diesem Augenblick hört er draußen den peitschenden Knall von Gewehrschüssen. Er schickt seinen Ordonnanzoffizier hinaus, um festzustellen, was dort los ist.

Soldaten des »jungen Marschalls« nähern sich der Unterkunft Tschiang Kai-scheks und geraten dabei in das Feuer der Leibwächter. Dennoch gelingt es den Männern des Obersten Sung Min-chiu, den alten Tempel von Lintung, der Tschiang Kai-schek als Wohnung dient, zu umzingeln.

Der Oberst ist erschrocken, als er den Marschall nicht in seinem Schlafzimmer findet. Er beginnt sofort mit seinen Soldaten, die Umgebung zu durchkämmen – bis hinauf zu den Bergen, die erster Schnee bedeckt. Dort entdecken sie in einer kleinen Felshöhle den Generalissimus, nur mit Unterhose und Nachthemd bekleidet, am ganzen Leibe zitternd und ohne Zähne. Welche Peinlichkeit für den Marschall, so gesehen zu werden!

Tschiang Kai-schek hat sich auf der Flucht hierhin Füße und Rücken verletzt. Oberst Sung Min-chiu persönlich trägt ihn den Berg hinunter, setzt ihn in ein Auto und rast mit ihm nach Sian. In der Eile vergißt Sung, die Bitte des Marschalls zu erfüllen, ihm doch sein Gebiß aus dem Schlafgemach zu holen. So schnell mußte Tschiang Kai-schek bei dem Überfall flüchten und von seinem Balkon hinunterspringen, daß er nicht mehr nach diesen wichtigen »dritten Zähnen« greifen konnte.

Die Zahnprothese des Marschalls bleibt unauffindbar. Wahrscheinlich haben Soldaten sie als amüsante Kriegsbeute mitgenommen. Noch heute wird chinesischen Touristen oder Ausländern in Lintung die Stelle in Tschiang Kai-scheks Schlafzimmer gezeigt, »wo das Gebiß gelegen hat«.

Gleichzeitig mit dem Generalissimus sind Tschiang Po-li und andere Männer aus der Begleitung des Marschalls in Sian von den Soldaten des Generals Jang Hu-tscheng gefangengenommen worden.

In der ganzen Welt berichten die Zeitungen mit großen Schlagzeilen über die Gefangennahme Tschiang Kai-scheks, wobei sie mit Formulierungen nicht kleinlich sind – vom »Handstreich« über »Kidnapping« bis zum »Theater-Coup der Banditengenerale«.

Noch am Abend des 12. Dezember gibt es in Sian eine lebhafte

Besprechung der Regierung und des Zentralkomitees der Kuomintang – unter ihnen Soldaten, die für ein schnelles und rücksichtsloses Zuschlagen sind. Sie möchten mit der gesamten Süd-Armee gegen die »Verräter« der Nationalarmee marschieren.

Auch die reiche Verwandtschaft Tschiang Kai-scheks, vor allem der Finanzminister und Multimillionär Kung, der mit E-ling, der Schwester von Tschiang Kai-scheks Frau Mei-ling verheiratet ist, plädiert für energisches Zupacken. Ebenso teilt der Bruder der Schwestern, Chinas allmächtiger Bankpräsident und Großindustrielle Soong, die Ansicht seines Schwagers Kung.

Sie wollen gemeinsam sofort nach Sian fliegen. Aber ein Telegramm, das Mei-ling erhält, zwingt sie, noch zu warten. Durch einen Funkspruch ist sie gebeten worden, ein Ersatzgebiß für ihren Mann mitzubringen. Der deutsche Zahnarzt in Nanking, der den Marschall behandelt, kann mit Hilfe des aufgehobenen Abdrucks innerhalb eines Tages für Ersatz sorgen ...

Einige Tage vor den Verwandten trifft ein Mann in Sian ein, den ein Flugzeug des »jungen Marschalls« hierhin gebracht hat: Tschou En-lai. Die beiden Herren, der gefangene Tschiang Kai-schek und einer der führenden Köpfe der Kommunistischen Republik Yenan, Tschou En-lai, kennen sich noch aus den Tagen, da sie gemeinsam für den Sozialismus kämpften.

Auch dieser überraschende Besuch aus Yenan macht Schlagzeilen in der Welt. Alle erwarten, daß Tschou En-lai gekommen ist, um Rache zu nehmen für die schweren Jahre des Bürgerkrieges, für die Vernichtungszüge, für die Folterungen und Hinrichtungen, für das Ausrotten ganzer Familien und die vielen anderen Grausamkeiten, mit denen die Nationaltruppen die Roten bekämpft haben. Es gibt in Yenan niemanden, der nicht in seiner Familie schweres Leid durch die Nationalen erlitten hat.

Tschou En-lai, damals schon ein kluger Politiker, denkt gar nicht daran, Rache zu üben, und beweist damit politischen Weitblick. Er und Mao Tse-tung wissen, daß Tschiang Kai-schek zu dieser Zeit ein Mann ist, den man braucht, um das ganze Volk zur Einheit im Kampfe gegen Japan zusammenzuschweißen.

Ein liquidierter Tschiang Kai-schek – das hätte nur bedeuten können, daß der Bürgerkrieg weitergeht und die Japaner ein leichtes Spiel mit China haben. Tschou En-lai hat klare Vorstellungen: die Einheitsfront der Nationalen und Kommunisten muß gebildet werden – zum Kampf gegen Japan.

Die Herren Kung und Soong und Frau Tschiang Kai-schek, die inzwischen auch in Sian sind, greifen in die Verhandlungen ein. Die Generale haben sehr verschiedene Ansichten, die Gespräche gehen hin und her, aber schließlich setzt sich Tschou Enlai durch: Tschiang Kai-schek geht die Allianz mit den Kommunisten und ihrer Roten Armee ein. Besonders der »junge Marschall«, Tschang Hsue-liang, ist ein überzeugender Befürworter dieses Bündnisses. Um es realisieren zu können, hat er ja den Marschall gefangennehmen lassen.

Tschiang Kai-schek gibt jetzt Befehl, seine Truppen im Süden der Provinz Schensi – also aus der Nähe von Yenan – abzuziehen. »Es wird keinen Krieg mehr gegen die Kommunisten geben«, verspricht er.

General Jang Hu-tscheng zieht seine eigenen Konsequenzen und marschiert mit seinen Truppen nordwestwärts und vereinigt sich mit der roten Yenan-Armee.

Am 25. Dezember 1936 landet Tschiang Kai-schek wieder mit seiner Junkersmaschine auf dem Flugplatz von Nanking. Bei der Fahrt durch die Stadt wird er wie ein Triumphator gefeiert.

Die Nankinger Zentralregierung schließt am 28. Januar 1937 in aller Form einen Waffenstillstand mit den Roten. Damit anerkennt sie praktisch den kommunistischen Yenan-Staat. Mehr noch: Im April 1937 reist eine Delegation der Nationalpartei nach Yenan und arbeitet dort, zusammen mit den Kommunisten, ein Abkommen über die Zusammenarbeit der beiden Parteien aus.

Schließlich, am 22. September 1937, wird ein Übereinkommen zwischen der Kuomintang und der KPCh unterzeichnet, mit dem sich die Nationale Einheitsfront gegen die Japaner konstituiert. Zum Abkommen gehört auch die Vereinbarung, die Rote Armee zu reorganisieren und sie in »Achte National-Revolutionäre« Armee umzutaufen. Sie wird sogar unter das Kommando der Nationaltruppen gestellt. Doch in der Praxis sieht alles ganz anders aus ...

Außerdem wird das Sowjetgebiet Yenan formell als »Sondergrenzgebiet« der Zentralregierung in Nanking unterstellt – mit der ausdrücklichen Einschränkung, daß dort »die demokratische Ordnung und die führende Rolle der KPCh erhalten bleibt«.

Die »Räterepublik« nennt sich jetzt offiziell »Demokratisches Grenzgebiet Schensi-Kansu-Ninghsia« und greift mit der Provinz Ninghsia bis in die Innere Mongolei hinein.

Die Verständigung kommt sozusagen im letzten Augenblick. Denn seit dem 7. Juli 1937 stoßen die Japaner ungestüm im chinesischen Raum vor. Das Wort Krieg wird dabei auf japanischer Seite vermieden und durch »Konflikt« ersetzt.

Dieser Konflikt beginnt mit einem Trick oder einer Provokation oder wie immer man das nennen will. Am 6. Juli 1937 hält japanische Infanterie bei der kleinen Stadt Wanping, in der Nähe von Peking, ein Manöver ab.

Daß sich hier japanische Truppen aufhalten, ist legal. Seit dem »Boxerprotokoll« (Frieden von Peking 1901) dürfen alle damals bei der chinesischen Regierung akkreditierten Mächte zwischen Peking und der Küste Truppen unterhalten, »um die Verbindungswege zu sichern«. Alle Verträge und Protokolle, die seinerzeit die Mandschu-Dynastie geschlossen hat, gelten noch – auch wenn die meisten Staaten seit dem Ende des Ersten Weltkrieges nach und nach auf ihre Rechte verzichtet haben.

Bei Wanping gibt es ebenso wenig wie an anderen Punkten zwischen Hauptstadt und Küste eine Grenze zwischen Japanern und chinesischen Einheiten. In den letzten Wochen sind die japanischen »Wachen« der Verbindungswege erheblich verstärkt worden.

Als am frühen Abend dieses 6. Juli 1937 die Japaner zurück in ihre Unterkünfte marschieren, stellen sie fest, daß einer ihrer Soldaten fehlt. »Keine Frage«, heuchelt der verantwortliche japanische Hauptmann, der den Zwischenfall auf Befehl seiner Vorgesetzten provoziert hat, »unseren Mann können nur die Chinesen entführt haben!«

Palaver hin und her, und in der Nacht zum 7. Juli tritt ein Untersuchungsausschuß zusammen, dem Chinesen und Japaner angehören. Obwohl der vermißte Soldat sich inzwischen längst wieder bei seiner Kompanie gemeldet hat, fordern die Japaner kategorisch: »Alle chinesischen Truppen müssen unverzüglich die Provinz Hopei räumen.« Diese Forderung wird entrüstet abgelehnt.

Über den kleinen Fluß Yong, der die beiden gegnerischen Truppen trennt, führt die uralte Marmorbrücke Lu-gou-kiao. Von den Europäern wird sie »Marco-Polo-Brücke« genannt. Sie ist in dieser Situation ein wichtiger strategischer Punkt.

Als das Dunkel der Nacht zu weichen beginnt, eröffnet japanische Artillerie bei der Marco-Polo-Brücke das Feuer auf die gegenüberliegende Seite des Yong, wo die chinesischen Kasernen liegen.

Die Angegriffenen schießen zurück, und damit hat der Krieg – der sogenannte Konflikt – begonnen. Ohne jede diplomatische Formalität, ohne offizielle Erklärung. Die Soldaten des Tenno marschieren.

Zunächst leisten die Chinesen verzweifelten Widerstand, der aber bald gebrochen wird. Was zu Beginn wie ein lokales Unternehmen aussieht, weitet sich zu gewaltigen Operationen.

Am 28. Juli 1937 besetzen die Japaner Peking. Am nächsten Tag wird Tientsin eingenommen. Die Truppen des Tenno treiben nordwest- und westwärts Keile in das Gebirge von Schensi vor. Am 3. September fällt die Stadt Kalgan, 180 Kilometer nordwestlich von Peking, in die Hand der Japaner.

Ihr Vorstoß in die Nachbarprovinz Schansi geht bis zur Stadt Tai-yüan, die ebenfalls besetzt wird.

Auch an anderen Fronten demonstrieren die Japaner, was sie unter »Konflikt« verstehen. In Schanghai landen sie am 11. August Marinesoldaten. Sie stoßen hier auf die chinesischen Elitedivisionen, die von den deutschen Offizieren des Generals Alexander von Falkenhausen ausgebildet worden sind. Die Japaner müssen neue Truppen landen, und erst nach erbitterten Kämpfen, die bis in die ersten Novembertage fortgesetzt werden, gelingt es den japanischen Soldaten, die Chinesen zurückzudrängen.

Die Truppen unter dem Sonnenbanner Nippons stoßen tief ins Innere des Landes vor, immer dem Jangtsekiang entlang, und erobern nach schweren Kämpfen und massierten Luftangriffen am 13. Dezember 1937 Nanking.

Wenige Tage später besetzen sie an der Nord-Front, in der Provinz Schantung, die wichtige Stadt Tsinan und bringen – um einen günstigen Nachschubhafen für ihre weiteren Operationen in der nordchinesischen Ebene zu besitzen – den alten deutschen Hafen (bis 1914) Tsingtau in ihre Hand.

Die Japaner stoßen zunächst, entlang der Eisenbahn, die im Anfang des Jahrhunderts von den Deutschen erbaut worden ist, von Tsinan aus nach Norden und Süden vor, erreichen am 6. März den Hoangho und nehmen am 6. Juni Kaifeng ein, die Hauptstadt der Provinz Honan. Um den weiteren Vorstoß nach Westen aufzuhalten, durchstechen die Chinesen die Deiche des Hoangho – ohne Rücksicht auf den unüberschaubaren Schaden, den das Wasser in der fruchtbaren Ebene Nordchinas anrichtet.

Von Nanking aus dringen die Japaner Anfang Juni 1938 weiter nach Westen vor, in Richtung Hankau. Sie erobern am 26. Juli Kiukang, am 26. Oktober Hankau.

Abgesehen von diesen Operationen, die damals fast Tag für Tag in der Weltpresse Schlagzeilen machen und allwöchentlich erschütternde Bilder für die Wochenschauen der Kinos liefern, haben seit dem 15. September 1937 starke japanische Flottenverbände die gesamte chinesische Küste, mit Ausnahme von Hongkong und Macao, blockiert, die Hafenstadt Amoy besetzt, Truppen in der Bias-Bucht gelandet und am 22. Oktober Kanton ihrem Machtbereich angeschlossen.

Japan will durch seine Südoperationen den nationalchinesischen Nachschub nach Mittelchina unterbinden, der über Kanton und Hongkong geht. Jetzt bleiben für die Truppen Tschiang Kai-scheks nur noch zwei Zufahrtsstraßen offen: durch Indochina und Burma.

Im Anfang hilft die Rote Armee, wo immer sie kann, den Nationaltruppen bei ihren verzweifelten Abwehrkämpfen. Aber schon im Sommer 1938 öffnet sich wieder die Kluft zwischen der Kuomintang und der PKCh. Die Roten und die Nationalen haben von Anfang an keine gemeinsamen Abwehrkämpfe geführt, sondern sind getrennt vorgegangen. Und ab Ende 1938 kämpfen sie sogar wieder gelegentlich gegeneinander, obwohl die »gemeinsame Front« theoretisch weiterbesteht.

Die Beziehungen zwischen Nationalchinesen und der Regierung des »Sondergrenzgebietes« sind so gespannt, daß sie sich gegenseitig als Feindstaat betrachten. Es ist sehr schwer für jeden – ob Chinesen oder Fremden – von einem Gebiet in das andere zu kommen. 1939 verhängen Japan und Tschiang Kai-schek fast gleichzeitig eine Wirtschaftsblockade gegen die Regierung des Kommunistischen Yenan-Staates (vgl. Seite 329).

Trotz allem: Die Rote Armee wird die Seele des Widerstandes gegen die Japaner. Überall, wo die Nationaltruppen Gebiete vor den Japanern räumen müssen, setzen sich die Kommunisten auf dem Lande fest; denn den Soldaten des Tenno liegt nur an Städten und Eisenbahnlinien.

So werden Mao Tse-tung und seine Truppen die Herren der Dörfer. Freilich sind die Kommunisten dabei ständig in Guerillakämpfe mit den Japanern verwickelt und binden damit erhebliche Kräfte des Feindes. Als Organisatoren sorgen die Roten überall dafür, daß sich passiver Widerstand gegen die Japaner erhebt.

Durch die Taktik Maos kommt es dazu – um den Ereignissen vorauszugreifen –, daß seine Soldaten und Propagandisten einen großen Teil Chinas beherrschen, als die Japaner nach dem Zweiten Weltkrieg abziehen müssen und danach der Kampf der Kommunisten mit den Nationaltruppen beginnt.

Bei den militärischen Operationen Japans in China haben die

Nationaltruppen zwar bis zum 8. November 1937 bei Schanghai und auch bei einigen anderen Schlachten erbitterten Widerstand geleistet, aber nie einen wirklichen Sieg errungen – bis auf einen: bei Taierhtschuang, 300 Kilometer nordwestlich von Nanking, an der Grenze zwischen den Provinzen Schantung und Kiangsi: Hier gelingt es den Chinesen, ein japanisches Korps vernichtend zu schlagen.

Der chinesische Militärhistoriker F. F. Liu, seit Kriegsende Professor an der Princeton-Universität (USA), begründet es so:

Dieser Sieg war weitestgehend dem deutschen Generalberater bei Tschiang Kai-schek, General Alexander von Falkenhausen und seinen Offizieren zu verdanken.

Nationalchina, dessen beste Divisionen von Deutschen ausgebildet sind, und Japan, das mit dem Deutschen Reich durch den Anti-Komintern-Pakt vom 25. November 1936 verbunden ist – diese Situation macht das ganze Dilemma deutlich, in das Deutschland durch die japanische Eroberung weiter Gebiete Chinas geraten ist.

Der Ausbruch dieses Konfliktes zwischen China und Japan kommt für Hitler höchst ungelegen, weil er glaubt, daß dadurch Tokios Handlungsfreiheit gegenüber der UdSSR und England gehemmt ist.

Hitler erklärt sich für neutral, spielt den ehrlichen Makler und verspricht sowohl Japan als auch Tschiang Kai-schek, seine guten Dienste zur Verfügung zu stellen. Der diplomatische Verkehr zwischen dem Berliner Auswärtigen Amt und seinen Repräsentanten in China hat sich durch die Ereignisse etwas kompliziert. Der Regierungssitz Tschiang Kai-scheks ist zunächst von Nanking nach Hankau und schließlich nach Tschungking, im äußersten Westen Chinas, verlegt worden. Zugleich mit der Regierung sind auch Universitäten, Schulen und Fabriken in großen Trecks gefolgt und – die Diplomaten.

Rund fünfzig Millionen Chinesen sind vor den Japanern

westwärts geflohen. Es ist eine Wanderung von einem Ausmaß, das die Geschichte bisher noch nicht erlebt hat. Da es an Transportmitteln fehlt, werden von Kulis fast 130 000 Tonnen Stahl und Eisen auf dem Rücken mitgeschleppt, dazu viele andere kriegswichtige Materialien.

Die Deutsche Botschaft hat ihren Hauptsitz nach Schanghai verlegt und unterhält »zur Aufrechterhaltung diplomatischer Funktionen« neben den Konsulaten Zweigstellen der Botschaft noch in Peking, Tschungking und Hankau.

Das Auswärtige Amt in Berlin (besonders Ernst von Weizsäcker als Leiter der Politischen Abteilung); der deutsche Botschafter in China, Oskar Paul Trautmann; sein Kollege in Japan, Dr. Herbert von Dirksen, und dort vor allem sein Militärattaché, Generalmajor Eugen Ott – sie alle bemühen sich während des ganzen Sommers und Herbstes 1937 redlich, eine Beendigung des Krieges zu erreichen.

Die Deutschen sorgen dafür, daß Japan tatsächlich erste geheime Kontakte zu Marschall Tschiang Kai-schek aufnimmt. Aber eine neue Regierung in Tokio unter dem Fürsten Konoye will hart bleiben. Sie verschärft ihre Bedingungen gegenüber Nationalchina dermaßen, daß die chinesische Regierung sie nicht akzeptieren kann. Am 16. Januar 1938 lehnt sie jede weiteren Verhandlungen ab.

✲

Hinter den Kulissen der deutschen Politik bestimmt in Bezug auf Japan und China ein geradezu chaotischer Zustand die Situation. Aus dem ganzen Hin und Her an Entscheidungen, aus der Menge an diplomatischen Telegrammen von und nach China und zwischen Berlin und Tokio können nur einige wenige Tatsachen festgehalten werden.

Der Staatssekretär im Reichsaußenministerium, Hans Georg von Mackensen, läßt am 20. 7. 1937 alle deutschen Vertretungen im Ausland wissen:

54 *Chefberater von 1932–1938: Alexander von Falkenhausen.*

55 *Mit deutschem Stahlhelm im Erdbunker vor Schanghai.*

56 *Bei den schweren Kämpfen in und um Schanghai 1937: Chinesische Soldaten, von deutschen Offizieren Falkenhausens geführt. Damals dementiert, heute Gewißheit.*

57 *In Berlin fühlen sich alle Diplomaten wohl, besonders die Chinesen. Foto 1934 Angehörige der Chinesischen Botschaft auf dem Weg zu einem Empfang im »Hotel Adlon«*

Die deutsche Regierung wird im Fernost-Konflikt strikte Unparteilichkeit wahren.

Am 16. August erklärt Hitler seinem damaligen Außenminister Konstantin von Neurath, daß er »an einem Zusammengehen mit Japan an sich festhält, im derzeitigen Streit zwischen China und Japan neutral bleiben muß«. Trotz dieser Neutralität wird weiter Kriegsmaterial ausschließlich an Tschiang Kai-schek geliefert, und dadurch unterstützt Deutschland den chinesischen Widerstand gegen seinen eigenen Verbündeten.

Die deutsche Großindustrie – unterstützt vom Reichsaußenminister Konstantin von Neurath, dem Oberbefehlshaber der Wehrmacht Werner von Blomberg und dem Reichsbankpräsidenten Dr. Hjalmar Schacht – sorgt dafür, daß die Geschäfte weiterlaufen. Japan hat schon am 22. Juli 1937 durch seinen Botschafter in Berlin, Mushkoji, gedroht, sein Land werde alle noch eintreffenden deutschen Waffen für China beschlagnahmen. Diese Warnung bleibt unbeachtet.

Erst am 18. Oktober 1937 entscheiden Hitler, sein späterer Reichsaußenminister Joachim von Ribbentrop und Hermann Göring als Beauftragter für den Vierjahresplan, die Lieferungen von Kriegsmaterial an Tschiang Kai-schek umgehend zu stoppen.

Zwei Tage später nimmt Hitler seine Entscheidung wieder zurück und ordnet an, die Lieferungen nach Nationalchina könnten »unter noch größerer Geheimhaltung gegenüber Japan« fortgesetzt werden. Vorschlag der Experten: Die Waffen sollen auf dänischen Schiffen an eine englische Firma in Singapur geschickt und dort von den Chinesen abgeholt werden.

Aber das bleibt Theorie, und das Geschäft wird bald danach von China nach Japan verlegt. Dennoch weist Botschafter Trautmann noch einmal darauf hin:

Wir müssen unser großes wirtschaftliches Interesse in China schützen, das gleich hinter dem der angelsächsischen Mächte und Japan rangiert.

Ein ähnliches Hin und Her wie bei der Wirtschaft gibt es in der Frage der deutschen Militärberater. Schon am 27. Juli 1937 hat der japanische Kriegsminister dem Militärattaché der deutschen Botschaft in Tokio, General Ott, erklärt:

Die Arbeit deutscher Militärberater zugunsten Chinas (...) belastet die Stimmung japanischen Offizierskorps gegenüber Deutschland schwer.

General von Falkenhausen selber mahnt zum Bleiben, weil er der optimistischen Ansicht ist, es sei noch gar nicht sicher, daß Japan den Krieg gewinnen werde.

Wenige Tage später (28. Juli 1937) telegrafiert Ministerialdirektor von Weizsäcker an die Deutsche Botschaft in Tokio, daß »Rücknahme unserer militärischen Berater in China im gegenwärtigen Zeitpunkt Parteinahme gegen Nanking bedeute und daher nicht infrage kommt«. Botschafter Trautmann meldet acht Wochen später nach Berlin:

Wenn wir Berater zurückziehen, kann das schlimmste Folgen haben.

Der deutsche Botschafter in China, Dr. Trautmann, kabelt am 8. März 1938 aus Hankau an das Auswärtige Amt:

(...) Die Fürsorge für den Ruf unserer Berater in China scheint die Botschaft in Tokio unnötig zu beunruhigen. Die Berater selbst werden sie wahrscheinlich ablehnen, denn ihre Stellung in China ist noch niemals so gut gewesen wie jetzt. Die Presse-Angriffe gegen die deutschen Berater sind lediglich von der Sowjet-Propaganda gespeist. Ich habe darüber garnicht berichtet, weil sie von den Beratern selbst nicht ernst genommen werden. (...)

In einem Telegramm vom 30. April 1938 meldet Trautmann, was General von Falkenhausen ihm erklärt hat:

Die Privatverträge der einzelnen Berater, die bis 1939 und 1940 laufen, sind nicht einseitig lösbar. Einseitige Kündigung bedeutet Vertragsbruch und damit neben rechtlicher Schadensersatzpflicht Verlust des Rückreisegeldes und jeder Übergangsentschädigung.

Für Mehrzahl Berater bedeutet Vertragslösung Aufgabe ihres Lebensberufs und wirtschaftlichen Ruin, da den meisten kein Ersatz in der Heimat geboten werden kann. Dies gilt besonders für Berater, deren Wiedereinstellung in die Wehrmacht abgelehnt oder nicht möglich ist.

Anzahl der Berater hat infolge durch Krieg entstandene Mehrausgaben finanzielle Verpflichtungen eingehen müssen, so daß sie bei vertragsbrüchiger Lösung mit Schulden und ohne Reisegelder in China dastehen würden.

Fast sämtliche Berater haben ihre Häuser mit dem größten Teil ihres Besitzes in Nanking und müssen ihre Dienerschaft dort weiter unterhalten, da andernfalls Sicherung des Eigentums, soweit dieses nicht bereits von Japanern geplündert ist, nicht gewährleistet. Da Abtransport unmöglich, würde Abreise aus China Verlust eines großen Teils ihres Vermögens bedeuten.

Sekretärinnen General-Berater-Büros, die auf eigene Kosten nach China gekommen sind, haben keine Mittel zur Rückreise und keine Aussichten auf andere Anstellung.

Daher müßte die Deutsche Regierung Rückreisekosten für Berater und ihre Familien, Sekretärinnen, Entschädigung für Hauseinrichtung u.s.w., sowie alle sonstigen Schäden aus Vertragsauflösung für Berater übernehmen. Auch müßte Lösung auf diplomatischem Wege erfolgen, da für Berater selbst keine Handhabe dafür gegeben.

Da Frage Lösung Verträge bisher nie angedeutet wurde, habe ich bei Beginn Konflikts Marschall Chiang Kai-shek auf Anfrage versichert, daß ich persönlich meinen Vertrag einhalten würde.

Die übrigen Berater, auch die Generäle, sind nicht informiert, um Beunruhigung über Zukunft zu vermeiden.

Zu diesem Thema gibt es in Berlin erhebliche Meinungsverschiedenheiten, Botschafter Trautmann ist überzeugt (Telegramm vom 9. Mai 1938), daß ...

... wir unsere ganze Aufbauarbeit in China seit dem (Ersten Welt-)Krieg und vielleicht auch zukünftig aufs Spiel setzen, wenn wir jetzt in der Frage der Militärberater ... abrupt vorgehen.

Nach langen Diskussionen in Berlin und umfangreichem Telegrammverkehr zwischen den Deutschen Botschaften in China und Tokio und dem Auswärtigen Amt greift der neue Reichsaußenminister (seit dem 2. Februar 1938) von Ribbentrop ein. In Telegrammen an Trautmann ist er zunächst sehr maßvoll. Am 13. Mai wünscht er nur »eine vorzeitige Entlassung der Berater« aus ihren Verträgen zu erwirken.

In Ribbentrops Depesche vom 13. Mai 1938 an Trautmann heißt es dann weiter:

Zur Begründung deutschen Wunsches kann ausgeführt werden, Deutschland hätte in gegenwärtigem Konflikt von Anfang an Bedürfnis auf neutrale Haltung gehabt. Hiermit sei bei weiterer Dauer Konfliktes, der inzwischen Charakter Krieges angenommen, nicht vereinbar, wenn durch Anwesenheit ehemaliger deutscher Offiziere in chinesischen Diensten in Welt die Auffassung entstehe, als beeinflußten wir aktiv die chinesische Kriegsführung. Wir erwarteten von Chinesischer Regierung, daß die diesen begründeten deutschen Wünschen in Anbetracht zwischen beiden Ländern bestehender traditioneller Freundschaft Rechnung trüge. Umstand, daß Deutschland erst jetzt nach fast einjähriger Dauer Konfliktes zu Rückberufung Berater schreite, zeige deutlich, welches Maß von Verständnis deutscherseits für chinesische Lage bisher aufgebracht.

Beratern kann mitgeteilt werden, daß Reichsregierung aus Billigkeitsgründen bereit, Rückreisekosten zu tragen und allen Be-

troffenen angemessene Entschädigung zu gewähren. Drahtbericht über hierfür auszusetzenden Betrag erbeten.

Sollte, wie früher berichtet, in Verfolg Maßnahme mit Verschlechterung Stimmung chinesischer Bevölkerung in einem Maße zu rechnen sein, daß Anlaß zu Besorgnissen für Leben Reichsangehöriger in China gegeben, bitte im Benehmen mit Landesgruppenleiter für rechtzeitige Abreise Deutscher aus bedrohten Orten zu sorgen, um weiterer Verschärfung vorzubeugen.

Der letzte Punkt dieser Depesche trägt den Vermerk »Ganz geheim!«:

Zu Ihrer Information:
Für etwaige Einzelfälle der Weigerung werden ernste Maßnahmen gegen die betreffenden Offiziere erwogen.

Vier Tage später (am 17. Mai) heißt es in einem Ribbentrop-Telegramm an Trautmann:

Es ist ausdrückliche Anordnung des Führers und Reichskanzlers, daß die in Frage kommenden Militärberater nunmehr sofort zurückkehren. Es wird erwartet, daß sie unverzüglich China verlassen.

Ich ersuche Sie, die Lösung der Verträge Militärberater bei Chinesischer Regierung sofort nach Erhalt dieser Drahtweisung energisch zu betreiben. Sollte die Chinesische Regierung Ihnen hinsichtlich Lösung der Verträge Schwierigkeiten machen, können Sie persönlich durchblicken lassen, daß alsdann Ihre Stellung in China unhaltbar würde.

Ich bitte Sie, deutschen Militärberatern zu eröffnen, daß etwaige Nichteinhaltung Weisung Botschaft ernste Folgen für sie haben wird.

Trautmann versucht, Berlin klarzumachen, das chinesische

Volk werden »den neuen deutschen Schritt als indirekte Hilfe für Japan interpretieren« (was er ja auch wirklich ist).

Die Ribbentrop-Kabel werden immer schärfer. Am 13. Juni 1938 erfährt Trautmann:

Sollten General von Falkenhausen oder einzelne Berater Schwierigkeiten machen, würde Reichsregierung Betreffenden gegenüber zu schärfsten ihr zu Gebote stehenden Mitteln greifen.

Falls Marschall Tschiang Kai-schek sich Entlassung Berater weiterhin widersetzt, bitte ihm zu sagen, daß alsdann mit Ihrer sofortigen Abberufung zu rechnen sei.

Der deutsche Botschafter hat lange Gespräche mit Tschiang Kai-schek über die Beraterfrage geführt und mehrmals mit General von Falkenhausen gesprochen. Über seine jüngste Begegnung mit den beiden Herren drahtet er am 14. Juni 1938 nach Berlin:

Ich habe Falkenhausen (...) verständigt. Er wird jeden einzelnen Berater persönlich und geheim unterrichten. Ich habe keine Zweifel, daß sämtliche Berater Befehl Führers und Reichskanzlers sofort Folge leisten. Wegen Verschärfung Kriegslage sind regelmäßige und gewöhnliche Verkehrsmittel unbenutzbar. Erste Möglichkeit Abreise ist internationaler Zug, der in etwa einer Woche abgeht, es sei denn, daß Chinesische Regierung Sonderzug für geschlossene Abfahrt Berater zur Verfügung stellt.

Dortiger Drahterlaß (Telegramm Ribbentrops vom 13. Juni, siehe oben) *erging n a c h meiner Unterredung mit Tschiang Kai-schek. Ich hatte ihm bereits nachdrücklichst Wunsch Führers und Reichskanzlers eröffnet. Er erwiderte, daß er mit Rücksicht auf Wunsch Führers damit einverstanden sei, daß von jetzt ab keine deutschen Reichsangehörigen im chinesischen Militärdienst bleiben. Damit wäre die Neutralität für Deutschland gewahrt. Er will deshalb die sämtlichen deutschen Militärberater ihrer Funktionen entheben und die Mehrzahl der Berater sofort abreisen lassen. Er will noch heute deshalb Weisung an Falkenhausen geben. Zugleich aber will Marschall vier oder fünf Berater nach Entbindung von ihren militärischen Funktionen bitten, zur Abwicklung ihrer Geschäfte noch einige Zeit zu bleiben. Ich habe Marschall Zwecklosigkeit seines Vorschlags auseinandergesetzt und ihn vor den Folgen gewarnt. Er bestand aber auf Weitergabe seiner Idee.*

Ich habe den Eindruck, daß Anregung Marschalls für ihn eine »Gesichtsfrage« ist. Minister Wang Shih-chui sagte mir, daß er Marschall bereits davon unterrichtet habe, daß Nichterfüllung unseres Wunsches Gefährdung meiner Stellung herbeiführen würde, und Marschall hat sich mir gegenüber im Gespräch entschuldigt für die von ihm nicht beabsichtigten Schwierigkeiten, die er mir persönlich bereite. (. . .)

Noch einige Telegramme gehen hin und her zwischen Berlin und Hankau, weil Tschiang Kai-schek unter allen Umständen fünf deutsche Offiziere behalten will – »um die Geschäfte abzuwickeln«, wie der Marschall sagt; »weil sie zu viel wissen«, wie Hitlers Außenminister argwöhnt.

Trautmann erklärt dem Generalissimus, daß er mit seiner sofortigen Abberufung als Botschafter rechnen muß, wenn Tschiang Kai-schek auf seinem Wunsch beharrt.

Am 20. Juni 1938 duldet Hitlers Außenminister keine weitere Diskussion, wird jetzt in einem Blitztelegramm ganz massiv und . . .

. . . ordnet nunmehr das Folgende an:

1) Für den Fall, daß Chinesische Regierung nicht bis nächsten Donnerstag, 23. Juni, endgültiges Einverständnis mit sofortiger Abreise sämtlicher deutscher Militärberater erklärt und die Durchführung dieser Abreise gewährleistet, bitte ich Sie, Geschäfte sofort an Geschäftsträger abzugeben, China zu verlassen und nach Deutschland zurückzukehren. Von dieser Weisung bitte ich Sie, Chinesische Regierung sofort nach Eingang dieses Tele-

gramms zu unterrichten. Dabei wäre zum Ausdruck zu bringen, daß es von weiterer Entwicklung Beraterfrage abhänge, ob diplomatische Beziehungen überhaupt aufrecht erhalten werden können oder von uns abgebrochen werden müssen. Zu Ihrer Information bemerke ich hierzu, daß Abbruch der Beziehungen gegebenenfalls sehr schnell folgen würde.

2) Ich erwarte, daß sämtliche deutschen Militärberater, soweit dies noch nicht geschehen, nunmehr unverzüglich ihren Dienst einstellen und China so schnell wie nur irgendmöglich verlassen und zwar gegebenenfalls auch gegen den Willen Chinesischer Regierung. Datum der Abreise vom gegenwärtigen Aufenthaltsort und Verlassens chinesischen Bodens bitte ich telegrafisch hierher zu melden. Sollten einzelne Berater etwa auf Reisehindernisse stoßen, so hätten sie dies der nächsten deutschen Dienststelle unter genauer Angabe Sachverhalts sofort zu melden.

3) Sollten wider Erwarten einzelne Berater der vorstehend unter 2) enthaltenen vom Führer angeordneten Weisung nicht Folge leisten, so würde das eklatanten Treubruch gegen das Reich bedeuten, der hier sofort Einleitung Verfahrens zur Aberkennung deutscher Staatsangehörigkeit und Beschlagnahme Vermögens zur Folge haben würde. Ich bitte die Berater hierüber nicht im Zweifel zu lassen.

4) Ich würde es für geboten halten, daß General von Falkenhausen Sie bei der gemäß Ziffer 1) der Chinesischen Regierung zu machenden Mitteilung persönlich begleitet, um den Chinesen auch seinerseits klar zu machen, daß Berater durch etwaige Schwierigkeiten von chinesischer Seite in unmögliche Lage gebracht würden. Es wird gerade für ihn leicht sein, Chinesen davon zu überzeugen, daß den deutschen Offizieren eine auch nur teilweise Nichtbefolgung des Befehls des Führers nicht zugemutet werden darf.

»Aberkennung der deutschen Staatsangehörigkeit und Beschlagnahme des Vermögens« ... Dabei wird es nicht bleiben. Hinter dieser Drohung steckt viel mehr.

General von Falkenhausen schwankt, ob er dem Befehl folgen oder für immer in Fernen Osten bleiben soll. Vor allem die »duldende Weisheit« Chinas hat sein Lebensgefühl stark beeinträchtigt und schließlich sogar geprägt. Aber Berlin droht mit Sanktionen gegen seine Familie (die Konsequenzen solcher Erpressungen werden später »Sippenhaft« genannt).

Das bestimmt seine Entscheidung, und General von Falkenhausen fügt sich unwillig dem Zwang. Es ist die Wende seines Lebens. Sie läßt ihn schließlich zum erbitterten Gegner des Nationalsozialismus werden. Als Militärbefehlshaber von Belgien und Nordfrankreich (1940–1944) wird er am 20. Juli 1944 in ein Konzentrationslager gesperrt.

Trotz einwandfreien Verhaltens als Militärbefehlshaber verurteilt ihn ein belgisches Gericht in Lüttich 1951 zu sechs Jahren Zwangsarbeit. Ihm wird aber – in Anerkennung seiner untadeligen Haltung in seinem Amt während des Krieges – die Gefangenschaft angerechnet. Alexander von Falkenhausen wird sofort nach der Urteilsverkündung freigelassen. Er stirbt 1966, achtundachtzigjährig, in Nassau.

*

Dr. Kung Hsiang-hsi, Bruder der Frau Tschiang Kai-scheks, gibt als Ministerpräsident den deutschen Beratern ein Abschiedsessen. Er hält dabei eine sehr deutschfreundliche Rede und dankt allen Herren (und auch ihren deutschen Sekretärinnen) für die geleistete Arbeit.

Aus einer Aufstellung des Auswärtigen Amtes vom 26. April 1938 geht hervor, daß zu dieser Zeit nur 24 Berater und zehn Beamte durch Privatverträge mit der chinesischen Regierung als Militärberater verpflichtet sind. Es ist die niedrigste Zahl seit 1931.

Unter ihrem Chefberater General der Infanterie von Falkenhausen arbeiten Generalleutnant Streccius und Generalmajor Starke, die Obersten Nolte und Wilck; die Oberstleutnants Voigt-

Ruscheweyh, Newiger und Aderholt; die Majore Baumbach, Bründel, Heinrichs und Lindemann; sechs Hauptleute (unter ihnen Walter Stennes, der die Leibgarde Tschiang Kai-scheks gedrillt hat); zwei Oberleutnants; vier Leutnants und zehn Beamte aus dem Heeresdienst. Sie alle fügen ihrem Dienstrang das »a. D.« hinzu, da sie aufgrund ihrer Verträge Privatleute und nicht etwa Angehörige der Deutschen Wehrmacht sind.

Die etwa 40 deutschen Berater im zivilen Bereich – Verwaltung, Organisation, Wirtschaft, Partei – können in China bleiben.

Daß die deutschen Militärberater in China hervorragende Arbeit geleistet haben, ist geschichtliche Tatsache. Sie wird besonders von amerikanischen Fachleuten immer wieder hervorgehoben. Bemerkenswert ist, was der schon früher erwähnte chinesische Militärhistoriker F. F. Liu 1942 in den USA geschrieben hat:

Wenn der Krieg (mit Japan) noch zwei Jahre verhindert worden wäre, hätte China vielleicht sechzig deutsch ausgebildete Heeresdivisionen gehabt, um sich den japanischen Eindringlingen entgegenzuwerfen.

In der Luft hätten Messerschmitts und Sturzkampfflugzeuge chinesische Hoheitsabzeichen getragen, und auf See hätten chinesisch bemannte deutsche U-Boote die japanische Schiffahrt mit unterseeischen Wolfsrudeln belästigt.

Wie sich herausstellte, war vieles von Chinas Ausrüstung in Deutschland gemacht, waren viele seiner Offiziere von Deutschen ausgebildet und seine gesamte militärische Organisation und seine industrielle Entwicklung deutsch inspiriert.

Wenn der deutsche Einfluß mehr Zeit gehabt hätte, in China zu wirken und sich auszubreiten, hätten die Japaner wahrscheinlich einem andern Feind gegenübergestanden. Wenn der deutsche Einfluß fortgedauert hätte, hätte sich das Weltbild sehr wohl drastisch ändern können: indem China als Partner Deutschlands in den Krieg eingetreten und Chinas ungeheure Leistungskraft in eine völlig andere Richtung gelenkt worden wäre.

Aber diese Was-wäre-wenn-Spekulationen können an den Tatsachen nichts ändern. Tschiang Kai-schek dagegen versucht nach dem Beginn des »Konflikts« mit Japan auf seine Weise, die Chinesen zu erziehen. Dabei helfen ihm nur noch deutsche Zivilisten und – deutsche »Vorbilder«, wie das nächste Kapitel zeigen wird.

Politisches Quiz für Botschafter:
Wer regiert wo in China?

X

Odyssee der Diplomaten

- Schwerer Stand für Deutschlands Repräsentanten: Botschaft mit Filialen.
- Vorbild für chinesische Nationalisten: Hitler, seine Partei und die Gestapo.
- Ein Jahr nach dem Pakt Berlin-Rom-Tokio (1940): Kriegserklärung der Nationalchinesen an die Deutschen.
- Anna Wang aus Berlin: Gespräche mit Mao Tse-tung über die deutsche Rasse.

Alle Versuche einiger Beamter im Auswärtigen Amt in Berlin und alle Bemühungen des deutschen Botschafters in China, Dr. Oskar Paul Trautmann, weiter Freundschaft mit China zu halten, sind im Juli 1938 gescheitert.

Der abrupte Befehl, daß sämtliche deutschen Militärberater bei den Truppen des Marschalls Tschiang Kai-schek unverzüglich nach Berlin zurückkehren müssen, ist der letzte Beweis dafür, daß Hitler sich für Japan entschieden hat. Die militärischen Erfolge der Japaner auf dem chinesischen Festland seit Juli 1937 haben den »Führer« so beeindruckt, daß er sich politisch und militärisch von China distanziert.

Einer alten Tradition des Generalobersten Hans von Seeckt folgend, neigten seit den zwanziger Jahren viele hohe Offiziere der Reichswehr und maßgebende Diplomaten des Auswärtigen Amtes dazu, Freundschaft mit der UdSSR und China zu pflegen. Von einem Bündnis mit Japan wollten sie nichts wissen.

Trautmann, der vor seinem Amtsantritt in China (1931) Stellvertretender Leiter der Abteilung Ferner Osten im Auswärtigen Amt war, ist nicht müde geworden, immer wieder seine Bedenken zu äußern vor den Folgen, die sich einstellen könnten, wenn Berlin China im Stiche läßt, um dafür die imperialistischen Ansprüche der Japaner im chinesischen Raum zu unterstützen.

Er befürchtet, China könne durch eine solche Politik in die Arme der Sowjetunion getrieben werden. Gegen Trautmanns ausdrücklichen Rat wurden auch die deutschen Militärberater zurückgepfiffen.

Alle Plädoyers des Botschafters für die weitere Freundschaft Deutschlands mit China bleiben durch Hitlers Wunsch, das Bündnis Berlin-Rom-Tokio zu einer weltbeherrschenden Kraft zu vertiefen, ungehört...

Trautmann selber erhält am 20. Juni 1938 die Weisung, »innerhalb von drei Tagen China zu verlassen, falls die chinesische Regierung bis dahin nicht das endgültige Einverständnis mit der Abreise aller Berater erklärt habe«. Das geschah schließlich am 5. Juli – zu einem Zeitpunkt, da er Hankau – den damaligen Sitz der Nationalregierung – schon verlassen hatte und auf dem Weg nach Deutschland war.

Die heikle Situation mit den Militärberatern ist für Joachim von Ribbentrop (seit dem 4. Februar 1938 Reichsaußenminister) ein willkommener Anlaß, den Botschafter zurückzurufen, weil dessen prochinesische Orientierung nicht mehr den Vorstellungen deutscher Politik im Fernen Osten entsprochen hat.

Resignierend stellt Ernst von Weizsäcker, seit April 1938 Staatssekretär im Auswärtigen Amt, fest:

Im Gegensatz hierzu (zu Hitler) tendierte das Auswärtige Amt nach China hin, da dort wirtschaftlich fast alle unsere ostasiatischen Interessen lagen. Ein Japaner hat mir einmal gesagt:

»Man kann entweder gute Köche haben oder gute Soldaten. Die Chinesen kochen gut!«

Das machte mir die Chinesen nicht weniger liebenswert...

Noch einmal Ernst von Weizsäcker:

Als der Konflikt in China (mit Japan)... auch im Spätherbst 1937 nicht zu Ende gehen wollte, bot sich uns eine Gelegenheit, zwischen den streitenden Parteien zu vermitteln.

Unser Auswärtiges Amt bemühte sich unter meiner eigenen lebhaften Beteiligung um den Ausgleich. Wir fühlten uns inso-

58 *Kaiser von Japans Gnaden und von Deutschland anerkannt: Pu-yi von Mandschukuo.*

59 *Wang Tsching-wei, Bewunderer Deutschlands, bildet 1940 japanfreundliche Regierung in Nanking.*

60 *Deutsche Junkers-Flugzeuge der Lufthansa spielen eine entscheidende Rolle im chinesischen Flugverkehr. Das Foto zeigt Tschiang Kai-schek (links, im schwarzen Gewand) und (im Pelzmantel) seine Frau Mei-ling, die Christin ist und zwei Ordensschwestern mitfliegen läßt. Ab 1937 gibt es eine Flugverbindung von China nach Berlin.*

61 *Kluger Beobachter in China: Herbert von Borch (1928–1931).*

62 *Anwalt der Freundschaft: Oskar Paul Trautmann (1931–1938).*

Die letzten vier wichtigsten Männer Berlins in China

63 *Diplomat in wirrer Situation: Heinrich Georg Stahmer (1941–1943).*

64 *Im U-Boot zu seinem Posten: Ernst Woermann (1943–1945).*

fern dazu berufen, als wir nur am Friedenszustand interessiert waren und (im Fernen Osten) keine Eigenwünsche hatten. Unser Botschafter in China, Trautmann, war ein besonderer Förderer der Aktion.

Weihnachten 1937 glaubten Weizsäcker und Trautmann, ihr Ziel erreicht zu haben. Das erweist sich als trügerisch, und von Weizsäcker gesteht:

Unser Einfluß reichte im Fernen Osten nicht so weit wie unser guter Wille. Den Abstand zwischen dem japanischen und dem chinesischen Standpunkt konnten wir nicht überbrücken. Anfang 1938 mußten wir unsere Bemühungen leider einstellen.

Aber noch sind ja zu diesem Zeitpunkt die deutschen Militärberater in China. Doch auch der Kampf um sie bleibt ohne Erfolg.

Über ein halbes Jahr lang muß Trautmann bei Reichsaußenminister von Ribbentrop antichambrieren. Ribbentrop hat keine Zeit für jenen Mann, der ihm als einziger zuverlässige Analysen über die Situation in China geben könnte. Er läßt seinen Staatssekretär Ernst von Weizsäcker schließlich am 10. September 1939 durch eine Aktennotiz wissen, daß »Botschafter Trautmann in Deutschland verbleibt« und daß »keine Änderung der bisherigen Linie China gegenüber in Frage kommt«.

☆

Tschiang Kai-schek ist bestürzt darüber, daß er auf seine deutschen Berater verzichten muß. Doch noch immer fühlt sich der Marschall den Deutschen verbunden, wie er immer wieder erkennen läßt. Zu allen Erfolgen, die Hitler erzielt, schickt er ihm über die Deutsche Botschaft spontan seine Glückwünsche.

Es beginnt mit einem Telegramm zum Anschluß Österreichs an das Deutsche Reich am 12. März 1938. Zwei Tage später kabelt Trautmann nach Berlin:

Marschall Tschiang Kai-schek bat mich heute, Führer und Reichskanzler zu drahten, daß er Einigung zwischen Deutschland und Österreich persönlich nach dem Motto »ein Volk, ein Reich« begrüße.

Der Marschall schickt seine Glückwünsche zum Einmarsch deutscher Truppen in die sudetendeutschen Gebiete (1. Oktober 1938), zur Zerschlagung der Tschechoslowakei (15. März 1938) und zum Sieg über Polen (28. September 1939).

In vielen Dingen sind Hitler und seine Partei Vorbild für Tschiang Kai-schek – vor allem, seit Tschiang Po-li 1936 das nationalsozialistische Deutschland bereist und bewundert hat. Die Kuomintang ist für den selbstbewußten Tschiang Kai-schek »die alleinige politische Willensträgerin«. Er läßt zu diesem Zweck seine Partei nach dem Leitbild der NSDAP reorganisieren und nach dem Beispiel der Hitlerjugend eine Jugend-Kuomintang vorbereiten. Dabei helfen den Chinesen die Ortsgruppenleiter der China-Filialen der NSDAP. Aus Deutschland reisen zusätzlich Berater an, die von der Reichsleitung der NSDAP geschickt werden.

Sogar die Geheime Staatspolizei (Gestapo) Hitlers dient den Nationalchinesen als Vorbild für ihre eigene Geheimpolizei, die allen Gegnern Tschiang Kai-scheks eine ständige und unberechenbare Gefahr für Gut und Leben bedeutet. Gestapo-Chef Reinhard Heydrich beordert 1936 zwei Fachleute zu den chinesischen »Kollegen« der Nationalregierung. Chinas Gestapo-Leiter Tai Li übernimmt – »freudig dankend für die große Hilfe« – Organisation und Methoden der Berliner Prinz-Albrecht-Straße.

Auch die »Neue Lebens- und sittliche Erneuerungsbewegung«, die schon Anfang Februar 1934 initiiert wurde, orientiert sich stark an den Prinzipien der Hitlerpartei.

Die vier Tugenden, die dabei verkündet werden und China retten sollen, sind allerdings nicht der NSDAP entlehnt. Sie lauten, auf die kürzeste Formel gebracht:

1. Achtung vor dem Nächsten, Höflichkeit und der Vorsatz, sich an das Gesetz zu halten.

2. Dienst an der Menschheit und Großzügigkeit gegenüber jedermann.

3. Reinheit und Sauberkeit des Denkens.

4. Haß gegen alles Böse.

Unter den Parteien, die Tschiang Kai-schek aus optischen Gründen neben seiner Kuomintang zuläßt, heißt die relativ bedeutendste »Nationalsozialistische Partei«. In ihrem Programm findet sich vieles, das auch den deutschen Nationalsozialisten heilig ist — etwa die »Reinheit der Rasse«.

Die Organisation der »Blauhemden«, die sich besonders dem Haß dem Kommunismus gegenüber verschrieben hat, ist ebenfalls nach nationalsozialistischem Rezept aufgebaut und gefällt sich zudem darin, eifrig die Methoden der Geheimen Staatspolizei zu übernehmen.

Alle diese Parteiverbände der chinesischen Kuomintang, die »Sauberkeit« auf ihr Panier geschrieben haben, können nicht die ungeheuere Korruption verhindern, die unter den Nationalchinesen gang und gäbe ist. Auch die neuen Organisationen sind machtlos gegenüber der Günstlingswirtschaft. Sie sehen ohnmächtig zu, wie die höchsten Spitzen in der Umgebung Tschiang Kai-scheks demoralisiert sind, sich schamlos bereichern und dafür sorgen, daß viele ihrer errafften Werte ins Ausland gelangen.

Im Gegensatz zu dieser nach Übereinstimmung aller Zeugen der damaligen Zeit beispiellosen »Lotterwirtschaft« zeichnen sich die kommunistischen Funktionäre im Norden Chinas durch Korrektheit und großen Idealismus aus. Die Soldaten der Roten Armee sind zwar schlecht bewaffnet, aber hervorragend geführt und zeigen bewundernswerten Kampfgeist.

Sir Archibald Clark-Kerr, der britische Botschafter bei der Nationalregierung in Tschungking, berichtet am 8. April 1940 nach London:

So verlagert sich von Monat zu Monat das Gleichgewicht ganz zugunsten der Kommunisten. Sie könnten für viele ein Vorbild sein. Die Hauptlast des gesamten Partisanenkampfes gegen die Japaner liegt bei der kommunistischen Armee.

Die Kommunisten zerschlagen ein japanisches »Säuberungsunternehmen« nach dem anderen. Wo immer die Soldaten des Tenno weiter vordringen wollen, werden sie von den Kommunisten aufgehalten. Die antijapanischen Operationsbasen der Kommunisten werden systematisch nach und nach verstärkt und an Zahl vergrößert.

Bis Ende 1940 ist die Mitgliederzahl der KPCh auf 800 000 gestiegen. 500 000 Soldaten der chinesischen Roten Armee machen den Japanern das Leben schwer, deren Verbindungswege, Kasernen und Verpflegungsdepots sie immer wieder angreifen. Fast hundert Millionen Chinesen leben Ende 1940 in einem Gebiet, das die Kommunisten von ihrer Hauptstadt Yenan aus beherrschen – auch wenn einige Teile theoretisch japanisches Einfluß- und Besatzungsgebiet sind.

In der »großen« Politik gab es seit 1938 im fernöstlichen Raum wichtige Ereignisse ...

Vom 11. Juli bis 10. August 1938 kommt es bei Tschangkufeng, an der Dreiländerecke Sowjetunion, Mandschurei und Korea, zu einem Zusammenstoß japanischer und sowjetischer Truppen, der beinahe einen Krieg zwischen der UdSSR und Japan auslöst. Nach längeren »kleinen« Kämpfen beseitigt ein Waffenstillstand die drohende Kriegsgefahr. Die sowjetischen Truppen ziehen sich zurück.

Am 14. Juni 1939 blockieren die Japaner die Fremdenniederlassungen (Settlements) von Tientsin, weil die Engländer vier chinesische Terroristen nicht ausliefern wollen. Japan fordert London ultimativ auf, daß es die Unterstützung der nationalchinesischen Regierung aufgibt und mit Japan an einer »neuen Ordnung in Ostasien« zusammenarbeitet.

Nach langen Verhandlungen zwischen dem japanischen Außenminister Hachiro Arita und dem britischen Botschafter in Tokio, Sir Robert Leslie Craigie, kommt es am 24. Juli 1939 zu einem Abkommen, das Japan triumphieren läßt: Großbritannien erkennt die »vollendeten Tatsachen und besonderen Bedürfnisse der japanischen Truppen in China« an.

England und das Deutsche Reich sind sich in diesem Punkte einig. Historiker nennen heute das Craigie-Abkommen »München des Fernen Ostens« (auf der Konferenz in München, am 29. September 1938, erklären sich England, Frankreich und Italien mit dem Einmarsch deutscher Truppen in die sudetendeutschen Gebiete der Tschechoslowakei einverstanden).

☆

In einem Telegramm, das der deutsche Botschafter in Tokio, Eugen Ott, am 14. März 1939 an das Auswärtige Amt in Berlin schickt, heißt es zur Situation China-Japan:

Es ist den Japanern bisher nicht gelungen, nennenswerte Teile des chinesischen Volkes für sich zu gewinnen und der japanischen Sache eine Anziehungskraft zu verleihen, die der inneren Stellung Tschiang Kai-scheks gefährlich werden und die chinesischen Massen zum allmählichen Abwandern in das japanische Lager veranlassen könnte. (...) Es stellt sich daher die Frage, ob nicht ein weiterer Feldzug großen Stils in China notwendig sein wird, um das Regime Tschiang Kai-scheks endgültig niederzuwerfen, wobei weitere Gefahrenmomente im Verhältnis zu dritten Mächten und weitere gewaltige Ausgabensteigerungen in Kauf genommen werden müßten.

Allerdings scheint es manchen Kreisen zweifelhaft, ob eine weitere Fortsetzung des Krieges tatsächlich den Zusammenbruch der Nationalregierung herbeiführen würde, oder ob Tschiang Kai-schek nicht seine bisherige Taktik fortsetzen, das Zentrum des chinesischen Widerstandes von Tschungking wegverlegen und das alte Spiel von neuem beginnen würde, wobei er auch dann auf die Unterstützung Englands und Amerikas rechnen könnte. Auch die russische Bedrohung der japanischen Flanke bliebe in diesem Falle nach wie vor wirksam.

Aus dem nächsten Absatz des Ott-Telegramms geht klar hervor, daß Japan an einem friedlichen Ausgleich mit China nicht mehr interessiert ist:

Die japanische Wehrmacht – und in seiner überwiegenden Mehrheit auch das japanische Volk – fordern heute die siegreiche Beendigung des Chinakonflikts, die Ablehnung jeden Kompromisses mit Tschiang Kai-schek und die Durchführung des japanischen Ostasienprogramms als Siegespreis für so viel Opfer an Gut und Blut, die nicht vergeblich gebracht sein dürften. Dieser Stimmung muß jede japanische Regierung Rechnung tragen. Um die Hindernisse, die solchen Zielen entgegenstehen, zu überwinden, um die russische Gefahr zu bannen, aber auch um den englisch-amerikanischen Druck durch einen starken Gegendruck auszugleichen und dadurch Tschiang Kai-schek nach Möglichkeit seiner ausländischen Stützen zu berauben, verlangen die aktiven und vorwärtsdrängenden Kräfte der Nation die Erweiterung des Anti-Komintern-Paktes zu einem Bündnis. (. . .)

Japans Außenminister Arita gab am 6. März 1939 in einer Ausschußsitzung des Parlaments eine Erklärung ab, die Aufsehen erregte. Auch darüber berichtet Botschafter Ott in seinem Telegramm vom 4. März 1939:

Die durch den Anti-Komintern-Pakt begründete Freundschaft zu Deutschland und Italien, die gegen die destruktiven Bestrebungen der Komintern gerichtet sei, bilde den Mittelpunkt der japanischen Politik. Die Tätigkeit der Komintern sei eine Hauptursache des Chinakonflikts, sie müsse niedergekämpft werden, um den Konflikt zu beenden und die Neuordnung Ostasiens durchzuführen.

Gleichzeitig aber müsse das Verständnis der Welt, namentlich Englands und Amerikas, für die japanische Haltung geweckt werden. Es sei falsch, wenn England, Amerika und Frankreich die Freundschaft Japans mit Deutschland und Italien als eine Blockbildung der totalitären Mächte gegen die demokratischen Mächte auffaßten. Japans Teilnahme am Anti-Komintern-Abkommen bedeute nicht, daß es gegen England, Amerika oder andere Länder feindlich eingestellt sei. (...)

☆

Tschiang Kai-schek und seine Regierung sind 1939 endlich zu einem Arrangement mit Japan bereit. Die Deutschen sollen dabei, in aller Heimlichkeit, die Rolle des Vermittlers übernehmen — wie es in den Jahren zuvor schon Ernst von Weizsäcker und Oskar Paul Trautmann getan haben.

Die ersten Sondierungsgespräche werden in Schanghai und Tschungking, nicht in Berlin geführt. Daß solche Versuche früher schon einmal gescheitert sind, lag an den zu hohen Forderungen der Chinesen. Sie verlangten, daß die Japaner sämtliche besetzten Gebiete Chinas räumen und sogar auf die Häfen verzichten sollten.

Am 26. August 1939 sucht der chinesische Botschafter in Berlin, Chen Chieh, Staatssekretär von Weizsäcker im Auswärtigen Amt auf. Er betont ausdrücklich, daß er im Auftrage seiner Regierung in Tschungking komme. Vom Frieden zwischen China und Japan wird dabei nicht gesprochen, weil Chen Chieh die Einstellung Japans kennt — genau wie Weizsäcker. Der deutsche Botschafter in Tokio hat sie dem Auswärtigen Amt schon in seinem Telegramm vom 14. März 1939 dargelegt.

Chen Chieh drückt zunächst seine Freude über den deutsch-sowjetischen Nichtangriffspakt aus, der drei Tage zuvor, am 23. August, in Moskau unterzeichnet wurde. Danach sagt der chinesische Botschafter:

»Meine Regierung möchte wissen, ob dieser Vertrag irgendeine

Möglichkeit bietet, um die deutsch-chinesischen Beziehungen zu verbessern. Bis vor zwei Jahren herrschte zwischen unseren Ländern bestes Einvernehmen. Danach haben sie sich abgekühlt, in erster Linie wegen der abrupten Abberufung der deutschen Militärberater. Mein Land hofft geduldig auf eine Besserung der Beziehungen zwischen dem Deutschen Reich und China. Vielleicht ergibt sich jetzt, durch die neue Lage, daß wir wieder besser vorankommen – nicht nur auf wirtschaftlichem, sondern auch auf politischem Gebiet.«

In Weizsäckers Aufzeichnung über den weiteren Verlauf des Gesprächs heißt es:

Ich habe ziemlich weit ausgeholt, um dem Botschafter die Umstände darzulegen, welche schließlich zu dem deutsch-russischen Nichtangriffspakt geführt haben, und stellte ihm die ganze Bedeutung des Vertragsschlusses vor Augen. Ich verschwieg ihm aber auch nicht, daß wir nicht die Absicht hätten, durch diesen Pakt unser Verhältnis zu Japan verändert zu sehen. Der deutsche Wunsch für die Zustände in Ostasien sei in allererster Linie auf den Frieden gerichtet. Es wäre uns bekanntlich nichts lieber, als wenn zwischen Japan und China der Friede wiederhergestellt werden könnte, und ebenso liege uns auch nichts an den beunruhigenden Grenzverhältnissen zwischen den Japanern und den Russen.

Ich fuhr dann aber fort, das deutsch-chinesische Verhältnis habe in den letzten Jahren in der Tat darunter etwas gelitten, daß die deutsch-russische Gegnerschaft und eine chinesisch-russische Freundschaft nicht gut in einen Topf gingen. Nach der umwälzenden Tat dieser Woche in Moskau sei ein Stein des Anstoßes zwischen China und Deutschland beseitigt. Indirekt werden also zweifellos dadurch die Beziehungen zwischen Deutschland und China zum Guten beeinflußt.

Staatssekretär von Weizsäcker kann dem chinesischen Botschafter keine verbindlichen Auskünfte geben; denn damals bestimmen angesichts der besonderen Situation stets ein Hitler-Wort oder eine emotionale Entscheidung seines Außenministers Joachim von Ribbentrop allein die Politik. Selbst dem höchsten Beamten des Auswärtigen Amtes bleibt meist gar nichts anderes übrig, als unverbindliche und vieldeutige Erklärungen abzugeben. So zieht sich von Weizsäcker auch am Schluß des Gespräches mit dem chinesischen Botschafter Chen Chieh hinsichtlich der Frage, ob der deutsch-sowjetische Vertrag sich positiv auf das Verhältnis Berlin-Tschungking auswirken könne, diplomatisch aus der Affäre:

Ob sich daraus, wie der Botschafter und seine Regierung meinen, auch unmittelbare und konkrete Fortschritte in unseren wirtschaftlichen und politischen Beziehungen ergeben würden, vermöge ich ihm im Augenblick noch nicht zu beantworten. Ich glaubte jedoch, daß der Grundgedanke seiner Regierung hier zweifellos auf Verständnis und Wohlwollen treffe. Selbstverständlich würde ich nicht verfehlen, von seinem Besuche und seinem Anliegen dem Herrn Reichsaußenminister Meldung zu erstatten.

Der Botschafter drang nicht weiter in mich, sondern betonte, daß wir im Augenblick ja auch andere Fragen zu erörtern hätten, die unsere Aufmerksamkeit voll in Anspruch nähmen.

Am 5. Oktober 1939 meldet sich Botschaftsrat Ting von der Chinesischen Botschaft in Berlin im Auswärtigen Amt. Er spricht lange mit dem Legationsrat I. Klasse Dr. Karl Knoll von der Politischen Abteilung des AA. Bei diesem Gespräch geht es ausschließlich um den Frieden zwischen China und Japan, den Ting befürwortet. Der chinesische Botschaftsrat glaubt immer noch, mit Hilfe Berlins sei Japans Haltung zu ändern.

In der Aufzeichnung Knolls für die Akten des Auswärtigen Amtes heißt es über den Gedankenaustausch der beiden Diplomaten:

(...) Dann erläuterte Herr Ting wieder sein Friedensvermittlungsprojekt. Er führte aus, Japan könne von einer weiteren Kriegsführung in China nichts erhoffen. Unter dem Kriegszustand sei nicht einmal die wirtschaftliche Ausbeutung des japanisch-besetzten Gebiets möglich. Es gäbe zweifellos viele vernünftige Japaner, die der Meinung seien, daß ein Friedensschluß mit China unter »Gesichtswahrung« jetzt ratsam sei. Das Gesicht könnten die Japaner wahren, indem sie den englischen und französischen Einfluß aus China beseitigten.

Die Anerkennung Mandschukuos durch China werde wahrscheinlich zu erreichen sein, ebenso wirtschaftliche Vorrechte auf Kooperation in Nordchina. Bei völliger Wahrung der chinesischen Souveränität werde China zur aufrichtigen Freundschaft mit Japan bereit sein. Der Marschall Tschiang Kai-schek sei durchaus nicht japanfeindlich, er sei gegen seinen Willen zum Kampf mit Japan gezwungen worden. Er werde jede vernünftige Lösung begrüßen.

Wenn aber Vorschläge von chinesischer Seite an Japan gemacht würden, sei es sicher, daß sie abgelehnt würden. Deshalb müßten sie von dritter Seite kommen. Ihm, Ting, schiene es weitaus am besten, wenn dies von deutscher Seite geschähe; dies sei besser als von amerikanischer und auch als von russischer Seite. Auch sei Deutschland an der Wiederherstellung des Friedens im Fernen Osten interessiert; denn dann würde Japans Haltung eindeutig antienglisch werden.

Wie aus der Aufzeichnung Knolls über sein Gespräch mit dem chinesischen Botschaftsrat hervorgeht, ist China sehr an einem Frieden mit Japan gelegen – er muß nur in jedem Falle »ehrenhaft« sein. Das Deutsche Reich ist nach Tings Ansicht dazu prädestiniert, den Vermittler zu spielen. Knoll berichtet über sein Gespräch mit dem Diplomaten Tschiang Kai-scheks, was Ting weiter sagt:

Die Japaner wollen Australien und Britisch-Borneo haben.

Diese Gebiete seien nicht nur leichter zu erobern, sondern vor allem leichter zu halten und leichter auszubeuten als China.

Eine deutsche Vermittlung würde Deutschland auch für die Zukunft eine starke Stellung im chinesischen Wirtschaftsleben geben. Dies umsomehr, als der Marschall stark deutsch-freundlich geblieben sei, was er auch durch seine Haltung bei der Abberufung der deutschen Militärberater gezeigt habe.

Er, Ting, könne sich vorstellen, daß eine friedensvermittelnde Tätigkeit, die Deutschland sowohl die japanische wie die chinesische Freundschaft erhalte, in der Linie der deutschen Politik liege. Auch glaube er, daß der Einfluß Oshimas (des japanischen Botschafters in Berlin) immer noch groß genug wäre, und daß eine deutsche Sondierung bei ihm oder in Tokio die Sache des Friedens im Fernen Osten vorwärts bringen könne.

Worum er uns bäte, sei, unsere grundsätzliche Bereitschaft zu einer vorsichtigen Sondierung bei den Japanern unverbindlich auszusprechen, damit er Tschungking darüber informieren könne. In einem späteren Zeitpunkt sei es möglich, daß er nach Tschungking fliege und einen bevollmächtigten Unterhändler hierher mitbringe.

Aus dem Protokoll Knolls geht hervor, daß die Chinesen jetzt maßvollere Forderungen für den Frieden mit Japan stellen:

Ich fragte ihn, ob seiner Meinung nach eine Bedingung für den Friedensschluß die vollständige Zurückziehung der japanischen Truppen aus China sein würde. Er antwortete, aus dem Yangtse-Tal ja, aus Nordchina vielleicht nicht unbedingt. (. . .)

Alles bleibt Theorie. Japans Haltung ist fest, und niemand wird sie mehr ändern können. Deutschland – das heißt: sein Reichsaußenminister von Ribbentrop als Sprachrohr Hitlers – hat kein Interesse mehr an China, weil der »Führer« seinen Freund Japan nicht verärgern will.

Am 15. November 1940 gibt es einen letzten Hinweis auf Friedens-Chancen: Botschaftsrat Dr. Altenburg, der Geschäftsträger der Deutschen Botschaft mit Hauptsitz in Schanghai, kabelt von Peking aus nach Berlin, was ihm soeben seine Dienststelle in Tschungking telegrafisch mitgeteilt hat. (Diese komplizierte diplomatische Geographie wird dem Leser noch im Verlauf dieses Kapitels klar.) Der Anfang des Telegramms lautet:

Bei weiten Kreisen einschließlich staatlichen Politikern in Tschungking besteht der Wunsch, augenblickliche Friedensgeneigtheit Japans auszunutzen und für China günstigen Frieden mit Japan zu schließen. Dieser Wunsch wird unterstützt durch Furcht vor russisch-japanischer Verständigung auf Kosten Chinas sowie vor innenpolitischen Schwierigkeiten.

Japans »Friedensgeneigtheit« – ein Wunschtraum vieler Politiker Tschungkings, der unerfüllt bleibt – kann nicht konsequent genutzt werden, weil der Preis, den Tschiang Kai-schek für die Beendigung des Krieges fordert, unrealistisch ist und der militärischen Situation seines Landes überhaupt nicht entspricht: Die Japaner sollen ganz China räumen und alle Häfen freigeben.

Im Februar 1941 werden noch einmal vergebliche Gespräche auf diplomatischer Ebene in Berlin und Schanghai geführt – ohne Ergebnis. Danach nimmt sich im Verlaufe des Jahres 1941 der SS-Geheimdienstchef Walter Schellenberg der Sache an – ebenfalls ohne Erfolg.

Anfang 1944 wird Schellenberg dann einen letzten (vergeblichen) Versuch machen, Frieden zwischen Japan und China zu stiften – immer noch mit dem Kalkül, daß japanische Soldaten, die in China freigestellt werden, mit Deutschland gegen den gemeinsamen Feind USA und England kämpfen können ...

☆

Wang Tsching-wei – der Lieblingsschüler des »Vaters der Revolution« von 1911, Dr. Sun Yat-sen, und alter Mitstreiter Tschiang Kai-scheks – ist im Dezember 1938 in aller Heimlichkeit nach Nanking geflogen und hat dort mit dem General Doihara, dem Chef des japanischen Geheimdienstes, verhandelt.

Als Tschiang Kai-schek von diesem »Verrat« hört, muß Wang Tsching-wei alle seine Ämter niederlegen und fliegt auch aus der Kuomintang. Als »Realpolitiker« glaubte Wang Tsching-wei, sich irgendwie mit den Japanern arrangieren zu müssen.

Anfang März 1940 flieht Wang Tsching-wei in einem Junkers-Flugzeug mit seiner Familie, mit vielen Geheimdokumenten und riesigen Geldbeträgen von der Hauptstadt Tschungking nach dem von den Japanern besetzten Nanking. Mit ihm laufen zahlreiche National-Generale und Mitglieder des Kuomintang-Zentralkomitees zu den Japanern über — unter der fadenscheinigen Parole »Rettet das Vaterland auf Umwegen!«

Am 15. März fordert der japanische Ministerpräsident Mitsumasa Yonai »ein neues internationales Verhältnis zwischen Japan, Mandschukuo und China«. Das setzt dringend »eine neue chinesische Zentralregierung voraus, die bereit ist, im besten Einvernehmen mit uns zusammenzuarbeiten«.

Der Mann für eine solche japanfreundliche Regierung ist schon zur Stelle ...

Wang Tsching-wei, der alte Deutschland-Freund, bildet am 30. März 1940 in Nanking die von Tokio gewünschte Regierung. Die drei wichtigen Nordprovinzen Hopei, Schansi und Schantung mit ihren bedeutenden Städten Peking, Tientsin und Tsingtau allerdings gehören, wie Tokio es befiehlt, nicht zum Machtbereich der neuen Nanking-Herrschaft.

In der nationalchinesischen Hauptstadt Tschungking wird die neue Nanking-Regierung als »separatistische Verräterclique« bezeichnet — nicht ganz zu Unrecht. Wang Tsching-wei hat durch seinen Schritt nicht nur die Nationalchinesen, sondern auch die Kommunisten verraten, die sich Ende Dezember 1936 mit den Nationalchinesen zum gemeinsamen Kampf gegen Japan zusammengefunden haben.

US-Außenminister Hull reagiert auf die neue Nanking-Regierung unverzüglich und eindeutig:

Die Vereinigten Staaten haben reichlich Grund zu glauben, daß die Regierung Tschiang Kai-schek, deren Hauptstadt jetzt Tschungking ist, über die Treue und die Unterstützung der großen Mehrheit des chinesischen Volkes verfügt hat und noch verfügt. Selbstverständlich wird die Regierung der Vereinigten Staaten diese Regierung nach wie vor als die rechtmäßige Regierung Chinas anerkennen.

Für die deutsche Reichsregierung in Berlin ist Wang Tsching-wei ein »besonnener Realist«, und er wird von der deutschen Presse entsprechend herausgestellt.

Zwischen Berlin und Tokio besteht theoretisch bestes Einverständnis. Aber in der Praxis sieht manches anders aus. Ein als besonders zuverlässig geltender V-Mann (Vertrauensmann, Spion) der deutschen Abwehr meldet am 3. Juli 1940 aus Tientsin, das seit Ende Juli 1937 japanisch besetzt ist:

In China fühlen sich die Japaner als Herren. Sie wollen alle Fremden, gleichgültig welcher Nation und Hautfarbe, loswerden. Sie sind aber technisch und wirtschaftlich unfähig, das China-Geschäft allein zu übernehmen.

Daß (zum Beispiel) die von Deutschland dringend benötigten, schon gekauften und bezahlten Rohstoffe nicht über Mandschukuo hinaus – zum Transport via Transsibirische Bahn – befördert werden, hat nach Ansicht des V-Mannes folgende Gründe:

1. Bis zum deutschen Einmarsch in Paris (14. Juni 1940) hat böser Wille der Japaner den Abtransport verhindert.

2. Nach dem Waffenstillstand mit Frankreich (22. Juni) ist der böse Wille verschwunden. Von einer Bevorzugung der Deutschen kann aber noch nicht gesprochen werden.

3. Die japanische Blockade der englischen und französischen Niederlassungen (Settlements) in Tientsin (vom 14. Juni 1939 bis 20. Juni 1940) hat den deutschen Handel fast ganz betroffen.

4. Die Engländer haben immer noch eine Art bevorzugter Stellung, trotz ihrer politischen Reibereien mit Japan.

5. Der britische Botschafter in Tokio, Sir Robert L. Craigie, hat seit Herbst 1939 immer wieder bei der japanischen Regierung in Tokio gegen den Warentransport über die Transsibirische Bahn nach Deutschland gearbeitet.

6. Durch englische Bestechungsgelder sind die Angestellten der japanisch betriebenen Südmandschurischen Eisenbahn bearbeitet worden, den Abtransport von Gütern, die für Deutschland bestimmt sind, zu verhindern. Überhaupt nimmt die Korruption bei japanischen Beamten in China und auch bei führenden Beamten der japanischen Heeresverwaltung zu, wie aus chinesischen Quellen eindeutig hervorgeht.

Eine »Änderung zugunsten Deutschlands« ist nur durch politischen Druck möglich, und Berlins Stärke hängt wiederum von der militärischen Lage gegenüber England ab. Die japanischen Entscheidungen werden nicht von japanischen Behörden im besetzten China, sondern allein in Tokio gefällt.

Amerikanische Geschäftsleute haben – so der V-Mann – die Haltung Tokios treffend charakterisiert:

Der Umschwung der japanischen Haltung in China datiert seit den Tagen des deutschen Einmarsches in Paris und der Kapitulation Frankreichs. Die Japaner suchen das Rezept für die deutschen Erfolge und möchten es gerne imitieren.

In einem Punkt ist die Meldung des deutschen Kundschafters schon von den Ereignissen überholt. Am 20. Juli 1940 beraten in Tokio die Chefs der Ministerien für Krieg, Marine und Auswärtige Angelegenheiten über den möglichen Abschluß eines Militärpaktes zwischen Deutschland, Italien und Japan.

Um die Japaner von der Wichtigkeit eines solchen Bündnisses zu überzeugen, eilt ein Sondergesandter des Berliner Auswärtigen Amtes nach Tokio: Georg Heinrich Stahmer. Er gehört zum »Amt Ribbentrop«, das neben dem Außenpolitischen Amt der NSDAP und dem Außenministerium Sonderaufträge Hitlers wahrnimmt – als »Konkurrenz« des allein zuständigen Außenministeriums.

Stahmer hat schon vom Herbst 1939 bis zum Frühjahr 1940 den Präsidenten des Deutschen Roten Kreuzes, Herzog von Coburg, auf einer Reise durch Japan und die USA begleitet.

Am 8. September 1940 unterhält sich Stahmer ausführlich mit dem japanischen Außenminister Yosuke Matsuoka und betont dabei immer wieder:

»Deutschland hat mit dem Bündnis in erster Linie das Ziel im Auge, die Vereinigten Staaten aus dem Krieg herauszuhalten.«

Es bedarf noch langer Verhandlungen, ehe ein militärisches Abkommen zwischen Berlin, Tokio und Rom unter Dach und Fach ist. Der »Drei-Mächte-Pakt« wird am 27. September 1940 mit großem propagandistischem Pomp in Berlin unterzeichnet. Für Deutschland und Italien setzen die Außenminister Joachim von Ribbentrop und Galeazzo Graf Ciano, für Japan Botschafter Saburo Kurusu ihre Unterschrift unter das Dokument. Im November 1940 treten diesem Pakt nacheinander auch Ungarn, Rumänien und die Slowakei bei; Bulgarien folgt am 1. März 1941.

Ziel dieses Paktes ist es, in Europa und Asien »eine neue Ordnung« zu schaffen. Darüber hinaus verpflichten sich die drei Mächte zur Hilfestellung »im Falle des Kriegseintritts einer neuen Großmacht«. Hauptsächlich wird dabei an die USA gedacht, und die Möglichkeit eines Krieges mit der Sowjetunion wird ausgeklammert – obwohl Hitlers Divisionen zu dieser Zeit im Osten schon in ihre »Bereitstellungsräume« marschieren ...

Heinrich Stahmer wird bald nach dem Abschluß des Paktes zum »Botschafter zur besonderen Verwendung« ernannt. Ein Jahr später, 1941, schickt ihn Reichsaußenminister von Ribbentrop als Botschafter nach China – zur pro-japanischen Nanking-Regierung.

Nach Abschluß des Drei-Mächte-Paktes haben die deutschen

Diplomaten einen schweren Stand bei der Nationalregierung Tschiang Kai-scheks in Tschungking. Einen Nachfolger von Dr. Trautmann als Botschafter gibt es 1938 zunächst nicht. Nach seiner Abreise wird die deutsche diplomatische Vertretung in China durch die beiden Geschäftsträger Martin Fischer und Dr. Felix Altenburg geleitet, die beide den Rang eines Botschaftsrates bekleiden.

Die administrative Situation für die deutschen Diplomaten ist etwas verworren. Nach den Umzügen von Peking nach Nanking und – immer im Gefolge der Nationalregierung – schließlich nach Hankau ist das internationale Settlement von Schanghai schon seit einigen Jahren Sitz der Deutschen Botschaft.

Die amtliche Bezeichnung für Martin Fischer beziehungsweise Felix Altenburg als Vertreter Berlins bei der Regierung Tschiang Kai-schek lautet: »Deutscher Geschäftsträger bei der Chinesischen Nationalregierung in Tschungking mit Sitz in Schanghai.«

Das deutsche »diplomatische Stammhaus« in Schanghai hat auch einen Vertreter direkt in Tschungking: Legationsrat Heinrich Northe repräsentiert dort unter der Bezeichnung »Leiter der Dienststelle Tschungking der Deutschen Botschaft bei der Chinesischen Nationalregierung« das Deutsche Reich.

Northe war schon in den »Filialen« der Deutschen Botschaft in Peking und Tientsin tätig und hat den häufigen Ortswechsel der deutschen diplomatischen Vertretung infolge des Krieges zwischen China und Japan mit Mann und Roß und Wagen erlebt – eine wahre Odyssee.

Der Hauptsitz der Deutschen Botschaft in Schanghai unterhält mehrere »Zweigstellen«, eine davon immer noch im japanisch besetzten Peking. Die diplomatische Vertretung in der alten chinesischen Metropole kümmert sich hauptsächlich um Konsulatsangelegenheiten und kulturelle Dinge.

☆

Tschungking ist in jenen Jahren eine seltsame Stadt, in der sich außer den Diplomaten auch Journalisten und politisch Neugierige aus der ganzen Welt aufhalten. Von den deutschen Journalisten sollen hier nur drei für viele genannt werden: Dr. J. Eigner, Korrespondent der Nachrichtenagentur Transocean, Ernst Cordes und Walter Bosshard, die beide schon seit den zwanziger Jahren aus China berichten. Cordes (ein Sohn des Dolmetschers der Deutschen Gesandtschaft vor dem Ersten Weltkrieg) schreibt für die Blätter des Scherl-Verlages, Bosshard für das Ullstein-Haus.

Zu diesem interessanten Kreis gehört auch die Berlinerin Anna von Kleist, die seit 1936 mit dem späteren Vize-Außenminister der Volksrepublik China, Wang Ping-nan, verheiratet ist. Sie hat ihn als Studenten der Hochschule für Politik in Berlin kennengelernt. Über ihren Abschied von Deutschland 1936 schreibt Anna Wang:

»Mein chinesischer Mann trennte sich schwerer als ich. Er liebte Deutschland, besonders Berlin, wo er sich wohler fühlte als in jeder anderen europäischen Stadt. Er hatte dort fünf Jahre gelebt und viele Freunde gewonnen. Zu seinem Freundeskreis zählten ebenso Arbeiter vom Wedding wie Wissenschaftler aus Dahlem, Taxichauffeure aus Neukölln wie Studenten aus Charlottenburg.

Offiziell war er als Student der Hochschule für Politik eingetragen, doch bestand seine eigentliche Arbeit darin, chinesische Studenten in Deutschland und anderen europäischen Ländern zu organisieren und antijapanische Verbände zu gründen und zu leiten. Diese Aufgabe war ihm von der Kommunistischen Partei Chinas, deren Mitglied Ping-nan seit 1925 war, übertragen worden.«

Nach seiner Ankunft in China hat sich das Ehepaar Wang auch lange in Yenan aufgehalten, der Hauptstadt des Staates, den die chinesischen Kommunisten nach ihrem Langen Marsch im Nordwesten des Landes gegründet haben.

Aus dieser Zeit weiß Anna Wang über eine ihrer vielen Begegnungen mit Mao Tse-tung zu berichten:

Er fragte mich über meinen kleinen Sohn:

»Hat er helle Haare oder schwarze? Blaue Augen wie seine Mutter oder dunkle?«

»Er hat schwarze Haare und dunkle Augen«, antwortete ich etwas verwundert über sein Interesse.

»Ist seine Haut hell oder mehr wie die eines Chinesen?« wollte er noch wissen.

»Mehr wie die eines Chinesen.«

»Sonderbar«, meinte Mao dann, »dein Landsmann Li Teh (Otto Braun) hat eine chinesische Frau, und ihr Kind hat auch schwarze Haare, dunkle Augen und die Hautfarbe eines Chinesen. Da seid ihr Deutschen nun immer so stolz auf eure Stärke, aber uns Chinesen seid ihr anscheinend unterlegen. Wir sind doch die stärkere Rasse.«

Interessant ist, wie der damals berühmte deutsche Reiseschriftsteller Colin Ross in seinem Buch »Die Welt auf der Waage« 1929 die Chinesen beurteilt hat:

»Wir müssen uns in Europa, vor allem in Deutschland, darüber klar werden, daß der Chinese weder geistig noch körperlich hinter dem Japaner zurücksteht, sondern ihn im Gegenteil übertrifft. (...) Die eigentliche Macht liegt in China. (...) Die Chinesen sind schon rein körperlich eine erstaunliche Rasse; gemessen an den Japanern sind sie Riesen und dabei von einer Zähigkeit und Leistungsfähigkeit, die beispiellos ist.«

☆

Die Situation der Internationalität in Tschungking charakterisiert die ebenso attraktive wie kluge Anna Wang folgendermaßen:

»Unterschiede der Nationalität, des Berufes, der gesellschaftlichen Stellung verloren in Luftschutz-Unterständen und notdürftig reparierten Häusern an Bedeutung. Der amerikanische Chefberater des Finanzministeriums erklärte einem belgischen

Journalisten bei unzähligen Gläsern des in Tschungking von zwei ehemaligen deutschen Beratern produzierten, poetisch ›Morgentau‹ genannten Gins, wie notwendig es sei, eine Luftlinie über den Himalaja nach Indien zu eröffnen. Ein holländischer Wasserbauingenieur beklagte sich bei einem französischen Postangestellten über die chinesische Briefzensur, durch die Briefe, die nicht in englischer Sprache geschrieben waren, oft längere Zeit aufgehalten wurden. Ein Waffenhändler unbekannter Nationalität erzählte britischen Botschaftssekretären die letzten Witze über Tschiang Kai-schek.«

Als Verbindungsoffizier der roten Yenan-Republik zur Nationalregierung in Tschungking hält sich auch Tschou En-lai in Tschungking auf. Hier spielt er eine besondere Rolle und besticht alle, mit denen er redet, durch seinen Charme und seine Intelligenz. Der britische Botschafter bei der chinesischen Nationalregierung, Sir Archibald Clark-Kerr, hält Tschou En-lai für den »intelligentesten Mann von ganz Tschungking«.

Tschou En-lai ist auch für alle Journalisten, die sich in Tschungking umsehen, der interessanteste Gesprächspartner. Mit Ernest Hemingway, der sich für amerikanische Blätter in Nationalchina aufhält, spricht Tschou En-lai über eine Stunde lang.

Wenn Tschou En-lai gelegentlich nach Yenan fliegt, nimmt er zuweilen einen Journalisten mit. Einer von ihnen, ein Amerikaner, zieht das Resümee aus seinen Eindrücken folgendermaßen:

Das Gebiet, das die Kommunisten beherrschen, möchte ich »Das Land der fünf Ohne« nennen. Es ist ein Land ohne Bestechlichkeit, ohne Bettler, ohne Prostitution, ohne Opium und ohne ungerechte Steuern.

In Tschungking erscheint übrigens eine kommunistische Tageszeitung, die weite Verbreitung findet und in offener Opposition die Nationalregierung angreift.

Ernest Hemingway kommt in einem seiner Berichte (vom

10. Juni 1941) auf die deutschen Militärberater zurück, die bis 1938 bei Tschiang Kai-schek verpflichtet waren:

Ich hatte die Möglichkeit, die Meinung der chinesischen Generale und Generalstabsoffiziere über ihre verschiedenen ausländischen Instrukteure kennenzulernen, unter denen sie gedient haben. Nahezu einhellig rangieren die Deutschen als Soldaten und Generalstäbler an erster Stelle in ihrer Wertschätzung, die Russen an zweiter.

Die Chinesen beklagen sich darüber, daß Offensivpläne – kleinen oder größeren Ausmaßes – der Russen nie genügend eigene Kräfte vorsähen. Ein kaufmännischer Vergleich macht die Sache verständlicher.

Wenn eine Stellung für fünfzig Cent zu haben gewesen sei, so rechneten die Russen damit, sie für zehn Cent zu bekommen. Am Ende kostete die Sache dann 1,15 Dollar, da das Geschäft nicht klappte und der Überraschungseffekt verspielt war. Die Deutschen dagegen steckten sich immer eineinhalb Dollar ein, wenn das Ziel fünfzig Cent wert sei. Hinterher stellte sich dann meistens heraus, daß sie nur ein Viertel davon ausgegeben hatten.

✡

Am 2. September 1941 bricht Tschungking (Regierung Tschiang Kai-schek) die diplomatischen Beziehungen zu Berlin ab. Zweieinhalb Monate später, am 25. November 1941, tritt der japanisch besetzte Teil Chinas (Regierung Wang Tsching-wei in Nanking) dem am 25. November 1936 zwischen Deutschland und Japan geschlossenen Anti-Komintern-Pakt bei (gleichzeitig mit Bulgarien, Dänemark, Finnland, Kroatien, Rumänien und der Slowakei).

Wenige Tage danach verzichtet Tokio »feierlich« auf alle exterritorialen Rechte in China. Mit diesem Dokument hat Wang Tsching-wei eine propagandistische Waffe in der Hand – mehr nicht.

Drei Monate später hält die längst schon an Überraschungen gewöhnte Welt wieder einmal den Atem an. Im Pazifik ist die Hölle los: Am 7. Dezember 1941 greifen die Japaner Pearl Harbour (Hawaii) an und beginnen mit diesem »großen Schlag« ihren Krieg gegen die Vereinigten Staaten von Amerika, die selber erst am Tage darauf, gleichzeitig mit Großbritannien, den Japanern die Kriegserklärung durch ihre Botschafter überreichen lassen.

Am nächsten Tag, dem 9. Dezember, schließt sich die Nanking-Regierung ihren japanischen Gebietern an: Wang Tsching-wei erklärt den USA und Großbritannien den Krieg – wie sich das für eine folgsame Marionetten-Regierung gehört ...

An diesem 9. Dezember 1941 zieht Marschall Tschiang Kaischek seine Konsequenzen. Die Regierung in Tschungking verkündet, daß sie sich mit dem Deutschen Reich ab sofort »im Kriegszustand befindet«.

Die neuen Freunde, Helfer, Berater und Lieferanten von Kriegsmaterial sind schon zur Stelle in Tschungking: Offiziere und Rüstungsindustrielle aus den Vereinigten Staaten von Amerika.

Das deutsche diplomatische Team mit Botschaftsrat Heinrich Northe verläßt Tschungking und setzt sich nach Schanghai ab. Die Dienststelle der Deutschen Botschaft bei der Regierung Wang Tsching-wei in Nanking wird angesichts der neuen politischen Situation verstärkt.

Das makabre Karussell der Kriegserklärungen dreht sich weiter. Immer mehr Mächte geraten in seinen Bann – ohne Rücksicht auf Menschen und Schicksale. Der Tod mit seinen mörderischen Waffen hat sein weltweites blutiges Imperium errichtet. Und am Ende dieses Mordens, das später der Zweite Weltkrieg heißt, werden sechzig Millionen Tote auf der Erde zu beklagen und von den Politikern bald vergessen sein ...

Deutschland und Italien erklären am 11. Dezember 1941 den Vereinigten Staaten den Krieg. Am selben Tag schließen Deutschland und Italien mit Japan ein Abkommen über die gemeinsame

Kriegführung, das in Berlin unterzeichnet wird. Sein wichtigster Absatz lautet:

Deutschland, Italien und Japan werden den ihnen von den Vereinigten Staaten von Amerika und England aufgezwungenen Krieg mit allen ihnen zu Gebotene stehenden Machtmitteln gemeinsam bis zum siegreichen Ende führen.

Darüber hinaus wird am 18. Januar 1942 eine zusätzliche Militärkonvention zwischen Deutschland, Italien und Japan unterzeichnet, in der zunächst noch einmal festgestellt wird, was ohnehin schon beschlossen ist: eine »wirksame militärische Zusammenarbeit«. Vor allem wird die Grenze des beiderseitigen Operationsgebietes festgesetzt. Es ist der 70. Längengrad im Indischen Ozean. Das bleibt in der Praxis freilich graue Theorie.

Wenige Wochen später, Anfang Februar 1942, fabuliert Reichsaußenminister von Ribbentrop:

Adolf Hitler, der größte Feldherr aller Zeiten, wird die sowjetischen Truppen aus Europa verjagen. Militärische Restaufgaben werden dann im Laufe des Jahres von kleinen deutschen Verbänden erledigt. Dann werden sich deutsche und japanische Truppen irgendwo tief in Asien an der Transsibirischen Bahn die Hand reichen!

Zu dieser Zeit gibt es in China praktisch sechs »Regierungen«. In Mandschukuo, der alten Mandschurei, »regiert« Kaiser Pu-yi als Aushängeschild der Japaner. In Yenan haben sich die Kommunisten etabliert und beherrschen von dort aus weite Gebiete. In Tschungking sitzt Tschiang Kai-schek mit seiner Regierung. In Nanking residiert Wang Tsching-wei. In zwei anderen Bereichen des japanischen Besatzungsgebietes »herrschen« japanische Marionetten-Regenten. Alle rivalisieren sie untereinander. Hinzu kommen schließlich noch jene chinesischen Generale, die zwar die Nationalregierung in Tschungking anerkennen, in ihren Gebieten aber ein absolutistisches Regime führen.

Von den achtzehn klassischen Provinzen Chinas beherrscht Tschiang Kai-schek nur acht. In fünf weiteren sitzen die Japaner. Die übrigen fünf Provinzen sind entweder Einflußgebiet der Kommunisten oder ganz einfach »Niemandsland«, in dem Generale sich als Diktatoren fühlen.

Für die deutsche Abwehr auf Horchposten in China XI

Berlins Spione wissen alles

- An Rekordtagen zweitausend Funksprüche der Amerikaner, Chinesen und Russen mitgehört.
- Für die Code-Knacker gibt es kein Geheimnis.
- Abwehrchef Admiral Canaris und seine »Konkurrenz«: SS-General Schellenberg bemüht sich um Frieden zwischen China und Japan.
- Die meisten deutschen Blockadebrecher fahren in den Tod.

Schon seit Oktober 1937 haben Männer des Admirals Wilhelm Canaris, des Chefs der deutschen Abwehr, ihre Horchposten in China bezogen. Um es genau zu sagen: Zu dieser Zeit wird ihre Zahl erhöht; denn schon seit dem Ende der zwanziger Jahre sind V-Männer im chinesischen Bereich tätig.

Aber in den Jahren bis Mitte 1938, da zwischen dem Deutschen Reich und China die besten Beziehungen bestehen, gibt es für die Agenten nur wenig Arbeit. Sie beschränken sich auf Situationsberichte, halten Kontakt mit den deutschen Militärberatern und bereiten sich, zunächst rein theoretisch, auf den Fall vor, daß es im Fernen Osten einmal kriegerische Verwicklungen geben könnte, in die auch Deutschland mit einbezogen wird.

Seit dem »Konflikt« zwischen China und Japan, also seit Juli 1936, ist die Zahl der deutschen Abwehr-Männer, die das Geschehen auf beiden Seiten beobachten, erhöht worden.

Nach dem Abschluß des Anti-Komintern-Paktes zwischen Deutschland und Japan (25. November 1936) halten die Deutschen mit ihren japanischen Kollegen enge Kontakte, bleiben aber gleichzeitig durch die deutschen Militärberater über alles auf dem laufenden, was sich bei der Nationalarmee Tschiang Kai-scheks tut. Bei dem Vorstoß der Japaner tief nach China hinein folgen deutsche Agenten den Chinesen auf ihren Rückzügen ins Innere des Landes. Sie sind dabei, als die Nanking-Regierung zunächst nach Hankau und schließlich nach Tschungking ausweicht.

Aber auch die »Konkurrenz« ist gefolgt. Agenten der Engländer, Franzosen und Amerikaner begleiten ebenfalls die Nationaltruppen von der Küste bis nach Tschungking. Die meisten sind getarnt als Journalisten.

Die Zahl der Meldungen, die in jenen Jahren bei der deutschen Abwehr am Berliner Tirpitz-Ufer eintrafen, ist nicht bekannt, da die meisten Unterlagen entweder vernichtet oder ganz einfach »verschwunden« sind. Jedenfalls waren die V-Männer damals oft erheblich besser unterrichtet als die offiziellen Militärattachés bei der Deutschen Botschaft in China.

Und das Wichtigste: die Canaris-Agenten der Abwehr I (I = Geheimer Meldedienst) leisten wertvolle Arbeit für die »KO Ferner Osten«, die Kriegs-Organisation der Abwehr.

Der Leiter der deutschen Abwehr, die ihr bescheidenes »Hauptquartier« in Schanghai hat, ist bis 1941 ein Hauptmann, der den Decknamen Sauer trägt. Sauers Hauptaufgabe besteht seit dem Kriegsausbruch 1939 darin, Aufträge für die Abteilung IM (= Kriegsmarine der Abwehrabteilung I) auszuführen. Das heißt: Er muß den englischen und französischen Schiffsverkehr an der Küste Chinas genau erkunden und die feindlichen Dampferrouten feststellen, um so der deutschen Kriegsmarine Winke geben zu können.

Das bedeutet für Sauer und seine Mitarbeiter: Sie müssen in den Häfen der chinesischen Küste, die zu dieser Zeit ja alle von Japan besetzt sind, schnell ein Nachrichtennetz installieren. Nur so ist es möglich, daß alle Beobachtungen so rasch wie möglich an die Abwehr und von dort an die Seekriegsleitung gelangen. Dabei werden die Deutschen – in aller Heimlichkeit – vom japanischen Marine-Nachrichtendienst unterstützt, der leicht in den Häfen Verkehrsdichte und die Ziele der auslaufenden Schiffe erkunden kann.

Da seit dem 23. August 1939 der deutsch-sowjetische Nichtangriffspakt besteht und darüber hinaus beste Handels- und (seit dem Ende des Polenfeldzuges) freundschaftliche Beziehungen zwischen Berlin und Moskau bestehen, kann die deutsche Seekriegsleitung ihre Handelszerstörer unbemerkt durch die Nordostpassage — die Barents-See und die Beringstraße — in den Stillen Ozean schicken. Auch das gute Verhältnis zwischen Berlin und Tokio kommt den Deutschen dabei zugute.

Schon bald werden Großbritannien die ersten Schläge zur See versetzt. Wenn nicht alle Zeichen trügen, können die Deutschen den englischen Handel im Fernen Osten empfindlich stören, von den Philippinen hinunter bis Singapur und westlich in der Unendlichkeit des Stillen Ozeans. Die inzwischen — ebenfalls mit japanischer Hilfe — aufgebaute Funk- und Flugaufklärung gibt der deutschen Seekriegsleitung zusätzliche Tips.

Aber das alles ist erst ein Anfang. Am 9. Juni 1941 besteigt auf dem Bahnhof Berlin-Friedrichstraße ein großer, schlanker Offizier in Zivil den Expreß nach Moskau. Dort wechselt er den Zug und richtet sich im Transsibirien-Expreß in seinem für ihn reservierten Abteil auf eine lange Fahrt ein.

Der Paß dieses Majors der deutschen Abwehr I weist ihn als den Kaufmann Heinrich Ehrhardt aus. Sein wirklicher Name ist Lothar Eisenträger, sein Dienstrang Major.

Eisenträger weiß natürlich auch, was in Offizierskreisen gemunkelt wird: daß die Deutsche Wehrmacht bald in die Sowjetunion einfallen wird. Was nun, wenn das ausgerechnet in diesen Tagen geschieht, da er durch die Weiten Rußlands fährt? Er muß mit allem rechnen ... Jedenfalls führt er nichts in seinem Gepäck bei sich, was auf seine wahre Identität und seinen Auftrag hinweisen könnte.

Ehrhardt-Eisenträger hat Glück. Genau um 19 Uhr 15 deutscher Ortszeit des 21. Juni 1941 trifft er im chinesischen Grenzort Manschouli (heute Lupin) ein. Acht Stunden später, um 3 Uhr 15 des 22. Juni 1941, beginnt der deutsche Angriff auf die Sowjetunion.

Die Zahl der Deutschen, die während ihrer Fahrt mit dem Transsibirien-Expreß in östlicher oder westlicher Richtung vom Kriegsbeginn überrascht wurden, ist nicht bekannt. Eine geschätzte Zahl liegt bei 170.

Major Eisenträger kann ungehindert mit der Eisenbahn weiter nach Schanghai fahren. Hier übernimmt er die »KO Ferner Osten« und zusätzlich die Aufgabe, kriegswichtige Rohstoffe, vor allem Zinn, Kautschuk und Wolfram, zu besorgen und auf deutsche Blockadebrecher zu verladen.

Im Internationalen »Settlement« Schanghais leben die Repräsentanten und Angehörigen aller Nationen friedlich nebeneinander – auch die Deutschen, Franzosen, Engländer und Russen.

In dieser Internationalität Schanghais bieten sich für Eisenträger hervorragende Möglichkeiten, um seine Aufträge zu erfüllen – zumal er offiziell als Sonderbevollmächtigter bei der Deutschen Botschaft in China akkreditiert wird und dadurch diplomatische Immunität besitzt. Außerdem kommt ihm zugute, daß er Japan und China schon aus früheren Jahren kennt.

Es ist für ihn leicht, die gewünschten Mengen der für Deutschland kriegswichtigen Rohstoffe heranzuschaffen – zumal ihm die Japaner dabei helfen; denn seit der Unterzeichnung des Drei-Mächte-Paktes zwischen Berlin, Rom und Tokio am 27. September 1940 sind die Japaner Bundesgenossen der Deutschen.

Einige der Schiffe mit der wertvollen Fracht werden auf dem Weg in die Heimat, durch den Indischen Ozean und um das Kap der guten Hoffnung, versenkt. Die Engländer sind durch ihre Radargeräte in der Wachsamkeit den Deutschen überlegen.

Die spezielle Aufgabe Eisenträgers als Leiter der »KO Ferner Osten« wird jetzt umso intensiver angepackt. Es gelingt ihm mit seinen Mitarbeitern schon sehr schnell, alle Schiffsbewegungen auf dem Jangtsekiang fast lückenlos zu erfassen, ebenso alle Mengen an Kriegsgerät zu ermitteln, die von den Engländern und Amerikanern nach Tschungking, der Hauptstadt Nationalchinas, geleitet werden. Ein gut ausgebautes Funknetz und tüchtige Mitarbeiter helfen Eisenträger beim Erfüllen seines Auftrags.

Bald unterhält die »KO Ferner Osten« neben ihrem Hauptsitz Schanghai wichtige Stützpunkte in Tientsin, Peking, Tsingtau und Kanton, mit denen ständiger Funkkontakt besteht. Der japanische Geheimdienst hat den Deutschen dabei überall geholfen.

Mit dem Beginn des Japanisch-Amerikanischen Krieges (7. Dezember 1941) ist es den Deutschen unmöglich, im Pazifischen Ozean den Handel zu stören. Daher erübrigen sich auch weitere Aufklärungen in diesem Raum, den zunächst die Japaner beherrschen – bis die USA zum Gegenschlag ausholen.

Eisenträger konzentriert sich jetzt ganz auf seine Arbeit als Offizier der Abwehr I. Er braucht noch mehr Abhör-Stationen in China, noch mehr Funkverbindungen. Das ist fast unmöglich ohne die Japaner. Eisenträger verhandelt mit dem Oberkommando der in China operierenden japanischen Armee. Schließlich erhält er alle erforderlichen Genehmigungen.

Anfang 1943 gehören den Abhörstellen Peking und Kanton je etwa 35 hervorragende Spezialisten an: Funker und dazu Mathematiker, die in feindliche Schlüsselsysteme (Codes) eindringen können. Die meisten Männer sind von deutschen Schiffen übernommen worden, die im Hafen von Schanghai festliegen. Aber auch viele Funker neutraler Frachter, die in chinesischen (von Japan besetzten) Häfen festsitzen, akzeptieren Eisenträgers Angebot, für die Deutschen zu arbeiten – gegen gute Bezahlung natürlich. Die Parole der jungen Leute aus neutralen Ländern heißt: Lieber bei den Deutschen in Schanghai Geld verdienen, als auf dem Ozean torpediert zu werden.

Das große »Abhören« beginnt im Februar 1943. Schon in den ersten Monaten ist Major Eisenträger erstaunt darüber, wieviele Funksprüche mit geheimen Nachrichten er auffangen kann. Allein Schanghai und Kanton peilen fast hundert amerikanische, englische und sowjetische Sender an, die regelmäßig Nachrichten durchgeben. Alle werden von den Deutschen aufgezeichnet. Zu Eisenträgers größter Überraschung sind viele der Funksprüche nicht verschlüsselt – selbst dann nicht, wenn sie Meldungen geheimen Inhalts verbreiten.

Besonders vorsichtig sind allerdings die Amerikaner, die fast alles verschlüsseln. Aber den Code-»Knackern«, deren Chef der deutsche Hauptmann Habenicht ist, gelingt es schnell, in das System der US-Kriegsmarine im Westpazifik einzudringen.

Der Code wird zur größten Verblüffung des Entschlüßler-Hauptmanns nicht geändert. So ist es Habenicht mühelos möglich, alle Operationen der US-Seekriegsführung im ostasiatischen Raum vorher genau zu kennen. Es gibt Wochen, in denen die fünf großen Abhörstellen Schanghai, Peking, Tientsin, Tsingtau und Kanton täglich insgesamt rund zweitausend Funksprüche aufnehmen. Eisenträger berichtet nach dem Kriege:

Der Einblick in die feindliche Schiffahrt im Stillen Ozean gestattete darüber hinaus wertvolle Rückschlüsse auf das Geleitzugverfahren im Atlantik und über das Zusammenstellen von Geleitzügen vor der afrikanischen Küste. Während im Stillen Ozean einzeln gefahren wurde, sammelten sich diese Einzelfahrer an wechselnden, vorher jeweils festgelegten Plätzen, um dann im Geleitzug die Weiterfahrt nach den Britischen Inseln fortzusetzen.

So wurde durch die Nachrichtenstelle Schanghai eine Wechselwirkung ausgelöst, die bis in den Kampf der U-Boote im Atlantik ausstrahlte.

Den deutschen Horchern der Abwehr in Peking gelingt es sogar, den Funkverkehr sowjetischer Truppen in Sibirien zu »überwachen«. Alle Erkundungen werden über Funk und mit einem sicheren Code von Peking aus nach Schanghai gefunkt – ebenfalls drahtlos – und von dort nach Berlin geleitet.

Bei allen diesen Erfolgen überrascht die Zahl der Mitarbeiter, über die Eisenträger verfügt: es sind nur rund einhundert. Nach dem Kriege wollen amerikanische Spezialisten diese geringe Zahl einfach nicht glauben.

Eisenträger erkundet nicht nur die amerikanischen und englischen Verbände, die im Fernen Osten auftauchen, um entweder gegen Japan zu kämpfen oder Tschiang Kai-schek zu unterstützen.

Das Kriegsmaterial für Tschiang Kai-schek kommt zumeist über die Burma-Straße, die von 150 000 chinesischen Kulis ohne maschinelle Hilfe, nur unterstützt von englischen Ingenieuren, buchstäblich – wie der amerikanische General Stilwell es formuliert – »mit den Händen in die Berge gekratzt worden ist«. Aber dieser Weg wird versperrt, als die Japaner im April 1942 Burma und dort vor allem die wichtigen Städte Rangun und Mandalay besetzen.

In den Jahren 1937 und 1938 ist diese »schwierigste Straße der Welt« zur Kraftverkehrsstraße ausgebaut worden. Vom Eisenbahn-Endpunkt Laschio im Norden Burmas windet sie sich geradezu halsbrecherisch-tollkühn über steile Abhänge, zahllose Serpentinen, durch enge Schluchten und scharfe Kurven. Bei ihrer Bewältigungen werden die Fahrer der Lastwagen zu wahren Artisten.

Die Burma-Straße führt von Laschio über Tali-Kunming nach Tschungking. Von hier bis zum Ausgangspunkt ist die Straße insgesamt 2 160 Kilometer lang.

Während des Krieges ist sie bis 1944 teilweise unterbrochen und damit für Tschiang Kai-schek wertlos. Die Linienführung auf den schwierigen Gebirgsstrecken ist übrigens von Sven Hedin schon in den späten zwanziger Jahren kartographisch vermessen und trassiert worden. Dabei halfen ihm zwei deutsche Geodäten (Landvermesser), darunter Dr. Lindner, der seit 1940 – als wissenschaftlicher Berater der Regierung Tschiang Kai-schek – verschollen und wahrscheinlich bei einem japanischen Luftangriff umgekommen ist.

Eisenträgers zweite Aufgabe ist es – so der nachrichtendienstliche Ausdruck – »abzuklären«, wie und ob die Sowjetunion sowohl Tschiang Kai-schek als auch die Yenan-Kommunisten unterstützt. Die »KO« muß ferner beobachten, wie die Vereinigten Staaten und Großbritannien im Pazifik zusammenarbeiten. Und schließlich muß sie auskundschaften, wie sich die Beziehungen zwischen der Sowjetunion und Japan, die am 13. April 1941 einen Neutralitätspakt geschlossen haben, im Fernen Osten praktisch gestalten.

Was Eisenträgers letzten Auftrag betrifft, so hat er es hier besonders leicht. Die Sowjetunion unterhält in Schanghai ein sehr stark besetztes Generalkonsulat, das eine ungewöhnliche Aktivität entfaltet. Die Diplomaten und Konsuln vieler neutraler Staaten, die durch die Kriegsereignisse fast zur Untätigkeit in Schanghai verurteilt sind, »erweisen sich« – so ein Angehöriger der Deutschen Botschaft in Schanghai – »dankbar für jede Abwechslung, die sich ihnen bietet«.

Es gelingt Major Eisenträger, durch einen schwedischen Konsul den wichtigsten Kurier des Generalkonsulats der UdSSR kennenzulernen und schließlich dessen Freundschaft zu gewinnen. Durch ihn wird er auch in die Verwandtschaft des Russen eingeführt, die in Schanghai lebt.

Eisenträger stellt bald fest, daß die Verwandten des Kuriers der Sowjetunion nicht wohlgesonnen sind. Sie helfen ihm, den Kurier des Moskauer Generalkonsulats für die Deutsche Abwehr anzuwerben. Er liefert fortan dem Major alles, was an wichtigen Meldungen über seinen Tisch läuft, und er schildert detailliert, was er auf seinen Reisen nach Moskau unterwegs sieht, hört und erlebt.

Auch Angehörige neutraler Staaten erweisen sich als wertvolle Informationsquelle. Eisenträger erfährt Details, die viele Funkmeldungen, die seine Männer aufnehmen, ergänzen und abrunden. Das Büro der »KO Ferner Osten« erhält mehr Informationen, als es auf dem Funkwege nach Berlin durchgeben kann. Eine große Karte der militärischen Operationen kann Eisenträger mit einer Präzision auf dem neuesten Stand der Lage halten, als säße er direkt im Hauptquartier der Amerikaner ...

Wen wundert es noch, daß Eisenträgers Männer den gesamten Funksprech- und den einfachen Funkverkehr zwischen dem Hauptquartier der Nationalchinesen in Tschungking und den amerikanischen und englischen Beraterstäben mithören? Auch jedes Funkferngespräch, das Marschall Tschiang Kai-schek mit General Stilwell führt, hat einen stummen dritten »Gesprächspartner«: die »KO« Eisenträgers.

Dem deutschen Major und seinen Leuten gelingt es außerdem,

Funkstationen abzuhören, die in Sibirien und in der Mongolei arbeiten. Angesichts der großen Entfernungen und der schlechten Verkehrsverhältnisse in diesen Gebieten spielt der Funkverkehr eine besonders wichtige Rolle. Auch diese angezapften Quellen erweisen sich als ergiebig. Vor allem sowjetische Meldungen, die sich mit Problemen im ostasiatischen Raum befassen, erfahren die Deutschen an einigen Tagen fast lückenlos.

Im japanischen Protektorat des Kaiserreiches Mandschukuo, der alten chinesischen Provinz Mandschurei, ist – unabhängig von Schanghai – die deutsche Abwehr in Harbin und in der Hauptstadt Hsinking tätig. Zu den Männern, die hier für die deutsche Abwehr arbeiten, gehört der Publizist Dr. Ivar Lissner, der für die Abwehr I Luft/Ost tätig ist. Offiziell ist er als deutscher Zeitungskorrespondent beschäftigt.

Da Lissner sowohl engen Kontakt mit den verbündeten Japanern als auch mit dem russischen Konsulat in Harbin – trotz des Kriegszustandes zwischen dem Deutschen Reich und der Sowjetunion – unterhält, wird seine Quelle so ergiebig, daß Abwehrchef Admiral Canaris am 31. Mai 1943 in einer Aktennotiz festhält:

Der V-Mann Ivar ist die einzige Quelle des Amtes Ausland/Abwehr, die über den Raum des asiatischen Rußlands in größerem Umfang Meldungen liefert. Die eingegangenen Nachrichten bieten die einzige Aufklärungsunterlage, um die Reserven-Neuaufstellungen, insbesondere der sowjetischen Luftwaffe, im sibirischen Raum zu erfassen.

Lissner berichtet sogar über Pläne der Japaner – aber die kennt Berlin schon von der »KO Ferner Osten« in Schanghai und von deutschen Informanten in Tokio (zu denen natürlich auch der deutsche Militärattaché gehört).

Der für die Sowjetunion spionierende Deutsche Dr. Richard Sorge hat am 14. September 1941 nach Moskau gemeldet:

Die japanische Regierung beschloß, nicht gegen die Sowjetunion zu Felde zu ziehen.

Und Ende September 1941:

Den sowjetischen Fernen Osten darf man als garantiert gegen einen Angriff Japans betrachten.

Das ist die entscheidende Meldung für Stalin. Er kann daraufhin seine Fernost-Armee nach Moskau holen und damit die entscheidende Schicksalswende herbeiführen. Die Deutschen werden nicht in die sowjetische Hauptstadt einziehen . . .

Schanghai kann im Laufe der Jahre 1942 und 1943 ziemlich genau melden, welche russischen Verbände in Ostsibirien für den Kampf gegen die Deutschen ausgebildet werden.

Und hier ist wieder ein »Wenn« und ein »Hätte« angebracht – obwohl solche Spekulationen nie etwas ändern können, wohl aber geeignet sind, auf mögliche Konsequenzen hinzuweisen. Hätte der inzwischen zum Oberstleutnant beförderte Eisenträger seinen hervorragend funktionierenden Horch-Apparat zwei Jahre früher technisch perfektionieren und organisatorisch und personell fertig haben können – zu einer Zeit also, da Hitler noch gelegentlich auf die Informationen seines Abwehr-Chefs Canaris hörte –, so wären viele Entscheidungen im Oberkommando der Wehrmacht sehr viel anders ausgefallen.

Hitler hat nie damit gerechnet, daß die Sowjets in der Lage sind, in ihrem fernöstlichen Gebiet neue Rüstungsindustrien aufzubauen und zahllose Divisionen aus dem Reservoir dieser unendlichen Weiten ausheben zu können.

☆

SS-General Walter Schellenberg, der Chef des Amtes VI (Politischer Auslands-Geheimdienst) des Reichssicherheitshauptamtes, hat unabhängig von den Canaris-Männern erfahren, was sich im Osten der UdSSR tut. Er zitiert wenige Jahre vor seinem Tode (er starb Anfang März 1952 in Turin nach einer schweren Operation) eine der vielen Meldungen, die sein Amt VI erhalten hat:

Der Einsatz der Sibirischen Armee in Verbindung mit neuen Verbänden im Mittelabschnitt (der deutschen Rußland-Front) hat ausgereicht, die deutsche Offensive nicht nur zu stoppen, sondern sogar beträchtlich zurückzuwerfen. Durch ausgeklügelte Maßnahmen im Rekrutierungs- und Aushebungswesen sowie durch verstärkte Verwendung mongolischer und chinesischer Arbeitskräfte ist ein erheblicher Teil der bisherigen Mannschaftsverluste (der Roten Armee) wieder wettgemacht worden. Die Kampfverbände sind neu durchorganisiert . . .

Diese Meldung hat Schellenberg von japanischen Geheimdienstlern bekommen. Überhaupt unterhält Schellenberg, dem seit der Verhaftung des Admirals Canaris (Juli 1944) die gesamte Abwehr untersteht, mit seinem Amt VI ergiebige Fernost-Kontakte – vor allem mit dem (projapanischen) chinesischen Geheimdienst in Nanking, aber auch mit den Nationalchinesen, die als Diplomaten oder Agenten im Ausland tätig sind, und natürlich mit den Japanern direkt in Tokio.

Die wichtigsten Zentralen des nationalchinesischen Geheimdienstes sind in Bern und in Vichy (dem Sitz der französischen Regierung des Marschalls Pétain) etabliert. In der Schweiz ist der ehemalige Minister Tschi Tsai-hoo Resident des Geheimdienstes der Tschungkinger Nationalregierung.

Die Nationalchinesen haben zu jener Zeit eine starke Position, da sie sowohl im Kreml als auch in der Downing Street (wo das englische Außenministerium liegt) ungehinderten Zutritt haben.

Es geht Schellenberg – mit dem Segen Himmlers – darum, einen Kompromiß zwischen China und Japan auszuhandeln, wobei Deutschland den Mittler spielen soll. Wenn das Ziel erreicht wird, so haben die Chinesen versprochen, dann wird es »eine für beide Teile ersprießliche Form der geheimdienstlichen Zusammenarbeit« geben.

Beide Seiten, Tschungking und Tokio, zeigen eine gewisse Bereitschaft zu Verhandlungen. Auch für Hitler ist das chinesische Angebot »sehr interessant«. Als aber der Reichsaußenminister von Ribbentrop, berühmt durch seine Quertreibereien, von diesen Bemühungen – die angeblich nicht in sein Konzept passen – erfährt, wird das ganze Unternehmen abgeblasen.

Dennoch läßt Schellenberg die Verbindungen zum chinesischen Geheimdienst Tschungkings nicht einfrieren – ebensowenig wie die Kontakte zu den Japanern, die sehr eng sind, wie Schellenberg selber bezeugt:

Im Jahre 1944 führte ich längere Gespräche (über die Aktivierung und Koordinierung der politischen und militärischen Interessen zwischen Berlin und Tokio) mit dem japanischen Konteradmiral Kojima. (...) Er war in einem U-Boot nach Deutschland gekommen, unverkennbar mit dem Auftrag, die letzten Chancen für einen Vermittlungsversuch zu sondieren. Er mußte aber bald feststellen, daß seine Mission aussichtslos war.

Bei diesem Gespräch Anfang 1944 geht es auch noch einmal um die seit 1939 dauernden deutschen Vermittlungsversuche zwischen Nationalchina und Japan (das zum Zeitpunkt des Kojima-Besuches in schwersten Rückzugskämpfen mit den Amerikanern steht).

Der Leser wird sich der Gespräche erinnern, die der chinesische Botschafter in Berlin, Chen Chieh, schon am 26. August 1939 im Auswärtigen Amt mit Staatssekretär Weizsäcker und Botschaftsrat Ting sechs Wochen später mit Legationsrat Knoll geführt haben.

Erst anderthalb Jahre später, Anfang 1941, zeigen sich die Japaner bei neuen Vermittlungsversuchen, in die auch die Chinesische Botschaft in Berlin und die Deutsche Botschaft in Schanghai mit ihren Außenstellen eingeschaltet sind, »nicht uninteressiert« (weil sie in China erhebliche Truppenkontingente für ihren schon geplanten Krieg gegen die USA und England freistellen könnten).

Tschiang Kai-schek stellt so hohe wirtschaftliche und politische Ansprüche, daß die deutsche Friedensaktion von vornherein zum

Scheitern verurteilt ist. Die Tschungking-Regierung verlangt außerdem den Abzug aller japanischen Truppen aus China und die Freigabe sämtlicher chinesischen Häfen.

Doch die deutschen Bemühungen um einen Frieden zwischen Japan und China laufen weiter – jetzt hauptsächlich vom SS-Geheimdienst Schellenbergs forciert.

»Da uns der Weg über den Funk zu unsicher und kompliziert erschien«, schreibt Schellenberg, »entschlossen wir uns, einen Spezialbeauftragten nach China zu entsenden. Inzwischen gaben wir uns alle Mühe, das Interesse der Japaner wach zu halten. Ende des Jahres (1941) erklärten aber die Japaner ohne jegliche Begründung plötzlich ihr völliges Desinteressement an der ganzen Angelegenheit. Die Hintergründe ihrer ablehnenden Haltung waren unklar. Wir unternahmen noch einen letzten, aber vergeblichen Versuch, das Gespräch in Gang zu halten. Doch die Tür war zugeschlagen.«

Noch nicht ganz ... Denn Anfang 1944, bei seinem Gespräch mit Admiral Kojima in Berlin, greift Schellenberg das Thema noch einmal auf. Wie sich herausstellt, wollen jetzt die Chinesen von einem Frieden mit Japan nichts wissen. Tschiang Kaischek ist davon überzeugt, daß seine amerikanischen Freunde die Japaner auf die Knie zwingen werden. Und er wird dann Herr über ganz China sein ...

Daß Japan Ende 1941 seine Eroberungen in China durch einen Frieden nicht aufgeben will, ist aus der Sicht des Inselreiches verständlich:

Japan glaubt in der Euphorie seiner großen Siege, es könne China weiter »fest in der Hand halten«. Einen Tag nach ihrem großen Schlag auf Pearl Harbour beginnen die Japaner ihren Vorstoß in den Süden des asiatischen Kontinents. Ihre Torpedoflieger versenken am 10. Dezember 1941 die britischen Schlachtschiffe »Prince of Wales« und »Repulse«, die für die Verteidigung Singapurs in Marsch gesetzt wurden, vor der malayischen Küste.

Singapur selber wird am 15. Februar 1942 eingenommen, und 60 000 Mann britischer Truppen marschieren in die Gefangenschaft (von denen dann eine Gruppe die durch den amerikanischen Film berühmt gewordene »Brücke am Kwai« baut). Danach folgt, wie schon erwähnt, der japanische Vorstoß nach Burma, wo Rangun und Mandalay besetzt werden. Damit ist den Nationalchinesen der Nachschub über die Burma-Straße abgeschnitten.

Die Deutschen feiern in ihren Zeitungen alle japanischen Siege so, als seien es ihre eigenen Erfolge – wie umgekehrt Tokio dafür sorgt, daß die Siege der deutschen Wehrmacht groß herausgestellt und schließlich sogar Rückzüge als militärische Triumphe dargestellt werden. Die Propaganda funktioniert auf beiden Seiten.

In Schanghai ist 1941, einige Monate vor Beginn des Pazifischen Krieges, eine deutsche Informationsstelle eingerichtet worden. Nicht der Propagandaminister Dr. Goebbels hat sie initiiert, sondern Außenminister von Ribbentrop. Sie ist mit finanziellen Mitteln großzügig ausgestattet und kann, wenn nötig, auch Bestechungsgelder zahlen, um bei gewissen Journalisten eine besonders freundliche Einstellung gegenüber Deutschland zu erwirken.

Die deutsche Informationsstelle in Schanghai gibt auch eigene Propaganda-Schriften heraus, die in mehreren Sprachen erscheinen. Ihre wichtigste Aufgabe ist es, durch unermüdliche Propaganda den Bundesgenossen Japan, aber auch die Feinde England und Amerika, von der Stärke Großdeutschlands zu überzeugen.

Doch in Schanghai wird das Papier allmählich knapp, das propagandistische Trommelfeuer dadurch ab 1943 immer schwächer – bis es schließlich, Mitte 1944, so gut wie verstummt.

Der Handel zwischen Japan und Deutschland, dem beide Seiten so große Bedeutung zumessen, versickert langsam zu einem Rinnsal. Bis zum Krieg mit Rußland gingen die Transporte über die Transsibirische Bahn oder per Schiff über die Nordostpassage. Seit Juni 1941 bleiben nur noch Blockadebrecher und schließlich – Untersee-Boote.

Von den elf deutschen Schiffen, die von Juni bis zum 6. Dezember 1941 von den japanischen Häfen Kobe und Yokohama aus in See gehen, erreichen nur sieben Bordeaux (das damals der wichtigste Hafen im besetzten Frankreich ist). Ein Schiff wird wegen akuter Gefahr zurückbeordert, drei versinken unter den Bomben englischer Flugzeuge.

Die Bilanz des Jahres 1942: Von dreizehn Schiffen, die Japan erreicht haben und von dort wieder ihre Rückfahrt antreten, kommen nur sieben bis Bordeaux. Drei versenken sich angesichts feindlicher Übermacht selbst, eins wird irrtümlich von einem deutschen U-Boot torpediert, und zwei laufen in die Torpedos englischer Untersee-Boote.

Das Jahr 1943 setzt den deutschen Blokadebrechern besonders schwer zu. Von den zwölf Schiffen, die mit kriegswichtigen Rohstoffen von Japan aus unterwegs sind, kommen nur zwei durch; zwei werden zurückgerufen, sechs müssen sich selbst versenken, die beiden letzten erhalten den Todesstoß durch englische Torpedos.

Trotz dieser Situation schließen Berlin und Tokio am 20. Januar 1943 ein Wirtschaftsabkommen, das genau so lange gültig sein soll wie der Drei-Mächte-Pakt. Der Unterzeichnung in Berlin sind lange Verhandlungen vorangegangen, die Staatsrat Helmut Wohlthat als Leiter der deutschen Wirtschaftskommission in Tokio geführt hat.

Das Abkommen sieht einen Warenaustausch im Werte von insgesamt einer Milliarde Yen vor (1 Yen = 0,72 Reichsmark) – eine ungewöhnlich hohe Summe, von der beide Seiten wissen, daß sie praktisch nicht ausgeschöpft werden kann. Tatsächlich werden dann auch bis Kriegsende nur für rund 95 Millionen Yen Waren ausgetauscht.

In der Präambel dieses Vertrages, den für Deutschland von Ribbentrop und für Japan dessen Botschafter in Berlin, Oshima, unterzeichnen, heißt es:

Die Regierung des Deutschen Reiches und die Kaiserlich-Japanische Regierung haben beschlossen, ihre wirtschaftliche Zusam-

menarbeit noch enger zu gestalten, um in diesem Kriege für den Aufbau der Neuen Ordnung in Europa und Großostasien mit ihren gesamten wirtschaftlichen Kräften einander zu unterstützen und nach siegreicher Beendigung des Krieges, jede in ihrem Wirtschaftsraum, durch umfassende Aufbauplanung eine Neuordnung durchzuführen, die Wohlstand und Gedeihen aller beteiligten Völker sicherstellt.

Im ersten der fünf Artikel dieses fast anachronistischen Abkommens wird bekundet:

Deutschland und Japan werden den Austausch wirtschaftlicher Leistungen zwischen ihren Wirtschaftsräumen in jeder Hinsicht und mit allen Kräften fördern und ausbauen.

Sie werden sich bei der Beschaffung von Waren und der Errichtung von Anlagen gegenseitig unterstützen und eine enge technische Zusammenarbeit durchführen.

Deutschland überläßt seinem Handelspartner zunächst einmal eine Reihe deutscher Patente, die für Japans Kriegsführung wichtig sind. Außerdem schenkt Hitler den Japanern zwei deutsche U-Boote. Er hofft, daß sie in Japan in großem Umfange nachgebaut werden und sich dadurch der U-Boot-Krieg im Pazifischen Ozean verstärkt auswirken kann.

»Im Frühjahr 1944 leistete sich Hitler einen besonderen Schildbürgerstreich«, berichtet der deutsche Diplomat Erich Kordt, der im Januar 1943 von Tokio nach Schanghai versetzt wird. »Da Deutschland im Wirtschaftsverkehr mit Japan ständig über einen erheblichen Aktivsaldo verfügte, kam man in Tokio auf den Gedanken, die gegenseitigen Verbindlichkeiten zu streichen oder deren Begleichung erst in der Nachkriegszeit vorzusehen.

Hitler ließ sich von Oshima bestimmen, auf eine Bezahlung für Warenlieferungen, für die Freigabe deutscher Patente und für sonstige deutschen Dienste zu verzichten.«

Das Ergebnis dieses »Großmutes« Hitlers: Staatsrat Helmut

Wohlthat und seine Wirtschaftskommission in Tokio haben größte Schwierigkeiten zu überwinden, um überhaupt sicherzustellen, daß die ohnehin schon geringen japanischen Warenmengen nach Deutschland verschifft werden können (die dann meist ihr Ziel nicht mehr erreichen).

Nur mit Untersee-Booten gelingt es noch, wichtige Rohstoffe nach Deutschland zu bringen. U-Boote spielen überhaupt in den letzten Kriegsjahren eine große Rolle als einziges noch sicheres »Verkehrsmittel« zwischen Deutschland, China und Japan. Sie befördern Diplomaten, Agenten, hohe Offiziere in besonderer Mission, vor allem aber kriegswichtige Metalle und umfangreiche Akten.

Mit einem Untersee-Boot wird auch jener Mann auf den Weg nach Japan gebracht, der 1941 nach Deutschland geflohen ist, wo er versuchte, aus indischen Kriegsgefangenen eine »Indische Nationalarmee« zu bilden: der indische Politiker Subhas Chandra Bose.

Als Bose einsieht, daß er von Deutschland aus, wo er lange hofiert worden ist und sogar von Hitler empfangen wurde, keine Chance hat, mit seinen Truppen für die Unabhängigkeit Indiens zu streiten, wendet er sich in Berlin an den japanischen Botschafter Oshima.

Da die Japaner an der Ostgrenze Indiens stehen – so hofft Bose –, wird er mit den Soldaten des Tenno gemeinsam für ein freies Indien marschieren können. Ein deutsches U-Boot (U 190) bringt ihn 1943 in den Indischen Ozean. Dort übernimmt ihn ein Untersee-Boot der Japaner. Tatsächlich dringt Bose vier Monate später mit einer kleinen indischen Armee von Burma aus in Indien ein.

Hier führt er im Dschungel noch einen Guerilla-Krieg gegen die Engländer, als Deutschland schon längst kapituliert hat. Im August 1945 stürzt er in einem japanischen Militärflugzeug über Formosa ab. Die näheren Umstände sind bis heute nicht geklärt. Gerüchte wissen ihn Anfang der fünfziger Jahre in der Volksrepublik China. Heute gilt als gesichert, daß er tatsächlich über Formosa den Tod fand.

1943: Wünsche, Wahn und Wirklichkeit deutscher China-Politik

XII

Kämpfe, Korruption und Konferenzen

- Hitlers Außenminister glaubt: »In China gibt es für uns noch viel zu tun!«
- Deutschlands letzter Botschafter in China: Im Unterseeboot zu seinem Posten.
- Schiebungen ohne Beispiel: Die Amerikaner sind entsetzt über ihren Verbündeten Tschiang Kai-schek.
- Durchhalteparolen des Reichsaußenministers noch Anfang April 1945 an die Deutsche Botschaft Schanghai: »Der Endsieg wird kommen!«

In China gibt es für die deutschen Diplomaten während des Krieges nur wenig zu tun. Angesichts der verworrenen Lage können die Repräsentanten des Deutschen Reiches nur noch beobachten und sich um ihre Landsleute kümmern. Wer soll auch die kompetente chinesische Stelle sein, mit der noch Gespräche geführt oder Abkommen geschlossen werden können?

Da gibt es die Nationalregierung der Kuomintang unter Tschiang Kai-schek, und da sind die Kommunisten in Yenan. Beide zusammen kämpfen gegen die Japaner. Ein anderer Teil Chinas mit der japanfreundlichen Regierung des Ministerpräsidenten Wang Tsching-wei in Nanking führt an der Seite der Japaner Krieg gegen die Vereinigten Staaten von Amerika, die ihrerseits den Nationaltruppen unter Marschall Tschiang Kai-schek mit Waffenlieferungen und Militärberatern zur Seite stehen.

Dennoch hält Reichsaußenminister von Ribbentrop an seiner Fiktion fest, daß es »für uns in China noch viel zu tun gibt«.

Anfang 1943 entlädt sich Ribbentrops Haß auf das ganze alte Auswärtige Amt mit seinen vielen verdienten Mitarbeitern, die schon seit den frühen Jahren der Weimarer Republik in diesem Amt tätig sind. Überall wittert der Reichsaußenminister Verrat und Sabotage, und er spricht sogar von einem Komplott gegen ihn. Übrigens ist dieser Verdacht bei einigen hohen Beamten des Reichsaußenministeriums absolut gerechtfertigt. Sie haben schon vor dem Kriege erkannt, wohin die deutsche Politik, wie sie Hitler betreibt, führen wird.

Auch Ernst Woermann, der fähige, umsichtige und geschmeidige Leiter der Politischen Abteilung des Auswärtigen Amtes, gehört zu den Männern, die Ribbentrop möglichst weit von Berlin sehen möchte. So ernennt er Woermann als Nachfolger von Heinrich Georg Stahmer zum neuen deutschen Botschafter in China.

Und China – das heißt für die Nationalsozialisten jener Teil des Riesenreiches, der von den Japanern besetzt ist. Der deutsche Botschafter wird also sein Land bei jener Regierung in Nanking vertreten, die unter Wang Tsching-wei nur ein Marionettendasein führt und keinerlei politischen Einfluß hat.

Es ist für Ernst Woermann gar nicht so einfach, in seinen neuen Wirkungskreis zu gelangen. Es wird eine gefährliche Reise sein. Bis Singapur fährt er in einem deutschen Untersee-Boot, das in Japan kriegswichtige Rohstoffe holen soll. Von Singapur aus fliegt Woermann nach Schanghai – zum Hauptsitz der Deutschen Botschaft in China – und von dort aus weiter nach Nanking.

Bevor Woermann hier eintrifft, ist ein anderer deutscher Diplomat – von der Deutschen Botschaft in Tokio – ebenfalls nach China, das heißt: Nanking, versetzt worden: Erich Kordt, der den Rang eines Gesandten bekleidet.

Kordt, ein Gegner des Nationalsozialismus, der auch vom Ausland aus über geheime Kanäle stets mit den Widerstandskämpfern im Reich verbunden ist, weiß genau, daß er auf seinem neuen Posten auf ein totes Gleis geschoben worden ist. Resignierend stellt auch er sofort fest, daß politische Fragen mit der Wang Tsching-wei-Regierung nicht mehr behandelt werden können.

»Auf japanischer Seite war jedoch in Nanking in Gestalt des japanischen Botschafters Shigemitsu ein politischer Kopf vorhanden, der das Fehlerhafte der Kriegspolitik durchaus erkannte«, schreibt Erich Kordt nach dem Kriege. »Er hatte sich schon als Botschafter in London gegen die Politik seiner Regierung ausgesprochen. (...) Der kleine, erstaunlich jung aussehende japanische Diplomat, der durch ein Attentat eines koreanischen Nationalisten zum Krüppel geworden war, ging mir gegenüber mehr aus sich heraus, als ich das sonst von japanischen Kollegen (...) gewohnt gewesen war.

Bei einer unserer Begegnungen erklärte er mir offen, daß er den Verbleib von japanischen Truppen auf chinesischem Boden für einen Fehler halte. Man müsse versuchen, mit der Regierung Tschiang Kai-scheks zu einer Einigung zu kommen, wobei Prestige-Gesichtspunkte nur eine untergeordnete Rolle spielen dürften.«

Gesandter a. D. Erich Kordt berichtet weiter:

»Obwohl Shigemitsu Zweifel hatte, ob der Zeitpunkt hierfür nicht bereits verpaßt sei, übernahm er im April 1943 in Tokio die undankbare Aufgabe, als Außenminister in das Kabinett Tojo einzutreten, um zu retten, was noch zu retten war. Er lud mich ein, ihn bald einmal in Tokio zu besuchen.

Als ich ihn im Juni 1944 in der japanischen Hauptstadt zum letzten Male sah, sagte er mir, daß er mehrfach Friedensverhandlungen zwischen Berlin und Moskau vorgeschlagen habe, daß seine Bemühungen jedoch an der ablehnenden Haltung Hitlers gescheitert seien.«

Die Japaner sind sogar schon lange vorher, 1942, mehrere Male an die Deutsche Botschaft in Tokio mit dem Vorschlag herangetreten, einen Sonderfrieden zwischen Deutschland und der Sowjetunion zu vermitteln. Zuerst war es im März 1942 der japanische Admiralstab; danach, im Juni 1942, der japanische Generalstab. Da Japans Prestige durch seine großen Siege im Pazifischen Krieg und nach der Eroberung von Singapur in Moskau sehr gestiegen war, glaubten die Japaner mit Recht an einen Erfolg ihrer Intervention.

In einem Gespräch mit dem japanischen Botschafter in Berlin, Oshima, weist Ribbentrop am 2. September 1942 diese Vermittlungsversuche empört und scharf zurück.

Aber die Japaner geben nicht auf und machen 1943 einen weiteren Versuch über die Deutsche Botschaft in Tokio, einen Frieden zwischen Berlin und Moskau zu vermitteln.

Von japanischer Seite wird sogar ernstlich erwogen, den Ministerpräsidenten Tojo, den Generalstabschef und einen weiteren höchsten Beamten oder Offizier nach Berlin zu schicken. Für diese Reise soll Deutschland ein Langstreckenflugzeug zur Verfügung stellen.

Trotz der riesigen Verluste im Kampf gegen Rußland lehnt Hitler entrüstet ab. Den Krieg zu beenden, hätte bedeutet, daß Hitler seine Fehler eingesteht. Das hätte dem »Unfehlbaren« mehr als einen Prestigeverlust gebracht und hätte auch die Opposition – vor allem in der Wehrmacht – gestärkt und möglicherweise zum Sturz Hitlers geführt. Um solche Überlegungen kreisten die Gedanken der deutschen Diplomaten in Tokio, die über alle Friedensbemühungen der Japaner genau unterrichtet waren.

Auch die westlichen Alliierten wußten von den Anstrengungen Tokios, zumal einige japanische Zeitungen andeutungsweise darüber berichtet hatten.

»Die Möglichkeit, den Krieg zwischen Deutschland und der Sowjetunion zu beenden, hat im Lager der Alliierten ernste Besorgnis hervorgerufen«, konstatierte der amerikanische General Albert C. Wedemeyer. »Wahrscheinlich erkannte man in Washington und in London nicht, daß der Verwirklichung dieses Gedankens unüberwindliche Hindernisse psychologischer Natur entgegenstanden.«

Churchill und Roosevelt haben zweifellos den »fanatischen Glauben an den Endsieg« Hitlers unterschätzt.

Auch die Amerikaner glauben unerschütterlich an ihren Sieg, den sie über die Japaner erringen werden. Auf dem blutigen Weg dorthin müssen ihnen die Nationalchinesen helfen, die seit Anfang 1941 von den USA mit Kriegsmaterial versorgt werden. Außerdem schicken die Amerikaner immer mehr Militärberater zu Tschiang Kai-schek, deren erster Chef General Joseph Stilwell ist.

In aller Offenheit erklärt im Januar 1942 Dr. James McConaughty, Verbindungsmann zwischen der US-Botschaft in Nanking und dem amerikanischen Beraterstab, in einem Brief an Roosevelt:

Jeder Tag, den China weiter gegen Japan kämpft, bedeutet für uns eine Gnadenfrist. Wir werden das niemals vergelten können. Unsere Städte, unsere Wohnungen und viele unserer Söhne bleiben verschont, während China grausam verwüstet wird und ungeheure Menschenopfer bringt.

Zwei Monate zuvor, im November 1941, hat die »New York Times« berichtet, daß im China-Japan-»Konflikt« bisher fast zwei Millionen Japaner und mehr als acht Millionen Chinesen (darunter fünf Millionen Zivilisten) den Tod gefunden haben. Diese Zahlen werden sich bis zum bitteren Ende am 10. August 1945 erheblich erhöhen.

Eine wichtige Rolle in der amerikanischen Unterstützung der Nationalchinesen spielt zuerst die Luftwaffe, die bis zur Besetzung Burmas durch Japan von burmesischen Flugplätzen aus operiert. Es sind die berühmten »Flying Tigers« (»Fliegende Tiger«) des Air Force-Obersten a. D. Claire L. Chennault. Die Piloten haben den Bug ihrer »Fliegenden Tiger« so bemalt, daß er das weitgeöffnete Maul eines Haifisches mit scharfen Zähnen zeigt. Die Kombination Tiger und Haifisch erweist sich als besonders wirkungsvoll im Erregen von Angst.

Zuerst verteidigen die Flieger die Burma-Straße und sichern damit den amerikanischen Nachschub nach China. Im Juli 1942 besitzt die Fliegergruppe nur 30 Jagdflugzeuge vom Typ P4 OB und sieben mittlere Bomber. Erst 1943 wird der Verband, der zunächst aus Freiwilligen bestand, der US-Heeresleitung unterstellt und so verstärkt und ausgebaut, daß die »Flying Tigers« zur 14. US-Luftflotte avancieren und ihr Chef Chennault wieder aktiver Offizier und zum General befördert wird.

Die Amerikaner sind redlich bemüht, möglichst viel Material

für die Nationaltruppen zu liefern – zunächst über die Burma-Straße, später auf dem Luftwege und nach dem Abzug der Japaner aus Burma (1944) wieder über die halsbrecherische Straße.

Sie liefern Waffen, sie schicken Munition, sie denken an Lebensmittel und Medikamente. Aber – das meiste davon landet nicht dort, wo es hingehört. Chinesische Offiziere, Beamte und Zwischenhändler sind so korrupt, daß nur ein Bruchteil der amerikanischen Lieferungen den eigentlichen »Adressaten« erreicht.

General Stilwell ist im Dezember 1943 davon überzeugt, »daß von unseren Pacht- und Leihhilfen nur etwa zehn Prozent an die Front gelangen. Der ›Rest‹ von 90 Prozent wird von den Nationalchinesen verschoben«.

Auf dem Schwarzen Markt, der überall und nirgendwo seine Agenten sitzen hat, wird alles angeboten – vom Panzer über das Maschinengewehr bis zum Penicillin. Ein großer Teil des Kriegsgerätes landet auf Schleichwegen bei der chinesischen Roten Armee, deren Hauptquartier in Yenan ist.

General Stilwell ist über die Korruption der Nationalchinesen so enttäuscht und verbittert, daß seine Kameraden ihn »Essig-Joe« nennen. Die Regierung in Tschungking charakterisiert er aus eigener Anschauung in einem Bericht an Roosevelt so:

Gier, Korruption, Günstlingswirtschaft, mehr Steuern, eine ruinierte Währung, eine schreckliche Verschwendung von Menschenleben und eine kalte Mißachtung der Menschenrechte.

Gleichzeitig lobt Stilwell in seinem Report an den amerikanischen Präsidenten das Programm der chinesischen Kommunisten: Senken der Steuern, Mieten und Zinsen; Hebung der Produktion und des Lebensstandards; Anteil an der Regierung; Übereinstimmung von Wort und Tat. Wörtlich fährt Stilwell fort:

Tschiang Kai-schek steht einer Idee gegenüber und unterliegt ihr. Er ist verwirrt durch das Umsichgreifen des kommunistischen Einflusses. Er kann nicht einsehen, daß die Masse des chinesischen Volkes die Roten begrüßt als die einzige Hoffnung gegenüber niederdrückender Besteuerung, den Übergriffen der Armee und dem Terror von Tai Lis Gestapo.

General Wedemeyer, 1944 Nachfolger Stilwells als US-Chefberater bei Tschiang Kai-schek, ist ebenfalls entsetzt über das »ungeheuere Ausmaß an Korruption«, das doppelt schwer wiegt, weil der Transport über die Burma-Straße so unendlich strapaziös ist:

»Oft muß sie wegen Überschwemmungen oder Erdrutschen gesperrt werden. Die Erhaltung der Straße verschlingt in einem untragbaren Maße Zeit, Arbeit und Material und schließt den Transport von genügend Tonnage aus. Der ungeheuere Aufwand an Geld und Ausrüstung war einfach nicht gerechtfertigt — ganz zu schweigen von den Verlusten an Menschenleben bei den militärischen Operationen in Nord-Burma.«

Die Mengen an Material, die den Nationalchinesen zugesagt sind, werden durch die Schwierigkeiten des Transportes nie erreicht. Ein anderer Grund kommt hinzu, über den Wedemeyer berichtet:

»Auch hatte ich beträchtliche Schwierigkeiten, genügend chinesische Lastkraftwagenfahrer und technisches Personal für den Autotransport zu erhalten. Wir hatten zwar Schulen eingerichtet, um Fahrer und Techniker ausbilden zu können — aber es fehlte an Lehrern.«

An anderer Stelle beklagt sich Wedemeyer bitter darüber, daß auch alle Ersatzteile für die Lastkraftwagen, die aus Amerika eingeflogen werden, »auf geheimnisvolle Weise verschwinden«.

Die nationalchinesischen Soldaten werden erbärmlich ernährt, und viele von ihnen müssen bei den Bauern stehlen. Um etwas einzukaufen, reicht ihr kümmerlicher Sold nicht. Beide Übelstände wollen die Amerikaner beseitigen. Sie sorgen dafür, daß die nationalchinesischen Divisionen, denen US-Berater zugeteilt sind, anständig bezahlt und gut genährt werden. Aber die nationalchinesischen Kommandeure, denen der Sold für ihre Männer ausgehändigt wird, behalten den größten Teil der Summe für sich und ihre Familien. Und auch die Lebensmittel gehen jenen Schleichweg, der nicht bei den Soldaten, sondern auf dem Schwarzen Markt endet.

Einigen Erfolg haben die Amerikaner nur in der Verwundetenfürsorge, um die sie sich besonders bemühen. Dazu General Wedemeyer:

»Vorher hatte man in den meisten Fällen die verwundeten Soldaten auf den Schlachtfeldern dem Tod und dem Verderben überlassen. Unter der Leitung von unserem Generalarzt, Brigadegeneral George Armstrong, und unterstützt von dem chinesischen Generalarzt Lim, wurde ein ausgezeichneter Plan entwickelt. Eine moderne Ausrüstung, zum Beispiel Ambulanzen und Tragbahren, standen zwar nicht zur Verfügung, aber wir nahmen Zuflucht zur Improvisation. Wir schafften es, eine äußerst gut funktionierende Evakuierung und hygienisch einwandfreie Behandlung der Verwundeten in sauberen Feldlazaretten zu erreichen.«

Und doch: die Lieblingsworte amerikanischer Korrespondenten heißen »Verzweiflung, Düsterkeit, Korruption, Elend, Not und Tod«, wenn sie aus dem China Tschiang Kai-scheks berichten.

Die Deutschen sind natürlich über alle diese Vorgänge genauestens unterrichtet. Bis zur Kriegserklärung Nationalchinas an das Deutsche Reich (am 9. 12. 1941) erlebten die deutschen Diplomaten in Tschungking selber diese Misere. Danach fängt die »KO Ferner Osten« in Schanghai so viele Funksprüche auf, die sich mit der nationalchinesischen Situation befassen, daß alle Einzelheiten registriert werden können. Auch der japanische Geheimdienst ist stets im Bilde und freut sich natürlich über die Verhältnisse, die in Nationalchina herrschen.

Die Lauscher der deutschen Abwehr wissen auch, daß sich die mächtigen Familien Soong und Kung schamlos bereichern.

»Natürlich fallen viele Soldaten im Kampf gegen japanische Truppen«, heißt es in einem amerikanischen Funkspruch, der von den deutschen Funkhorchern in Schanghai notiert wird. »Doch die meisten erliegen Krankheiten oder finden den Hungertod. Mit Entsetzen stellen wir auch fest, wie ungerecht die Rekrutierung junger Soldaten vor sich geht.«

In dem Funkspruch der Amerikaner aus Tschungking, der für das State Department in Washington bestimmt ist, heißt es weiter:

Wer über Geld verfügt, kauft sich frei und bleibt Zivilist. Die mittellosen jungen Männer werden eingefangen. Das geschieht meist mit brutaler Gewalt. Es ist fast schon ein vertrautes Bild für uns, wenn wir in den Straßen Tschungkings oder in anderen Städten Rekruten sehen, die nicht nur an den Händen gefesselt sind. Sie werden auch gruppenweise aneinandergebunden, damit sie nicht flüchten können.

In unserer Botschaft ist es wohl bekannt, daß viele dieser Rekruten schon auf dem Weg in ihre Ausbildungslager verhungern. Wer die ersten Wochen in einem solchen Lager übersteht, muß damit rechnen, daß er als ausgebildeter Soldat doch Hungers stirbt, weil die Vorgesetzten die von uns zugeteilten Lebensmittel für sich selbst verwenden.

Es wird schwer sein, das zu ändern. Es ist daher sehr fraglich, ob alle unsere Bemühungen einen Sinn haben. (...)

Freilich gibt es auch Ausnahmen. Aber die wenigen guten Kommandeure können das schlechte Bild kaum korrigieren, das sich uns immer wieder bietet.

Durch einen anderen Funkspruch erfährt die »KO Ferner Osten« auch, daß Tschiang Kai-schek aus der Sowjetunion etwas Kriegsmaterial erhalten hat. Aber diese kleinen Lieferungen bleiben nur eine Geste. Von den Maschinengewehren und der dazu gehörenden Munition aus der UdSSR hätten die Nationalchinesen der chinesischen Roten Armee mindestens ein Drittel abgeben müssen. Denn auf Grund des Abkommens, das – als Konsequenz aus dem »Zwischenfalle von Sian« (Verhaftung Tschiang

Kai-scheks) und seinen Folgen – am 22. September 1937 zwischen den Nationalisten und den Kommunisten geschlossen wurde, sind Mao Tse-tungs Truppen ja theoretisch Tschiang Kai-schek unterstellt.

Aber der Generalissimus denkt gar nichts daran, mit der verhaßten Roten Armee – »diesen Banditen und Verbrechern«, wie er ihre Soldaten nennt – zu teilen.

☆

Anfang 1944 hört die »KO Ferner Osten« etwas, das erst zwei Wochen später in den Schanghaier Zeitungen steht: Sowjetische Piloten haben in amerikanischen Maschinen die Japaner angegriffen. Aber auch das bleibt eine Episode, die Moskaus freundschaftliche Beziehung zu Tschungking demonstrieren soll.

In einem Bericht der Deutschen Botschaft in Schanghai an das Auswärtige Amt vom Februar 1944 heißt es:

Aus einer zuverlässigen Quelle in Tschungking wird gemeldet, daß als erste und einzige ausländische Militärmission US-Offiziere in dem bolschewistischen Hauptquartier in Yenan auf dem Luftwege eingetroffen sind.

Das freilich interessiert den Herrn Reichsaußenminister von Ribbentrop nicht. Wenn es um den »bolschewistischen Weltfeind« geht, kann es sich nur um Lug und Trug, bestenfalls um ein propagandistisches Manöver handeln.

Die deutsche Öffentlichkeit erfährt während des ganzen Krieges überhaupt nichts über die chinesischen Kommunisten und ihre Rote Armee – obwohl die Japaner, die Verbündeten Deutschlands, Tag für Tag mit der Wirklichkeit dieser ständig erstarkenden Macht konfrontiert werden.

Die Amerikaner, die das Gebiet der chinesischen Kommunisten besuchen, sind sehr beeindruckt. Beide Seiten begegnen sich mit großer Hochachtung. Die amerikanischen Militärberater bei Tschiang Kai-schek loben die »hervorragende Organisation der chinesischen Kommunisten«, und die Kommandeure der Roten Armee Mao Tse-tungs revanchieren sich mit Komplimenten über die Schlachten, in denen die Amerikaner inzwischen die Japaner geschlagen haben.

Ein Korrespondent der »New York Times«, der die amerikanischen Offiziere nach Yenan begleitet, berichtet in seinem Blatt unter anderem:

Jeder der Soldaten von Mao Tse-tung besitzt sein eigenes Feld, das ausreicht, seine Familie zu ernähren. Wenn er an militärischen Aktionen gegen die Japaner teilnimmt, besorgen Frauen und Kinder den Acker. Alle Soldaten der Roten Armee tragen auch gute Uniformen und kräftige Schuhe.

Es läßt sich nicht leugnen, daß die roten Soldaten von hervorragendem Kampfgeist beseelt sind und moralisch den Truppen Tschiang Kai-scheks, zu denen sie ja theoretisch gehören, weit überlegen sind.

Während die Regierungstruppen oft wie hungernde Heuschreckenschwärme über die Bauern herfallen, ist in dem Gebiet der kommunistischen Yenan-Republik dafür gesorgt, daß es allen gut geht.

Das ist freilich nicht immer so gewesen. Anfang 1940 verhängt Tschiang Kai-schek eine Wirtschaftsblockade über die kommunistischen Gebiete. Um sie hermetisch abzuschnüren, benötigt er sechzehn Divisionen, die eigentlich gegen die Japaner kämpfen müßten.

Wenige Wochen nach der Blockade durch nationalchinesische Truppen folgen die Japaner dem Beispiel ihres Feindes Tschiang Kai-schek und riegeln ihrerseits die Grenzen zur Yenan-Republik ab. Wieder einmal bietet sich hier eine jener grotesken Situationen, die in den Kriegsjahren in China das Bild für den Beobachter so oft verwirren.

In jenem Jahr 1940 geht es den chinesischen Kommunisten sehr schlecht, und Mao Tse-tung schreibt Ende 1941:

»Wir waren in jener Zeit wirtschaftlich auf ein tiefes Niveau gesunken. Wir besaßen kaum Kleidung, hatten kein Öl in der Küche, kein Gemüse, kein Papier, nur erbärmliche Schuhe für unsere Soldaten und im Winter keine Decken für die Zivilbevölkerung.«

Auch diese Zeit wird schließlich überwunden. Sie hat die Kommunisten, wie es General Stilwell formuliert, »nur härter, kühner und disziplinierter werden lassen«.

Viele ihrer Waffen erbeutet die Rote Armee bei ihren Guerilla-Kämpfen gegen die Japaner. Die kommunistischen Truppen operieren meistens mit kleinen Einheiten von höchstens 400 Mann. Sie sind untereinander durch Funk verbunden. Nur in seltenen Fällen vereinigen sich zahlreiche dieser Guerilla-Einheiten zu einem großen Verband bis zu 30 000 Soldaten.

Vor allem stören die Kommunisten den japanischen Nachschub. Während die Soldaten des Tenno meist nur die Städte beherrschen, sind die kommunistischen Verbände Herren des flachen Landes.

Wie sehr die Rote Armee Maos die Japaner oft in Schach hält, beweist die Tatsache, daß bei solchen Kämpfen vierzig Prozent aller japanischen Truppen in China gegen die Roten ziehen.

Die Kommunistische Partei Chinas und ihre Armee vergrößern sich vor allem in den letzten Jahren des Krieges. Während 1939 die KPCh 80 000 Mitglieder hat und über 100 000 Soldaten verfügt, zählt sie Ende 1944 über eine Million Mitglieder, und die Armee ist auf rund eine Million regulärer Soldaten angewachsen, zu denen noch etwa eineinhalb Millionen örtliche Volksmiliz-Kämpfer kommen.

Raummäßig ausgedrückt: 1939 beherrschen die Kommunisten ein Gebiet etwa von der doppelten Größe der Schweiz mit vier Millionen Einwohnern, Anfang 1945 einen Raum von der fast zweieinhalbfachen Größe Frankreichs mit hundert Millionen Einwohnern.

Alles das wird von den Amerikanern mit Bewunderung, zugleich aber mit Argwohn beobachtet, und sie sind immer wieder entsetzt, daß es oft – wie es General Wedemeyer beklagt – »zu heftigen Zusammenstößen zwischen den chinesischen Kommunisten und Nationalisten kommt«.

Der amerikanische General schlägt daher, Ende 1944, Tschiang Kai-schek und Mao Tse-tung vor, daß beiden Armeen kleine amerikanische Kerntrupps mit Funkgeräten zugeteilt werden, damit die Amerikaner durch solche Nachrichtenkommandos eine klare Übersicht gewinnen können.

»Die einlaufenden Berichte«, so charakterisiert Wedemeyer die Situation, »waren so widersprechend gewesen – jeder beschuldigte und tadelte den anderen –, daß ich glaubte, auf diese Weise, durch Funk also, zutreffende Informationen zu erhalten.«

Der Vorschlag wird nur zögernd akzeptiert. Aber das Unternehmen hat nicht den Effekt, den die Amerikaner erwarten: die amerikanischen Funktrupps bei den Nationalisten und Kommunisten sollten als »Abschreckungsmittel« dienen und dafür sorgen, daß »die feindlichen chinesischen Brüder sich nicht gegenseitig bekämpfen«. So viele Funktrupps sind gar nicht vorhanden, um einen wirklichen Erfolg erzielen zu können.

Während die chinesische Nationalregierung in Tschungking immer ratloser wird und ihre Angehörigen immer weiter der Korruption verfallen, erstarkt die Yenan-Regierung, die sich ganz auf ihre eigene Kraft verläßt und von der Richtigkeit ihrer Zukunftspläne überzeugt ist.

Viele amerikanische Offiziere und Diplomaten in China verhehlen nicht ihre Sympathie für die KPCh – zumal die USA ja mit der kommunistischen Großmacht Sowjetunion verbündet sind. Da gleichzeitig ihre Enttäuschung über die Schwäche der Kuomintang größer wird, schlagen die Amerikaner Tschiang Kai-schek im Oktober 1944 mit aller Schärfe vor, eine Koalitionsregierung mit der KPCh zu bilden.

Der nationalchinesische Generalissimus stellt sofort Bedingungen. Ihre wichtigste lautet, die Stärke der Roten Armee müsse auf ihren Stand von 1939 gebracht werden, und Mao Tse-tung habe sich endlich und konsequent seinem Oberbefehl zu unterwerfen. Mao lehnt ab und besteht darauf, daß sein eigenes Regime völlig intakt bleibt.

Das Ergebnis: Es kommt zu keiner »Einheitsfront«. Beide Seiten sind von der Richtigkeit ihrer Mission überzeugt. Die revolutionären Kommunisten und die reaktionären und konservativen Nationalisten sind ihren Zielen und ihren Idealen nach unversöhnlich.

Tatsächlich zeigt sich schon bald, daß Mao Tse-tung die bessere Ausgangsposition hat für die künftige Entscheidung in China, zumal immer mehr Soldaten aus den Reihen Tschiang Kaischeks zu ihm überlaufen.

Die KPCh ist Nutznießerin des langjährigen Krieges in China, von dem die Japaner immer wieder erklären, er sei »nur« ein Feldzug zum Niederwerfen des chinesischen Kommunismus — und nicht etwa ein Kampf gegen China.

☆

Auf der großen politischen Ebene hat Tschiang Kai-schek nur scheinbar Glück.

Während der Konferenz von Kairo (22. bis 26. November 1943) versichern der amerikanische Präsident Roosevelt und der englische Premierminister Churchill ihrem Freund Tschiang Kaischek, er sei ihr »großer Verbündeter« im Kampf gegen Japan. In einer feierlichen, offiziellen Verlautbarung heißt es nach der Konferenz:

Die drei großen Verbündeten führen diesen Krieg, um den Angriffen Japans Einhalt zu gebieten und Japan zu bestrafen. Sie begehren keinen Gewinn für sich selbst und denken nicht an Gebietserweiterungen.

Es ist ihre Absicht, Japan alle Inseln im Pazifik zu entreißen, die es seit Beginn des Ersten Weltkrieges 1914 in Besitz genommen oder besetzt hat, und der chinesischen Republik alle Gebiete, die Japan den Chinesen gestohlen hat — wie die Mandschurei, Formosa und die Pescadoren —, zurückzugeben.

Japan wird aus allen Gebieten vertrieben werden, die es gewaltsam und habgierig in Besitz genommen hat. Außerdem soll Korea seine Unabhängigkeit zurückerhalten.«

Tschiang Kai-schek reist mit seiner Frau Mei-ling und seinem nur kleinen Gefolge in einem amerikanischen Flugzeug nach Tschungking zurück. Er glaubt, daß er bald wieder Herr über ganz China sein wird.

Am 5. November 1943 weiß der deutsche Abwehr-Major Eisenträger aus Schanghai nach Berlin zu melden:

Sowohl die Amerikaner als auch die Nationalchinesen sind fest davon überzeugt, daß sie im Verlaufe eines Jahres die Japaner aus China vertreiben und die Kommunisten neutralisieren können.

Konkret versprochen haben Roosevelt und Churchill in Kairo dem nationalchinesischen Generalissimus nur das »Unternehmen Anakim«. Hinter diesem Decknamen verbirgt sich die Vertreibung der japanischen Truppen aus Burma (und damit verbunden die Wiedereröffnung der Burma-Straße). Dabei sollen auch vier chinesische Divisionen mitwirken, die von den Engländern in Indien ausgebildet werden.

Aber schon wenige Tage später, auf der Teheran-Konferenz (28. November bis 1. Dezember 1943), beraten Roosevelt, Churchill und Stalin über die Zusammenarbeit in und nach dem Kriege und entwickeln erste Pläne für ein besiegtes Deutschland. Auch über China wird kurz gesprochen. »Dabei wird«, wie der amerikanische Publizist und Dramatiker Robert E. Sherwood es formuliert, »der Plan für das Unternehmen Anakim in den Papierkorb geworfen«.

In Teheran wiederholt Roosevelt etwas, was er Tschiang Kai-schek schon persönlich in Kairo vorgeschlagen hat – nämlich genau das, was später (Oktober 1944) auch die Amerikaner in Tschungking in fast ultimativer Form vom Kuomintang-Chef verlangen: eine Koalitionsregierung seiner Partei mit den Kommunisten zu bilden. Roosevelt ist sehr verärgert, daß sie nicht zustande kommt (vgl. Seite 331).

Auf der Jalta-Konferenz (4. bis 11. Februar 1945) geht es neben der Aufteilung Deutschlands in Besatzungszonen und vielen anderen Problemen auch um den Eintritt Sowjetrußlands in den Krieg gegen Japan. Das soll ungefähr drei Monate nach dem Ende des Krieges in Europa geschehen.

Stalin akzeptiert, weil ihm in einem Geheimabkommen vom 11. Februar 1945 erhebliche Zugeständnisse gemacht werden:

1. Der Status quo in der Äußeren Mongolei (der Mongolischen Volksrepublik) bleibt erhalten.

2. Die früheren Rechte Rußlands, die durch den verräterischen Überfall der Japaner 1904 verletzt worden sind, werden wiederhergestellt – und zwar:

> *a) Der Südteil von Sachalin und die umliegenden Inseln sollen der Sowjetunion zurückgegeben werden.*
>
> *b) Der Handelshafen Dairen soll internationalisiert werden, wobei die vorherrschenden Interessen der Sowjetunion in diesem Hafen gewährleistet werden, und die Pacht von Port Arthur als Flottenstützpunkt für die Sowjetunion soll wiederhergestellt werden.*
>
> *c) Die chinesische Ostbahn und die Südmandschurische Eisenbahn, die einen Zugang nach Dairen ermöglicht, sollen gemeinsam von einer zu errichtenden sowjetisch-chinesischen Gesellschaft betrieben werden, wobei die vorherrschenden Interessen der Sowjetunion sichergestellt werden und China die volle Souveränität in der Mandschurei zurückerhält.*

3. Die Kurilen werden an die Sowjetunion zurückgegeben.

Es wird vorausgesetzt, daß das Abkommen über die Äußere Mongolei und die obenerwähnten Häfen und Eisenbahnen der Zustimmung des Generalissimus Tschiang Kai-schek bedarf. Der Präsident der Vereinigten Staaten wird auf Anraten von Mar-

schall Stalin Schritte unternehmen, um diese Zustimmung zu erhalten.

Die Führer der drei Großmächte sind übereingekommen, daß die erwähnten sowjetischen Ansprüche nach der Niederwerfung Japans erfüllt werden.

Trotz aller Geheimhaltung sickert in Tschungking etwas von den Versprechungen Roosevelts an Stalin durch. Tschiang Kaischek fühlt sich verraten und verkauft, aber – er muß schweigen, weil er immer noch hofft, mit Amerikas Hilfe die Japaner verjagen und die Kommunisten besiegen zu können.

Vier Tage nach der Kapitulation Japans (10. August 1945) schließt die Sowjetunion mit der chinesischen Nationalregierung ein Freundschafts- und Bündnisabkommen, »um China mit bewaffneten Streitkräften Hilfe zu leisten zum Zwecke der Befreiung Chinas vom japanischen Joch«.

Dieser Passus des umfangreichen Vertrages ist durch die Ereignisse seit vier Tagen überholt. Man kann nicht mehr gegen einen Feind kämpfen, der die Waffen gestreckt hat...

☆

Zu diesem Zeitpunkt stehen die ungefähren Verluste fest, die China und Japan bisher im Chinesisch-Japanischen »Konflikt« erlitten haben. Vier Millionen nationalchinesische Soldaten und fünfzehn Millionen Zivilisten haben den Tod gefunden, und die Japaner beklagen fast drei Millionen Tote in China. Und weiter: 65 Prozent der Verkehrswege sind zerstört, über Zweidrittel der Industrie liegen in Trümmern...

Die fünfzehn Millionen toten chinesischen Zivilisten sind in der auf Seite 294 genannten Zahl der Weltkriegstoten – 60 Millionen – nicht enthalten. Diese Zivilisten, Männer, Frauen und Kinder, sind verhungert, verbrannt und ertrunken, sind von Granaten zerfetzt oder Bomben zerrissen worden oder haben auf eine andere »kriegsbedingte« barbarische Weise ihr Leben verloren.

Nordchina ist Machtbereich der chinesischen Kommunisten. Nur die schmalen Streifen Landes neben den Eisenbahnlinien und größeren Städten können nach der japanischen Kapitulation von den Truppen Tschiang Kai-scheks besetzt werden. Und die chinesische Rote Armee erstarkt mehr und mehr, zumal sie mit dem Segen der Sowjetunion das gesamte Kriegsmaterial übernehmen kann, das die Japaner in der Mandschurei zurücklassen.

☆

Die deutschen Diplomaten in Schanghai und in der »Nebenstelle« der Deutschen Botschaft in Nanking und die Konsuln des Deutschen Reiches in den großen Städten des japanisch besetzten Teils Chinas wissen schon seit Ende 1944, daß Deutschland den Krieg nicht mehr gewinnen kann und ihre Tage hier gezählt sind.

Im Deutschen Generalkonsulat in Tientsin, in der Dienststelle der Deutschen Botschaft in Peking, in den Konsulaten von Hankau und Tsingtau oder in irgendeiner anderen deutschen diplomatischen oder konsularischen Vertretung macht sich kaum noch jemand Illusionen. Die überzeugten Nationalsozialisten, die es auch unter den Botschafts- und Konsulatsangehörigen gibt, können mit ihren pathetischen Sprüchen und ideologischen Phrasen die wahre Situation bestenfalls vernebeln, die Realität der Ereignisse aber nicht erschüttern.

Reichsaußenminister von Ribbentrop bombardiert noch Anfang April 1945 die Deutsche Botschaft in Schanghai mit Durchhalteparolen und glaubt »unerschütterlich an den Endsieg an der Seite unseres tapferen japanischen Verbündeten« . . .

65 *Seine Funkabhörstellen in China erfahren buchstäblich alles, was die deutsche Führung wissen muß: Abwehrchef Canaris.*

66 *Hat im Kriege ebenfalls Agenten in China: Walter Schellenberg, Chef des Politischen Auslands-Geheimdienstes der SS (Amt VI).*

67 *Kriegswichtiger Handel zwischen Deutschland und Japan ist ab 1941 nur noch durch Hilfskreuzer und U-Boote möglich. Stabsoffiziere der Kaiserlich-Japanischen Marine begrüßen Ende 1943 einen deutschen Kommandanten nach geglücktem Durchbruch.*

68 *Nachfolger der deutschen Militärberater sind ab 1940 die Amerikaner. Einer von ihnen ist General Claire Lee Chennault (links), auf dem Foto zusammen mit Tschiang Kai-schek und dessen Frau Mei-ling. Die meisten US-Hilfsgüter werden verschoben . .*

69 *Die Kommunisten sind die Herren Chinas. Am 21. September 1949 wird in Peking die Chinesische Volksrepublik proklamiert. Foto: Die Einwohner von Kanton jubeln der siegreichen Volksarmee zu. Die Nationalregierung ist überstürzt nach Formosa geflohen*

Kurs Deutschland:
Schiffe kommen aus Schanghai ...

XIII

Abschied ohne Wiederkehr

- Und doch: Nach bitterem Ende ein neuer Anfang.
- Hilfe für die China-Deutschen: Schutzbrief von Tschiang Kai-schek.
- Nach dem Sieg der Volksrepublik China erste Handelskontakte mit Deutschland West und Ost.
- Der »Lange Marsch« zum Botschafteraustausch Bonn – Peking.

Das Schicksal der Deutschen, die in China auf eine mehr als hundert Jahre alte Tradition zurückblicken, wird 1945 besiegelt – nach der japanischen Kapitulation am 10. August 1945.

Soweit die Deutschen Kaufleute waren, konnten sie nach der Kriegserklärung der Nationalchinesen (Tschungking-Regierung) an das Deutsche Reich (9. Dezember 1941) nur noch im japanisch besetzten Teil Chinas und vor allem in Schanghai ihren Geschäften nachgehen, kriegsbedingt freilich: meist mehr schlecht als recht.

Sofort nach dem offiziellen »Siegestag« der Alliierten über Japan (15. August 1945), an dem auch zugleich der Waffenstillstand in Kraft tritt, beginnen die Japaner mit dem Räumen der seit 1931 okkupierten chinesischen Gebiete.

In der Mandschurei, dem »Kaiserreich Mandschukuo« von Japans Gnaden, rückt die Rote Armee der Sowjetunion vor. In Harbin, Hsingking, Mukden und Dairen beschlagnahmt sie das gesamte deutsche Eigentum. Die dort lebenden Deutschen – etwa 500 – werden sofort interniert und nach Turkestan und Sibirien gebracht, wo sie in Gefangenenlagern untergebracht werden. Die letzten von ihnen kehren erst Ende 1955 zurück – nach dem Besuch des Bundeskanzlers Konrad Adenauer in Moskau (9. bis 13. September 1955) und der dabei beschlossenen Aufnahme diplomatischer Beziehungen zwischen der BRD und der UdSSR.

In die übrigen ehemals japanisch besetzten Provinzen Chinas rücken die Truppen der chinesischen Nationalregierung ein, und

Tschiang Kai-schek fühlt sich wieder als Herr ganz Chinas – mit Ausnahme des großen Territoriums im Nordwesten, das die Kommunistische Partei Mao Tse-tungs beherrscht.

Zu dieser Zeit ist es für Tschiang Kai-schek noch unvorstellbar, daß die Kommunisten knapp vier Jahre später das ganze Land erobern werden ...

Die Regierung Tschiang Kai-schek enteignet alle deutschen Firmen, übernimmt sämtliche Immobilien der Deutschen und beschlagnahmt auch die zum Teil beträchtlichen Bankguthaben deutscher Staatsbürger.

In fast allen chinesischen Häfen und großen Küstenstädten sind nach dem »Siegestag« amerikanische Truppen gelandet. Sie haben dafür zu sorgen, daß die Waffenstillstandsbedingungen von den Japanern unverzüglich und vollständig eingehalten werden.

Die Amerikaner internieren auch viele Deutsche, halten sie aber nicht in Lagern fest, sondern transportieren sie nach Deutschland. Sie sorgen auch dafür, daß die meisten deutschen Botschafts- und Konsulatsangehörigen nach Hause zurückkehren können. Einige Diplomaten aber müssen die Reise heimwärts über die Vereinigten Staaten antreten, weil sie in Washington über die Politik Hitlers vernommen werden.

Zu diesen Diplomaten gehört auch Erich Kordt, der im Rang eines Gesandten zweiter Mann der Deutschen Botschaft in China war.

»Ich hatte mir keine besonderen Gedanken über mein weiteres Schicksal gemacht, als mir in Schanghai von einem amerikanischen Captain die Frage gestellt worden war, ob ich bereit sei, nach Washington zu kommen«, erinnert sich Erich Kordt. »Ich vermutete, daß man mich über die Vorkriegspolitik befragen wollte.«

An einem Tag Ende September 1945 kommen drei Amerikaner in Kordts Wohnung, die im fünften Stock des ehemaligen Botschaftsgebäudes an der Yüen Ming Yüen Road in Schanghai liegt.

»Der Sprecher war ein sympathisch aussehender, schlanker Mann Anfang der dreißiger Jahre, der in Begleitung von zwei anderen Herren in Uniform gekommen war«, berichtet Kordt. »Er nannte seinen Namen, erklärte, daß er vom amerikanischen Auswärtigen Amt komme und je einen Vertreter des Heeres und der Marine mitgebracht habe. Auf den ersten Besuch der drei jungen Amerikaner waren drei weitere gefolgt, und der Gesprächsgegenstand war von China und Japan auf Europa hinübergewechselt. Viele zurückliegende Vorgänge im fernen Europa waren den Amerikanern unerklärlich ...«

Im Dezember 1945 trifft Kordt in den USA ein. In Washington gehört er zu jenen ehemaligen deutschen Diplomaten, die helfen, dieses »Unerklärliche« aufzuhellen.

☆

Ende 1945 ist die einst höchst angesehene und wirtschaftlich so erfolgreiche deutsche Kolonie in Schanghai auf etwa 250 Haushaltungen mit 700 Angehörigen zurückgegangen. 1940 lebten in Schanghai 2 000 Deutsche. Viele von ihnen sind schon – solange das noch möglich war – während des Krieges in die Heimat zurückgekehrt. Ein weiterer Teil der Deutschen ist, wie schon erwähnt, durch die Amerikaner nach Hause gebracht worden.

Die Kontrolle und Verwaltung der 1945 noch in China lebenden Deutschen übernehmen in Tientsin und Schanghai die chinesischen »Kommissionen für deutsche Angelegenheiten.« 1948 spielt die »Deutsche Gemeinde in Schanghai« wieder eine wichtige Rolle. Sie ist schon 1914 konstituiert worden – nicht nur als kultureller und geistiger Mittelpunkt der Schanghai-Deutschen, sondern auch als Repräsentantin aller deutschen gemeinnützigen Institutionen und Anstalten. Ihr Präsident übt in etwa die Funktion eines Bürgermeisters aus. 1948 ist H. W. Breuer Chef der Deutschen Gemeinde. Mit viel Geschick gelingt ihm eine Zusammenarbeit mit den »Kommissionen für deutsche Angelegenheiten«.

Die Deutschen können relativ ruhig leben und sogar noch den Betrieb in ihrer eigenen Schule aufrecht erhalten. Im Februar 1949 erhält die Deutsche Gemeinde von der Verwaltung Schanghais, die ganz in den Händen der chinesischen Nationalpartei (Kuomintang) liegt, einen Schutzbrief. Er ist deshalb wichtig, weil die Deutschen nach dem Auflösen ihrer Konsulate (im August 1945) keinen rechtlichen Status mehr besaßen. Die gesamten Internationalen Niederlassungen in Schanghai – die Settlements – hatten übrigens schon am 1. August 1943 auf ihre separate Verwaltung verzichten müssen.

Der Schutzbrief gilt nicht nur für Schanghai; er gewährt vielmehr allen Deutschen, die noch in China leben, Recht und (relative) Freiheit.

☆

Mit Recht und Freiheit ist es allerdings nicht getan. Von materiellen Sorgen kann kein Schutzbrief befreien. Der galoppierende Preisanstieg nach 1945 bedeutet für die China-Deutschen und alle Europäer, die noch in ihrer Wahl- und Handelsheimat leben, eine ungeheure Belastung.

Wenn wir für das Jahr 1937 als Markierung eine Indexziffer von 100 annehmen, beträgt schon Mitte 1946 die Preiserhöhung für Bekleidung 900, für Lebensmittel 600 und für die Wohnung 700. Die Gehälter sind analog bis zum sechsfachen gestiegen.

Die Indexziffern sind die offiziellen, wie sie in der Statistik erscheinen. Im praktischen Leben liegen sie noch höher. Die finanziellen Reserven werden in den Nachkriegsjahren schnell auf- und ausgezehrt. Besonders schwer wird die Zeit für Ausländer, die ein festes Gehalt beziehen und kein eigenes Geschäft betreiben.

Der Journalist und Schriftsteller Walter Bosshard, dessen Name schon einmal in anderem Zusammenhang genannt wurde, beschreibt im September 1946 die Situation in der »Neuen Zürcher Zeitung«:

»Eine schweizerische Sprachlehrerin in Peking muß beispielsweise zu Fuß in die weit auseinanderliegenden Häuser ihrer Schüler gehen, weil der Rikschakuli für die Fahrt mehr verlangt, als sie für die Unterrichtsstunde erhält.

Ausländer, die sich vor Jahren mit einer kleinen Rente nach China zurückzogen und bescheiden im Jangtsetal oder in Nordchina lebten, sind heute völlig mittellos geworden. So sollen mehr als dreihundert verarmte Engländer nächstens in ihre Heimat zurückkehren, während andere Europäer versuchen, durch Arbeiten aller Art mit den Chinesen in Konkurrenz zu treten, um ein kümmerliches Dasein fristen zu können.

Dieses Herunterkommen mancher Ausländer kommt auf den ersten Blick durch ihre Kleidung zum Ausdruck. Die weißen, früher täglich zwei- bis dreimal gewechselten Sommeranzüge werden nun etliche Tage getragen, weil Seife und Waschschwamm unerschwinglich teuer sind.«

Walter Bosshardt berichtet weiter:

»Zahlreiche Ausländer, insbesondere Weißrussen, jedoch auch manche aus mitteleuropäischen Ländern nach China geflohene Juden sind auf das Niveau des chinesischen Kuli herabgesunken, die den Wagenschlag des vor dem Hotel wartenden Automobils öffnen und dafür ein Trinkgeld erwarten, nachts auf den Bänken in den öffentlichen Anlagen schlafen und die Opiumhöhlen besuchen, sobald sie einige Dollar verdient haben.

Die großen ausländischen Geschäftshäuser richten dem Personal Zulagen aus, die nach dem monatlichen amtlichen Index berechnet werden. Zu dem Grundgehalt kommt ein mehrfacher Zuschlag, der sich in erster Linie nach dem Reispreis richtet, der in den vergangenen Wochen neuerdings um nahezu siebzig Prozent gestiegen ist, wodurch eine neue Teuerung der inländischen Produkte in Bewegung gesetzt wurde.«

Auch viele der China-Deutschen erleben diese Misere — obwohl die Deutsche Gemeinde in Schanghai und die deutschen Organisationen in anderen chinesischen Großstädten alle nur denkbare Hilfe leisten. Daß sie unter diesen Umständen auf eine möglichst schnelle Rückkehr in die Heimat drängen, ist verständlich.

☆

Nach der großen Schlacht bei Sütschou, die der chinesischen Roten Armee die Herrschaft über ganz Nordchina verschafft, überschreitet Mao Tse-tungs Volksarmee am 21. April 1949 mit einer Million Soldaten in breiter Front den Jangtsekiang und besetzt am 26. Mai 1949 Schanghai.

Am 21. September 1949 wird in Peking die Chinesische Volksrepublik proklamiert.

Während des weiteren Vormarsches der Volksarmee, die durch immer neue Überläufer aus den Reihen der Nationalarmee verstärkt wird, flieht Tschiang Kai-schek mit seiner Regierung nach Tschengtu (nordwestlich von Tschungking), von dort – auf einer Südroute der Volksarmee ausweichend – an die Küste südlich von Quemoy und von dort auf die Insel Formosa. Am 29. November 1949 hat die Volksarmee Tschungking besetzt.

US-Präsident Harry S. Truman verkündet am 27. Juni 1950, daß »die Vereinigten Staaten von Amerika einen Angriff der chinesischen Roten Armee auf Formosa mit Waffengewalt verhindern werden«. Viereinhalb Jahre später, am 2. Dezember 1954, schließen die USA mit der Nationalchinesischen Republik einen Vertrag über den militärischen Schutz Formosas.

Amerikanische Hilfe sorgt für den wirtschaftlichen Aufschwung des nationalchinesischen Inselstaates. Für Washington ist die Nationalregierung von Taiwan (Formosa) die »einzige rechtmäßige Regierung Gesamtchinas«.

Formosa hat zu dieser Zeit acht Millionen Einwohner, die Volksrepublik fast sechshundert Millionen.

Politik geht manchmal seltsame Wege ...

Es dauert lange, bis sich der Realismus im politischen Irrgarten der Ignoranz und des Kalten Krieges durchsetzt und der amerikanische Präsident Richard Nixon auf Einladung des Ministerpräsidenten Tschou En-lai vom 21. bis 28. Februar 1972 die Volksrepublik China besucht.

☆

George F. Kennan, der amerikanische Diplomat, Geschichtsprofessor und unparteiische Beobachter der Weltpolitik, bemerkt 1950:

»Nicht die kommunistischen Anstrengungen haben in Europa in den dreißiger und vierziger Jahren die alte Ordnung zerstört und schließlich die östliche Hälfte des Kontinents in kommunistische Hände gebracht, sondern Hitler hat dies zuwege gebracht... Und ganz ähnlich war es in Ostasien in Wahrheit nicht Moskau und am wenigsten Washington, die China den Kommunisten in die Hände gespielt haben, sondern die Japaner.«

Edgar Snow, der beste Kenner der Geschichte des kommunistischen China, charakterisiert die Situation so:

»Mao Tse-tung hat die Kräfte des japanischen Imperialismus weder geschaffen noch befehligt. Aber dadurch, daß er diese Kräfte spürte und verstand, gelang es ihm, in seiner Hand und unter seiner Führung die Energie des Nationalismus und des vaterländischen Widerstandes zu vereinen, mit denen er dann einen uneingeschränkten Sieg für die soziale Revolution gewinnen sollte.«

☆

Nach der Proklamation der Volksrepublik China sehen sich die Deutschen, die noch in Schanghai oder anderen Städten des Landes leben, seit Herbst 1949 einer völlig neuen Situation gegenüber.

Das gesamte ausländische Eigentum wird zum Volkseigentum erklärt und konfisziert, alle ausländischen Niederlassungen werden enteignet. Auch die letzten noch bestehenden christlichen Gemeinden werden aufgelöst. Das ist auch das Ende der deutschen Kirche in Tsingtau, dessen letzter Pfarrer, Pastor Wilhelm Seufert, 1952 ausgewiesen wird.

1950 müssen die Deutschen, durch die Verhältnisse gezwungen, ihre alte Wahlheimat China verlassen. Die Deutsche Gemeinde in Schanghai übernimmt die Funktion einer Zentralstelle für alle Deutschen. Sie arbeitet mit anderen deutschen Organisationen, die es noch in einigen Teilen Chinas gibt, eng zusammen, um ihre Landsleute mit Rat und Tat zu unterstützen und ihre Rückkehr in die Heimat zu organisieren.

Die Heimkehr wird auf deutscher Seite vom (schon 1900 gegründeten) Ostasiatischen Verein organisiert. 1950 reisen die ersten der – nach den frühen Heimkehrer-Transporten durch die Amerikaner 1945/1946 – zurückgeblieben ehemaligen China-Deutschen per Schiff nach Deutschland.

In zahllosen dicken Aktenbänden des Ostasiatischen Vereins in Hamburg spiegeln sich die Schicksale vieler Deutscher. Es geht um ihr Leben und ihre Existenz, um die Kosten für ihre Rückkehr, um ihr Gepäck als letzte Habe eines einst oft ansehnlichen Vermögens; es geht um deutsche Frauen, die mit Chinesen verheiratet sind und denen die Rückkehr zunächst verwehrt wird; es geht um immer neue Schwierigkeiten, die zu überwinden sind – oft in enger Zusammenarbeit mit dem Auswärtigen Amt in Bonn und später (ab 1952) mit dem »vor der Tür liegenden« bundesrepublikanischen Generalkonsulat in Hongkong.

Die Deutschen, deren Heimatorte im Gebiet der DDR liegen, haben es einfacher, weil Ostberlin schon seit Juni 1950 diplomatische Beziehungen mit Peking unterhält.

Nachdem Bonn 1950 erste zaghafte Handelskontakte mit Peking geschlossen hat, beginnt 1952 eine zweite Rückführungsaktion. Bis Ende des Jahres sind 550 Deutsche in das Gebiet der Bundesrepublik zurückgekehrt, 1953 sind es noch einmal 58, 1954 folgen weitere 50.

Damit ist die Aktion im wesentlichen abgeschlossen, und die Deutsche Gemeinde in Schanghai löst sich auf. In ihrem Schlußbericht heißt es:

Damit hat ein langes und bedeutsames Kapitel in der Geschichte des Deutschtums in China seinen vorläufigen Abschluß gefunden. Die Pflichten, die der Deutschen Gemeinde Shanghai nach dem Zusammenbruch im Jahre 1945 erwachsen waren, gingen weit über den ursprünglichen Aufgabenkreis der verschiedenen Gemeinden in China seit ihrer Gründung im vergangenen Jahrhundert hinaus.

Während es früher die Aufgabe der Chinagemeinden war, sich mit der Pflege des Deutschtums und deutscher kultureller Einrichtungen im Rahmen der Beziehungen zu unserem Gastland zu befassen, standen die Chinadeutschen nach 1945 vor der schweren Aufgabe, zu versuchen, aus dem völligen Zusammenbruch zu retten, was noch zu retten möglich war, um späterhin, als die Entwicklung in China zeigte, daß weitgreifende Änderungen bei der Wiederaufnahme des Handels und der Beziehungen zwischen Deutschland und China nötig waren, sich zu bemühen, eine würdige und ordnungsgemäße Liquidierung deutscher Interessen zu gewährleisten und die Repatriierung aller derjenigen, die dazu aus eigenen Mitteln nicht mehr in der Lage waren, durchzuführen.

Zum Schluß möchten wir der unbedingten Hoffnung Ausdruck geben, daß der Abschluß dieses Abschnittes in den Beziehungen zwischen Deutschland und China nicht als Beendigung, sondern nur als ein Übergang zu einer neuen erfolgversprechenden Arbeit und besseren Verständigung zum Wohle der beiden Völker zu betrachten ist.

Große Sorge bereiten dem Auswärtigen Amt und dem Ostasiatischen Verein jene Deutschen, die aus irgendwelchen Gründen verhaftet sind. Im Sommer 1954 sind es noch achtzehn. Sie sind aber mit ihren Angehörigen brieflich verbunden.

Die Schweizer Gesandtschaft in Peking fädelt sich ein, und es gelingt ihr nach und nach, auch die Rückkehr der Inhaftierten durchzusetzen. Bis in das letzte der fünfziger Jahre hinein kehren immer noch einige Deutsche in die Bundesrepublik zurück. Die

DDR hat ihre Staatsangehörigen schon längst alle zurückholen können.

Das Jahrhundert, in dem die Deutschen in China als Kaufleute und Ingenieure, als Wissenschaftler und Militärberater eine beachtliche Rolle gespielt und sich dabei die Achtung der Chinesen erworben haben, ist 1945 zu Ende gegangen.

☆

Kontakte zwischen Bonn und Peking gibt es in den Jahren von 1949 bis 1972 praktisch nur auf geschäftlicher Ebene. Schon bald können sich die Import- und Export-Zahlen wieder sehen lassen.

Die Geschichte des Handels zwischen Deutschland (West und Ost) spiegelt sich am besten in den Meldungen, die von den großen Nachrichtenagenturen verbreitet werden.

United Press meldet am 10. Dezember 1949:

Wie von informierter Seite mitgeteilt wurde, hat die russische Handelsmission in Berlin eine Gruppe von westdeutschen Stahlindustriellen eingeladen, Offerten zur Lieferung von 75 000 Tonnen Eisenbahnschienen nach der Mandschurei zu stellen. Es soll hinzugefügt worden sein, daß noch weitere und größere Lieferungsmöglichkeiten nach China eröffnet werden könnten.

Darin wird hier ein Versuch der russischen Politik gesehen, die Ruhrindustriellen dem Bonner Regime – durch Versprechung eines unbeschränkten Marktes in China und Sowjetdeutschland – abtrünnig zu machen. Die Russen scheinen zu hoffen, daß auf eine Ostorientierung der deutschen Schwerindustrie auch eine entsprechende politische Umorientierung folgen könnte. In diesem Zusammenhang ist zu erwähnen, daß Ulbricht vor zehn Tagen die baldige Abreise einer ostdeutschen Handelsdelegation nach China bekanntgegeben hat.

Am 7. August 1950 berichtet die französische Agentur Agence France Presse (AFP) aus Frankfurt:

Der offizielle Sprecher der Hochkommission in Frankfurt gab die Erklärung ab, daß die Bestellung von 100 000 Tonnen Eisenbahnschienen (ursprünglich 75 000 Tonnen), die von der kommunistischen Regierung Chinas aufgegeben worden ist, nicht zur Ausführung gelangen werde. Diese Bestellung sei der Kontrollabteilung des alliierten Außenhandelsamtes unterbreitet worden, das als letzte Instanz über den Außenhandel der Trizone [1]) zu entscheiden hat. Die Bestellung der Schienen für China sei definitiv abgelehnt worden. Es gebe keinen Appell gegen diesen Beschluß.

Die britische Reuter-Agentur orientiert die Öffentlichkeit am 11. Oktober 1950 aus Berlin über folgendes:

Die ostdeutsche Nachrichtenagentur teilt mit, daß zwischen dem kommunistischen China und Ostdeutschland in Peking ein Handelsabkommen unterzeichnet wurde.

Über die Fernschreiber von United Press geht am 28. Januar 1951 von Frankfurt aus eine vielsagende Meldung in die Welt. Sie beweist, daß die vom alliierten Außenhandelsamt verbotene Ausfuhr von Eisenbahnschienen die deutsche Unternehmer- und Kaufmanns-Initiative nicht hat lähmen können:

Der deutschen Handelsstatistik kann entnommen werden, daß Westdeutschland im vergangenen Jahr beträchtliche Mengen von Stahl- und Eisenwaren nach dem kommunistischen China lieferte. Von der Statistik wird jedoch nach der Meinung der Experten nur ein Bruchteil der Gesamtlieferungen erfaßt, da große Mengen dieser Güter im Transit über westeuropäische Staaten oder Ostdeutschland nach China geliefert worden sein sollen. (...)

Im Jahresbericht der Handelskammer von Hamburg ist ausdrücklich festgestellt worden, der Handel mit China habe ein »angenehmes und unerwartetes Wiederanlaufen« gezeigt und

[1]) Zusammenschluß der britischen und amerikanischen Besatzungszone (»Bizone«, 1947) mit der französischen Zone (1948).

die Hamburger Export-Import-Firmen hätten ihre Agenturen in Schanghai, Tientsin und Hongkong bereits von ihrer Bereitschaft verständigt, den Handel wieder auf die Vorkriegsbasis zu stellen.

Der Jahresbericht der Hamburger Handelskammer vermerkt, diese Bemühungen hätten im Berichtsjahr 1949/50 bereits »erste Erfolge« gezeitigt, und hinzugefügt, dieser im Zweiten Weltkrieg unterbrochene Handelsaustausch sei für Westdeutschland um so wertvoller, als die Chinesen in Dollars bezahlen würden.

Wo ein Wille ist, findet sich auch ein Weg ...

Die meisten deutschen Lieferungen gehen von Westdeutschland aus über Hongkong in die Volksrepublik China, die damals noch im Westen »Rotchina« genannt wird. Es sind in erster Linie Eisenplatten und -stangen, Stahlröhren, Chemikalien, Kupferdrähte und -platten, Blei, optische, elektrotechnische, pharmazeutische und chemische Produkte.

1952 wird auf Initiative der Bundesregierung von Industrie-Organisationen der »Ostausschuß der deutschen Wirtschaft« gegründet. Er berät die Bundesregierung, die Wirtschaftsverbände und Einzelfirmen in allen Fragen des Handels mit den Ländern des Ostblocks. Innerhalb dieses Ostausschusses etabliert sich der »Arbeitskreis China«, der sich sehr um den Handel der Bundesrepublik mit der Volksrepublik China bemüht.

Am 29. Mai 1952 lautet eine Meldung von United Press aus Berlin:

Die ostdeutsche Regierung gab am Mittwoch die Unterzeichnung eines Handelsvertrages mit China bekannt. Der Vertrag regelt auch alle anderen zwischenstaatlichen Zahlungen. Ostdeutschland soll danach Kunstdünger, Werkzeugmaschinen, Elektromaterial, optische Waren, Chemikalien und Pharmazeutika liefern und dafür von China Leichtmetalle, Erze, Sojabohnen, Tabak, Hanfseide, Tee und pharmazeutische Rohstoffe erhalten. Der wertmäßige Umfang des Warenaustausches wurde nicht bekanntgegeben.

Zehn Monate später, am 1. Mai 1953, hat United Press in Tokio erfahren:

Nach einer Meldung von Radio Peking haben die Chinesische Volksrepublik und die Deutsche Demokratische Republik ein neues Handelsabkommen unterzeichnet, das den Warenaustausch gegenüber 1952 um 34 % vermehren wird. China soll vor allem Sojabohnen, Fette und Öle, andere Nahrungsmittel und Erze und Mineralien liefern und dafür aus Ostdeutschland Maschinen und Chemikalien bekommen.

Diese Nachricht wird am 13. August durch eine Meldung von United Press aus der japanischen Hauptstadt ergänzt:

Wie Radio Peking meldet, ist zwischen dem kommunistischen China und Ostdeutschland ein Zusatzvertrag zum laufenden Handelsabkommen unterzeichnet worden. China wird nach Ostdeutschland zusätzlich landwirtschaftliche Produkte im Austausch gegen Industrie-Erzeugnisse exportieren.

Was es Neues in den Wirtschaftsbeziehungen zwischen »Westdeutschland« und »Rotchina« gibt, geht aus einer United-Press-Meldung vom 2. Februar 1954 aus Düsseldorf hervor:

Die Rhein-Ruhr-Bank wandte sich am Montag mit einem Aufruf zugunsten eines Handelsvertrags zwischen der Deutschen Bundesrepublik und der Chinesischen Volksrepublik an die Presse. Es heißt darin, der Kompensationsverkehr mit Rotchina mache immer mehr Bargeschäften in Sterling Platz. Man könne wohl erkennen, daß die Umwege über Drittländer nicht mehr nötig seien.

Die Aussichten für den Handel mit Rotchina seien sehr gut. Die Aufhebung des westeuropäischen Embargos für Antibiotika-Lieferungen aus Westdeutschland nach China sei sehr zu begrüßen. Da die Möglichkeit für einen regen Warenaustausch im

Rahmen der augenblicklichen Beschränkungen bestehe, sei es vorteilhafter, durch einen Handelsvertrag eine einwandfreie Regelung für den direkten Verkehr zu schaffen.

Radio Peking gibt am 3. September 1954 bekannt:

Westdeutschland ist über den Wunsch der Volksrepublik China nach einer »Entwicklung des direkten Handels« zwischen den beiden Ländern informiert worden.

Die Volksrepublik China ist bereit, eine westdeutsche Handelsdelegation zu empfangen. Diese Einladung wurde in einem vom 17. August 1954 datierten Brief an ein westdeutsches »Komitee für Ostangelegenheiten« gerichtet.

Das deutsche Komitee wird ersucht, mit der Berliner Vertretung der Import-Export-Gesellschaft der Volksrepublik China Fühlung aufzunehmen und mit ihr die Einzelheiten der China-Reise der Handelsdelegation zu vereinbaren.

Es soll noch drei Jahre dauern, bis es zu einer solchen Reise kommt ...

Über ein neues Handelsabkommen zwischen Pankow und Peking meldet die Deutsche Presse-Agentur (DPA) am 6. April 1957 aus Berlin:

Ein Handels- und Zahlungsabkommen zwischen der Volksrepublik China und der Deutschen Demokratischen Republik für das Jahr 1957 wurde am Freitag in Peking unterzeichnet.

Wie die Ostberliner Agentur ADN aus Peking mitteilt, haben beide Seiten das Volumen des Warenaustauschs beträchtlich erhöht und das Sortiment der Warenlisten erweitert. Die Deutsche Demokratische Republik liefert im Rahmen dieses Abkommens komplette Industrieanlagen an China, darunter mehrere Wärmekraftwerke und vollständige Ausrüstungen für Zementfabriken, für eine Perlon- und eine Kunstseidenfabrik sowie für ein Schleifscheibenwerk.

70 27. September 1957: In Peking wird das erste Handelsabkommen zwischen dem »China-Komitee zur Förderung des Internationalen Handels« der Volksrepublik und dem bundesrepublikanischen »Ostausschuß der Deutschen Wirtschaft« geschlossen. Nan-Hanchen und Otto Wolff von Amerongen tauschen nach der Unterzeichnung die Dokumente aus.

71 Bonner Vorreiter für diplomatische Beziehungen mit China: Dr. Gerhard Schröder, Vorsitzender des Bundestagsausschusses für Auswärtige Angelegenheiten. Im Juli 1972 sprach er in der chinesischen Hauptstadt auch mit Ministerpräsident Tschou En-lai.

72 Am 11. Oktober 1972 in Peking: *Außenminister Walter Scheel und sein chinesische Kollege Tschi Peng-fei beschließen, daß Bonn und Peking Botschafter austauschen*

73 *Pekings Geschäftsträger in Bonn: Wang Schu (ab 1. 12. 1972).*

74 *Bonns Geschäftsträger in Peking Dr. Hans-Alfred Steger.*

Dazu kommen Instrumente, chemische Erzeugnisse und Einzelmaschinen, während China Erze, Buntmetalle, andere Industrierohstoffe, tierische und landwirtschaftliche Produkte, Seidengewebe und handwerkliche Erzeugnisse exportiert.

Daß es Schwierigkeiten beim Erfüllen dieses Vertrages gibt, wird deutlich aus einer DPA-Nachricht, die am 7. Mai 1957 aus Berlin verbreitet wird:

Rotchina hat einen Lieferauftrag für 1 800 Traktoren an das Volkseigene Werk Brandenburg überraschend annulliert. Das Ostberliner Ministerium für allgemeinen Maschinenbau sah sich daraufhin zu wesentlichen Kürzungen der Produktion dieses Werkes gezwungen. (...)

United Press tickert an die Redaktionen, daß Handelsfachleute der Volksrepublik China am 9. Mai 1957 in Bremen angekommen sind:

Eine neunköpfige Handelsdelegation aus der Volksrepublik China ist in Bremen eingetroffen. Mit Vertretern der am Ostasienhandel interessierten Bremer Wirtschaft sollen Fragen des deutsch-chinesischen Wirtschaftsaustausches besprochen werden.

Am 2. September 1957 warten alle großen in Deutschland vertretenen Nachrichten-Agenturen mit einer Meldung auf, die schon lange erwartet wurde:

Eine Delegation des Ostausschusses der deutschen Wirtschaft unter Führung von Otto Wolff von Amerongen befindet sich auf dem Weg nach Peking, um dort die Möglichkeiten, mit der Volksrepublik China ein Handelsabkommen abzuschließen, zu prüfen. (...)

Gesprächspartner ist das halbstaatliche »Chinese Committee for the Promotion of the international Trade« in Peking. Die ersten Kontakte mit Vertretern der chinesischen Außenhandelsorganisationen wurden anläßlich der Fernostkonferenz vom Jahre 1954 in Genf geschlossen.

In der Meldung vom 2. September 1957 heißt es weiter:

Die deutsche Delegation ist der Einladung nach Peking mit bescheidenen Hoffnungen gefolgt. (...) Man hat sich für einen drei- bis vierwöchigen Aufenthalt in China eingerichtet und hofft, jedenfalls nicht mit leeren Händen zurückzukommen.

Bezeichnenderweise wird vom Bundesverband der deutschen Industrie anläßlich der Abreise einer neunköpfigen deutschen Delegation darauf verwiesen, daß erst vor wenigen Tagen eine französische Delegation unter Führung von Senator Rochereau Frankreich verlassen habe, um in Peking im Anschluß an ein im Vorjahr abgeschlossenes Abkommen über eine Erweiterung des Handelsverkehrs zu verhandeln. (...)

In der Tat wäre der Vorwurf, die deutsche Industrie wolle in Peking sozusagen eine ziemlich peinliche und anrüchige Extratour reiten, unberechtigt.

Die deutsche Delegation ist weder die erste noch die letzte, die in Peking an die Türe klopft; sie befindet sich in guter westeuropäischer Gesellschaft.

Man hat im übrigen den Eindruck, als würde hierzulande der »rote Handel« heute weniger locken als früher. (...)

Am 27. September 1957 wird ein Handelsabkommen zwischen dem Ostausschuß der deutschen Wirtschaft (Otto Wolff von Amerongen) und dem »China-Komitee zur Förderung des internationalen Handels« (Nan Han-chen) unterzeichnet. Die Präambel und der erste Vertragspunkt dieses Abkommens, dem Warenlisten und gegenseitige Erklärungen in Briefform beigegeben sind, lauten:

Auf Grund des gemeinsamen Wunsches, den Handel zwischen der Bundesrepublik Deutschland und der Volksrepublik China zu entwickeln, haben der Ostausschuß der deutschen Wirtschaft und das China-Komitee zur Förderung des internationalen Handels freundschaftliche Verhandlungen durchgeführt und auf der Grundlage der Gleichheit und des gegenseitigen Nutzens über den Handels- und Zahlungsverkehr folgendes vereinbart:

1. Die Vertragsschließenden werden im Rahmen der in beiden Ländern geltenden Außenhandelsbestimmungen geeignete Schritte unternehmen, um die Entwicklung des Handels zwischen den beiden Ländern zu fördern und die reibungslose Durchführung dieses Abkommens zu erleichtern. (. . .)

Es folgen die Vertragspunkte 2 bis 11 mit Einzelheiten.

Die Vertragsschließenden sollen sich darum bemühen, daß die zuständigen Behörden für die Ein- und Ausfuhrwaren schnellstmöglich die erforderlichen Genehmigungen erteilen.

Dieser Vertrag gilt nur für ein Jahr. Er wird danach nicht mehr erneuert. Der künftige Handel zwischen der Bundesrepublik Deutschland und der Volksrepublik China läuft dennoch weiter – völlig vertragslos. Dieser Zustand wird erst beendet, als der Sonderbotschafter Peter Hermes am 10. Dezember 1972 an der Spitze einer Delegation nach Peking fliegt, um dort ein neues Handelsabkommen vorzubereiten, das schließlich am 19. Dezember 1972 unterzeichnet wird.

☆

Bald nach Abschluß des Handelsvertrages vom 27. September 1957 wird in Hamburg eine China-Gesellschaft gegründet. Die United Press veröffentlicht am 29. September in ihrem Dienst Einzelheiten darüber:

Die »Deutsche China-Gesellschaft« zur Förderung der Freundschaft und des Verständnisses sowie des Handels zwischen der

Bundesrepublik und China wurde in Hamburg gegründet. Als erster Vorsitzender wurde der Journalist Rolf Schenke, als zweiter der FDP-Bundestagsabgeordnete Hermann Schwann gewählt.

Unter den 106 Mitgliedern der Gesellschaft befinden sich Reichsbankpräsident a. D. Dr. Hjalmar Schacht und Reichsminister a. D. Andreas Hermes, die beide nicht selbst an der Gründung teilnahmen, sondern schriftlich ihre Mitgliedschaft beantragten.

Die »China-Gesellschaft« will vor allem die kulturellen Kontakte und das gegenseitige Verständnis zwischen dem deutschen und dem chinesischen Volk fördern und den Handel der beiden Länder, die sich nach Ansicht der Gesellschaftsgründer wirtschaftlich gut ergänzen, in Gang bringen. (...)

Seit dem 13. Oktober 1957 wickelt sich der Güteraustausch zwischen Bonn und Peking auf der Grundlage des Handelsvertrages vom 27. September 1957 ab.

Die »Neue Zürcher Zeitung« schreibt am 9. Oktober 1957 in einem Kommentar über dieses Abkommen, es sei »kein spektakulärer Schritt« gewesen, und fährt fort:

»Es ging vielmehr darum, den deutsch-chinesischen Handel auf eine gesunde Basis zu stellen. Der Handel lief bisher, insbesondere beim deutschen Import, überwiegend über Drittländer. Das Verhandlungsziel war eine Förderung des direkten Geschäfts. Ein besonderes Anliegen war die Hereinnahme einer klaren Arbitrage-Klausel [1]) in ein Abkommen sowie die zwingende Aufnahme einer Force-majeur-Klausel [2]) in jeden Kontrakt. Diese Dinge lagen bisher im argen. In dem nunmehr in Peking abgeschlossenen Abkommen ist diesen Postulaten Rechnung getragen worden. Es wurde darin ferner vereinbart, daß die Zahlungen in der Regel durch unwiderrufliche Akkreditive in DM zu erfolgen haben. (...)«

[1]) Der Käufer muß die beanstandete Ware behalten und hat nur Preisminderungsrecht.

[2]) Höhere-Gewalt-Klausel.

Die Entwicklung des Handels zwischen der Bundesrepublik Deutschland und der Volksrepublik China macht folgende Tabelle deutlich (in Millionen DM):

Jahr	Einfuhr aus China	Ausfuhr nach China	Saldo
1960	291,3	400,8	+109,5
1961	159,4	123,3	— 36,1
1962	156,4	124,5	— 31,9
1963	162,5	61,3	—101,2
1964	206,9	101,9	—105,0
1965	290,9	316,0	+ 25,1
1966	370,1	517,7	+147,6
1967	306,2	826,1	+519,9
1968	341,2	696,5	+355,3
1969	344,1	617,7	+273,7
1970	308,6	612,0	+303,1

Rund ein Drittel der 1970 aus der Volksrepublik China in die Bundesrepublik eingeführten Waren umfaßt gewerbliche Rohstoffe (in erster Linie Häute und Felle, Bettfedern, Erze und chemische Rohstoffe). Zu den Fertigwaren gehören Kunststoffe, Farben und andere chemische Vor-Erzeugnisse (Düngemittel), ferner Gewebe und Gewirke, Pelzwaren und bestimmte Pharmazeutika.

Unter den Produktionen der Ernährungswirtschaft (etwa vierzig Prozent der deutschen Einfuhr aus der Volksrepublik China) befinden sich Ölfrüchte und Eigelb, Obst, Därme und Rohtabak.

Die Ausfuhr der Bundesrepublik nach China führt auf ihrer Liste fast ausschließlich gewerbliche Fertigwaren auf, und an ihrer Spitze stehen Maschinen (darunter große Diesel-Lokomotiven), Walzwerk- und Kupfer-Erzeugnisse, elektrotechnische, feinmechanische und optische Geräte sowie chemische Produkte und Teerfarbstoffe.

Wie sich die Bundesrepublik Deutschland im Handel westlicher Länder mit der Volksrepublik China ausmacht, geht aus folgender Tabelle hervor (Zahlen in Millionen DM):

	1971		1970		1969	
	Einfuhr	Ausfuhr	Einfuhr	Ausfuhr	Einfuhr	Ausfuhr
Japan	1 130,6	2 029,7	874,5	1 963,7	808,5	1 344,7
Hongkong	1 897,5	33,0	1 650,0	33,5	1 485,0	16,3
BR Deutschland	330,4	482,2	308,6	612,0	344,1	617,7
Kanada	74,3	660,0	66,3	486,5	90,7	420,8
Frankreich	247,9	379,9	239,4	280,5	247,8	148,1
Großbritannien	264,0	231,7	280,5	371,2	313,2	445,2
Italien	221,4	206,5	113,5	198,0	221,8	189,2
Australien	132,1	90,7	107,4	396,0	107,3	363,4
Holland	123,7	57,8	99,0	82,4	99,4	82,5
Schweiz	57,9	57,7	66,7	74,2	49,5	66,3
Belgien	57,4	24,7	33,0	74,3	57,4	41,3
Finnland	33,0	41,3	16,5	41,2	16,1	24,2

Obwohl der Wert der Ausfuhren der Bundesrepublik Deutschland nach der Volksrepublik China 1971 erheblich zurückgegangen ist, bleibt Bonn – nach Tokio und Hongkong – immer noch der drittgrößte Handelspartner der Volksrepublik China.

☆

Anfang Mai 1964 empfängt der chinesische Außenminister Tschen Ji in Peking einige Repräsentanten der internationalen Presse. Zu diesem Kreis gehört auch Harry Hamm, Redaktionsmitglied der »Frankfurter Allgemeinen Zeitung«.

Die Journalisten mußten ihre Fragen vor der Konferenz schriftlich einreichen. Hamm will unter anderem wissen: »Wie stellt sich die Regierung der Volksrepublik China eine Verbesserung des deutsch-chinesischen Verhältnisses vor? Erscheint das Einrichten einer Bonner Handelsmission in Peking als erster geeigneter Schritt?«

Wörtlich antwortet der Außenminister der VR China:

»Unsere Handelsbeziehungen sind nicht allzu schlecht und haben sich von Jahr zu Jahr verbessert. Die Errichtung von Handelsmissionen haben wir noch nicht in Betracht gezogen. Wenn jedoch die Voraussetzungen herangereift sind, werden wir natürlich diese Frage in Betracht ziehen. Es ist unsere grundlegende Hoffnung, daß beide Teile Deutschlands wirklich friedlich wiedervereinigt werden. Es ist gewiß nicht unsere Absicht, unsere Beziehungen zu Westdeutschland auszunutzen, um Ostdeutschland unter Druck zu setzen, oder unsere Beziehungen zu Ostdeutschland auszunutzen, um Westdeutschland unter Druck zu setzen. Trotz der Tatsache, daß die Ostdeutschen innerhalb der internationalen kommunistischen Bewegung zu jenen gehören, die China verdammen, sind wir dennoch nicht bereit, unsere richtige Einstellung hinsichtlich der beiden Teile Deutschlands aufzugeben.

Wir werden unsere Handelsbeziehungen zu Westdeutschland fortsetzen; insbesondere an dem Import von Präzisionsinstrumenten aus Westdeutschland sind wir interessiert und werden das auch weiterhin sein. Wir sind jedoch resolut gegen eine Politik, die mit Adenauer angefangen hat und von Bundeskanzler Erhard fortgesetzt wird, und die sich auf die USA stützt, um eine revanchistische Politik zu verwirklichen.«

Am anderen Ende der Welt, in Washington, fällt vier Wochen nach der programmatischen Erklärung des chinesischen Außenministers Tschen Ji der deutsche Bundeskanzler Ludwig Erhard eine Entscheidung, die den Chinesen ganz und gar nicht in ihr außenpolitisches Konzept paßt und daher eine neue Propagandawelle der chinesischen Presse gegen Bonn auslöst.

☆

Während der Handel, trotz des vertragslosen Zustandes bis zum 19. Dezember 1972, eine — insgesamt gesehen — positive Bilanz zeigt, ist die politische Situation zwischen Bonn und Peking weniger erfreulich. Hinter den Kulissen hat es mehrfach Kontakte gegeben. Vor allem 1964 wird das Problem diplomatischer Beziehungen zwischen der Bundesrepublik Deutschland und der

Volksrepublik China aufgegriffen. Vier geheime deutsch-chinesische Gespräche werden im Mai, Juli, Oktober und November 1964 in Bern geführt. Auf deutscher Seite verhandeln Legationsrat Dr. Hansen von der Bonner Botschaft in Bern und Legationsrat Dr. Erwin Wickert vom Auswärtigen Amt. Der chinesische Geschäftsträger in Bern, Tsui Tschi-yuan, und Handelsrat Tien Li-tschin sind ihre Gesprächspartner.

Schon das erste Gespräch weckt Hoffnungen auf beiden Seiten. Doch mehr und mehr wird die Atmosphäre frostiger. Und als der US-Präsident Lyndon B. Johnson schließlich – sehr behutsam zwar, aber doch deutlich – Bundeskanzler Ludwig Erhard und den Außenminister Gerhard Schröder zur Vorsicht mahnt (um nicht zu sagen: zurückpfeift), wird der Anlauf Bonns zur Aufnahme diplomatischer Beziehungen zu Peking jäh abgebrochen.

Außenminister Schröder, der mit Kanzler Erhard zusammen in die USA gereist ist (Mitte Juni 1964), vertritt gegenüber dem US-Außenminister Dean Rusk standhaft seine Position, die auch seine Diplomaten in Bern bei den Gesprächen mit den Chinesen eingenommen haben.

Erhard dagegen läßt sich von einer nur beiläufigen Bemerkung Johnsons einschüchtern und erklärt auf einer anschließenden Pressekonferenz sogar, die Bundesrepublik habe nie daran gedacht, einen neuen Handelsvertrag mit der Volksrepublik China zu schließen; sie habe vielmehr lediglich die Frage geprüft, wie der Handel mit China intensiviert werden könne.

Bundeskanzler Erhard erklärt schließlich – nach seiner Rückkehr aus den USA – unverblümt, die Bundesregierung sei »mit Rücksicht auf ihren amerikanischen Verbündeten gegen die Aufnahme jeglicher offizieller Beziehungen zu Peking«.

Trotz dieser Erklärung Erhards werden in Bern die schon erwähnten Gespräche Bonner Diplomaten mit den Chinesen fortgesetzt. Am 23. November 1964 treffen sich die Unterhändler zum vierten und letzten Gespräch in Bern.

Von chinesischen Diplomaten wird der Sturz des sowjetischen Regierungschefs Nikita Chruschtschow (14. Oktober 1964) für das

Scheitern der Verhandlungen Bonn – Peking verantwortlich gemacht. Und es sind danach die Chinesen, deren Interesse an normalen Beziehungen zu Bonn erlahmen, weil sie mit einer Entspannung zwischen Peking und Moskau rechnen. Als Bonn im Januar 1965 den Anlauf zu einer – in Bern übrigens vereinbarten – neuen Verhandlungsrunde nimmt, die in London zusammentreten soll, sind die Chinesen »an einer Fortsetzung der Kontakte nicht mehr interessiert« ...

Dieser ganze Komplex des Verhältnisses zwischen Bonn und Peking in den Jahren 1949 bis 1972 mit all seinen Einzelheiten, Hoffnungen, Widersprüchen und dramatischen Szenen hinter den Kulissen soll uns hier nicht interessieren. Er würde weit über das Thema hinausreichen, das der Autor sich gestellt hat.

☆

Als Gerhard Schröder, der Vorsitzende des Bundestagsausschusses für Auswärtige Angelegenheiten, im Juli 1972 nach China fliegt, ist die Situation längst reif für die Normalisierung der Beziehungen zwischen Bonn und Peking. Überall trifft er während seiner Reise durch die Volksrepublik China auf eine mehr als freundschaftliche Atmosphäre.

In allen offiziellen Ansprachen auf chinesischer Seite ist von »lieben Freunden« die Rede, wenn die Deutschen aus der Bundesrepublik gemeint sind. Und das Fazit aller Gespräche lautet: Es gibt zwischen Bonn und Peking keine wirklichen Hindernisse, die der gegenseitigen völkerrechtlichen Anerkennung im Wege stehen.

Als Bundesaußenminister Walter Scheel im Oktober 1972 die Volksrepublik China besucht, ist es nur noch eine Formsache, was sich auf dem Höhepunkt der Reise vollzieht ...

Eine neue Ära hat an dem Tage begonnen, an dem die Volksrepublik China, repräsentiert durch ihren Außenminister Tschi Peng-fei, und die Bundesrepublik Deutschland, vertreten durch ihren Außenminister Walter Scheel, am 11. Oktober 1972 in

Die Regierung
der Bundesrepublik Deutschland

und

die Regierung
der Volksrepublik China

haben am 11. Oktober 1972 beschlossen, diplomatische Beziehungen aufzunehmen und in kurzer Zeit Botschafter auszutauschen.

Geschehen zu Peking
am 11. Oktober 1972 in zwei Urschriften,
jede in deutscher und chinesischer Sprache.

Für die Regierung
der Bundesrepublik Deutschland

Für die Regierung
der Volksrepublik China

Eines der kürzesten Dokumente ...
Der Bann zwischen Bonn und Peking

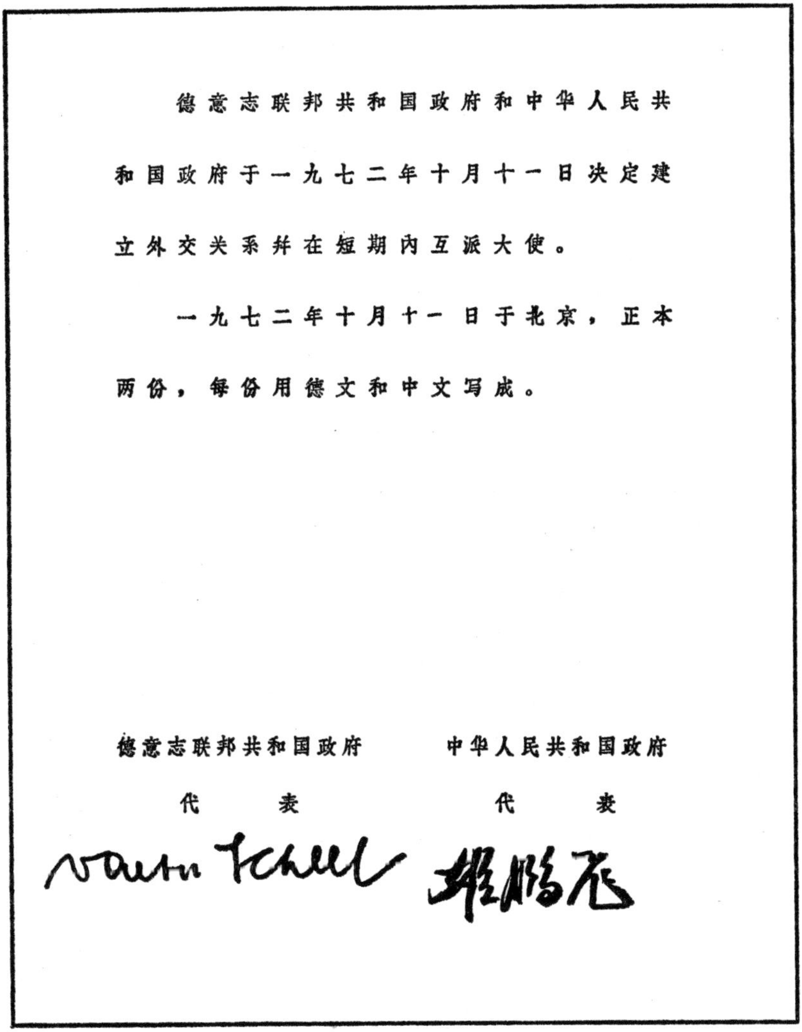
德意志联邦共和国政府和中华人民共和国政府于一九七二年十月十一日决定建立外交关系并在短期内互派大使。

一九七二年十月十一日于北京，正本两份，每份用德文和中文写成。

德意志联邦共和国政府	中华人民共和国政府
代　表	代　表
Walter Scheel	姬鹏飞

. . . in der Geschichte der Diplomatie
ist nach 33 Jahren endlich gebrochen

Peking beschließen, »die diplomatischen Beziehungen aufzunehmen und in kurzer Zeit Botschafter auszutauschen«.

Erinnernd an die mehr als hundert Jahre währenden guten Beziehungen zwischen Deutschland und China, schreibt die Pekinger »Volkszeitung«, das Zentralorgan der KPCh, im letzten Abschnitt einer ausführlichen Würdigung der Bundesrepublik:

Zwischen dem chinesischen und dem deutschen Volk bestehen seit langem freundschaftliche Beziehungen. Seit 1949 unterhält unser Land diplomatische Beziehungen zur DDR. China hatte zwar keine amtlichen Beziehungen zur Bundesrepublik, aber unsere beiden Völker haben auf dem Gebiet der Wirtschaft, der Kultur, des Sports und der Presse Verbindung gehabt.

Scheel läßt dem chinesischen Ministerpräsidenten Tschou En-lai als deutsche Ehrengabe ein Faksimile des wohl letzten Essays von Gottfried Wilhelm Leibniz überreichen: den französisch geschriebenen »Brief über die chinesische Philosophie«.

Tschou En-lai ist entzückt über dieses Geschenk. Bonn hat in dem hochgebildeten und weltgewandten chinesischen Politiker, der auch die französische Sprache beherrscht, mit diesem Leibniz-Brief den Mann des Geistes angesprochen und damit genau das Richtige getroffen.

Mit diesem Geschenk ist zugleich jene geistige Brücke wieder errichtet, die jahrzehntelang neben dem Handel und den Militärberatern die beiden Völker verbunden hat.

Die Gruppe der zehn Atomwissenschaftler von der Tsing Hua-Universität Peking, die unter Leitung von Professor Chang Wei Anfang Dezember 1972 die Bundesrepublik besucht und dabei vor allem die Kernforschungsanlagen besichtigt, bildet den Auftakt zu einem wissenschaftlichen Austausch zwischen beiden Völkern, der sich schon einmal segensreich ausgewirkt hat.

☆

Seit Anfang November 1972 arbeitet ein »diplomatisches Vorkommando« als Aufbaustab Bonns in Peking, um alle technischen Voraussetzungen dafür zu schaffen, daß der erste Botschafter der Bundesrepublik Deutschland sein Amt in der Volksrepublik China antreten kann.

Am 1. Dezember 1972 nehmen die beiderseitigen Geschäftsträger ihre Arbeit auf: Dr. Hans-Alfred Steger für die Bundesrepublik in Peking, Wang Schu für die Volksrepublik China in Bonn.

Die Bundesrepublik ist das achtzigste Land, mit dem die VR China diplomatische Beziehungen unterhält.

Wir sind für Peking zweifellos ein wichtiger Handelspartner. Aber jene Optimisten, die auf einen großen Aufschwung des Handels hoffen, werden enttäuscht werden. Es wird keine deutschen Kaufleute mehr geben, die sich in China seßhaft machen, keine Berater irgendwelcher Art und keine Niederlassung großer Firmen.

Die Zeiten von einst sind endgültig vorbei – nicht nur für die Bundesrepublik Deutschland.

Daß deutsche Studenten in China studieren und ihre chinesischen Kommilitonen in deutschen Hörsälen sitzen werden; daß es darüber hinaus einen Kulturaustausch geben wird – diese erfreulichen Kontakte dürfen nicht darüber hinwegtäuschen, daß die Beziehungen völlig anders sein werden als früher.

Die Bonner China-Diplomaten repräsentieren die Bundesrepublik in einem wohlgeordneten, bis ins letzte durchorganisierten Reich, das längst zur Weltmacht geworden ist, über Atombomben verfügt, Interkontinental-Raketen in seinen Arsenalen hütet, die besten Luftschutzkeller der Welt unter ihren großen Städten erbaut hat und Wissenschaft und Technik in einem nie gekannten Ausmaß eine entscheidende Rolle spielen läßt.

In der Volksrepublik China verhungern nicht mehr – wie im früheren China – jährlich viele Millionen Menschen; die großen Ströme sind gebändigt und überbrückt; chinesische Ingenieure haben möglich gemacht, was ihre europäischen und amerikanischen Kollegen früher für aussichtslos hielten.

Ein Land, das aus sich selbst heraus so unendlich viel geschaffen und geleistet hat, wird kaum noch fremder Hilfe bedürfen. China schickt selber schon seit Jahren Berater der verschiedensten Disziplinen in Länder der Dritten Welt, es gewährt Kredite und läßt Studenten vieler Staaten an seinen Hochschulen studieren.

Und vielleicht sendet die Volksrepublik China eines Tages auch Berater in jene Länder, die früher Helfer in das Reich der Mitte schickten ...

Anhang mit Übersichten

XIV

Daten, Namen und Quellen

- Deutschlands Repräsentanten in China
- »Veteranen« des China-Geschäftes
- 143 Jahre in Stichworten
- Zeugen, Beobachter und Historiker

Aufmarsch der Diplomaten:

DEUTSCHLANDS REPRÄSENTANTEN IN CHINA

A. PREUSSEN

Generalkonsul in Schanghai (zugleich für den Deutschen Zollverein): Guido von Rehfues	1861 – 1863
Gesandter (ab 1867 zugleich Gesandter des Norddeutschen Bundes): Guido von Rehfues	1863 – 1871

B. DEUTSCHES REICH

1. Gesandte

Guido von Rehfues	1871 – 1874
Max von Brandt	1874 – 1893
Gustav Freiherr Schenck zu Schweinsberg	1893 – 1896
Edmund Freiherr von Heyking	1896 – 1899
Clemens Freiherr von Ketteler	1899 – 1900
Alfons Freiherr Mumm von Schwarzenstein	1900 – 1906
Arthur Graf von Rex	1906 – 1911
Johann Friedrich Wilhelm Elmershaus von Haxthausen	1911 – 1914
Paul von Hintze	1914 – 1917
Schutz der deutschen Interessen durch die Niederlande	1917 – 1920
Adolf Boyé	1921 – 1928
Herbert Cuno von Borch	1928 – 1931

2. Botschafter

Oskar Paul Trautmann	1931 – 1938
Leitung der Botschaft durch Geschäftsträger: Botschaftsräte Martin Fischer und Dr. Felix Altenburg	1938 – 1941
Heinrich Georg Stahmer	1941 – 1943
Ernst Woermann	1943 – 1945

C. BOTSCHAFTER DER DEUTSCHEN DEMOKRATISCHEN REPUBLIK

Johannes König	1950 – 1955
Richard Gyptner	1955 – 1958
Dr. h. c. Paul Wandel	1958 – 1961
Josef Hegen	1961 – 1964
Günter Kohrt	1964 – 1966

Martin Bierbach	1966 – 1969
Gustav Hertzfeldt	1969 –

D. BOTSCHAFTER DER BUNDESREPUBLIK DEUTSCHLAND

Hans-Alfred Steger (Geschäftsträger)	ab 1. 12. 1972

Deutsche Firmen »erobern« das Reich der Mitte

»VETERANEN« DES CHINA-GESCHÄFTES

	In China seit:
1. Handel	
O. H. Anz & Co.	1886
Bernhard Buschmann	1862
Carlowitz & Co.	1842
China Export-Import & Bank-Compagnie Ltd.	1859
Heyn Bröckelmann & Co.	1843
C. Illies & Co.	1859
Jebsen & Co. – Jebsen & Jessen	1895
Kunst und Albers	1864
Mee-Yeh Handels Compagnie	1881
Melchers & Co. – C. Melchers & Co.	1866
Buchhandlung Max Nössler & Co.	1899
Sander, Wieler & Co.	1860
Schantung Handels-Aktiengesellschaft	1899
Schmidt & Co.	1912
Siemssen & Co.	1846
Siemssen & Krohn	1885
Speidel & Co.	1864
Winckler & Co.	1907
2. Industrie	
Badische Anilin- & Soda-Fabrik	1885
Farbenfabriken Bayer Aktiengesellschaft	1884
Farbwerke Höchst A. G.	1889
Demag	1904
Gutehoffnungshütte	1888

Klöckner-Humboldt-Deutz A. G.	1893
Fried. Krupp	1869
Siemens & Halske Aktiengesellschaft – Siemens-Schuckertwerke Aktiengesellschaft	1878
3. *Schiffahrt*	
Hamburg–Amerika Linie – Ostasienfahrt	1898
Norddeutscher Lloyd – Ostasienfahrt	1886
Rickmers Linie	1857
Rob. M. Sloman jr.	1886
4. *Banken*	
Deutsch-Asiatische Bank	1890

Firmen, die sich erst später oder nach dem Ersten Weltkrieg in China niederließen, sind nicht genannt.

Das »Daten-Gerüst«

143 JAHRE IN STICHWORTEN

China und Deutschland	*China in der Weltpolitik*
1839 – 1842	Opiumkrieg
1842 Erste deutsche Handelsfirma in China.	Friedensvertrag von Nanking. China muß Hongkong an England abtreten, fünf Häfen dem europäischen Handel öffnen.
1844	Handelsverträge mit den USA und Frankreich, bald danach mit weiteren europäischen Ländern.
1850 – 1866	Taiping-Aufstand. Ziel »Himmlisches Reich des höchsten Friedens«.
1855 Sieben deutsche Firmen in China.	

	China und Deutschland	*China in der Weltpolitik*
1857 – 1860		Krieg Englands und Frankreichs gegen China (»Lorcha-Krieg«).
1858		Vertrag von Tientsin (von China nicht ratifiziert).
1859	Beginn der preußischen Eulenburg-Expedition nach Ostasien.	
1860		Einmarsch britischer und französischer Truppen in Peking. Kaiserlicher Sommerpalast geplündert und zerstört. China muß Vertrag von Tientsin akzeptieren: Europäische Gesandtschaften in Peking; Konsulargerichtsbarkeit für die Fremden; Freizügigkeit christlicher Missionen; Zugeständnisse für europäischen Handel.
1861	Handelsvertrag mit dem Königreich Preußen und dem Deutschen Zollverein. Preußisches Generalkonsulat in Schanghai (Guido von Rehfues).	Gründung einer Behörde für auswärtige Angelegenheiten (»Tsungli Yamen«).
1863	Erster preußischer Gesandter (Guido von Rehfues) in Peking.	
1865	Erster deutscher Verein in China: »Club Concordia« (Schanghai).	
1867	Rehfues Gesandter des Norddeutschen Bundes.	
1870		Aufruhr in Tientsien: Französischer Konsul ermordet.

	China und Deutschland	*China in der Weltpolitik*
1871	Rehfues Gesandter des Deutschen Reiches.	
1872	Deutsche Wissenschaftler beginnen mit ihrer »Eroberung« Chinas. Geograph von Richthofen bricht zur ersten China-Expedition (bis 1872) auf.	
1877	41 deutsche Firmen in China, 412 deutsche Staatsbürger.	
1881	Erste deutsche Militärberater in China. Waffenlieferungen durch Krupp.	
1884 – 1885		Französisch-Chinesischer Krieg.
1885	38 deutsche Wissenschaftler in China.	Anerkennung des französischen Protektorats über Tongking.
1886		Burma an England abgetreten.
1891	Eine deutsche Kompanie wird in das »Shanghai Volunteer (Freiwilligen) Corps« eingegliedert.	
1894 – 1895		Chinesisch-Japanischer Krieg
1895	Erste deutsche Schulgemeinde in China (Schanghai).	Friede von Schimonoseki: China muß die »Unabhängigkeit« von Korea anerkennen und auf alle Rechte in Korea zugunsten Japans verzichten. Formosa (Taiwan) und Pescadores-Inseln werden japanisch.
1896		Chinesisch-russisches Geheimbündnis (gegen einen japanischen Angriff).

	China und Deutschland	China in der Weltpolitik
1897	Das Deutsche Reich besetzt auf der Halbinsel Schantung Kiautschou mit Tsingtau.	
1898	Pachtvertrag (auf 99 Jahre) über das Kiautschou-Gebiet.	Reformversuche des Kaisers Kuang-Hsü (»Ära der hundert Tage«).
1900	Gesandter Clemens von Ketteler ermordet. Baubeginn der ersten deutschen Kirche in China (Schanghai).	Aufstand des Geheimbundes der Boxer.
1901	Chinesischer »Sühneprinz« entschuldigt sich bei Kaiser Wilhelm II. für den Gesandten-Mord.	»Boxerprotokoll«: China muß hohe Entschädigung zahlen.
1904 – 1905	Die Schantung-Bahn von Tsianfu bis Tsingtau (395 km) fertiggestellt.	Russisch-Japanischer Krieg (zum Teil auf chinesischem Gebiet ausgetragen). Sieg der Japaner zu Lande bei Mukden, zu Wasser bei Tsushima. Frieden von Portsmouth. Reformgesetzgebung beginnt mit dem Abschaffen des alten chinesischen Prüfungssystems und einer Modernisierung der Verfassung.
1911		Revolution der Jungchinesen unter Sun Yat-sen. Sturz der Mandschu-Dynastie. China wird Republik.
1912		Erster Präsident (für sechs Wochen) ist Sun Yat-sen, danach der kaiserliche General Yüan Schi-kai. Tibet und die Mongolei fallen von China ab.

	China und Deutschland	China in der Weltpolitik
1913	»Chinesischer Verband deutscher Ingenieure« in Schanghai gegründet.	
1914	»Deutsche Gemeinde in Schanghai« (zum Schutz aller gemeinnützigen Einrichtungen und als Interessengemeinschaft) gegründet. Ähnliche Institutionen ab 1922 auch in anderen chinesischen Großstädten. Kapitulation der deutschen Truppen im Kiautschou-Gebiet vor den Japanern (7. 11.).	
1915		Japans 21 Forderungen an China.
1917	China erklärt Deutschland und Österreich-Ungarn (14. 8.) den Krieg.	
1919	Ausweisung fast aller China-Deutschen.	China weigert sich, den Vertrag von Versailles zu unterzeichnen, weil das ehemalige deutsche Kiautschou-Gebiet japanisch bleiben soll. In Peking demonstrieren Studenten. »Bewegung des 4. Mai«.
1920	1926	Bürgerkrieg der Generale im Norden. Unter Sun Yat-sen etabliert sich 1925 im Süden (Kanton) eine Regierung der Kuomintang (KMT).
1921	Deutsche kehren nach China zurück. Deutsches Eigentum wird zum größten Teil zurückerstattet. Das Deutsche Reich verzichtet auf alle Sonderrechte.	Kommunistische Partei Chinas (KPCh) gegründet.

	China und Deutschland	*China in der Weltpolitik*
1922		Konferenz von Washington. Die Japaner müssen sich aus China zurückziehen und ehemaligen deutschen Besitz auf der Halbinsel Schantung (Tsingtau) den Chinesen übergeben. Im Neun-Mächte-Abkommen wird die »Politik der offenen Tür« fixiert: China steht allen Mächten (wirtschaftlich und kulturell) gleichmäßig offen.
1923 – 1927		Chinesisch-sowjetisches Abkommen (»Rapallo Chinas«). Sowjetrussische Instrukteure (Chef: General Blücher alias Galen) und Berater (Borodin) bei der Armee und Regierung der Kuomintang. Militärakademie in Whampoa gegründet. Militärische Leitung: Tschiang Kai-schek, politische: Tschou En-lai.
1924	Vertragliche »Bereinigung« der deutsch-chinesischen Beziehungen.	
1925		Tod Sun Yat-sens. Studenten demonstrieren in Schanghai gegen die Fremden. »Bewegung des 30. Mai«. Generalstreik und Boykott gegen England. Tschang Tso-lin Sieger und Beherrscher Nordchinas.
1926		Die Kanton-Armee (Oberbefehl: Tschiang Kai-schek) beginnt Feldzug zum Einigen Chinas. Hankau Hauptstadt der Nationalregierung.

	China und Deutschland	*China in der Weltpolitik*
1927	Wieder 307 deutsche Firmen in China.	Fremdenfeindliche Demonstrationen in Nanking. Tschiang Kai-schek bildet Nationalregierung in Nanking. Hinrichtung von Kommunisten. Bauernaufstände niedergeschlagen. Sowjetberater kehren nach Moskau zurück. Erste östliche Machtbereiche der Kommunisten (Mao Tse-tung und Tschu Teh).
1928	Erster Militärberater bei der Nationalarmee: Oberst Max Bauer.	Der Marsch Tschiang Kai-scheks gegen die Generale im Norden endet mit der Einigung Chinas (Einmarsch in Peking). Tschang Tso-lin bei Bombenanschlag getötet. Sein Adoptivsohn Tschang Hsü-liang unterstellt sich der Nanking-Regierung.
1928 – 1934	Zunehmende Bedeutung der deutschen Militärberater.	Gründung der Roten Armee der KPCh in Hunan. Gestützt auf die Bauernverbände, bildet die KPCh kommunistische Stützpunkte in den Provinzen Fukien und Kiangsi (unter Mao Tse-tung und Tschu Teh). Kommunistische Reformen: Enteignung der Grundbesitzer, neue Verteilung des Bodens. Fünf vergebliche Vernichtungsfeldzüge der National- gegen die Rote Armee. Beim sechsten Versuch Durchbrechung der Umzingelung und Aufbruch der Roten Armee zum Langen Marsch.

	China und Deutschland	*China in der Weltpolitik*
1930	Wieder acht deutsche Schulen in China.	
1931	Deutschland-Institut in Peking. Kreuzer »Emden« besucht Schanghai.	Japaner besetzen die Mandschurei.
1932		Unter japanischem Protektorat »Unabhängigkeit« der Mandschurei als Kaiserreich Mandschukuo. Japaner landen in Schanghai. Hartnäckige Kämpfe.
1933		Japans Austritt aus dem Völkerbund (weil der Lytton-Bericht »unrechtmäßiges Vorgehen« der Japaner in der Mandschurei feststellt).
1936	Anti-Komintern-Pakt zwischen Deutschland und Japan.	Die KPCh gründet in der Provinz Schensi einen neuen kommunistischen Staat mit der Hauptstadt Yenan. Zwischenfall von Sian: Gefangennahme Tschiang Kai-scheks, um ihn zu zwingen, gemeinsam mit den Kommunisten gegen Japan zu kämpfen. Durch Vermittlung Tschou En-lais freigelassen. Waffenstillstand zwischen KMT und KPCh.
1937	15,3 Prozent chinesischer Einfuhr kommen aus Deutschland; Ausfuhranteil 8,8 Prozent.	Zwischenfall an der Marco-Polo-Brücke bei Peking: Beginn des Krieges (»Konfliktes«) zwischen Japan und China. Manifest über Zusammenarbeit KMT-KPCh.

	China und Deutschland	China in der Weltpolitik
		Verlegung der Nationalregierung zunächst nach Hankau, dann nach Tschungking.
1938	Alle deutschen Militärberater bei Tschiang Kai-scheck werden nach Deutschland zurückbefohlen	
1940	Drei-Mächte-Pakt in Berlin zwischen Deutschland, Japan und Italien.	Wang Tsching-wei bildet japanfreundliche Regierung in Nanking. Erste US-Militärberater bei Tschiang Kai-schek.
1941	Tschungking-Regierung (Tschiang Kai-schek) erklärt Deutschland den Krieg.	
1943		Verzicht der Alliierten auf sämtliche Vorrechte in China, um einen Separatfrieden zwischen der KMT-Regierung und Japan zu verhindern.
1944		Amerikanische Verärgerung über die Korruption bei den Nationalchinesen und über mangelnde Zusammenarbeit Tschiang Kai-scheks mit der Roten Armee der KPCh.
1945	Heimkehr der ersten China-Deutschen durch Amerikaner aus den bis August von Japanern besetzten Gebieten.	Freundschaftspakt der UdSSR mit Nationalchina. Erste Bürgerkriege zwischen KMT- und KPCh-Truppen. US-Vermittlung durch General Marshall ohne Erfolg. Danach Einschränkung der US-Hilfe für Tschiang Kai-schek.

	China und Deutschland	*China in der Weltpolitik*
1946		Eröffnung der Nationalversammlung gegen Widerstand der KPCh.
1947	Verwaltung und Kontrolle der China-Deutschen durch chinesische »Kommissionen für deutsche Angelegenheiten«.	Verschärfung des Bürgerkrieges. Viele KMT-Überläufer zur KPCh. Maos Rote Armee (Volksarmee) gewinnt immer mehr Boden.
1948	Deutsche Gemeinde in Schanghai übernimmt Hilfsaktionen.	Schlacht bei Sütschou. Die chinesische Volksarmee beherrscht ganz Nordchina.
1949	Schutzbrief der Kuomintang-Regierung für Deutsche. Erste Handelskontakte mit der VR China.	Großoffensive der Volksarmee auf Südchina. Nanking, Tschungking, Schanghai besetzt. Proklamation der Volksrepublik China (21. September). Flucht Tschiang Kai-scheks, seiner Regierung und Resttruppen nach Taiwan (Formosa).
1950	Rückkehr der letzten Deutschen beginnt. Aufnahme diplomatischer Beziehungen zwischen DDR und VR China.	Freundschafts- und Beistandspakt UdSSR–VR China.
1951	Einfuhr in die BRD für 204 Millionen DM, Ausfuhr in die VR China für 17 Millionen DM.	
1952	Arbeitskreis China innerhalb des Ostausschusses der deutschen Wirtschaft gegründet.	
1953		Waffenstillstand in Korea.
1954	Rückkehr der Deutschen bis auf Einzelfälle abgeschlossen.	

	China und Deutschland	*China in der Weltpolitik*
1956	Bemühungen der BRD um diplomatische Beziehungen zur VR China scheitert an der Hallstein-Doktrin.	UdSSR gibt Stützpunkte Port Arthur und Dairen an die VR China zurück.
1957	Handelsabkommen zwischen dem Ostausschuß der deutschen Wirtschaft und dem China-Komitee zur Förderung des internationalen Handels in Peking.	
1962	Erste Wirtschaftsdelegation der BRD auf der Kantoner Messe.	Chinesischer Angriff auf Assam und Kaschmir - Annäherung an Pakistan.
1964	Vier erfolglose Gespräche in Bern zwischen Bonn und Peking über bessere Beziehungen und neues Handelsabkommen.	Erste chinesische Atombombe gezündet.
1966	BRD-Ausfuhr nach China für 518 Millionen DM, Einfuhr für 370 Millionen DM.	
1971		Vollversammlung der UN beschließt Aufnahme der VR China und den Ausschluß Taiwans.
1972	Juli: Gerhard Schröder, Vorsitzender des Auswärtigen Bundestagsausschusses, in der VR China. 11. Oktober: BRD-Außenminister Walter Scheel und sein chinesischer Kollege Tschi Peng-fei beschließen Aufnahme diplomatischer Beziehungen Bonn–Peking. 1. Dezember: Botschaftsrat Hans-Alfred Steger Geschäftsträger der BRD in Peking, sein chinesischer Kollege Wang Schu in Bonn. 19. Dezember: Handelsvertrag BRD–VR China in Peking unterzeichnet.	Februar: US-Präsident Richard Nixon besucht die VR China.

ZEUGEN, BEOBACHTER UND HISTORIKER

Vorbemerkung: Bitte, beachten Sie auch die Hinweise, die zu den Quellen im Vorwort gegeben werden.

Abegg, Lily: Vom Reich der Mitte zu Mao Tse-tung. Luzern 1966
Abshagen, Karlheinz: Canaris. Stuttgart 1949
Akten zur deutschen auswärtigen Politik 1918–1945. Aus dem Archiv des Deutschen Auswärtigen Amtes. Bisher erschienen 11 Bde. der Serie D. Band I – VIII Baden-Baden 1950 – 1961; Band IX und X Frankfurt a. M. 1962 und 1963; Band XI 1 und XI 2 Bonn 1964
Amann, Gustav: Chiang Kai-shek und die Regierung der Kuo Ming Tang in China. Heidelberg 1936

Baedeker, Karl: Rußland (mit einem Annex Teheran, Port Arthur, Peking). Leipzig 1912
Baldwin, Hanson W.: Great Mistakes of the War. New York 1949
Balfour, Michael: Der Kaiser Wilhelm II. und seine Zeit. Berlin 1967
Barcata, Louis: Roter Drache über Asien. Stuttgart 1964
Beauvoir, Simone de: China – das weitgesteckte Ziel. Hamburg 1960
Behme und *Krieger:* Führer durch Tsingtau, Wolfenbüttel 1906
Berghaus, Erwin: Auf den Schienen der Erde. München 1960
Bianco, Lucien: Der Weg zu Mao. Berlin 1969
Binder, Gerhart: Epoche der Entscheidungen. Stuttgart 1960
Bodard, Lucien: La Chine du Cauchemar. Paris 1961
Bosshard, Walter: Kühles Grasland Mongolei. Berlin 1938
Bouthoul, Gaston: Staatsideen und politische Programme der Weltgeschichte. Stuttgart 1965
Brandt, Max von: 33 Jahre in Ostasien. Berlin 1908
Brennecke, Jochen: Schwarze Schiffe, weite See. Oldenburg 1958
Buch der deutschen Kolonien. Von einem Autoren-Kollektiv. Leipzig 1937
Buchheit, Gert: Der deutsche Geheimdienst. München 1966

Chelius, Fritz H.: Intriganten und Diplomaten. Berlin 1938
Chennault, Claire Lee: Way of a Fighter. New York 1949
Chiang Kai-shek: China's Destiny. New York 1949
Chiang Kai-shek, May-ling: Unser China. Zürich 1942
China-Trade. London 1972

Churchill, Winston S.: Memoiren:
5. Band, 2. Buch: Von Teheran bis Rom. Stuttgart 1953.
6. Band, 1. Buch: Dem Sieg entgegen. Stuttgart 1954
Clark, Grover: China am Ende?
Cline, Ray S.: Army in World War II. Washington 1951
Coillie, Dries van: Rotchina – die Partei und ihre Führer. Donauwörth 1964
Cordes, Ernst: Peking, der leere Thron. Berlin 1937
Cowles, Virginia: Wilhelm der Kaiser. Frankfurt a. M. 1965

Deakin, F. W. und *Storry*, G. R.: Richard Sorge. München 1965
Dirksen, Herbert von: Moskau, Tokio, London. Stuttgart 1949
Dodd, William E.: Diplomat auf heißem Boden. Berlin (Ost) 1962
Dokumente und Materialien aus der Vorgeschichte des zweiten Weltkrieges – Aus dem Archiv des Auswärtigen Amtes. 2 Bde. Moskau 1948/49
Domes, Jürgen: Politik und Herrschaft in Rotchina. Stuttgart 1965
Drechsler, Karl: Deutsch-chinesisch-japanische Beziehungen (1932 – 1938). Dissertation. Berlin (Ost) 1964

Elegant, Robert S.: Chinas rote Herren. Frankfurt a. M. 1952
Eulenburg-Hertefeld, Philipp Graf zu: Ostasien 1860 – 1862 in Briefen. Berlin 1900

Fetscher, Irving: Kommunismus – Von Marx bis Mao Tse-tung. München 1969
Filchner, Wilhelm: Tschung-Kue. Leipzig 1925
–: Om mani padme hum. Leipzig 1929
–: Bismillah! Leipzig 1938
Fischer, Fritz: Krieg der Illusionen. Die deutsche Politik von 1911 bis 1914. Düsseldorf 1969
Fitzgerald, C. P.: Revolution in China. London 1956
Floyd, David: Die feindlichen Genossen. München 1964
Fochler-Hauke, Gustav: Der Ferne Osten, Macht und Wirtschaftskampf in Ostasien. Leipzig 1938
Frank, Wolfgang: Die Wölfe und der Admiral. Oldenburg 1953
Franke, Wolfgang: Das Jahrhundert der chinesischen Revolution. München 1958

Gaver, Alain van: Ich wurde zur Freiheit verurteilt. Würzburg 1957
Gervais, Albert: Ein Arzt erlebt China. Leipzig 1935
–: Im Schatten des Ma-Kue. Leipzig 1937
Gessler, Otto: Reichswehrpolitik in der Weimarer Zeit. Stuttgart 1958
Gordon, Harold J.: Die Reichswehr und die Weimarer Republik. Frankfurt a. M. 1959

Greiner, Helmuth, und *Schramm*, Percy Ernst: Kriegstagebuch des Oberkommandos der Wehrmacht. Band III, Zweiter Halbband. Frankfurt a. M. 1963
Groscurth, Helmuth: Tagebücher eines Abwehroffiziers. Stuttgart 1970
Guillain, Robert: 600 Millionen Chinesen. Hamburg 1957

Hahn, Emily: Chinas drei große Schwestern. Bern 1941
Haller, Johannes: Die Aera Bülow. Stuttgart 1922
Hedin, Sven: Große Männer, denen ich begegnete. Wiesbaden 1952
Heine, Wilhelm: Eine Weltreise um die nördliche Hemisphäre. 2 Bde. Leipzig 1864
Hentig, Werner Otto von: Mein Leben eine Dienstreise. Göttingen 1962
Heyking, Elisabeth von: Tagebücher aus vier Weltteilen. Berlin 1926
–: Briefe, die ihn nicht erreichten. 119. Auflage. Berlin 1932
Hobbs, Lisa: I Saw Red China. New York 1966
Hohenlohe-Schillingsfürst, Fürst Chlodwig zu: Denkwürdigkeiten der Reichskanzlerzeit. Stuttgart 1931
Holstein, Friedrich von: Die geheimen Papiere. 4 Bde. Göttingen 1956 ff.
Hull, Cordell: The Memoirs. New York 1948

(Die) Internationalen Beziehungen im Fernen Osten (1870–1945). Gesamtredaktion der russischen Ausgabe: J. M. Shukow. Berlin (Ost) 1955

Japan-Handbuch. Herausgegeben von Prof. Dr. M. Ramming. Berlin 1941
Japanisches Kriegstagebuch: I. Von Hawaii bis Singapur. Berlin 1943
–: II. Von Singapur bis Mandalay und Corregidor. Berlin 1944
Johann, A. E.: Kulis, Kapitäne und Kopfjäger. Berlin 1936
Johann, Ernst (Herausgeber): Reden des Kaisers. München 1966

Kaemmel, Otto: Deutsche Geschichte. Zweiter Teil. Leipzig 1910
Kaim, Julius R.: Damals in Schanghai. München 1963
Katz, Richard: Funkelnder Ferner Osten. Erlenbach-Zürich 1935
Kehrig, Manfred: Die Wiedereinrichtung des deutschen militärischen Attachédienstes nach dem Ersten Weltkrieg (1919–1933). Boppard 1966
Kennan, George F.: Sowjetische Außenpolitik unter Lenin und Stalin. Stuttgart 1961
–: Memoiren eines Diplomaten. Stuttgart 1968
Kirby, E. Stuart: Einführung in die Wirtschafts- und Sozialgeschichte Chinas. München 1955
Kommunismus, Der, in China. Eine Dokumentargeschichte. München 1955
Kordt, Erich: Wahn und Wirklichkeit. Stuttgart 1948
–: Nicht aus den Akten ... Stuttgart 1950

Krause, F. E. A.: Geschichte Ostasiens. 2 Bde. Göttingen 1925
Kwan Kim-Gaul: Drachenthron und blaue Ameisen. Wiesbaden 1967

Lajtha, Edgar: Japan gestern, heute, morgen. Berlin 1936
Lamson, Herbert Day: Social Pathology in China. Schanghai 1934
Latourette, Kenneth Scott: Geschichte des Fernen Ostens in den letzten hundert Jahren. Frankfurt a. M. 1959
Lennhoff, Eugen: Politische Geheimbünde. Wien 1931
Leverkuehn, Paul: Der geheime Nachrichtendienst der Wehrmacht im Kriege. Frankfurt a. M. 1957
Li Hung-tschang: Memoiren (übersetzt von M. Gräfin v. Hagen). Dresden 1915
Lin Yutang: Mein Land und mein Volk. Stuttgart 1936
–: Schatzkammer Peking. Frankfurt a. M. 1963
Lindemann, Fritz: Im Dienste Chinas. Peking 1940 (Selbstverlag)
Lindquist, Sven: China von innen. Wiesbaden 1964
Lissner, Ivar: Vergessen, aber nicht vergeben. Berlin 1970
Liu, F. F.: A Military History of Modern China. Princeton 1956
Loewe, Michael: Das China der Kaiser. Berlin 1966
Löhndorff, Ernst F.: Unheimliches China. Bremen 1939

Mader, Julius; *Stuchlik*, Gerhart; *Pehndert*, Horst: Dr. Sorge funkt aus Tokyo. Berlin (Ost) 1966
Mader, Julius: Hitlers Spionagegenerale sagen aus. Berlin (Ost) 1970
Majonica, Ernst: Bonn-Peking. Stuttgart 1971
Malaparte, Curzio: In Rußland und in China. Karlsruhe 1959
Mao Tse-tung: Über die Revolution – Ausgewählte Schriften. Frankfurt a. M. 1971
–: Ausgewählte Schriften. Frankfurt a. M. 1963
–: Brevier – der Katechismus der 700 Millionen. Würzburg 1967
–: Worte des Vorsitzenden. Peking 1967
–: Theorie des Guerillakrieges oder Ziele der kommunistischen Strategie. Hamburg 1968
–: Vom Kriege. Die kriegswissenschaftlichen Schriften. Gütersloh 1969
–: 37 Gedichte. Übersetzt von Joachim Schickel. Hamburg 1965
Mehner, Carl: Die Rolle deutscher Militärberater als Interessenvertreter des deutschen Imperialismus und Militarismus in China. Dissertation. Leipzig 1961
Mehnert, Klaus: China nach dem Sturm. Stuttgart 1971
Menz, Gerhard: Der Kampf um Nordchina. Leipzig 1936
Meißner, Hans-Otto: So schnell dreht sich die Welt. Gießen 1951
Meray, Tibor: Politik ohne Gnade. Zürich 1965

Nagel's Encyclopedia-Guide: China. Geneva (Genf) 1968
Nitsche, Roland: Uralte Wege, ewige Fahrt. München 1953
Nobel, Alphons: Weltgeschichte. Bonn 1932
Nourse, Mary A.: 400 Millionen. Berlin 1936

Ostasiatischer Verein Hamburg-Bremen: Zum 60jährigen Bestehen. Hamburg 1960
–: Adreßbuch der Deutschen Ostasiens. Hamburg 1956
–: Jahresbericht 1970/71
–: Jahresbericht 1971/72

Pahl, Walther: Wetterzonen der Weltpolitik. Leipzig 1937
–: Das politische Antlitz der Erde. Leipzig 1938
Paine, Robert: Mao Tse-tung. Hamburg 1965
Palmer, Gretta: Chinas große Prüfung. Luzern 1954
Paloczi-Horvarth, Georg: Der Herr der blauen Ameisen – Mao Tse-tung. Frankfurt a. M. 1962
Peck, Joachim: Kolonialismus ohne Kolonien. Der deutsche Imperialismus und China 1937. Berlin (Ost) 1961
Peter, Karl Heinrich: Proklamationen und Manifeste zur Weltgeschichte. Stuttgart 1964
Petrie, Sir Charles: Diplomatie und Macht. Zürich 1950
Picker, Henry: Hitlers Tischgespräche im Führerhauptquartier 1940–1942. Stuttgart 1963
Ploetz, A. G.: Geschichte des zweiten Weltkrieges. Von einem Historiker-Kollektiv. Teil I: Die militärischen und politischen Ereignisse. Teil II: Die Kriegsmittel. Würzburg 1960
–: Auszug aus der Geschichte. 26. Auflage. Würzburg 1960
Plüschow, Günther: Die Abenteuer des Fliegers von Tsingtau. Berlin 1916
Potjomkin, W. P. (als Hauptredakteur): Geschichte der Diplomatie. 3 Bde. Moskau 1947
Propyläen-Weltgeschichte, 9. Band. Frankfurt a. M. / Berlin 1960

Reile, Oscar: Geheime Ostfront. München und Wels 1963
–: Macht und Ohnmacht der Geheimdienste. München und Wels 1968
Romanus, Charles F., and *Sunderland,* Riley: U. S. Army in World War II, China – Burma – India Theater. Washington 1956
Rönnefarth, Helmuth K. G.: Konferenzen und Verträge (Vertrags-Ploetz Teil II, 3. Band). Würzburg 1958
– und *Euler,* Heinrich: Vertrags-Ploetz Teil II, 4. Band. Würzburg 1959
Ross, Colin: Die Welt auf der Waage. Leipzig 1929
–: Das Meer der Entscheidungen. Leipzig 1936

Rowe, David Nelson: Modern China. A Brief History. Princeton 1958
Ruland, Bernd: Deutsche Botschaft Moskau. Bayreuth 1964

Samhaber, Ernst: Kaufleute wandeln die Welt. Frankfurt a. M. 1960
Schellenberg, Walter: Memoiren. Köln 1959
Schmid, Peter: China, Reich der neuen Mitte. Frankfurt a. M. 1957
Schreiber, Hermann: Opfergang in Peking. Berlin 1936
Schwerin von Krosigk, Lutz Graf: Die große Zeit des Feuers. Der Weg der deutschen Industrie. 3 Bde. Tübingen 1957 ff.
Seabury, Paul: Die Wilhelmstraße. Geschichte der deutschen Diplomatie 1930–1945. Frankfurt a. M. 1956
Seeckt, Hans von: Aus seinem Leben. Herausgegeben von Friedrich von Rabenau. Leipzig 1940
Shukow, J. M. (Redaktion): Die internationalen Beziehungen im Fernen Osten. Berlin 1955
Snow, Edgar: Roter Stern über China. Frankfurt a. M. 1970
–: Gast am anderen Ufer. München 1964
Sommer, Theo: Deutschland und Japan zwischen den Mächten 1935–1940. Tübingen 1962
Sorge, Wolfgang: Krieg entbrennt im Pazifik. Berlin 1936
Spitzemberg, Hildegard von: Das Tagebuch der Baronin Spitzemberg. Göttingen 1960
Spuler, Berthold: Regenten und Regierungen der Welt (Minister-Ploetz, Teil II, 3. Band). Würzburg 1962
–: Minister-Ploetz, Teil II, 4. Band. Würzburg 1964
Statistisches Jahrbuch für das Deutsche Reich (57. Jahrgang). Berlin 1938
Stuart, John Leighton: Fifty Years in China. New York 1954
Sykes, Sir Percy: Europa sucht China. Leipzig 1938

Tansill, Charles Callan: Die Hintertür zum Kriege. Düsseldorf 1956
Thiess, Frank: Plädoyer für Peking. Stuttgart 1966
Tichy, Herbert: China ohne Mauer. Wien 1948
Truman, Harry S.: Band I: Das Jahr der Entscheidungen. Stuttgart 1955; Band II: Jahre der Bewährung und des Hoffens. Stuttgart 1956
Tschang, H. H.: Tschiang Kai-schek, Chinas großer Mann. Zürich 1941

Utley, Freda: Last Chance in China. New York 1947
–: Drama China. München 1951

Varè, Daniele: Der lachende Diplomat. Hamburg 1958
–: Die letzte Kaiserin. Vom alten zum neuen China. Wien 1952

Volck, Herbert: Roland Strunk – Der Traum vom Tode. Berlin 1938
Volksrepublik China – Wirtschaft, Staat und Recht, Kultur. Berlin (Ost) 1972

Waln, Nora: Süße Frucht, bittre Frucht China. Berlin 1935
Wang, Anna: Ich kämpfte für Mao. Hamburg 1964
Wedemeyer, Albert C.: Der verwaltete Krieg. Gütersloh 1958
Wegener, Georg: Das deutsche Kolonialreich. Potsdam 1937
Weizsäcker, Ernst von: Erinnerungen. München 1950
Weltgeschichte der Gegenwart. Von einem Autoren-Kollektiv.
Band I: Die Staaten. Bern 1962
Band II: Erscheinungen und Kräfte der modernen Welt. Bern 1963
Westwood, J. N.: Geschichte der russischen Eisenbahnen. Zürich 1966
Wheeler-Benett, John W.: Die Nemesis der Macht. Düsseldorf 1954
Whyte, Sir Frederick: Der Ferne Osten von England aus gesehen. Stuttgart 1936
Wilhelm II.: Ereignisse und Gestalten. Leipzig und Berlin 1922
William, Maurice: Sun Yat-Sen Versus Communism. Baltimore 1932
Williams, Edward Thomas: China Yesterday and Today. London 1932
Windischgraetz, Ludwig Alfred Fürst zu: Helden und Halunken. Selbsterlebte Weltgeschichte. Wien 1965
Woo, T. C.: The Kuo-min-tang and the Future of the Chinese Revolution. London 1928
Wurm, Ernst: Yüan Schi-kai. Wien 1942

Zierer, Otto: Götterwind. Murnau 1960
Zimmermann, Ludwig: Deutsche Außenpolitik in der Ära der Weimarer Republik. Göttingen 1958
Zischka, Anton: Japan in der Welt. Leipzig 1936

Namenverzeichnis

XV

Vom Preußen-Prinzen Adalbert
zum China-Präsidenten Yüan Schi-kai

Bei einigen Personen waren die Vornamen oder Initialen nicht zu ermitteln. In diesen Fällen sind als Unterscheidungsmerkmal Rang, Beruf oder Tätigkeit angegeben.

Kursiv gesetzte Zahlen mit dem vorgesetzten Buchstaben *F* verweisen auf Fotos. Ist jemand auf dem Bilddokument nicht abgebildet, aber im Text der Bildunterschrift erwähnt, so wird das mit den Buchstaben *FT* angezeigt. Die Nummern der Fotos stehen jeweils am Anfang ihrer Unterschrift.

Herkunft der Fotos:

Auswärtiges Amt, Berlin (1943): 4
Auswärtiges Amt, Bonn (1972): 1
H. Graf Barklay de Tolly: 1
Max Bauer: 1
Otto Braun: 1
Herbert Brehmer: 3
Burda-Bildarchiv: 18
Deutsche Presse-Agentur: 1
Dr. H. G. Gerber: 4
Wilfried Heinrichs: 2
Ernst Heymann: 2
G. Karmen, Moskau: 3
Edgar Lajtha: 1
Deutsche Lufthansa: 1
Neues China, Peking: 4
Nachlaß Reiners: 2
Bernd Ruland: 1
Archiv Bernd Ruland (1929 – 1940): 14
Peter Säling: 2
Edelgard Sehmsdorf: 2
Archiv Sehmsdorf: 2
Sven Simon: 1
Staatsbibliothek Berlin (Ost): 1
Wilhelm Steiner: 2

Karten (3):

Eberhard Loew

DAS WAR BERLIN

»Der Autor, früher Journalist in der alten Reichshauptstadt, legt hier eine sehr lebendige, anekdotenreiche und farbige Schilderung Berlins zwischen den beiden Weltkriegen vor. Ein wirbelndes Kaleidoskop, das die stille Gelehrtenstube ebenso einbezieht wie die Tingeltangel-Turbulenz, fesselt jenen Leser, der sich gern rückschauend an einer Parade der Höhepunkte erfreut. Das Kunst- und Künstlerleben, die feine und die gar nicht so feine Gesellschaft, die Sport- und die Filmgrößen, die kessen Damen und die berühmten Dichter – alles ist in dieser flott montierten Berlin-Revue zu bestaunen. Die Politik dagegen hat hier mehr Spiegelbildcharakter, sie wird geschickt ins bunte Panorama eingebaut.« *Berliner Morgenpost*

BAHNHOF ZU DEN STERNEN

»... Um so reizvoller ist es, die Entwicklung der Raketen und ihrer Startstation Kap Kennedy seit 1950 nachzulesen. Ruland nennt, in bewährter Manier gehandhabt, seine Aufzeichnungen eine »Story«. Alles, was einen guten Sachjournalismus auszeichnet, wird geboten: Information, Sachverstand, Spannung, persönliche Erlebnisse, flotter Stil. So wird dieser Band viele Freunde finden ...« *Literaturspiegel*

GEFÄHRTINNEN DURCH HIMMEL UND HÖLLE

»Die Geliebten der Diktatoren – ein etwas reißerischer Untertitel, dennoch ein historisch korrekt geschriebenes Buch. Der Autor läßt durch seine faszinierende Darstellungskunst ein außergewöhnliches Thema zum Erlebnis werden.« *Kommentare zum Zeitgeschehen*

ORIENT EXPRESS

»Achtzig bewegte Jahre werden mit dem Buch lebendig, in der Könige, Diplomaten, Militärs, Kaufleute zu besonderen Missionen mit ihm unterwegs waren. Der Autor hat in immenser Fleißarbeit alte Akten und neue Dokumente ans Licht gezogen und verarbeitet. Es ist erstaunlich, mit welcher souveränen Beherrschung er mit einer schier erdrückenden Fülle des Stoffes fertig wurde. Die neun Kapitel des Buches zeigen die Wandlung auf, die sich mit dem Balkan vom Einst zum Heute begeben hat.« *Offenburger Tageblatt*

CD – AFFÄREN UND KARRIEREN IM WELTREICH DER DIPLOMATEN

»Bernd Ruland hat beachtenswerte Fleißarbeit geleistet. Der dem Tatsachenbericht besonders verbundene Autor trug von der Zeit der Vorgänger der heutigen Diplomaten, der Unterhändler der byzantinischen Kaiser, bis hin zu dem dominikanischen Playboy Porfirio Rubirosa ein schillerndes Mosaikbild diplomatischen Lebens, Arbeiten, Triumphierens oder auch Leidens zusammen. Viele Zahlen, Zitate, Quellenhinweise und dokumentarische Photos machen das Buch ... zu einem Fast-Nachschlagwerk der Diplomatie.«

Deutsche Presse-Agentur

GELD WIE HEU UND NICHTS ZU FRESSEN

»Man liest das Buch, diesen einzigen, unerhört dramatischen Tatsachenbericht von einer »verrückten Zeit«, wie einen spannenden Roman, der dann doch noch zuletzt sein Happy-End findet; mit dem 20. Juni 1948 nämlich, an dem die Währungsreform durchgeführt wurde.« *Offenbacher Tageblatt*